歷史的脈搏

地下軍團、不朽女屍
與佛骨舍利

岳南 —— 著

PULSATIONS
OF THE HISTORY
II

岳南
大中華史

兵馬俑 × 舍利子 × 慈禧地宮……呈現大地的榮光與隱祕故事

融匯史料與考古成果，揭示千年興衰奧秘

每一頁都是知識之旅，洞見歷史深處的細節
時光的波濤不息，讓古代遺跡的故事熠熠生輝

目 錄

第七章　大秦帝國兵馬俑之謎　　005

第八章　驚魂馬王堆　　061

第九章　南越國興衰　　131

第十章　法門之光　　201

第十一章　明朝那些事　　277

第十二章　尋找清東陵　　353

跋　　409

目錄

第七章　大秦帝國兵馬俑之謎

▌驪山腳下

　　1974年初春，嚴重的旱情威脅著西部八百里秦川。坐落在驪山腳下的西楊村也未能倖免，田園的麥苗幾近枯萎，再不設法施救，將顆粒無收。

　　夕陽的餘暉籠罩著村南的柿樹園，折射出令人心焦的光。奔走了一下午的西楊村生產隊隊長楊培彥和副隊長楊文學站在柿樹園一角的西崖畔上，眼望著這片只長樹木不長莊稼的荒灘，躊躇不定。

　　眼看太陽就要落山，楊培彥吐了一口煙霧，終於下定決心，揮起笨重的鋤頭在腳下石灘上畫了一個不規則的圓圈：「就在這裡打井吧！」

　　楊文學望了望驪山兩個山峰中間那個斷裂的峪口，正和身前的圓圈在一條直線上，心想，水往低處流，此處跟山峰間的溝壑相對應，地下水肯定不會少。於是，他點了點頭說：「好，但願土地爺幫我們的忙吧。」

　　翌日清晨，以西楊村楊全義為首，包括楊新滿、楊志發等6個青壯年，揮動大鋤頭在楊培彥畫的圓圈裡挖掘起來。他們要在此處挖一個大口徑的井，以解燃眉之急。

　　儘管地面布滿了沙石，一挖下去火星四濺，但在乾旱中急紅了眼的農民，以銳不可當之勢穿越了沙石層。當挖到1公尺多深時，出乎意料地發現了一層紅土。這層紅土異常堅硬，挖下去只聽到「咚」的碰撞聲，

第七章　大秦帝國兵馬俑之謎

火星濺出，卻無法穿透它。

「是不是我們挖到磚瓦窯上了？」井底的楊新滿放下鋤頭，擦了擦額頭上的汗水，不解地望著眾人。「可能。聽老人們說，這一帶過去有不少燒磚瓦的土窯。」楊全義說著，遞過一把鎬頭，「來，用這個挖挖看。」井下又響起了咚咚的聲音，堅硬的紅土層在楊新滿和楊志發兩個壯漢的輪番攻擊下，終於被鑿穿了。這是一層大約30公分厚的黏合狀紅土，很像燒窯的蓋頂，但大家並未深究，只憑著自己有限的見聞，認為就是一個窯頂。

越過了紅土層，工程進展迅速。不到一個星期，這口直徑為4公尺的大井，就已深入地下近4公尺。此時，他們手中的鋤頭離那個後來震驚世界的龐大軍陣，只有一步之遙。

歷史記下了這個日子──1974年3月29日。

當楊志發的鋤頭再挖下去又揚起來的瞬間，秦始皇陵兵馬俑軍陣的第一塊陶片出土了。奇蹟的第一線曙光劃破黑暗，露出地面。遺憾的是，這塊陶片的面世並沒有引起楊志發的重視，他所渴求的是水。在他的心目中，水遠比陶片重要。於是，楊志發和同伴接二連三地向這個地下軍陣劈去。

一塊塊陶質頭顱、一截截陶質殘肢、一根根陶質斷腿相繼露出，這奇特的情景，終於引起了大家的注意。「這個磚瓦窯還有這麼多爛東西。」一個年輕人將一截陶質殘肢撿起來又狠狠地摔在地上，沮喪地小聲嘀咕了一句。「磚瓦窯嘛，總是有點破爛貨，快挖吧，只要找到水就行。」楊全義說。那年輕人嘆了一聲，又舉起鋤頭劈向軍陣。

幾分鐘後，在井筒西壁的楊志發突然停住動作，大聲喊道：「啊，我挖到了一個瓦罐。」聽到喊聲，正在運土的楊彥信湊上前來，的確有一

個圓口形的陶器埋在土中,便好心地勸說:「你慢慢地挖。要是還沒壞,就拿回家到秋天後用來催熟柿子,聽老人們說,這種瓦罐催熟的柿子很甜呢!」

楊志發聽了,鋤、手並用,連刨帶扒,輕輕地在這個瓦罐四周工作。土一層層揭去,楊發心中的疑惑也一點點增加,當這件陶器完全暴露時,他才發現自己上當了。

眼前的東西根本不是可以用來催熟柿子的瓦罐,而是一個人形的陶製身體(實則是一個無頭空心陶俑)。他搖搖頭,帶著一絲失望和惱怒,用足了力氣將這塊陶俑移入身旁的吊筐,示意地面上的人拉上去扔掉。

當這塊陶俑剛剛被拋入荒灘,井下忽然又發出一聲惶恐的驚呼。

眾人又一次隨聲圍過來,幾乎同時瞪大了眼睛,臉上的表情比剛才出現明顯變化。擺在面前的是一個陶製人頭。只見這個人頭頂上長角,二目圓睜,緊閉的嘴唇上方鋪排著兩撮翹卷的八字鬍,面目猙獰可怕。一名大膽的年輕人用鋤頭在陶人額頭上輕敲,聽到咚咚的聲響。

「是個瓦爺。」有人做了肯定的判斷,緊張的空氣稍有緩解。「我看我們挖的不是磚瓦窯,是個神廟,磚瓦窯怎麼會有瓦爺的神像?」有人推翻了之前的判斷,同時又提出了新的見解。這個見解得到了多數人的認同。

「不管是磚瓦窯還是神廟,找到水才是正事,快挖吧。」身為組長的楊全義出於對大局的考慮,又理性地把大家的注意力拉回到現實中。滿身泥土的農民們又開始挖掘起來,沒有人再去對剛才的「瓦爺」發表不同的見解或為此大驚小怪。

隨著鋤頭的劈鑿、鐵鏟的揮舞,一個個陶製俑頭、一截截殘腿斷臂、一堆堆俑片被裝進吊筐拉上地面,拋入荒灘野地。出土的陶俑引起

第七章　大秦帝國兵馬俑之謎

了村中一群少年的興趣。他們紛紛奔向荒灘撿拾俑頭，先是好奇地玩弄，接下來便將俑頭立於荒灘作為假想的壞蛋，在遠處用石頭猛烈轟擊。有聰明的孩子將俑身和俑頭一起搬到家裡菜園中，在俑的手中塞一根長桿，桿頭上綁紅布，再戴上一頂破草帽，將陶俑打扮成一個看園老翁，日夜守護菜園，令麻雀不敢放肆地前來啄食菜苗。

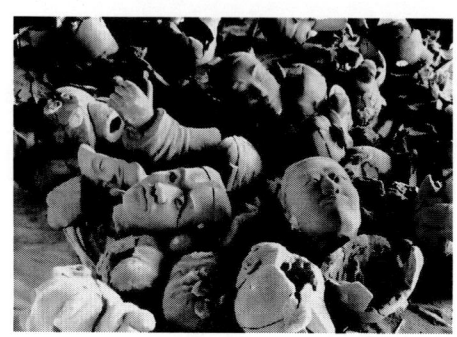

圖 7-1 挖出的陶俑殘件

正當人們對陶俑大加戲弄、損毀丟棄或頂禮膜拜之時，村前的井下又發現了更加奇特的情形。在離地面約 5 公尺深處，大家發現了青磚鋪成的平面臺基，同時還有 3 個殘缺的弩機和無數綠色的青銅箭頭。

這是地下軍陣向兩千年後的人類發出的最後一個訊號，兵器的出土徹底否定了磚瓦窯和神廟兩種推測。可惜，這裡沒有人去理會最後的訊號，更沒人再因這稍縱即逝的訊號而進一步思考。

讓眾人欣喜和激動的是，儘管沒有人找到地下水，但找到了碩大的青磚和銅器。雖然一時還無法辨別是不是秦磚，但畢竟是古代的東西，多數人認為，拿回家做成枕頭可以醫治失眠症。於是，井下的秦磚很快被搶奪一空，進入各家的炕頭、被窩。

正當大家在井裡井外大肆搶奪秦磚之時，有一位年輕人卻棋高一著。他默默伏在井下，從泥土中揀拾看起來並不顯眼的青銅箭頭。待揀

拾完畢，他脫下身上的破衣服包起來，然後直奔附近三里村的廢銅爛鐵收購站，以14.4元的價格將幾公斤青銅箭頭售出。

當這位年輕人摸著已經明顯鼓起來的上衣口袋，叼著香菸，滿面春風地返回時，村人才驀然醒悟：「還是這傢伙有心計。」悔恨之中蜂擁至井底，卻已經晚了。

絕處逢生

整個西楊村圍繞著「瓦爺」的出現，沸沸揚揚地熱鬧了一陣子之後，又歸於靜寂。村民們重新進入井中，拿起手中的鋤頭向下劈去。

此時，出現了一位改變兵馬俑命運的人，歷史應該記住他的名字——房樹民，臨潼縣（今陝西省西安市臨潼區）晏寨公社水管員。

他的工作職責是管理、調配晏寨公社的水利建設和水源利用，西楊村打井與他的工作職責有關。事實上，當這口井開工的第三天，他就檢視過地形和工程進展的情況，並對於在此處取水充滿了信心。當聽說井已深入地下5公尺多卻仍不見點滴水星時，他便懷著諸多疑問來到西楊村看個究竟。

「這口井為什麼還不出水，是不是打到死線上去了？」房樹民找到生產隊長楊培彥詢問。

「不像是死線。可是不知為什麼，打出了好多瓦爺。」楊培彥回答。「瓦爺？什麼瓦爺？」房樹民驚奇地瞪大了眼睛。

「跟真人差不多，還有好多青銅箭頭、磚坯子。」楊培彥吸著紙菸，像敘述一段久遠的往事，詳細地介紹了打井過程中發生的一切。

房樹民來到了井邊。他先在四周繞了一圈，撿些陶片在手裡端詳敲

第七章　大秦帝國兵馬俑之謎

打一陣後下到井底。井壁粗糙不平，一塊塊陶片、碎磚嵌在泥土裡，只露出很小的部位。他拿著用手摳出的半塊磚來到組長楊全義的面前：「這井不能再挖下去了。」

「為什麼？」楊全義吃了一驚。

「你看，這磚不是和秦始皇陵園內出土的秦磚一樣嗎？」於此之前，臨潼縣文化館收集了一些從秦始皇陵園出土的秦磚。房樹民與縣文化館文物專員丁耀祖是好朋友，平時常去館裡找他，時間久了，也從他那裡學到了一些文物知識。

「可是要這些東西也沒什麼大用處。」楊全義仍然不解其意地說。

房樹民爬出井口，找到生產隊長楊培彥：「我看這像是古代的一處遺址。先讓大家停工一天，我打電話請縣政府的人過來看看再說吧。」

房樹民騎著腳踏車到臨潼縣文化館，在半路上碰到了正要回家的丁耀祖。丁耀祖聽完房樹民說的情形，立即掉頭返回文化館向副館長王進成彙報。王進成覺得此事有點意思，便又叫掌管文物的專員趙康民一起去西楊村。而房樹民在見到丁耀祖後，即返回西楊村召集人馬去打井工地等候。

四人會合後，先在工地上仔細檢視了一遍，然後又在楊培彥帶領下，到堆放井土處觀看。只見幾個比較完整的無頭陶俑橫躺在地上，王、趙二人十分震驚。1964 年 4 月，縣文化館在秦始皇帝陵塚附近村民家裡徵集到一件秦代跽坐陶俑，才 65 公分高，就引起了各方面的關注。這次突然出現了跟真人一樣高大的陶俑，當然令人震驚。不過，這些陶俑還難以斷定是不是兩千多年前的秦代文物。按常理判斷，若在秦始皇帝陵塚周圍出土則很可能是秦代的。可是這裡離陵塚有一、二公里之

遙，秦代陶俑放到這麼遠的地方似乎不大可能。

幾人沒有為此多傷腦筋，目前最急需的是把這些文物收集起來，以後再慢慢研究。「這可能是極有價值的國寶，井不要再打了，趕緊把這些東西收集起來，送往縣文化館收藏好……」副館長王進成對楊培彥叮囑了一番，即刻返回臨潼。

第二天，趙康民又來到西楊村號召村民收撿散失的陶俑、陶片，同時又趕到三里村廢品收購站，把被收購的青銅箭頭、弩機估價收回。為了盡可能地挽回損失，趙康民又帶領村民用借來的鐵篩子，把可能帶有文物的井土全部過篩，許多殘磚、陶片，包括陶俑的手指、耳朵等被篩了出來。

在趙康民的指導下，村民們把這些完整的和不完整的、大大小小的文物裝了滿滿3架車，拉到5公里外的縣文化館。趙康民當場給了村民30元人民幣以示獎勵。拿到錢後的村民們十分驚訝：「這3車破磚爛瓦給這麼多的錢！」回到村後，這些村民把30塊錢如數交到生產隊，隊裡給每人記了5個工分，算半個勞動日。當時5個工分可換算為1角3分錢，大家都感到十分滿意。

趙康民初步整理社員送來的文物，覺得有必要再親自做些考察發掘，於是，便在5月初又到打井處招來一幫村民發掘了20多天，直到村民準備夏收時才停止。這次發掘，在井的周圍掘開了南北長15公尺、東西寬8公尺的大坑，發現了更多的陶俑。此後，趙康民每天待在文物修復室，清洗這些沒頭、缺手臂、少腿的陶俑及一大批殘片，並細心地拼對、黏接、修補。沒過多久，就修復出兩件比較完整的武士俑。

第七章　大秦帝國兵馬俑之謎

圖 7-2 修復後的兵馬俑

正當趙康民躲在僻靜的文物修復室潛心修復陶俑時，這年 5 月底，由於一位不速之客的偶然「闖入」，使這支地下大軍又絕處逢生，大踏步走向當今人類的懷抱。這位不速之客就是新華社記者藺安穩。

▎一個記者的推斷

藺安穩是臨潼縣北田鄉西渭陽村人，1960 年高中畢業後考入西北政法學院新聞系，1964 年畢業分配到北京新華總社工作。他這次回臨潼，是利用公休假探望仍在臨潼縣文化館工作的妻子以及家人。就在這次探親中，他從妻子口中得知文化館收藏了農民打井挖出的陶俑。有一天，閒極無聊的藺安穩突然想起妻子所言，便逕自走到文化館文物陳列室後面一個光線黯淡的房間看個究竟。只見幾個高大魁梧的陶俑身著鎧甲，手臂呈執兵器狀，威風凜凜，氣勢逼人。他受到強烈震撼的同時，當即斷言：「這是 2,000 年前秦代的士兵形象，為國家稀世珍寶。」

自小喝渭河水長大的藺安穩，太熟悉自己的故鄉了。周幽王戲諸侯的烽火臺、楊玉環洗凝脂的貴妃池、項羽火燒阿房宮、劉邦智鬥鴻門宴……無數流傳民間的故事伴隨他度過了天真活潑的兒少時代。當他還是一名中學生時，便按照父輩講述的故事四處尋覓遺跡，高大的秦始皇

陵土塚由此成為他嬉戲的樂園。他曾無數次從陵塚的封土上滾下，又無數次攀上去，這裡留下了他童年的足跡和青春的夢。

藺安穩之前常讀《史記》、《資治通鑑》等史書，對其中有關家鄉的秦始皇陵修建情況及秦始皇的生平事蹟更是格外注意，並熟記於心。正因為有這樣的功底，他才能對面前的陶俑做出大膽的判斷。

圖 7-3 驪山下的秦始皇帝陵

此後，藺安穩多次找趙康民了解發現經過，交流對陶俑的看法。又到西楊村打井工地實地勘察，與打井工作人員交談。經由一次次會談和調查得知，由於當地農民打井、平整土地等生產活動，陶俑曾數次露頭出土。有位 70 多歲的老人說，在他 10 歲時，他父親也曾在這一帶打井，本來已挖出了水，但才幾天水就沒有了，後來再向下打，發現地下有些空隙。當時他父親在井底四壁發現像人的「怪物」，認為是這些「怪物」在作怪，才打不出水，就把它們提上來，放在太陽下曝晒，結果井裡仍然不出水。一氣之下，他父親就把它們吊起來，用棍子打個粉身碎骨……

6 月 24 日，藺安穩懷著興奮、激動和忐忑不安的心情，匆匆搭乘火車回到北京。回到北京後，藺安穩將武士俑的大致情況和當下問題撰寫成報導發表在《人民日報》的內部文件《情況彙編》上，報導很快引起了

中國政府的注意，要求寫出具體調查報告，迅速上報。經中國國務院和國家文物局批准，陝西省委迅速組成了秦始皇陵秦俑坑發掘領導小組。

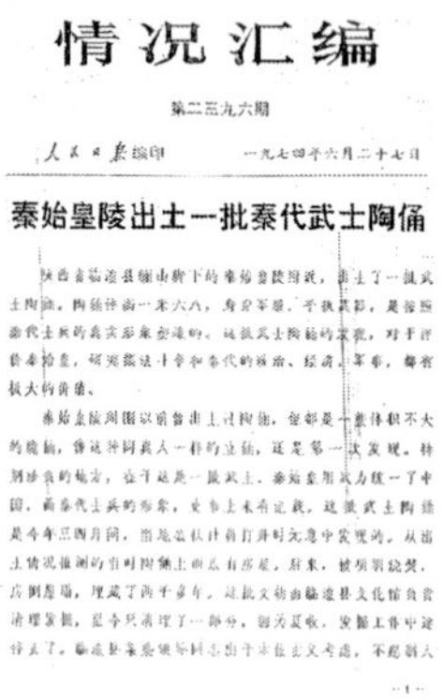

情况汇编

第二三九六期

人民日报编印　　一九七四年六月二十七日

秦始皇陵出土一批秦代武士陶俑

陕西省临潼县骊山脚下的秦始皇陵附近，出土了一批武士陶俑。陶俑体高一米六八，身穿军服，手执武器，是按照秦代士兵的真实形象塑造的。这批武士陶俑的发现，对于研究秦始皇，研究战国和秦代的政治、经济、军事，都有很大的价值。

秦始皇陵周围以前曾出土过陶俑，但都是一些体积不大的跪俑，像这样同真人一样的立俑，还是第一次发现。特别珍贵的地方，在于这是一批武士。秦始皇用武力统一了中国，而秦代士兵的形象，史书上未有记载。这批武士陶俑是今年三四月间，当地社员打井时无意中发现的。从出土情况推测的当时陶俑上面盖有房屋，后来，被项羽焚烧，房倒屋塌，埋藏了两千多年。这批文物由临潼县文化馆负责清理发掘，至今只清理了一部分，因为夏收，发掘工作中途停止了。临潼县委领导同志由于未从文物考虑，不愿别人

—1—

圖 7-4 只有政府高級主管才能看到的「內部文件」複印

同時陝西省委決定成立考古發掘隊，派出最精銳的考古分隊之一，對遺址進行發掘。

7 月 15 日下午，考古隊人員攜帶幾張行軍床、蚊帳等生活用品及發掘用具匆匆離開西安，搭乘一輛敞篷汽車來到西楊村，在生產隊長楊培彥的安排下，於村邊生產隊糧庫前的一棵大樹下安營紮寨。

當一切安排妥當，又匆匆吃了幾口自己攜帶的乾糧後，夜幕已降臨。四周看不到一點燈火，沉寂蒼涼的秦始皇陵被蒙上了一層陰森恐怖的面紗。高大的驪山在夜色中看不分明，只有陣陣淒厲的狼嚎隱約傳來，使這塊土地顯得更加荒蠻、更具野性。

第二天，考古人員攜帶工具到農民打井處實地勘察。大家站在荒蕪的田野上看到當地農民挖出的那個深 4.5 公尺的方坑，從斷面農耕層以下布滿了紅燒土、灰燼、陶片和俑的頭、臂、腿。俑雖已殘破不堪，但多少可以看出它的大小。如此規格的陶俑令考古學家們大為驚異。儘管此前在陝西這片黃土高原上挖過不計其數的春秋、戰國、秦漢、隋唐等時期的墓葬，卻從沒見過如此高大的陶俑，他們內心禁不住驚嘆道：「奇蹟，真是奇蹟！」

一番感慨驚嘆之後，考古人員按照發掘流程開始工作。首先是調查地形地貌。透過現場勘察，這裡位於驪山北麓、秦始皇帝陵園東門的北側，距陵園東垣外約 1.5 公里，地處驪山溪水和山洪暴發沖積扇的前沿。

多年來，屢經山洪的沖刷和淤沙堆積，形成了 1 公尺多厚的沙石層，表面浮積了大大小小的河卵石，上面長滿了灌木叢和當地常見的柿樹、杏樹等。

地理環境大致釐清後，他們繼續一系列拍照、文字記錄、測量等對考古人員來說不可或缺的工作，然後開始普查。透過尋找文獻，走訪當地群眾，他們發現歷代王朝編纂的史書上沒有任何有關兵馬俑的記載，一切故事都來自民間。

歷史資訊之一

明崇禎十七年（1644 年），李自成在西安建立「大順」政權後，親率大軍東渡黃河，直撲北京。多爾袞帶領數十萬紈褲子弟進駐山海關以東的茫茫雪原，虎視眈眈地翹首西望。大明帝國已走到了它的盡頭，向歷史的死海沉去。

由於戰火連綿，驪山腳下難民雲集，西楊村頓時添了不少逃難的百姓。

依然是春旱無雨，村中僅有的一口井已無法滿足眾人的需求。於是，難民們便到村南的荒灘上掘井取水。

一切都很順利，僅花了三天，井下已冒出清澈的泉水。然而，一夜之間井水又流失了，眾人見狀，無不稱奇。

有一位年輕人找來繩子拴在腰上，下井檢視。當井上的人們急著要得知緣由時，卻意外地聽到井下一聲慘叫，隨後再無聲息傳出。眾人急忙把年輕人拉上來，只見他已口吐白沫，不省人事。大家在驚恐忙亂中將他抬回村中，以薑湯灌之。約一個時辰，年輕人甦醒，嗓子嘰哩咕嚕

第七章　大秦帝國兵馬俑之謎

地響著並用手比劃，但就是說不清是何緣故。

一名大膽的男子在納悶之中，對於年輕人裝神弄鬼、支支吾吾的行為頗不以為然，提刀重新下井，探看究竟。因眼睛一時不能適應井底的灰暗陰森，他以手摸壁，四處檢視，發現井壁已被水泡塌了厚厚的一層。

正在這時，只聽身後「嘩啦」一聲響，男子打個寒顫，急轉身，只見一塊井壁塌陷下來，隨之出現一個黑漆漆的洞口。洞口處站著一個張牙舞爪的怪物，晃盪著身子似向他撲來。

他本能地舉刀砍去，隨即向井上發出呼救。當他被拉出井口時，已面如土色，昏倒在地。

消息傳開，無人再敢下井探尋。西楊村一位老秀才遍查歷史典籍，終於找到了「不宜動土」的根據，謎一樣的水井也隨之填平。

老秀才用「筆記」形式記載了「不宜動土」的緣由：

大明崇禎十七年三月初七，民於村外掘井，三日，乃水出。是夜，則水失而不得倒桶。眾人見狀，無不稱奇。一後生縋井而下，遂恐嚎而昏厥。薑湯灌之，後生乃不知井下何者也。另有壯士提刀復入其井，壁塌，見一怪物如真人，呱呱作噬人狀。士駭極，舉刀砍之。怪物乃不倒。村人聞呼將士提出，士乃久昏不醒。吾聞之，告不宜動土也⋯⋯

這份「筆記」成了最早有關秦始皇帝陵兵馬俑資訊的紀錄。

歷史資訊之二

1932 年春天，在秦始皇帝陵內城西牆基外約 20 公尺處，當地農民在掘地中，從 1 公尺多深的地下挖出一個跪坐式陶俑，此時關中正值軍

閥混戰，狼煙四起，這個陶俑很快便下落不明。據推測，此俑很可能被後來撤退至臺灣的國民黨軍隊帶走了。

1948年秋天，在秦始皇帝陵東的焦家村附近，農民又挖出兩件陶俑。兩俑均為坐姿，身著交襟長衣，腦後有圓形髮髻。一件被臨潼縣文化館收藏，另一件藏於中國歷史博物館。

儘管這三件陶俑已幸運地重現人間，但人們在擁抱它的同時，只是欣賞敬慕它們自身的價值，而做出「屬於秦國全盛時代的偉大藝術創作」的結論，卻未能更詳盡地研究。無論是一代名家鄭振鐸還是中國歷史博物館有研究員頭銜的專家，都把那件男性跪坐俑誤標為「女性」。當然，從外表來看，那件俑也確實像一位靦腆的少婦。

歷史資訊之三

1964年9月15日，《陝西日報》一個並不顯著的位置登載了一則消息：

臨潼出土秦代陶俑

最近在臨潼秦始皇陵附近又發現一個秦代陶俑。是在焦家村西南約150公尺處，今年4月，群眾在整理棉花地時，距地面約1公尺深處發現的，為一跪式女俑。這一陶俑比之前發現的兩俑更為完整。頭髮、衣紋清晰可見，神態幽靜大方，栩栩如生。現文物保存在臨潼縣文化館內。

這是秦俑被埋葬20多個世紀以來，第一次官方文字報導，也是這個地下軍陣最有可能走向人類的重要訊號。但隨著人們好奇心的滿足，此一訊號很快地煙消雲散，飄渺於無限的宇宙了。地下8,000伏兵要走出黑暗，重見光明，還要等到10年之後。

第七章　大秦帝國兵馬俑之謎

無邊俑坑與神祕人物

考古人員進入工地的第三天，圍繞趙康民原來發掘的俑坑向外擴展。此時，考古人員對發掘前景並未抱很大的希望。從考古的角度來看，此處距秦始皇陵太遠了，兩者很難扯到一起。退一步說，即使此處是給秦始皇陪葬的俑坑，按過去考古發掘的經驗，也不會有多大的規模，十天、半個月就可全部發掘完畢。沒想到半個月發掘下來，連俑坑的邊都沒摸著。考古人員覺得有些不對勁，怎麼還有沒邊的俑坑？

當俑坑開拓到400多平方公尺時，仍舊不見邊際。考古人員大為驚訝，有人提出疑問：「這是不是陪葬坑？如此規模的陪葬俑坑在世界考古史上也未曾發現過。」

「不能再繼續發掘了，還是先派人探查一下再說吧。」考古人員面對這支地下大軍神祕莫測的陣容，不得不考慮重新派出偵察部隊探查虛實。

發掘暫時停止，考古隊將遇到的情況和心中的迷惑向領導小組反映，同時提出增派力量進行鑽探的建議。這個建議很快得到批准。於是，8月初，又有三名考古隊員來到了俑坑發掘工地。

呂不韋戟出土

經過大約半年時間，考古人員透過大面積鑽探和部分解剖，終於大致釐清了俑坑的範圍和內容。這是一個東、西長230公尺，寬62公尺，距地表4.5公尺至6.5公尺，共有6,000個左右武士形象陶俑組成的軍陣。如此規模龐大的軍陣令考古人員目瞪口呆。他們為自己當初未免有些「小家子氣」的設想而感到汗顏，且依然不敢相信眼前的事實。

於是，趙康民提出了一個新的見解：「俑坑中間夾著其他的東西，世界上怎麼會有這麼大的俑坑？」

「也許坑中間沒有俑。」有人提出了相似的猜測。

大家圍繞俑坑中間到底有俑還是無俑的主題，展開激烈的爭論。爭論一時難定勝負，只有透過發掘予以驗證。考古隊把情況向上級業務部門彙報後，遂開始大規模發掘，並把此坑定名為秦俑一號坑。

根據考古界以往慣例，考古隊在附近村莊招收一批工人協助工作。隨著規模不斷擴大，又請求當地駐軍派來百餘名軍人參加發掘。西北大學歷史系主修考古的幾十名學生，在劉士莪教授率領下，也前來工地助陣。

圖 7-5 最早發掘的一號坑情形

圖 7-6 陶俑剛出土時的情形

發掘進度明顯加快，僅 1 個星期已揭露土層 1,000 多平方公尺，陶俑出土 500 餘件。從帶有花紋的青磚和陶俑的形狀可以斷定，這個俑坑屬於秦代遺跡無疑，但俑坑與秦始皇帝陵的關係尚難斷定，因為這個俑坑距離秦始皇帝陵內城 1.5 公里多，在這樣遠的地方放置陶俑陪葬，在當時的考古資料裡還沒有先例。

尤其令人不能迅速得出結論的是，在秦始皇帝陵周圍分布了許多秦

第七章　大秦帝國兵馬俑之謎

代的大墓葬，這就讓考古人員不得不對陶俑與陵墓的從屬關係更加慎重。事實上，當這個兵馬俑坑全部掘開，考古界對俑坑與秦始皇帝陵的從屬關係做出結論的 10 年之後，依舊有人提出，此坑不是從屬於秦始皇帝陵，而是為宣太后或不遠處的秦大墓（又稱將軍墓）陪葬的，這一理論曾引起學術界一片譁然。

要釐清歷史的真相就必須有確鑿的證據，假設與推想固然有可取之處，但證據更為重要。俑坑出土陶俑已達 500 餘件，始終未見與它的主人相關的點滴記載和可靠證據。這個情況令考古人員由驚喜漸漸陷於迷惘，如果陶俑與陵墓的關係搞不清楚，那麼俑坑的內涵也就難以釐清。

正在這時，一把足以揭開謎底的鑰匙出現了。

在一個被打碎的陶俑身前，靜靜地躺著一把未見鏽痕、光亮如新的青銅戟，戟頭由一矛一戈聯裝而成，頂端戴有類似皮革的護套。戟柄通長 2.88 公尺，朽木上殘留著淡淡的漆皮與彩繪，末端安有銅鐓。

從外形可以斷定，這是一把典型的秦代青銅戟，戟頭內部鮮亮地刻著「三年相邦呂不韋造寺工口」等珍貴銘文。銅戟與銘文的出現，成為確定兵馬俑坑為秦始皇陪葬坑的重要證據，也再現了兩千多年前那段風起雲湧的歷史，以及大秦帝國兩個閃光的名字：秦始皇、呂不韋。

傳奇呂不韋

約西元前 260 年，戰國時期的韓國陽翟城裡有一名富商姓呂名不韋，往來於中原各國做買賣。據史料記載，此人善於投機取巧，頗有膽識。

呂不韋靠他的聰明與膽略賺得了萬貫家財的同時，苦惱也隨之而

來。他不時地看到那些家資鉅萬的陽翟商人，一旦得罪了官府貴人，頃刻間便家破人亡，錢財也隨之煙雲一樣散去。面對隨時都可能發生但又無法改變的事實，聰明的呂不韋悟出了一個道理：錢需要依靠權勢來保護，或者說，有了權也就擁有了錢，而依靠權勢賺錢要比辛辛苦苦、提心吊膽地做買賣更為方便和穩當。

於是，呂不韋把他在商界的才智運用於進出官府、結交權貴，暗暗物色足以改變自己身分與地位的後臺老闆。經過兩年的奔波與努力，契機終於到來了。

一天，呂不韋在趙國邯鄲結識了作為人質的秦公子異人，這位公子本是秦國太子安國君的兒子。因為他的母親失寵，不再受重視的異人被羈留在趙國邯鄲做人質，此時落魄的異人生活困窘，十分失意。呂不韋以他的機智與政治敏感，立即意識到這是改變自己命運的絕佳良機，認為異人「奇貨可居」，決定在這個落魄公子身上下大賭注。有一天，兩人在歡宴之後，他告訴異人：「我可以改變你這種落魄的狀況。」

在這之前，呂不韋對各國權勢集團做了詳細研究，他知道秦國太子安國君最寵愛的是華陽夫人，而華陽夫人又偏偏無子。他正是看準了這個縫隙，開始了狡黠政治投機的第一步。

呂不韋先是贈給異人大筆金錢，讓他在趙國廣交上層，以便提高身價。然後攜帶金銀財寶親赴秦國做政治博弈，準備說服華陽夫人與安國君立異人為嫡子。

華陽夫人收到以異人名義貢奉的珍寶，深為感動。她覺得異人是個聰明孝敬的孩子，雖在趙國吃盡了苦頭，仍然念念不忘她這位非親生的母親。不久，她又聽到宮廷大臣們開始稱讚異人，甚至有些老臣說他是立嗣的最佳人選。華陽夫人動心了。這時，她的姊姊和弟弟已被呂不韋

第七章　大秦帝國兵馬俑之謎

買通，紛紛前來向華陽夫人陳述見地，使她更加明白自己雖受安國君寵愛，但畢竟沒有兒子，一旦容顏衰退，必遭冷落，甚至會遭到不測。假如立異人為嫡子，他將來必定會知恩圖報，自己將永遠不會失勢，即使失寵，仍有異人作為依靠。

華陽夫人是個聰明又機靈的女人，她趁安國君正對她迷戀，勸說立異人為嫡子。安國君的長子奚當時正由相國杜倉教導培養，按照慣例，嗣子之位已穩如泰山，然而沒想到由於呂不韋的出現，形勢急轉直下，命運和他開了一個殘酷的玩笑。

安國君沒有呂不韋和華陽夫人那樣精明的頭腦，當然也不明白其中的圈套，他認為一切都順理成章，答應華陽夫人倒也皆大歡喜。

於是，往日的落魄公子正式成為秦國的王太孫，呂不韋也順理成章地成了這位王太孫的師傅。

一日，呂不韋在趙國家中宴請異人。兩人喝得興致正濃，只見一個美麗絕倫的舞女從簾後出來為他們跳舞助興。異人一見為之傾心。呂不韋見異人已完全被自己這名已懷孕的愛妾所迷，便不動聲色地笑笑，裝出一副慷慨大度的樣子：「如果王太孫喜歡這名侍姬，就讓她跟你去吧。」異人喜不自禁，匆匆結束晚宴，將女人帶回府中。

呂不韋的結局

若干年後，歸國後的異人改名子楚。西元前 251 年，太子安國君繼位為王，是為秦孝文王。孝文王在位三天突然暴斃，子楚繼位，是為莊襄王。即位後，他做的第一件事就是拜呂不韋為丞相，賜給他食邑洛陽十萬戶，封為文信侯。同時封華陽夫人為太后，至於自己的親生母親就不再顧及了。

呂不韋的結局

　　從落魄公子到一國之君，這極大的反差使子楚忘乎所以。他縱情享樂，結果樂極生悲，一病不起，為王不足三年就一命嗚呼了。國君的位子由年僅13歲的太子嬴政繼承。羽翼未豐的秦王政，尊呂不韋為相國，並稱仲父，一切政事全由這位仲父操縱。呂不韋當仁不讓地利用手中的權勢力主秦國對外征戰。連續取得了軍事上的勝利後，他自己在秦國的威望進一步提高。

　　呂不韋不惜心血和錢財所做的政治博弈終於成功，他的夢想徹底實現了。當年他送給子楚的侍姬、如今已貴為太后的女人仍然對他舊情不忘，暗中往來，以致「淫亂不止」。這一切對一個商人來說，無疑是登峰造極的傑作。

　　隨著秦王政年齡的增長，老謀深算的呂不韋怕遭到他這個私生子的報復，驚恐之中想出一條妙計，找來一個叫嫪毐的「大陰人」推薦給太后，這位年華正盛的女人與被當作宦官送進宮中的嫪毐私通後，很是滿意，對嫪毐「賞賜甚厚，事皆決於嫪毐」。後來，太后與嫪毐竟祕密生下兩個兒子，為避人耳目，太后詐稱卜卦不宜留居咸陽，遷往雍都宮殿。

　　西元前238年，已23歲的秦王政按照秦國禮制在雍都蘄年宮舉行加冕禮。這一禮儀意味著他親自執政的時刻已經到來。這位始皇帝對母親與嫪毐的醜事早有耳聞，他一旦執政，其結果可想而知。

　　嫪毐已察覺秦王政有除他之意，在性命難保的危急關頭，決定孤注一擲，先發制人。他動用秦王御璽及太后璽發兵進攻蘄年宮，企圖將剛剛加冕的秦王政置於死地。年輕氣盛的秦王政當機立斷，派兵鎮壓，結果嫪毐兵敗被誅三族，與太后生的兩個兒子也被秦王政裝入袋子活活摔死，風流太后本人則被遷到雍都軟禁起來。

　　早就對呂不韋獨攬大權心懷妒恨的秦王政，借剷除嫪毐之機，毫不

第七章　大秦帝國兵馬俑之謎

留情地免去了呂不韋的相國之職，並削去侯爵及一切封地，逐歸洛陽。幾年後，又把呂不韋貶至巴蜀。不久，又追去一道詔書：賜其自刎。

呂不韋跪對親生兒子發來的賜死令，知道已經山窮水盡，再無機可投，不禁老淚縱橫。商人畢竟是商人，儘管他憑藉自己的聰明才智取得一時的顯赫，但畢竟不具備、也不可能具備真正的政治角逐本領。或許，他的悲劇性結局，從那個輝煌夢想的實施之初就已注定了。因此，他悔恨交加而心膽俱裂，一杯毒酒才喝下兩口，就砰然倒地。

一連串「宮闈穢事」和內部爭鬥的曝光，使後來的秦始皇曾懷疑呂不韋是自己的生父，但殘酷的政治鬥爭已使他顧不得這些兒女情長，而這種複雜的身世對他性格的變化亦產生了極大的影響。

秦俑一號坑中青銅戟與銘文的出現，證實了秦始皇為王初期呂不韋曾掌控了炙手可熱的權力，也證實了秦代青銅兵器技術在這時已達到了爐火純青的境地。更為重要的是，證實了眼前的兵馬俑坑確實與 1.5 公里外那座高大的秦始皇帝陵有著千絲萬縷的關聯。

當然，呂不韋戟埋藏地下兩千年後出土的意義，並不是讓人們重溫過去那段歷史故事，而是透過蒙在表面的迷霧，更加深刻地認知歷史的真實，從中得到新的啟發。

例如，以呂不韋戟為代表的一系列出土文物，完美地證明了「相邦」這個歷史真相。相邦，簡稱相，是戰國時期百官至高者。戰國初年，有些國家的卿大夫因掌握大權而漸漸變為有國之君，作為他們親信的相室便成為「邦國之相」，相邦由此得名。根據曾主持秦始皇兵馬俑發掘的考古學家王學理研究，秦國設定相這個職位最晚是在惠王四年（西元前 334 年），直到秦王政十年（西元前 237 年）免除呂不韋相位止，相邦之稱歷時 98 年未變。

秦地遺址與墓葬，尤其是秦始皇兵馬俑坑出土的「相邦」兵器，為後世研究者提供了比文獻記載更可靠詳實的證據——其中一個最大特點是沒有避諱。如發現的十三年相邦義戈（惠文王十三年）、十四年相邦冉戈（昭襄王十四年）、三年相邦呂不韋矛（秦王政三年），以及出自秦俑坑的三年相邦呂不韋寺工戟頭、四年相邦呂不韋寺工戈、五年相邦呂不韋詔吏戈、七年相邦呂不韋寺工戈、八年相邦呂不韋詔吏戈、九年相邦呂不韋蜀守戈等，都彌補了文獻記載的缺遺與錯誤。

漢代之後幾部重要的史書皆寫相邦為相國，例如：趙武靈王傳國於少子何，《史記·趙世家》記載曰：「肥義為相國。」《資治通鑑》胡注引應劭曰：「相國之名始此，秦、漢因之。」又《史記·秦始皇本紀》曰：「莊襄王死，政代立為秦王……呂不韋為相，封十萬戶，號曰文信侯。招致賓客遊士，欲以併天下。」史書改相邦為相國的原因是漢朝的開國皇帝叫劉邦，為避其名諱，儒生們便改「邦」為「國」了。秦始皇兵馬俑出土的「相邦」戟，就是這個湮沒史實的鐵證。

荊軻刺秦王

隨著俑坑的擴展和陶俑的陸續出土，考古人員的思路也隨之開闊活躍起來，按照古代兵馬一體的軍事形制，既然有如此眾多的武士俑出土，應該還有戰馬俑埋在坑中。可是這些遲遲不肯面世的戰馬俑又藏在哪裡呢？

地下的戰馬似乎聽到了人們尋找自己的聲音，就在青銅戟發現的第三天，它們的第一個群體面世了。

第七章　大秦帝國兵馬俑之謎

這是四匹駕車的戰馬，馬身通高 1.5 公尺，體長 2 公尺，四馬齊頭並立，駕一輛木製戰車。儘管戰車已經腐朽，但馬的神態和雄姿仍給人一種奔馳疆場、勇往直前的豪邁氣概。

圖 7-7 陶馬出土時情形

隨著陶馬與木車的出土，發掘人員再度陷於亢奮與激動之中，而使他們更加亢奮與激動的則是青銅劍的出土面世。

這是一個寒冷的下午，在坑內西南角一個殘破的陶俑下，一把銀白色銅劍靜靜地躺臥在泥土中。儘管經歷了 2,000 多年泥水侵蝕的漫長歲月，當考古人員發現時，它依舊閃爍著昔日的雄風華彩——通體光亮如新，寒氣逼人。由於當時工人眾多，人員混雜，考古人員未敢當眾提取，而是悄悄地用土掩蓋。待全體人員收工後，袁仲一等考古人員才再次圍攏過來，按照考古流程將銅劍提取出來。此劍長達 91.3 公分、寬 3.2 公分，其形制與長度為典型的秦代精良寶劍。

它的出土，無疑為研究秦代兵器的製造和防腐技術提供了極為珍貴的原始實物證據。同時，它使人們重新憶起「荊軻刺秦王」那段驚心動魄的故事，也揭開了這個故事留下的千古之謎。

西元前 222 年，強大的秦軍滅掉趙國後，兵臨易水，劍指燕國。燕

國軍臣人心惶惶，眼看國亡在即，燕太子丹為挽救危局，導演了一幕荊軻刺秦王的歷史悲劇。

荊軻為報答太子丹的厚待之恩，以「風蕭蕭兮易水寒，壯士一去兮不復還」慷慨悲壯之信念，離燕赴秦，實施行刺計劃。

荊軻與壯士秦武陽來到咸陽，向秦王政獻上秦國叛將樊於期的人頭和燕國地圖。當他們來到宮殿前，號稱13歲就因殺人而出名的副手秦武陽，被眼前威武森嚴的秦宮氣勢嚇得面色如土，雙腿顫抖，大汗淋漓。衛士將他擋在門外，無奈之中，荊軻獨自手捧地圖，從容自若地走向大殿。當他在秦王政面前將地圖緩緩展開時，一把鋒利的匕首露了出來。這是燕國太子丹花重金從趙國徐夫人手裡購來、並請工匠用毒藥煨淬過的特殊凶器，經過試驗，這把匕首只要劃破人的皮膚、流出血絲，無不當場斃命。

荊軻見匕首已現，再無掩飾的必要，急忙扔掉地圖，衝上前去抓住秦王政的衣袖，揮臂欲刺。也就在那一剎那，秦王政本能地跳起來，荊軻抓住的衣袖斷為兩截。秦王政繞著宮殿的大柱子奔逃，荊軻緊追不放，情況萬分緊急。奔逃中的秦王政下意識地伸手去抽身佩的青銅寶劍，可是劍身太長，連抽三下都未能出鞘。在這緊要關頭，一個宦官大呼：「王負劍！」秦王政聽到喊聲，猛然醒悟，將佩劍推到身後斜抽出來。隨著一道寒光閃過，荊軻的左腿被斬斷，頓時血流如注。躺在地上的荊軻忍住傷痛，用力將匕首向秦王政擲去，但未能刺中。秦王政揮劍連砍荊軻數劍，侍衛上前殺了荊軻。作為副手的秦武陽也被宮廷衛士隨之剁成肉泥……

這個驚心動魄的歷史事件，給後人留下了難以磨滅的印象。就當時的情形而言，如果秦武陽沒有因膽怯而止步，而是和荊軻一起去刺殺秦

第七章　大秦帝國兵馬俑之謷

王，那麼中國歷史也許將重新改寫。可惜這位刺客沒有做到，只以其自身的悲劇留給後人無盡的感嘆和惋惜。有詩云：

　　卅歲徒聞有壯名，及令為副誤荊卿。是時環柱能相副，誰謂燕囚事不成！

隨著這場悲劇的結束和歲月的流逝，人們對秦王所佩寶劍提出了種種疑問：為什麼在繞柱奔逃時抽不出劍？負劍抽出又是怎樣的一種動作？他的劍何以鋒利到足以一次就將荊軻左腿斬為兩截的程度？

一號坑秦代寶劍的出土，使千百年來的秦王負劍斬荊軻之謎迎刃而解。

秦劍之鋒

從考古發掘中得到證實，劍作為一種兵器，起源於西北地區的游牧民族，大約在殷商之前就已開始使用，西周時傳入中原。從西安張家坡西周墓出土的劍來看，全長僅為27公分，並且非常原始。即使是春秋時期，中原地區的銅劍也為數不多，且劍身短小，形同匕首。

這時南方的吳越之地，銅劍鑄造業卻發達起來。從已出土的吳王光劍、吳王夫差劍來看，都不失為天下名劍。而在江陵望山一號墓出土的越王勾踐劍，其精良程度達到了當時鑄劍的高峰。這柄寶劍出土時不僅未見任何銅鏽，而且表面光彩照人，刀鋒銳不可當，在布滿菱形暗紋的劍身上，鑄有「越王勾踐，自作用劍」的銘文。吳越之劍的劍身長度都在60公分以下，越王勾踐劍的劍身長度只有55.7公分。

戰國時期乃至秦代青銅劍，在吳越劍的基礎上又進一步發展，將古代青銅劍的鑄造工藝推上頂峰。秦代劍的錫含量明顯比吳越銅劍多，由

於含錫量的增加，硬度也隨之增強，鋒利程度明顯提高。最不同的是，秦劍的身長已不像吳越之劍那樣短小，由先前不足60公分發展到90公分至120公分。隨著劍身增長和鋒利度提高，青銅劍漸漸被將士普遍作為武器，用以防身和作戰。當然，在統治階級，佩掛寶劍除了防身之外，還有顯示身分和地位的功能。

一號坑出土的青銅劍，儘管不能判斷是不是秦王政當年斬荊軻之劍，但可以由此推斷，秦王所佩寶劍的長度不下91.3公分。以秦王政好大喜功的性格來看，他的佩劍可能比出土青銅劍更長，甚至達到120公分。這樣寬長厚重的兵器懸於腰的旁側，當身體急遽運動時，勢必造成大幅度擺動。隨著秦王政身體不斷扭動、前傾，佩劍就勢前移，直至胸前。儘管秦王身高臂長，但也不能將1公尺多長的寶劍迅即從劍鞘中抽出。

有史學家認為秦王政將劍推到背部之後才得以抽出，顯然是出於對「負」這個字的考慮，並認為「王負劍」就是從背後抽出劍。但事實並非如此，這裡的「負」應是今天的「扶」字之意，只要秦王抓住劍鞘，使其恢復到身旁原來的位置，憑他手臂的長度完全可以將劍出鞘。我們可以想像，他很可能是這樣做的。在那千鈞一髮之際，秦王政左手後搭的片刻，劍鞘被拉到胸前，右手瞬間出劍，間不容髮。寒光閃過，鮮血噴射大殿柱上，荊軻半條腿從殿宇上方呈飛舞狀，砸於殿上。這一刻，歷史宣布了秦王的勝利。「王負劍」之謎，則在兩千年之後的兵馬俑坑中得以揭開。

對秦俑坑出土的這柄青銅劍，考古人員張占民曾做了一個有趣的實驗。他先在桌面上放一疊紙，然後輕輕將劍從紙上劃過，其結果是，一次居然可以劃透19張紙，其刃之鋒利可想而知。後經科學測定，此劍由

第七章　大秦帝國兵馬俑之謎

銅、鉛、錫三種金屬構成，由於三種金屬比例得當，才使秦劍堅硬鋒利而又富有韌性，達到了「削鐵如泥、斷石如粉」的神奇境地。

而使秦劍歷兩千餘年泥水侵蝕依然光亮如新的祕密，經研究則完全歸功於劍身表面那層10微米至15微米厚的含鉻化合物氧化層。化驗表明，秦劍已採用了鉻鹽氧化處理。令人驚嘆和遺憾的是，這種化學鍍鉻技術，隨著青銅兵器退出戰爭舞臺，也隨之失傳了。直到1930年代，才由德國人重新發明並取得專利權。至於秦國人是如何將鉻鹽氧化物鍍於秦劍之上，直到今天，這個謎也未能揭開。

經過一年的發掘，一座東西長230公尺、南北寬62公尺，總面積為14,260平方公尺的大型兵馬俑坑終於被揭開，6,000餘件兵馬俑和數十輛戰車面世了。人們目睹了秦兵馬俑神姿風采的同時，也有機會對它們的設計和創造者進一步考察與探索。

據《史記‧秦始皇本紀》載：「始皇初即位，穿治驪山，及併天下，天下徒送詣七十餘萬人，穿三泉，下銅而致槨，宮觀百官奇器珍怪徙臧滿之。」可以看出，這位後來的始皇帝嬴政，在西元前247年他13歲登上秦國王位的同時，就開始為自己營建陵墓了。這座位於驪山腳下的陵墓，前後修建達37年，直到他死亡並葬入地宮後，陵園的工程尚未全部完成。可見工程規模之浩大，建築之複雜與用工之多。

而作為陵墓附屬建築的兵馬俑坑工程，在秦始皇入葬地宮後仍繼續修築，直到周章率領數十萬民軍攻入關中、對秦朝廷構成巨大威脅時，兵馬俑坑的修築才被迫中輟，草草收場。

兩千多年後，當年兵馬俑坑的設計者和修築者已不復存在，一切的悲壯和苦難也早已隨風而去，留在這個世界上的，則是他們在酷烈的政治背景和生活中用心血凝成的偉大不朽之作──龐大的地下軍陣。

1975年7月12日,新華社發布了秦始皇兵馬俑一號坑發掘的消息。這支陣容整肅、披甲執銳的地下大軍將走向世界,接受整個現代人類的檢閱。

二號俑坑現世

1975年,為保護秦俑,經由中國國務院同意,秦始皇兵馬俑遺址博物館工程建設拉開了序幕。

1976年春節過後,整個秦俑坑發掘工地,大家都圍繞著建設博物館而忙碌、奔波起來。與此同時,籌建處的主管根據博物館的規模及人員編制情況,決定在一號俑坑東北方一片空曠區修建職工宿舍。

在文物重地建房舍,先要勘探地基。有鑒於考古隊鑽探人員正在其他地方工作,籌建處便從陝西省第三建築公司找了一名高級探工徐寶山來此處鑽探。意想不到的是,沒過幾天,徐寶山便於地下發現了「五花土」,繼而又探出「夯土」,當鑽探到離地表5公尺深時,發現了鋪地磚。每一個探工都知道,既有夯土又有鋪地磚,預示著下面是一處遺址並可能會有文物。徐寶山將這一情況迅速報告了籌建處的主管楊正卿。

當徐寶山滿面紅光地從楊正卿的臨時辦公室出來時,迎面碰上了考古隊的程學華和鑽探小分隊的丁保乾一行四人。徐寶山按捺不住心中的激動,兩眼放光地對丁保乾說:「我探清楚了,地下有文物,5公尺深見磚,接下來就是你們考古隊的事了。」

第二天上午,楊正卿找到程學華,請他帶人到徐寶山鑽探的地方復探。經過一個上午,證實徐寶山提供的情況不虛。這一發現,真是大出人們的意料。考古隊鑽探人員為了找新的俑坑,曾苦苦探尋了百餘天而

第七章 大秦帝國兵馬俑之謎

未果，想不到就在離一號坑東端北側約 20 公尺的地方，居然還深藏著一個俑坑，埋伏著一批兵馬。真可謂「踏破鐵鞋無覓處，得來全不費功夫」。

這一天是 1976 年 4 月 23 日，考古人員將這個俑坑編為二號坑。

劃時代的強弓勁弩

為了釐清二號坑的形制和範圍，在得到中國國家文物局批准後，1976 年 4 月，考古隊對二號兵馬俑坑進行試掘。這是一個完全不同於一號俑坑、近似曲尺形的地下建築。它長 96 公尺、寬 84 公尺、深約 5 公尺，總面積為 6,000 平方公尺，約相當於一號俑坑的一半，其結構明顯地分為左右兩大部分。右側近似一個正方形，屬於坑道式建築。面開 8 間，分為前後兩部分，前後有迴廊，東西兩端各留兩條斜坡門道。左側近似一個長方形，亦為坑道式建築，同樣分為前後兩部分，前半部略呈正方形，面開 6 間，前後迴廊貫通。在東西兩壁和北壁，各留兩條斜坡門道。

根據鑽探和試掘的情況可知，坑內埋藏木質戰車 89 乘，陶俑、陶馬 2,000 餘件，青銅兵器數萬件。整體推斷，這是一個由弩兵、輕車兵、車兵、騎兵四個不同兵種組成的大型軍陣。

這個軍陣與一號坑軍陣的不同之處，首先是在最前方的一角排列著弓弩手組成的小型方陣。秦代弓箭手有輕裝與重裝之分，輕裝弓箭手稱作「引強」，重裝弓箭手稱作「趚（ㄔㄜˇ）張」。這是以引弓的不同方式命名的。引強是指用手臂張弓，趚張則是用足踏張弓的強勁弩手。秦俑二號坑以 334 名弓弩手編成了一個獨立的小方陣。

關於弓箭手的作用和在戰爭中發揮的威力,歷代兵家均有論述,100多年前恩格斯在論述古代戰爭時曾特別指出:「軍隊的力量在於它的步兵,尤其在於它的弓箭手。」二號坑出土的弓弩方陣部隊以及精良的裝備,充分顯示了弓弩在古代戰爭中的特殊作用。

當歷史進展到秦代,弓弩手已成為一支完整而相對獨立的兵種,在戰術上與車兵、騎兵密切配合。從文獻中可以看出,作為秦代的弓弩手,必須是年輕健壯的「材力武猛者」,經過至少兩年的訓練才可作為射手初入軍陣。

圖7-8 跪射俑

圖7-9 跪射俑持弓姿勢

圖7-10 弓弩手陣前姿勢

圖7-11 二號坑出土的立姿弓弩手陶俑

第七章　大秦帝國兵馬俑之謎

　　二號坑弓弩手的形象，正是這些「材力武猛者」的生動寫照。立姿射手體形勻稱，身材高大，均在180公分以上，面部表情透露出青壯年特有的堅毅與剛強。而那陣容嚴謹、姿態整齊的跪姿射手，身著戰袍，外披鎧甲，身體和手臂向左方傾斜，雙目向左前方平視，兩手在身的右側持弓搭箭，背部置有上下兩個對稱的負矢陶環，每個陶環裝置銅鏃多達100支，其負矢之多，比起當初魏國武卒「負矢五十」的數量，多了一倍。由於射手面容和衣褶紋的不同，使這個特殊的軍陣在整齊嚴謹中又充滿了鮮活的個性，尤其射手頭部那向左或向右、高高綰起的髮髻，髻根均用朱紅色絲帶繫扎，有的飄於肩下，有的似被風吹動向上翻捲，顯得英武神俊，瀟灑自如。

　　特別值得注意的是，這個特殊的方陣四周均是持強弩的立姿射手，方陣的中心則為持弓的跪姿射手。這種並非偶然的列陣方法，明顯地告訴世人戰爭的流程和步驟。當敵人接近時，立姿射手先發強弩，繼之跪姿射手再發弓箭。一起一伏，迭次交換，從而保證矢注不絕，使敵人不得前來而斃於矢下。跪射俑左腿支起，右腿下跪，左膝朝上，右膝著地，是古代軍事中善射之法的充分寫照。這種善射方法，有助於保持身體平穩、準確擊中目標，且具有科學依據。兩千多年後今日軍隊，在使用小口徑半自動步槍無依託射擊中，所採用的跪姿，與秦俑弓箭手的動作完全相同。

　　和弓箭手處於同等地位，並密切配合的是弩機手。弩是一種源於弓，而不同於弓的遠射武器，「言其聲勢威響如怒，故以名其弩也」。漢代人認為，弩是黃帝發明的，《吳越春秋》則把弩的創始人，說成楚人琴氏。從歷史資料來看，青銅弩機在戰國時期，才大規模地登上戰爭舞臺。《戰國策》曾有「天下之強弓勁弩，皆自韓出。溪子、少府、時力、

距來,皆射六百步之外」的記載。

關於強弩最早大規模應用於戰場的記載,當為西元前341年,發生在魏國的大將龐涓與齊國軍事家孫臏之間的馬陵之戰。孫臏制敵的絕招就是勁弩齊發,箭如飛蝗般向龐涓的軍隊射擊,導致赫赫有名的將軍龐涓中箭,身負重傷,自刎身死,其所率大軍除戰死外全部被俘。勁弩作為當時的一種新型兵器,在戰爭中發揮了巨大威力。

隨著歷史的進展,曾在古代戰爭中發揮強大威力的勁弩,漸漸從兵器家族中消失,後人只能從文字記載中理解它的形貌。

二號坑強弩之陣

二號坑近百架強弩的出土,無疑為後人對於這種古代兵器的理解和研究,提供了有力的佐證。馬陵之戰,首次顯示了弩這一新式武器的威力,也反映出當時齊國軍隊已廣泛使用弩的事實。當時遠在西部的秦軍,對這種新式武器所發揮的強大作用自然深知,必然加以借鑑和應用。於是,在他們後來的戰術中,有了「強弩在前,錟(ㄊㄢˊ)戈在後」的最新式排列方法,這種戰術排列,鮮明地展現於二號俑坑。

當然,在戰爭中發揮重要作用的弩,隨著戰爭的不斷延續,變得更加精良和實用。秦俑坑出土的弩,有許多與史書記載不同,並且形制多樣。秦俑二號坑發掘出一種形制極為特殊的勁弩,在長64公分的弩臂上重疊了一根木條,還夾有青銅飾件,顯然這些裝置都是為了增強弩臂的承受強度,從而可以推斷它是一種張力更強、射程更遠的弩。

第七章　大秦帝國兵馬俑之謎

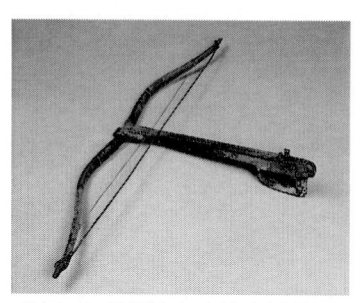

圖 7-12 秦俑坑出土的青銅弩圖

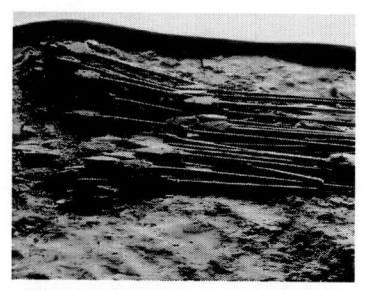

圖 7-13 秦俑坑出土的青銅箭鏃

這種推斷，除了弩有不同形制外，從其所配的特大型號銅鏃也可得到驗證。這些歷經千年而不朽的銅鏃，每支重量達 100 克，較其他銅鏃長一倍有餘。這是古代兵器史上發現的型號最大的銅鏃。可以想像，這種特殊的強弩配以碩長沉重的銅鏃，必然會產生其他勁弩所不能匹敵的巨大殺傷威力。當然，這種弩機與銅鏃的出土，尚不能代表秦代弩兵器的最高水準。從史料中可以得知，秦代高水準的勁弩似乎比這些更為先進和更具有殺傷力。具體事例如下：

西元前 210 年，秦始皇最後一次出巡。當他來到琅琊時，受方士徐福所騙，親備連弩，乘船下海捕捉巨魚。船行至芝罘半島海域，果真有一條大魚搏浪而來，秦始皇和身邊衛士拉動連弩，將巨魚射死在海中。

在這場人魚搏鬥中，秦始皇和衛隊使用了何種具有強大殺傷力的連弩？《史記》中記載的秦始皇陵墓道上裝置的自動發射「暗弩」，又是怎樣的一種新型武器裝備？這些至今仍是不解之謎。

儘管二號坑的弓弩方陣處於特殊的地位並形成獨立的軍陣，但這種獨立只是相對的，它是整個二號俑坑軍陣的一部分。這一部分和其他的兵種相連，呈唇齒之勢。

在弓弩方陣的右側便是一個龐大的戰車軍陣。它縱為 8 列，橫為 8 排，戰車共計 64 乘。每乘戰車上有甲俑 3 件，御手居中，車左、車右居

兩側。御手身高190公分以上，雙足立於踏板，兩臂向前平舉，雙手半握，拳心相向，做握轡狀，食指與中指留有空隙，以便轡索穿過，在拇指的內側有一半圓形陶環，似為勒轡時拇指的護套。3俑均身穿戰袍，外披鎧甲，手上罩有護手甲，頸圍方形盆領，脛著護腿外套，足蹬方口齊頭履，頭頂右側梳髻，瀟灑飄逸，雙目炯炯前視，全身的裝束顯示了秦兵在陣戰中，凶悍威武的曠世雄威。

秦始皇兵馬俑坑排列的兵陣，既有古代兵書所說「魚麗之陣」[01]車、步協同的寬大陣面，又突破了在二線或三線的兵力配置，創造出強大的縱深，形成「本甲[02]不斷」的雄壯氣勢。

由於騎兵躋身於戰場並日益顯示出強大的優勢，才使中國古代動輒千百乘、大排面密集的車陣戰，叱吒風雲地度過了十多個世紀之後，不得不漸漸退出歷史舞臺，消逝在戰場上。如果追溯中國古代騎兵何時登上戰爭舞臺，自然以西元前4世紀趙武靈王「胡服騎射」的改革為代表。但透過考古資料可以發現，在殷代甲骨文中已經出現了記載騎兵作戰的事例，可惜那時的騎兵並不普遍，只局限於西北地區的游牧民族，況且戰爭的規模比戰國時期小得多，不足以稱為真正意義上的戰爭。因為在戰國之前一千多年的時間裡，畢竟是戰車統治疆場的時代，況且隨後它又陪伴車兵同步度過了一百多個春秋。

騎兵的演變

趙武靈王的「胡服騎射」已被公認為中國產生騎兵的代表，但它顯然處於中國騎兵史上的「童年時期」，之所以說是童年時期，是因為在戰爭

---

[01] 古代將步卒隊形環繞戰車進行疏散配置的一種陣法，能夠在車戰中盡量發揮步兵的作用，即先以車戰衝陣，步兵環繞戰車疏散隊形，可彌補戰車的縫隙，有效殺傷敵人。
[02] 主力部隊。

第七章　大秦帝國兵馬俑之謎

中的作用不甚明顯，且沒有馬鞍和馬鐙，武士們只是騎著一匹匹裸馬在作戰。到春秋時代中期，秦國的騎兵才作為一支能夠獨立作戰的兵種而嶄露頭角。當然，因時代條件的局限，同樣發揮不了太顯著的作用。直至秦始皇發動殲滅六國的統一戰爭，騎兵數量才急遽增多，其戰鬥力也明顯加強。但在戰車仍充當著主力、且步兵承擔起重要角色的情況下，騎兵暫時僅是配合性兵種，屬於機動性質。因此，在兵力的配置和指揮上，還是按照以車為正、以騎為奇的戰術以適應戰場需求。當需要騎兵搏殺時，仍然遵循「用騎以出奇，取其神速」的戰術原則，以便在移動中消滅敵人。

當秦王朝建立後，軍事重心轉移到國防，接敵對象由原來的山東六國變為北攻胡貉、南攻揚粵。對付強悍的匈奴騎兵，必須要有一支訓練有素、強健精銳的騎兵。因此，此時的秦軍加強建置騎兵部隊並大規模用於軍事行動，創下大將軍蒙恬率軍擊敗匈奴騎兵，使之遠退漠北，十餘年不敢南下的勝局。尤其是秦50萬大軍進軍嶺南，長途馳驅，當然更少不了騎兵的配合。此時的秦騎兵已成為舉足輕重的軍事力量，縱橫馳騁在各地戰場上。遺憾的是，古代騎兵的裝飾、布局及軍陣的風采隨著歲月的流逝而失落於茫茫煙塵之中，縱使後人絞盡腦汁，也無法完全領會它的真正內涵和叱吒風雲的壯觀雄姿。秦俑二號坑騎兵俑的出土，為後人無聲地開啟了一扇神祕的窗戶，2,000多年前騎兵軍陣的陣容再度呈現在世人的面前。

二號坑的騎兵俑群位於模擬營壘的左部，占有3個過洞，並呈現縱深的長方形小營。小營中的每一騎士牽一戰馬入編定位，行列整齊，縱向12列，橫向9排，共計108騎。另外，在車兵、步兵混編小營的3個過洞裡尚有8騎殿後，整個俑坑的騎兵總數為116騎。

圖 7-14 牽馬騎兵俑

　　騎兵俑的裝束與步兵、車兵俑有著明顯的不同。它頭戴圓形小帽，帽子兩側帶扣緊繫在領下。身著緊袖、交領右衽雙襟掩於胸前的上衣，下穿緊口連襠長褲，足蹬短靴，身披短小的鎧甲，肩無披膊裝束，手無護甲遮掩。衣服緊身輕巧，鎧甲簡單明快。這一切完全是從騎兵的戰術特點考慮和設計的。由於騎兵戰術所顯示的是一種迅速、突然、出其不意的特殊殺傷功能，騎士必須行動敏捷、機智果斷。假如騎士身穿重鎧或古代那種寬大的長袍，則顯然違背了騎兵戰術的特點。事實上，也只有穿著這種貼身緊袖、交領右衽的胡服才更能自由地抬足跨馬，挎弓射箭，馳騁疆場。

　　從另一方面觀察，秦俑坑的騎兵軍陣，完全是模擬現實的藝術再現，每個騎兵的身高都在 180 公分以上。從體形的修長勻稱、神態的機敏靈活，以及身材和面部顯示的年齡特點，完全符合兵書所言：「選騎士之法，取年四十以下，長七尺五寸以上，壯健捷疾，超絕倫」的要求。那些站立戰馬身旁，抬頭挺胸，目視前方，一手牽韁、一手提弓的騎士陶俑，真實傳神的造型姿態，成功地呈現秦代騎兵待命出擊、健壯捷疾的精神風貌。

　　兵馬俑發現之前，有研究者認為，古代騎兵使用馬鞍當是在西漢時

第七章　大秦帝國兵馬俑之謎

期，此前尚無先例。秦俑坑陶馬的出土，徹底否定了這種理論。每個陶馬的背上都雕有鞍韉，鞍的兩端微微翹起，鞍面上有鞍釘，使皮質革套固定在鞍面。韉的周圍綴有流蘇和短帶，鞍後有鞦，下有肚帶，遺憾的是未配馬鐙。這些實物的出現，完全足以證明早在秦代、甚至戰國後期，騎兵就已使用了馬鞍。看似簡單的馬鞍的使用，是一件了不起的大事。它使騎兵的雙手獲得解放，更加有效地發揮和增強了戰鬥能力。

二號坑發現的騎兵軍陣，置於整個大型軍陣的左側，這種排列特點，代表它在戰爭中所發揮的正是其他兵種所不具備的「迅速」迎敵之戰術特長。

當然，騎兵在戰場上取勝絕不是靠單騎的速度，而是憑著有組織的隊形，否則，有如個人在體育場上的競技一樣，能贏得一時的喝采，而對一場團體戰鬥來說卻是毫無意義的。

著名的兵書《六韜》在提到騎兵作戰時，往往把車、騎並提，這顯然是早期騎兵尚未獨立的一大特點。而在〈均兵〉中，關於騎兵的作戰能力，太公望認為，如果對車騎運用不當，就會「一騎不能當步卒一人」。但是，若列陣配備合適，又是在險要地形上，也能「一騎當步卒四人」。由此可以看出，兵法家在這裡明確地揭示了隊形和地形是騎戰威力所在的兩大因素。車騎作為軍中的「武兵」，如果安排得當，就能獲得「十騎走百人，百騎走千人」的戰爭藝術效果。

秦俑二號坑的騎兵俑群，向後人呈現出一個宿營待發、配合車兵和步兵待戰的陣勢。若從整體觀察，不難發現在兵力配置上，騎兵俑群僻處一隅，其數量也遠遠地少於車、步俑之數。結合文獻記載可以說明，此時的秦騎兵雖已是一支雄壯強盛的獨立兵種，但畢竟還沒有取代車、步兵而成為作戰的主力。儘管如此，在統一戰爭的交響樂中，卻是一支

最強音。因為騎兵行動迅捷靈活，能散能集，能離能合，若遠距離作戰，可以快速奔馳，百里為期，千里而赴。不僅能短時間內長途奇襲，使敵防不勝防，還可迅速轉換作戰方式，成為兵書中所譽稱的「離合之兵」。

具有悠久養馬史的秦國，在騎兵的運用上自然優於山東六國。其高度的機動性和強大的衝擊力，都是其他國家的其他兵種所無法匹敵的。

馬鐙成為限制騎兵發展的關鍵

歷史的長河流淌到秦代之時，騎兵雖已初露鋒芒，但遲遲沒有成為戰場主力，造成這種狀況的原因固然很多，但有一點是不可否定的，這便是在騎兵的改革過程中很小又極為重要的一個部件──馬鐙的產生和利用。

從秦俑二號坑的騎兵俑來看，騎兵們不但既無馬鐙，連踏鐙也沒有，由此可以斷定騎兵是雙手按住馬背、跳躍上馬。上馬後的騎兵抓緊韁索，貼附馬背以防顛落。由於沒有馬鐙，在奔馳作戰時，就不能靠小腿夾緊馬腹來控制坐騎，更談不上騰出雙手全力揮動武器與敵搏殺，攻擊力與靈活性都大受限制。在這種情形下，就注定了不能使用長柄兵器更有效地殺傷敵人，這是一個時代的局限和遺憾。

那麼，作為極具重要性的小小馬鐙是何時產生的，不同國家的學者有不同的看法。英國著名的中國科技史專家李約瑟對中國發明的馬鐙給予高度評價，他說：「關於腳鐙曾有過很多熱烈的討論，原先人們似乎有很充分的證據表明這一發明屬於西徐亞人、立陶宛人，特別是阿瓦爾人，但最近的分析研究，表明占優勢的是中國⋯⋯直到8世紀初期在西

第七章　大秦帝國兵馬俑之謎

方（或拜占庭）才出現腳鐙，但是它們在那裡的社會影響是非常特殊的。林恩·懷特（Lynn White）說：『只有極少的發明像腳鐙這樣簡單，卻在歷史上產生了如此巨大的催化影響。』因而我們可以這樣說，就像中國的火藥在封建主義的最後階段幫助摧毀了歐洲封建制度一樣，中國的腳鐙在最初幫助了歐洲封建制度的建立。」

或許李約瑟的這個評價是有道理的。傳說中的中國最早的馬鐙是受登山時使用的繩環啟發，但是繩環不適於騎馬，因為如果騎士從奔跑中的馬上摔下來，腳就會被繩環套住，飛奔的馬會把人拖傷。於是古人就對繩環加以改進，用銅或鐵打製成兩個吊環形的腳鐙的雛形，懸掛在馬鞍兩邊，這就是馬鐙。從考古發現來看，長沙出土的西晉永寧二年（西元302年）陶騎俑的馬鞍左側吊有一鐙，被多數學者認為是中國最早的馬鐙。但因為只有一只，有的學者便認為不是馬鐙，而很可能是上馬時的踏鐙。

1965年至1970年，南京市文物保管委員會在南京象山發掘了東晉琅琊王氏族墓群，在7號墓中出土了一件裝雙鐙的陶馬俑，墓葬年代為東晉永昌元年（西元322年）或稍後。這件陶馬的雙鐙是已知馬鐙的較早實例。

1965年在遼寧北票西官營子發掘了北燕馮素弗墓。北燕是西元4世紀初遷到遼西的漢族統治者馮氏在前燕、後燕基礎上建立的鮮卑族國家，馮素弗是北燕王馮跋的弟弟。這是一座時代明確的北燕墓葬。墓中出土一副馬鐙，形狀近似三角形，角部渾圓，在木心外包鑲著鎏金的銅片。

此外在敦煌石窟壁畫中有不少馬鐙形象的資料。其中最早繪出馬鐙的是北周（西元557至580年）所繪的第290窟，該窟窟頂繪有規模宏大、

構圖複雜、內容豐富的〈佛傳故事〉，畫面中有 3 處出現了備鞍的馬，鞍上均畫了馬鐙。在該窟的〈馴馬〉畫面中，馬鞍上也畫了馬鐙。

從已發掘清理的山西太原北齊婁睿墓壁畫中，可以清楚地看出馬鐙、馬鞍與人三者之間的關係變化情形。該墓墓道繪有出行與回歸圖，圖內繪有許多鞍馬人物，其中馬、鐙、人三者關係表現極為充分。畫中的馬，或悠然前行，或奔馳如飛，有的呈現勃然躍起狀，騎乘者靠腳下所踏的馬鐙保持身體平衡。據考證，婁睿墓的時代為北朝晚期（西元 570 年左右），足見當時中國不同地區的人們已經熟練地使用馬鐙了。

馬鐙發明以後，很快就傳到朝鮮，在 5 世紀的朝鮮古墓中已經有了馬鐙的繪畫。至於流傳到西方的馬鐙，首先傳到土耳其，然後傳到古羅馬帝國，最後傳播到歐洲各地。

如此看來，一個小小的馬鐙，在產生騎兵之後的近千年才被發明創造出來，的確有些不可思議。不過在西漢大將軍霍去病墓前有一石牛，牛背上也有一個鐙的雛形，這個鐙的雛形又帶給研究者一個新的啟示。難道在西漢有騎牛的習慣？如果有這個習慣並有鐙產生，對騎兵達到鼎盛時期的西漢軍隊來說，不也是一個極重要的啟示嗎？那牛鐙不正是馬鐙的另一種安排嗎？如果看一下漢代騎兵的強大陣容和赫赫功績，就不難推斷出，在那個時代發明馬鐙或產生了馬鐙的雛形、並用於戰場上的騎兵部隊，是極有可能的。

秦末漢初之際，中原戰火頻仍，正好給了遠在北方的匈奴一個擴充騎兵部隊的機會，幾年內，其騎兵總數便達 30 餘萬。漸已強大的匈奴趁漢朝立國未穩之時，大舉進兵南侵，並很快占據河套及北方的伊克昭盟地區。

匈奴鐵騎勢如破竹，於漢高帝七年（西元前 200 年），單于冒頓率部攻下馬邑，並把劉邦親率的 32 萬漢兵圍困於平城（今山西大同市東）的

第七章　大秦帝國兵馬俑之謎

白登山七天七夜，致使劉邦差點喪命。平城之戰，使西漢統治者強烈意識到：要戰勝匈奴騎兵，只靠步兵是遠遠不夠的，必須建立強大的騎兵。

基於這樣明智的思考和選擇，自漢文帝起，就開始正式設立馬政，加強全國的養馬事業，並很快獲得成效。漢文帝前元三年（西元前 177 年），匈奴大舉進入中原北部上郡一帶掠奪財物，丞相灌嬰率 8.5 萬騎兵進擊匈奴，獲得初步勝利。到了漢文帝前元十四年（西元前 166 年），匈奴單于率 14 萬騎兵進入中原西北部的朝那、肖關一帶，文帝以中尉周舍、郎中令周武為將軍，發車千乘、騎兵 10 萬，駐守長安一側，「以備胡寇」。與此同時，還封盧卿為上郡將軍、魏仁為北地將軍、周灶為隴西將軍、張相為大將軍、董赤為將軍，以車兵和騎兵大舉反擊匈奴，迫使匈奴再度退出中原屬地和西北邊地。

當漢朝到了武帝之時（西元前 140 年至西元前 87 年），騎兵部隊迎來了它的鼎盛時期，並承擔了抗擊匈奴的歷史使命，獨立的騎兵戰術理論體系就此形成，在中國千年長河的騎兵史上寫下了光輝的一頁。

發現三號坑

秦始皇兵馬俑坑發掘工地，自從確定建立博物館之後，逐漸形成了三支不同的隊伍──建館、發掘、鑽探。一切都在緊鑼密鼓地進行中。

因二號坑的意外發現，考古鑽探人員更加小心謹慎，同時也更富經驗。他們在一號、二號坑之間與四周展開地毯式密集探測，每隔一公尺打一個探眼，終於在發現二號坑 18 天後──1976 年 5 月 11 日，於一號兵馬俑坑西北側 25 公尺處，又探出三號兵馬俑坑，這一發現無疑又是一個極大的喜訊。

發現三號坑

圖 7-15 三號兵馬俑坑全景

1977 年 3 月，考古人員對三號兵馬俑坑做了小型的試掘，發現是一個形制和內容完全不同於一、二號坑的奇特地下營帳，於是小心翼翼地按照它原有的遺跡脈絡進行發掘。當它的廬山真面目完全顯現後，人們才發現，這是一個奇異的俑坑，占地面積僅 300 平方公尺，尚不到一號坑的四十分之一。但它的建築形制特殊，坑內結構奇特，令考古人員一時難以作出確切的結論。

從整體上看，一號俑坑平面呈長方形，二號俑坑平面呈曲尺形，唯有三號俑坑平面是一個不規則的凹字形。它的東邊為一條長 11.2 公尺、寬 3.7 公尺的斜坡門道，與門道相對應的為一車馬房，兩側各有一東西向廂房，即南廂房與北廂房。

遺憾的是，坑中陶俑的保存情況遠不及一、二號坑。由此，考古人員推斷三號俑坑曾遭受過比一、二號俑坑更加嚴重的洗劫。然而，令人不解的是，三號俑坑的建築未遭火燒，而是屬於木質建築腐朽後的自然塌陷。這種奇特的現象又成為一個待解之謎。

隨著發掘的不斷進展，一個古代軍陣指揮部的形貌出現在世人的面前。三號俑坑作為古代軍陣指揮部完整的實物形象資料，是世界考古史上獨一無二的發現。它的建築布局、車馬特點、陶俑排列、兵器配

045

第七章　大秦帝國兵馬俑之謎

備，都是人們重新了解和研究古代戰爭以及出征儀式等方面難得的珍貴資料。

自1974年3月西楊村農民發現第一塊陶片到1977年10月，秦始皇帝陵兵馬俑坑的8,000地下大軍，以磅礴的氣勢和威武的陣容，接受了當今人類的檢閱。它的出現，如同一輪初升的太陽，使沉浸在漫漫長夜的東方古老帝國的神祕歷史，再度燦爛輝煌。

綜觀三個兵馬俑坑，不僅在建築形制上完全不同，而且在陶俑的排列組合、兵器分布和使用方法上也各有特色。

一、二號俑坑的陶俑都按作戰隊形呈相應的排列，而三號俑坑出土的武士俑則呈相向而立的形式出現，採取夾道式的排列。無論是南北廂房還是正廳，武士的排列方式均為兩兩相對，目不斜視，呈禁衛狀。

圖 7-16 一號坑兵馬俑軍陣

一號俑坑的武士俑，有的身穿戰袍，有的身披鎧甲，有的頭梳編髻，也有的將髮髻高高綰起，而三號俑坑的武士，均身披重鎧，頭梳編髻。其陶俑造型魁梧強悍，面部神態機智靈活，充分展示了古代衛士特有的性格和威武的精神風貌。

當然，三號俑坑最顯著的特點是兵器的不同。一、二號坑有大量的

戈、矛、戟、劍、彎刀之類的兵器，而三號俑坑只發現一種在古代戰爭中很少見的無刃兵器──殳（ㄕㄨ）。這種兵器的首部為多角尖錐狀，呈管狀的殳身套接在木柄上，它只能近距離殺傷敵人或作為儀仗，顯然不是應用於大規模廝殺的兵器。從大批殳的出土和武士俑的手形分析，三號俑坑的衛士無疑都是手執這類兵器且面對面站立的。

顯然，一、二、三號兵馬俑坑及其內容的排列組合，絕不是無意識或無目的的安置，而是經過深思熟慮、奧妙無窮的實戰車陣模擬，是一幅完整的古代陳兵圖。

一號俑坑和二號俑坑模擬的是兩個實戰的軍陣，三號俑坑實乃軍隊的最高指揮部，三個俑坑是一個密不可分的軍事集團。

秦俑坑軍陣布局和兵種的排列，隱現著根據戰場情況變化，軍陣和兵種配置也隨之變化的跡象。執弩的前鋒射擊後，可隨即分開居於兩側，讓路給後面的主力。騎兵則根據不同的敵情，以迅疾的速度衝出軍陣和步兵主力形成掎角以夾擊敵人。這種戰術上的變化，在春秋中期的車戰中就已開始出現，到戰國時期，隨著步兵與騎兵的興起，這種以夾擊為隊形的陣法漸趨成熟。春秋時期大排面的車陣戰已被這種追擊、包圍、正面進攻的策略戰術所替代，兵法中所云「雁行之陣」由此形成。

秦俑坑布置的軍陣，無疑是已趨成熟的「雁行之陣」再現。當戰爭開始，陣前的弓弩手先開弓放矢，以發揮其穿堅摧銳的威力。一號坑的步兵主力乘機向前推進，二號坑的騎兵與車兵避開敵軍正面，以迅速的特長襲擊敵軍側翼。一號坑步兵主力在接敵的同時將隊形散開，和車騎兵種共同將敵包圍，致使敵軍呈困獸之狀，從而達到殲滅的目的。這種戰術，正如孫子所言：「凡戰者，以正合，以奇勝，故善出奇者，無窮如天地，不竭如江海。」

第七章　大秦帝國兵馬俑之謎

　　一號俑坑是以傳統車兵與密集的步兵組成的龐大軍陣，兵力部署相當於二號俑坑兵力的 3 倍，而二號俑坑則是由弩兵、騎兵、車兵組成的軍陣，當二號俑坑的兵車、戰馬以「取銳」、「迅疾」的快速進攻戰術衝入敵陣時，一號坑的大軍則「無窮如天地，不竭如江海」，與敵軍正面交鋒。這種布陣方法，可謂大陣套小陣，大營包小營，陣中有陣，營中有營，互相勾連，又有各自摧銳致師的效能。

　　曲陣的神奇變化，迅疾勇猛；方陣的高深莫測，雄壯威武，使這個雁行之勢，攻無不克，戰無不勝，所向無敵。秦王政利用這支所向披靡的大軍和劃時代的軍事策略、戰術思想，以氣吞日月之勢，血蕩中原，席捲天下，終成千古一帝，開創了二千年未改的大一統政治局面。

秦王掃六合

　　當歷史進入西元前 475 年前後，繼春秋時代之後的大變革時期再度來臨。

　　在喜馬拉雅山東部和天山、陰山、大青山區域的千里大漠上，烽煙不斷，廝殺連年。大漠深處，匈奴、東胡、月氏族展開了爭奪區域霸主的拚殺。戰馬的嘶鳴伴著勁風吹起的狂沙煙塵，在箭雨刀光的浪濤中起伏跌宕，滾滾前湧。

　　黃河、長江兩大流域的廣袤土地上，經過春秋時期（西元前 770 年至西元前 476 年）曠日持久的爭霸戰爭，諸侯國數量大大減少。西元前 453 年，晉國的韓、趙、魏三家推翻智氏，瓜分了智氏的領地，三家分晉，奠定了戰國七雄的格局。此後一段相當長的歷史時期，強盛的齊、楚、燕、韓、趙、魏、秦七家雄主，為爭奪霸權而拚殺搏擊，逐鹿中原。黃色煙塵遮掩下，到處大軍雲集，鼓號震天，車騎交錯，戈矛並舉，刀劍

進擊,戰馬嘶鳴。戰爭之頻繁、規模之巨大、兵車之眾多,遠非西方戰場所能比。而交戰雙方投入軍隊的數量,隨著戰爭的發展急遽增多,幾乎每一次戰場交鋒的人數,都有數十萬之眾。戰爭的方式由較原始的車戰、陣戰的直接對抗逐漸演變為以步、騎、弩兵為主的野戰,以及多種變化的包圍戰。著名的秦、趙「長平之役」,兩軍從西元前262年一直拚殺到西元前260年,結果是趙國40多萬降卒被坑殺,秦國軍隊也傷亡過半。

歷史的動盪急需一位鐵腕人物站出來,用超人的智慧和強大的武力完成統一。秦王政正是在這歷史潮流的發展中挺身而出,「奮六世之餘烈,振長策而御宇內」,以叱吒風雲的蓋世雄威,席捲天下,蕩平六國,完成了歷史賦予他的偉大使命。

西元前237年,秦王政親政並以他的機智與果敢粉碎了呂不韋和嫪毐集團,稍試鋒芒後,便開始實現吞併六國、統一天下的雄心壯志。

這一年,呈現在秦王政面前的是兩種針鋒相對的策略主張:一是呂不韋之後繼任丞相的李斯提出「先取韓」策略;另一種是大思想家韓非提出的「舉趙、亡韓、臣楚魏、親齊燕」策略。六國中韓國最弱,趙國較強,齊國、燕國遠離秦國本土。李斯的主張展現了先弱後強的作戰方針,而韓非的主張則展現了先強後弱、遠交近攻的策略部署。

李斯與韓非雖然是同學,一旦產生影響自身前途命運的利害衝突時,兩人無法避免地由相知、相親變為相互殘殺。李斯聯合重臣姚賈先發制人,在秦王政面前分析了韓非的策略方針,無非是「存韓」和「謀弱秦」。按照李斯的說法和觀點,韓非是韓國的宗室貴族,人雖在秦,其心向韓,故不首先舉伐最弱的韓國而攻趙,不如及早殺韓非以絕後患。秦王政為李斯所言而動心,下令將韓非關進監獄,聽候發落。

第七章　大秦帝國兵馬俑之謎

　　既然衝突已經開始，就要置敵於死地，否則後患無窮。深知權術之道的李斯不會放過這個機會，他以毒藥將韓非毒死，取得了這場衝突的勝利。

　　韓非既死，李斯又備受秦王政寵幸，在這種情況下，如果對戰爭的形勢和六國的格局沒有深刻了解，缺乏策略頭腦和眼光，此時的秦王政可能就要按照李斯的作戰方針行動了。

　　然而，秦王政沒有行動。

　　秦王政意識到，秦國的軍事力量比任何一個諸侯國的力量都要強大，若單個較量，秦軍無疑占絕對優勢。但是，秦國面臨的是山東六國的敵人，若以秦國兵力對六國總兵力，優勢則歸對方。滅六國不能四面出擊，而各個擊破的策略方針無疑是正確和明智的。要想各個擊破，就必須防止諸侯合縱。六國中，韓國較弱、趙國較強，如按李斯的策略方針，「先取韓以恐他國」，就很可能再「恐」出一個以趙國為首的合縱抗秦的強大勢力。西元前241年，趙將龐煖統率趙、楚、魏、衛、韓五國之師合縱伐秦，趙國就是這五國的盟主。前車之鑑就在眼前，不能再蹈覆轍。韓非的主張，無疑是為打破諸侯合縱而考量，是新形勢下發展出的策略轉移。「舉趙」以擊其頭，使六國群龍無首，同時「親齊燕」以斷其身，合縱難以形成。

　　秦王政以一名策略家的傑出才智，不顧李斯等人的強烈反對，毅然決定採用韓非的策略方針：遠交近攻，舉趙亡韓，集中主力打擊趙國。

　　西元前236年，秦王政派名將王翦、楊端、桓齮率30萬大軍進攻趙國。此時趙國大將龐煖正率兵與燕國交戰，秦軍乘虛而入，占領了上黨郡及河間地區。第二年，秦軍又攻下平陽、武城。趙國軍隊陣亡10萬餘眾，大將扈輒死於亂軍之中。西元前233年，秦軍又一舉攻下了趙國的

赤麗、宜安，兵臨邯鄲城下。趙國危在旦夕，急從北方調回正在防禦匈奴的名將李牧。當時李牧所率軍隊為趙國的精銳之師，從北方返回後，士氣高昂，銳氣逼人。李牧以出色的軍事才能指揮將士與秦軍在邯鄲城外進行了一場血戰。結果是秦軍遭到了攻趙以來的第一次慘敗，指揮戰鬥的主將桓齮由於戰敗而畏罪潛逃燕國。之後，秦國大軍再次進攻趙國，又被李牧指揮軍隊擊退。

儘管秦軍兵敗，但趙國的勢力已大大削弱。禍不單行，西元前230年，趙國又出現了百年一見的大旱災。戰爭的消耗，災情的折磨，政治的昏暗，此時的趙國已成強弩之末，滅亡之日已為期不遠。

趙國自身難保，合縱已不可能。趁此良機，秦王政派兵一舉將小小的韓國拿下，昏庸無能的韓王被俘，韓國滅亡。

儘管李牧兩次大敗秦軍，但未能挽救趙國滅亡的危局。西元前229年，秦國大將王翦、楊端兵分兩路撲向趙國。久經戰場的宿將李牧、司馬尚率趙軍拚死抵抗。兩軍進行了數百次廝殺，均遭巨大傷亡。將士血染戰袍，屍骨遍地，雙方苦苦搏擊一年之久，未分勝負。

秦王政親臨現場督戰，以鼓舞士氣，要求將士拚全力拿下邯鄲。與此同時，他採用尉繚的「離間其君臣」之計，派人重金賄賂趙國權臣郭開。郭開貪利而向趙王誣告李牧、司馬尚欲謀叛亂，只守不攻，作戰不力。難辨真偽的趙王立即派趙蔥、顏聚取代李牧、司馬尚。李牧深知趙蔥、顏聚皆非將才，絕不是秦國名將王翦的對手，在大敵當前的危急關頭，李牧以國家存亡為重，抵抗王命，拒絕交出兵權。趙王與郭開密謀後派人擒拿李牧並處以死刑，司馬尚被免職關入大牢。可惜李牧忠誠一世，壯志未酬，沒有戰死沙場，卻被奸臣所害。

李牧一死，趙軍軍心大亂，結果秦軍僅費時不到3個月，便攻克邯

第七章　大秦帝國兵馬俑之謎

鄲。趙國從此一蹶不振，苟延殘喘。

強大的趙國徹底被擊垮，弱小的魏國和燕國的悲劇命運已無法改變。儘管不乏有荊軻那樣的壯士，慷慨悲歌，以死相搏，但仍未能擺脫國破家亡的結局。西元前226年，燕都薊被攻陷，燕國北遷，西元前225年，魏國滅亡。

橫掃六合

時勢造英雄，但英雄必須正確駕馭和掌握時勢，否則便不再是英雄。

韓、魏滅國，趙、燕偏安一隅，秦國面臨的敵人便是齊、楚。很明顯，這兩國的實力，楚遠比齊強大，而秦與齊和親修好四十餘載，和楚數次結怨。面對齊、楚兩國的不同局勢，如何確定征討策略方針？

當秦王政徵求文臣武將的意見時，聽到的多是先攻齊、再伐楚的觀點。這個觀點實則是李斯「先弱後強」作戰方針的延續。

秦王政依然沒有這樣做。他再次清醒地意識到，齊國雖弱，但有相當的軍事實力。如若先攻齊，免不了還要和強楚進行一次惡戰，同時還要遭到齊、楚縱的威脅。若先滅楚，可使齊、秦之交不破，齊、楚合縱不成。一旦楚國滅亡，齊國不戰而降。

於是，秦王政再次採用了集中主力打擊主要敵人的策略。西元前225年，秦王政派大將李信率20萬秦兵伐楚，李信過分輕敵，秦軍慘敗，退回秦國。

西元前224年，秦王政改派王翦率領60萬大軍出征伐楚。當秦軍壓入楚境時，楚國名將項燕立即調動國內全部兵力迎戰。王翦吸取了李

信兵敗的教訓，堅守營盤而不出戰。待秦軍養精蓄銳、鬥志旺盛之際，突然下令出擊。60 萬大軍洪水般衝入敵陣，楚軍猝不及防，被秦軍一舉擊潰。項燕戰死於亂軍之中。西元前 223 年，秦軍攻下楚都壽春，楚國滅亡。

西元前 221 年，秦國滅齊國，秦王政稱帝，是為始皇帝。

齊、楚征戰，顯示了秦王嬴政傑出的軍事策略才能的同時，也暴露了他使用將領的失誤和弱點。但他的失誤和弱點並未妨礙他建立偉業。至西元前 221 年，山東六國在秦軍 15 年的征討中全部滅亡。中原大地上為期幾百年的割據混亂局面宣告結束，歷史由此揭開了新的一頁。

然而，六國滅亡，中原統一，並未代表著秦軍的征戰已經結束，因為此時中原北部的情形已發生了劇烈的變化。匈奴人由弱到強，趁秦滅六國之機，單于頭曼率匈奴大軍南下，攻占了黃河河套以南的地區，致使秦都咸陽面臨嚴重威脅。「亡秦者必胡」的議論已在民間流傳開來。

同時，地處五嶺之南的「百越」陸梁人對秦的統一和政治的穩定也造成一定的威脅和困擾。要建立一個強大而牢固的帝國，就勢必要整頓這兩股軍事力量。

問題出現了。擺在秦始皇面前的是匈奴人，剽悍強壯，以戰徵之，難攻難守；而「百越」雖遠隔千山萬水，路途遙遠，但部族分散，軍事力量相對較弱，攻取較易，較有利於戍守。

面對新的局勢，秦始皇採取了先弱後強、先遠後近的征戰方針，這實則是 15 年前李斯等人策略思想的復活，秦始皇終於在歷史發展的這一階段付諸實踐了。

50 萬秦軍兵分五路，以進攻的姿態出現在「百越」戰場上，很快獲得勝利，占領了這塊土地。南海也因「百越」的征服而打通了。

第七章　大秦帝國兵馬俑之謎

隨著「百越」戰爭的勝利，秦始皇立即派大將蒙恬率30萬大軍攻擊匈奴，由防禦策略轉為進攻。結果匈奴退卻700餘里，並最終形成了「胡人不敢南下而牧馬，士不敢彎弓而抱怨」的局面。

至此，大秦帝國才真正達到了諸侯盡西來、四海歸一統的大局。

兩千多年後，人們看到秦始皇帝陵兵馬俑龐大的地下軍團，正是悼念掃平六合、血染華夏的秦軍忠烈。

秦始皇之死

1976年秋天，秦俑三號坑被發現、試掘之後，在省文物局支持下，程學華從考古隊分離出來，單獨帶領部分從當地招收的考古訓練班學員，組成一支鑽探小分隊走進秦始皇帝陵園，開始大規模鑽探，以期揭開秦始皇陵地宮及周圍埋葬的所有祕密。

毫無疑問，秦始皇帝陵在中國幾千年陵墓建造史上，可謂是最浩大、最輝煌、最令世人充滿遐想的頂級帝王陵墓，但在時間的排序上不能稱之為最早的。陵墓在中國的起源要早於這位始皇帝的時代。

圖 7-17 考古隊招收的學員在一號俑坑清理

秦始皇之死

　　研究資料顯示，最初在陵墓上築丘和植樹的陵園形式來自春秋時代的孔子。在孔子之前的葬儀極為簡單，將死去的人抬到野外，挖坑埋掉，坑的上方不加封土，周圍不種樹木。有研究者認為這種葬儀是由於當時人們的物質條件簡陋和思想方式簡單。簡陋的物質條件賦予人類一種深刻的思想，使他們相信人類來自大自然的孕育，最後必然要回歸到自然的懷抱之中。

　　儘管殷商時代葬儀已實行棺槨和墓穴制，但仍未起陵丘。而春秋末期的孔子之所以在父母的墓穴上築起四尺高的土丘並種植幾棵小樹，實則是因為他四處奔走，怕回來時找不到父母的墓地，無法施行其一生為之苦苦宣教的「禮制」二字。這時的孔子想不到他推行的禮儀成效甚微，而在陵上築丘和植樹的行為卻在各國風行起來，並且愈演愈烈，直到塗上了一層濃厚的政治色彩。

　　秦始皇一生討厭儒學，但唯獨針對陵墓的興建沒有拒絕孔子所創在陵上封土植樹的禮制，並把它加以發展而系統化，建造了在中國歷史上空前絕後的陵墓陵園，開創兩千多年來歷代帝王陵墓建制的先河。

　　據西漢史學家司馬遷記載，秦始皇13歲剛剛登上秦王寶座時，他的陵園建造工程也隨之開始，建造人數最多時達70萬人。直到他死亡並葬入地宮後，陵園的工程尚未全部完成，前後修建時間達39年，其規模之龐大、建築之豪華可想而知。

　　西元前210年，秦始皇帶著左丞相李斯和小兒子胡亥，在近侍中車府令趙高等臣僚、衛隊的簇擁下，開始了第五次，也是他一生中最後一次出巡。

　　大隊人馬伴著初升的旭日從都城咸陽啟程，在金風麗日下出武關、過丹漢兩水域，沿長江東下分別到達虎丘山和會稽嶺。秦始皇在會稽嶺

第七章　大秦帝國兵馬俑之謎

祭奠大禹，刻石頌功，並針對東南地區存在的氏族社會婚姻習俗和男女淫亂的現狀，提出了「咸化廉清，大治濯俗，天下承風」的新型封建思想。同時刻石宣示，以醒臣民。

離開會稽嶺，秦始皇率大隊人馬沿水路到達琅琊。在方士徐福的誘說下，秦始皇親率弩手進入東海尋找鮫魚，並將一條巨鱗可辨、若沉若浮的大魚用連弩射死。

當秦始皇滿懷勝利的喜悅，在琅琊臺飲酒作樂之時，忽感身體不適，只好下詔西還。車隊到達平原津，秦始皇竟一病不起。左丞相李斯見狀，急令車駕速返咸陽。

時值盛夏，如火的烈日灼烤著這支車隊，大路上瀰漫升騰著黑黃色煙塵。李斯、胡亥心急如焚，秦始皇痛苦不堪，不時發出陣陣呻吟，死神在一步步向他逼近。

當車隊到達河北境內的沙丘時，病入膏肓的秦始皇自知將不久於人世，彌留之際，他強撐身體把李斯和趙高叫到跟前，令他們草擬詔命，傳詔在北疆防禦匈奴的長子扶蘇速回咸陽視疾。

李斯、趙高匆匆擬好詔書，秦始皇過目後，用顫抖的手把玉璽遞給李斯，有氣無力地說道：「速派使者送達扶蘇……」餘下的話尚未說出，便撒手歸天了。

這位在政治舞臺上翻雲覆雨、改天換地的一代偉人，終於走完了他那輝煌的人生旅程。死時年僅 50 歲，從他自稱始皇帝算起僅 12 年。更令人扼腕的是，當秦始皇的屍骨進入他生前修築的那座地下迷宮時，大秦帝國已是日薄西山，只靠慘淡的光暈來照耀這塊板結、乾裂的黃土地了。正是：

秦皇掃六合，虎視何雄哉！揮劍決浮雲，諸侯盡西來。明斷自天啟，大略駕群才。收兵鑄金人，函谷正東開。銘功會稽嶺，騁望琅琊臺。

刑徒七十萬，起土驪山隈。尚採不死藥，茫然使心哀。連弩射海魚，長鯨正崔嵬。額鼻象五嶽，揚波噴雲雷。鬐鬣蔽青天，何由睹蓬萊？徐市載秦女，樓船幾時回？但見三泉下，金棺葬寒灰。

大秦帝國的崩潰

秦始皇在出巡途中，於沙丘駕崩。丞相李斯深知，新主尚未確定和登基，若貿然宣布帝王死訊將意味著什麼。於是，李斯斷然決定祕不發喪，知情者僅限於自己、胡亥、趙高和幾位近侍。

李斯與趙高祕密籌劃後，始皇帝的遺體被放入一輛可調節溫度的輼輬車中。放下車帷，令其他臣僚無法知道車內虛實。每日照常送飯遞水，臣僚奏事及決斷皆由胡亥、中車府令趙高和李斯代傳批示。在這新舊政權交替的危急之時，李斯急催趙高速發詔，召扶蘇立即趕回咸陽守喪和繼承皇位，以免發生不測。

然而，這時的趙高卻另有打算。在他的威逼誘勸下，李斯終於被迫同意竄改始皇帝的遺詔，派使者賜劍給屯守北疆的公子扶蘇，羅織罪狀命他自殺，改立胡亥為皇帝。

為等待扶蘇的死訊，車隊故意從井陘繞道九原，再折回咸陽。漫長的旅途和酷日曝曬，始皇帝的屍體已腐爛變質，惡臭難聞。李斯、趙高速命人買來幾車鮑魚，隨輼輬車同行，以鮑魚之臭掩飾屍臭，使隨行臣僚不致看出破綻。

車隊就要駛進咸陽時，扶蘇自殺的消息傳來。於是，李斯、趙高才

第七章　大秦帝國兵馬俑之謎

公開始皇帝的死訊。九月，始皇帝早已腐爛的遺體，被草草葬於驪山陵中。胡亥由此登基稱帝，趙高隨之升為郎中令，李斯仍為丞相。

在趙高的唆使下，胡亥登基後的第一件大事就是命人用毒酒將北疆屯邊的將軍蒙恬賜死。然後拘捕6位皇子和10位公主，押往長安東南處一一殺死。緊接著，又逮捕12位皇子，押往咸陽鬧市斬首示眾。其餘皇室宗親，有的被迫自殺，有的則在出逃中，被「御林軍」截殺⋯⋯所有這一切，都是為了確保胡亥的帝位不受侵害。為徹底斬草除根，胡亥下令，對朝廷中持有異議的臣僚格殺勿論。最後，曾為趙高所惑，昧著良知和冒著風險進行政治投機、幫助胡亥登上帝位的丞相李斯，也在趙高的操縱下被腰斬於咸陽⋯⋯

隨著秦帝國的傾塌和時間的流逝，這段震驚天下的血案，也漸漸埋沒於歲月的塵埃之中。後人再也無法見到朝廷內外湧動的血水，更聽不到淒厲悲愴、撕心裂肺的呼號，一切都成為夢境般遙遠的過去。

然而，1977年10月，程學華率領的秦陵考古鑽探小分隊在陵東發現了17座殉葬墓，無意中開啟了一扇窗，令後人透視兩千年前的那段血案。

為釐清墓坑的形制和內容，程學華帶領考古人員對其中的8座進行試掘，墓葬形制均為帶有斜坡墓道的甲字形狀。其中斜坡道方壙墓2座，斜坡道方壙洞室墓6座。墓的獨特形製表示了墓的主人應是皇親宗室或貴族大臣，因為秦代的平民不享有這種帶墓道的安身之所。從墓中異常講究的巨大棺槨推斷，也非一般平民所能享用。

之所以把這些殉葬墓視為窺視那段歷史血案的窗口，理由是棺內屍骨的凌亂和異常器物的發現。有的屍骨下肢部分被埋入棺旁的黃土，頭骨卻放在槨室的頭箱蓋上。有的屍骨頭蓋骨在槨室外，其他骨骸卻置於

槨內。更為奇特的是，一具屍骨的軀體與四肢相互分離，零亂地葬於棺內，唯獨頭顱卻在洞室外的填土中。經考古人員仔細研究後發現，這個頭顱的右額骨有一塊折斷的箭頭，顯然是在埋葬前被射入頭部的。在已發掘的8座墓中，共有7具屍骨存在，其中有一座竟找不到一塊殘骨，卻發現了圓首短劍一柄……

一切跡象表明，墓中主人是受到外力打擊而死亡的。從屍骨凌亂和出土的器物推斷，這些墓主大多是被砍殺、射殺後，又進行肢解才葬於墓中。

證明墓主人是皇親宗室、臣僚貴族的理由，除獨特的斜坡墓道外，考古人員還在墓中發現了極為豐富的金、銀、銅、玉、漆器及絲綢殘片。其中一件張口鼓目、狀似鮮活的銀蟾蜍，口中內側刻有醒目的「少府」二字，說明此件葬器來自秦代少府或由中央鑄銅官署──少府製造，後為墓主人所有。如此珍貴的器物，亦是平民百姓所難擁有或見到的。

面對如此殘酷的歷史事實和見證物，不能不令人想起胡亥掀起的那場宮廷血案。這一具具凌亂的屍骨，無疑都是被殺的王子、公主或宗室大臣，絕非正常死亡。科學鑑定的結果表明，這7具屍骨，除了一人為20歲左右的年輕女子外，其餘均為30歲左右的男性，如此年齡相當又一致的正常死亡是不可能的。更值得研究者注意的是，考古人員在墓中發現了挖墓人員當時取暖留下的灰燼，進一步說明挖墓時間是在冬季。而胡亥誅殺王子、公主、朝廷臣僚的時間也是在冬末春初的寒冷季節。這個並非偶然的巧合，更令人有理由相信，這17座墓的主人就是那場宮廷血案的悲劇人物。他們的慘死以及其後秦帝國的毀滅性結局，恐怕是秦始皇和胡亥都未曾預料到的。

第七章　大秦帝國兵馬俑之謎

千百年來，人們往往把秦帝國短命的原因一味地歸結為秦之暴政以及刑罰的殘酷、勞役和兵役的繁重，「苦秦久矣」的天下百姓終於揭竿而起，將剛剛誕生不久的中國第一個專制帝國剛進入幼年即滅亡。

兵役勞役的繁重、刑罰的殘酷，不能不說是導致秦帝國滅亡的重要原因，但非根本的原因。

秦亡的根本原因是胡亥篡位後的倒行逆施，人為地造成了秦統治集團的矛盾和分裂，削弱了統治力量，最終使秦王朝短期滅亡。正如三國時期著名政治家諸葛亮所指出的「秦王以趙高喪國」。而明代傑出的政治家張居正看得更廣更細，說得也更清楚明瞭：秦王朝的「再傳而蹙」，是由於「扶蘇仁懦，胡亥稚蒙，奸宄內發，六國餘孽尚存」等一系列原因所造成。這裡的「奸宄」無疑是指趙高之流。

假如，胡亥繼位後勵精圖治，稍微緩和一下社會問題，秦帝國不會如此快地傾塌。假如，胡亥能維護朝廷內部官僚集團的團結和利益，即使山東起亂，秦王朝尚有足夠的力量對敵。試想，當年的章邯匆匆武裝起來的幾十萬驪山刑徒，就能將農民起義軍周章打得大敗，那麼，在北疆屯守的秦王朝30萬精兵以及大將蒙恬和章邯合兵一處，共同對敵，劉邦、項羽大軍就未必能長驅直入，越過函谷關，至少不至於如此迅速地殺進咸陽，置秦於死地。

歷史不能假設，歷史沒有重演的機會，後人看到的是秦帝國迅疾崩潰消失的結局。秦始皇帝陵的17座殺殉墓以及秦都咸陽城內的血雨腥風，無不昭示著這種結局的真正原因。誠如明末思想家李贄所嘆：「祖龍是千古英雄，賺得一個天下……卒為胡亥、趙高二豎子所敗，惜哉！」

第八章　驚魂馬王堆

▍地洞竄出火球

　　1971年冬天，借戰備之機，中國人民武警部隊湖南省總隊醫院決定派一支隊伍在馬王堆的兩個土堆下面挖掘一個大型防空洞，用來做官兵和醫護器材防禦之所。然而，隨著洞穴不斷推進加深，人們看到的不是中蘇大戰爆發，而是震驚世界的重大考古發現。

　　醫院派出的部隊官兵在馬王堆土堆下大約掘進20多公尺後，地下出現了赭紅夾帶白點的花斑土，越往深處掘進越堅硬。士兵們費了好大力氣、終於穿透紅土層時，一個奇怪的現象出現了──一塊又一塊的白膏泥被挖了出來。面對這種奇異現象，士兵們立即向院務處長彙報。

　　院務處長聞報來到施工現場，親自鑽進洞中，拿著手電筒四處檢查。面對堅硬的土層，處長下令停止挖掘，令兩名士兵用鋼釬向下鑽探。士兵拿起鋼釬對準花斑土「叮叮噹噹」鑽了約半個小時，當鋼釬最後一次從花斑土中抽出時，鑽孔裡突然「咻」的一聲冒出一股氣體。恰在此時，院務處長斜倚在洞壁上劃著一根火柴準備點菸。令他萬萬沒想到的是，含在嘴上的香菸未點著，火種卻碰上鑽孔裡冒出的氣體，隨著「砰」的一聲響動，一團火球在洞中爆響、燃燒起來。院務處長說了句「大事不好，快跑──」，便箭一樣地從洞中竄出，其他士兵在極度驚恐中也跟著奔逃出來。

　　士兵們發現，院務處長的眉毛已被燒焦，兩眼流著淚，紅腫的臉上

第八章　驚魂馬王堆

布滿了點點水泡。

「出現了重大軍情，趕緊去向白副院長報告！」倒楣的院務處長向身邊的士兵下令，然後遮著臉向急診室跑去。

掌管後勤和戰備工作的副院長白明柱趕了過來，問明情況後，跟在兩名士兵身後進洞檢視。快到洞穴盡頭時，只見一道藍中帶紅的火焰，像一條扭動搖擺的蛇，「哧哧」鳴響著從鑽孔噴發而出。白明柱大驚，在他幾十年戎馬生涯和醫務工作中曾遭遇過許許多多的怪事，像這樣的異景奇情卻從未見過。他不知如何是好，也不敢擅自下令，只好小心翼翼地退出洞口，飛奔到院長、政委的辦公室彙報。

「火焰是什麼樣子？」院長問。

「藍中帶紅，以藍色為主，狀如一條被卡住尾巴的毒蛇，『吱吱』叫著左右搖擺。」白明柱答。

「有什麼氣味？」院長又問。

「像手榴彈爆炸之後的臭味加一點酸澀味。」白明柱又答。

「有沒有可能是之前埋下的炸彈？」政委異乎尋常地問。

「這個……」白明柱思索了一會兒，「這個我猜不到，但作為防範萬一是必要的。」白明柱回答的同時又提出了自己的看法。

「有備無患。」院長接過話頭，看了一眼政委，嚴肅而冷峻地說道，「現場官兵立即撤離該區域，並作好戰備工作。立即報告軍區司令部，建議火速派工兵團前來醫院，用探雷器進行勘探。」

說完，白明柱和一位參謀立即分頭安排撤離並向軍區報告。

約兩個小時後，一個排的工兵攜帶探雷和排雷儀器，大汗淋漓地從野外奔來，進入洞中勘察。

此時，鑽孔中噴射的火焰依然沒有減弱，仍呈蛇狀向外竄動。工兵們架起儀器在四周仔細勘探了一番，沒有發現炸彈蹤跡，只隱約捕捉到一塊面積碩大的異常陰影。這個陰影是什麼物體？是吉是凶？會不會構成威脅？一時難以作出判斷。工兵排長決定暫時撤到洞外，將情況上報團部，留待首長和探測專家研究後作出明確的指示。

在全部撤出之前，工兵排長命令幾個士兵提來一桶水，向火焰噴射的鑽孔倒過去。在他的腦海裡，不管這火焰是炸彈的引爆線還是其他引燃裝置，都必須立即撲滅，否則可能出現不測。當他將水「嘩嘩」地倒向鑽孔時，強大的氣體又將水噴出，火焰依舊「咻咻」地怪叫著向外竄動。工兵排長改變戰術，讓士兵用袋子裝滿泥土，然後突然壓上鑽孔。十分鐘後，袋子揭開，火焰已經熄滅，只是氣體還像老牛喘氣似的不停地向外噴出。

工兵們架著探雷器在馬王堆上下左右又忙亂了一番，確信沒有發現炸彈後，開始撤離，並很快將所探情況逐級報到團部。年輕的團首長亦不知如何是好，急忙派人將工兵團最富經驗的一個工程師找來詢問。這名老軍人聽完說明，思索了一會兒說：「之前我聽說那裡有古墓，是不是遇到了墓塚？」

為了證實這個推斷，在團長和政委陪同下，老工程師搭車來到馬王堆實地勘察。經過審慎勘察，這名工程師認定此處是一座古墓。

12月30日下午3點，正在值班的湖南省博物館副館長侯良接到發現墓葬的電話。他的第一個感覺是：完了，這座古墓遭到了破壞！

侯良立即將身邊的老技工張欣如與年輕的業務人員熊傳薪叫過來，三人分別騎著腳踏車，急如星火地向馬王堆趕去。

三人來到現場，看見挖開的洞內仍有氣體從孔內冒出。侯良突然想起了什麼，說道：「老張，我看這氣體很神祕，我到醫院去借個氧氣袋，

063

第八章　驚魂馬王堆

看看能不能收集一些氣體回去研究。」說完，他走出洞口，小跑步向醫院病房奔去。

當侯良拿著氧氣袋重回洞中，對準鑽孔收集時，氣體已極其微弱，收集未能成功。這個失敗的嘗試，成為轟動世界的馬王堆漢墓發掘之後，科學研究工作中的一大遺憾——墓中那聞名於世的女屍以及保存完好的文物都與這神祕氣體息息相關。

幾個人走出洞穴又到另外一個洞中觀察，雖不見有氣體冒出，卻已是凌亂不堪。洞中底部的土明顯不是原生土，而是墓坑填土，東壁發現一處橢圓形白膏泥。張欣如用自帶的鋤頭挖了幾下，很快發現了木炭。再挖下去，又發現了一根保存完好的碩大木枋。見此情形，這位經驗豐富的老師傅說：「這是一座墓，與剛才發現的那個墓並列，看來這下面是一個墓群，可能寶貝還在，了不得啦！」

侯良望著眼前張欣如挖開的洞口既驚且喜，悄聲說道：「不要再挖下去了，趕快復原，若被外面的人知道，走漏了消息，就麻煩了。」張欣如聽了，與熊傳薪一起動手把挖開的洞口復原。

第二天上午，侯良找來幾個成員說明了情況，提出：「馬王堆古墓已被發現，要回填還是發掘？」經過一番討論，最後決定，如果要發掘，就要嚴格按照田野考古流程，先上報中國中央政府和省政府，批准後再安排科學發掘。

▌真假馬王堆

為了爭取時間，當天下午，侯良打長途電話找到湖南省博物館館員高至喜，高至喜此時正在北京故宮幫助中國國務院圖博口進行出國文物展覽籌備工作。侯良向高至喜說明發現馬王堆古墓的情況，並說有人認

為，此處是漢代長沙王劉發或其母唐姬和漢景帝之嬪妃程姬之墓，請其速向國務院圖博口文物領導小組副組長王冶秋彙報，請示可否發掘。

高至喜不敢怠慢，很快向王冶秋彙報。王冶秋聽後很乾脆地說：「那就發掘吧。」高至喜立即打電話告知了侯良這項指示。

1972年元旦剛過，侯良帶著5名工作人員來到馬王堆，此行目的是對馬王堆做一次全面調查，確定發掘位置，租借附近民房以便考古人員居住。同時，盡可能地破譯考古大師夏鼐留下的一樁懸案。

據史書和歷代傳說，這兩個看起來緊密相連的大土堆之所以叫馬王堆，而不叫豬王堆、狗王堆、猴子王堆或老鼠王堆，與唐末五代時期名聲顯赫、被封為楚王並節制長沙的馬殷、馬希範父子有關。馬殷父子在長沙經營數十年，留給後人許多文化古蹟，其中「會春園」、「九龍殿」、「馬王街」等至今猶存。兩個連在一起號稱馬王堆的大土丘，相傳就是馬殷及其兒子馬希範的墓地。但也有人說，此處是馬殷父子的疑塚，故未稱陵而稱堆。

1951年以前，無論是文人墨客、地方百姓，還是盜墓賊，都認為馬王堆就是馬殷父子的墓塚。

1951年秋天，為了配合長沙市基礎建設，保護搶救文物，夏鼐來到長沙考察，他從別人的介紹中得知，1950年，當地的農民協會曾集結農民在馬王堆一側挖洞取寶，但只挖到了一些木炭，未得到一點寶物，只好匆匆收場。

他與弟子石興邦在馬王堆兩個聳立的大土丘上繞了許久，始終未能決定要發掘還是放棄，他對隨同而來的程鶴軒說：「這不是五代馬殷父子的墓，而是一座漢墓，可能屬於西漢早期，馬王堆名不副實。通知湖南省政府造冊保護吧。」說完，夏鼐率領眾人返回駐地。馬王堆的發掘只

第八章　驚魂馬王堆

好留給後人來做了。

意想不到的是，就在夏鼐離開20年後，侯良等人又來到了馬王堆。夏鼐當年留下的懸案也將隨著此次發掘得以解開。

1972年1月16日上午10點32分，隨著侯良揮動鐵鏟對荒草飄零的大土堆刨下第一鏟土，一場轟動世界的考古發現拉開了序幕。

棺槨初露

隨著挖掘工作的進展，墓坑夯土一點一點地清理完畢，棺槨外層的白膏泥開始大面積地顯露出來。

白膏泥又名微晶高嶺土，顏色白中帶青，酷似糯米糕一般又軟又黏。大家集中精力，一鏟一鏟、一筐一筐地清理白膏泥。本來以為白膏泥最厚不會超過半公尺，令人吃驚的是，這個墓穴的白膏泥竟厚達1.3公尺。更令人難以想像的是，在白膏泥的下部又露出了一片烏黑的木炭。木炭也像白膏泥一樣，上下左右、密不透風地包裹著一個尚不知真相、但可能是棺槨的龐然大物，其厚度為40公分至50公分。

這些木炭比起白膏泥，發掘和運送都方便、輕鬆得多，待把四周的木炭全部運出後，估算一下竟有一萬多斤，堆在荒野猶如一座黑色的煤山。為了試驗這些木炭的可燃性，發掘人員裝了半筐拿到醫院廚房試燒，結果和現代木炭大致上相似：點燃時，便開始燃燒，並冒出藍中帶紅的火苗；若將火熄滅，木炭又成為原來的模樣。

這個試驗結果很快地傳開來，當地農民見有如此上等的可燒火之物，開始利用夜間工地無人看守之機，一擔又一擔地將挖出的木炭偷運回家，以代替木柴燒火做飯。

棺槨初露

　　這個情形很快被考古人員發現，侯良當機立斷，匆匆僱用了兩輛大卡車將剩餘的木炭及部分白膏泥運回博物館，從而避免更大的損失。

　　白膏泥的功能就像是蛋殼，保護著象徵蛋黃的棺槨，使其不受外部力量的衝擊和雨水侵蝕，而環繞著的木炭則像雞蛋中的蛋清，防溼、防潮並具吸水功能，以保持內部棺槨的乾燥。

　　當木炭的上部被取出後，發掘人員便發現了覆蓋在墓室中那個龐然大物上的竹蓆。這一張張竹蓆剛出土的時候，都呈嫩黃色，光亮如新，如同剛從編織廠運出來，令人驚嘆。但這神奇的外觀只存在了短短十幾分鐘，便開始像晚霞一般轉瞬即逝了。

　　正當考古人員緊張忙碌地照相、繪圖、記錄時，所有人都清楚地看到，那嫩黃嶄新的竹蓆，如同陽光燦爛的天空突然被一片烏雲籠罩，瞬間變成暮色——未等考古人員繪完圖，嫩黃光亮的竹蓆已全部變成黑色的朽物。現場有經驗的發掘人員不禁頗感痛惜地仰天長嘆：「這是接觸了空氣的緣故啊！」

　　竹蓆全部出土後，經過仔細盤點，發現共有 26 張，每一張長 2 公尺，寬 1 公尺，共分 4 排平鋪，每一張竹蓆的角上都明顯地寫著一個「家」字，但一時之間不知這個字的真正用意。

　　當最後一張竹蓆被揭開，大家夢寐以求的巨大棺槨終於露出了廬山真面目。

　　面對珍貴的棺槨，湖南省博物館廣泛聽取大家意見後，決定迅速向湖南省政府彙報，同時亦向北京當局彙報和求援。

圖 8-1 一號墓內部形狀與棺槨情形

067

第八章　驚魂馬王堆

　　北京當局派出科學院考古研究所技術室副主任王㐨與技術修復專家白榮金前往協助。王㐨是絲織品提取和保護方面的專家，前不久才剛幫助阿爾巴尼亞成功修復了聞名於世的羊皮書。白榮金前幾年曾參加滿城漢墓的發掘，成功地提取和修復了出土的金縷玉衣。按照漢代墓葬多有金縷玉衣出土的特點，派白榮金前去是最恰當的人選。為增加發掘人力，同時報請湖南省政府同意，將湖南省博物館考古專家周世榮調回長沙，參加開棺工作。

　　4月14日，王㐨、白榮金乘坐的列車抵達長沙，二人把行李放入居住的湖南飯店後，立即來到發掘現場，與湖南省博物館的崔志剛、侯良、周世榮等人見面。當二人看到從墓穴中挖出的填土像小山一般地堆在一旁時，心情為之一振，尤其是進入深達十幾公尺的幽深墓穴，並親眼看到那口奇大無比的木質棺槨後，更是驚嘆不已。

發現珍寶

　　考古人員針對如何開棺和提取文物展開討論。根據王㐨的建議，發掘人員首先在墓坑之上搭起大棚，以防雨水侵襲。同時在大棚內搭起照相架，以便更完整地擷取發掘資料。與此同時，白榮金要求發掘隊請來一名木匠，帶著全套工具，並準備若干木料在工地守候。一旦有出土文物需要用木箱盛放時，木匠可以用最快的速度按照指定規格做好。同時，請一名鐵匠守在工地，時刻準備打造所需發掘工具。恰巧在離馬王堆工地不遠處就有一間小鐵匠作坊開爐營業，正好得以配合需求。

　　經過一番討論和緊鑼密鼓的準備，發掘方案和發掘工具相繼備齊。按照之前商量好的方案，發掘人員很快地打開槨板。一個埋藏千年的地下寶庫豁然呈現在大家的眼前。

發現珍寶

　　這是一個結構呈「井」字形的槨室，中間是光亮如新、刻劃各種紋飾和圖畫的棺木，棺木的四邊，是四個巨大的邊箱，邊箱裡塞滿了數以千計的奇珍異寶，這些寶物在陽光照耀下，燦爛生輝，耀眼奪目。在場者先是被驚得目瞪口呆，接著爆發出陣陣歡呼聲——這是在地下埋藏了兩千多年的稀世珍寶啊！

　　面對裝載琳瑯滿目寶物的邊箱，發掘人員必須第一時間清理和保護。經商討，發掘人員首先處理四個邊箱中的頭箱。

圖 8-2 墓中出現的「井」字形槨室和器物分布情形，
中間是墓主的內棺，棺蓋板上平鋪的就是後來轟動世界的帛畫

　　只見箱內兩側擺著古代貴族常用的色彩鮮豔的漆屏風、漆几、繡花枕頭和兩個在漢代稱為漆奩的化妝盒。其中一個奩盒是雙層的，上層放置著手套、絮巾、組帶和繡花鏡套子。下層槽內放置有 9 個形狀不同的小奩。經考古人員後來考證，此為九子奩。開啟小奩，裡面都是化妝用品，形同現代人常見的唇膏、胭脂、粉撲等物，看起來是女人的用品。另一個外觀大致相似的單層奩盒，裡面除了 5 個小圓奩外，還放置一個小銅鏡和鏡擦、鑷、木梳、木篦等物。另外有一把環首小刀，無疑都是梳妝用具。

069

第八章　驚魂馬王堆

圖 8-3 長方形粉彩漆奩

圖 8-4 一號墓出土的五子奩（開啟），內放秀粉、胭脂、頭飾等物品

圖 8-5 一號墓出土的雙層九子奩（開啟）

如果說這個奩盒僅僅是一堆化妝品和梳妝用具，倒不足以引起發掘人員重視，讓發掘人員視若珍寶的是這個普通的化妝盒內藏有一枚角質印章，上寫「妾辛追」三個字。

妾為古代婦女的謙稱，那麼「辛追」兩字當是這個墓主人的名字。正是這個角質印章，世人才得以知道馬王堆一號古墓的墓主，是一位名叫辛追的女人。

在頭箱兩個漆奩的旁側，站立著 23 個造型優美的木俑，其中 10 個身著錦繡長袍，雙手垂直拱於胸前，彷彿隨時聽候女主人的召喚。

發現珍寶

圖 8-6 一號墓出土的高級侍俑 　　圖 8-7 一號墓出土的彩繪木樂俑

考古人員推測，這些木俑似乎是模擬女主人貼身的高級侍女。在侍女的側前方，有 5 個樂俑跪坐，其中 3 個鼓瑟、2 個吹竽，應是墓主人家的樂隊。在這支樂隊之前，有 4 個舞俑呈翩翩起舞狀。另外 4 個歌俑跪坐在地毯上，似乎在放聲歌唱。這是一個頗具規模的家庭歌舞團。從木俑的神態和形象中可以想像出竽瑟並奏、鐘鼓齊鳴、舞姿翩翩、歌聲悠揚的歡樂場景，可見墓主人生前過著鐘鳴鼎食、豪華奢侈的生活。

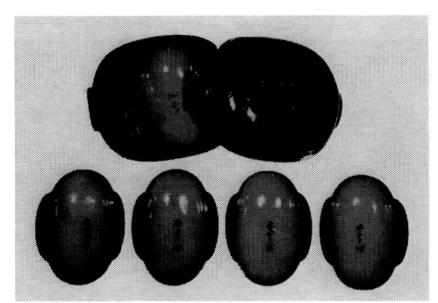

圖 8-8 一號墓出土的雲紋耳杯盒，
書有「君幸酒」字樣，1 套共 7 件

頭箱的中部，放置了多種盛酒用的漆鐘、漆鈁、漆壺以及用硃砂、紅漆和黑漆書寫有「君幸酒」三字的漆耳杯和漆卮杯。在一套漆器餐具上，多數有用紅漆或黑漆書寫的「君幸食」三字。從這些文字的字面意義解讀，似乎是請客人喝酒、吃飯的祝詞。而整個頭箱，似乎是墓主人生

前起居、歌舞宴飲的生活模擬。

位於槨內的東、西、南 3 個邊箱，則應是墓主人居處廂房的模擬。東邊箱放置了 312 支竹簡，上面記載著 1,000 多件殉葬品的名稱、數量、長寬等，這些被稱作「遣策」的竹簡就是墓中所有殉葬品的清單。除此之外，還有 6 個木俑和一個頭戴高冠、身穿棉衣的「家丞」，它的腳下寫著「冠人」兩字，從其形象和文字推斷，可能類似大管家之職。在這個大管家的周圍有 59 個立俑，似為一般的家庭傭人。這些立俑的四周散布著鼎、盒、罐等漆器和陶器。這些器具種類繁多，光彩奪目，似是墓主人宴請賓客的禮器和用具，實為罕見珍品。

南邊箱內的物件看似有些普通，由一個「家丞」率領 39 個立俑，餘為鐘、鈁、釜、甑等陶器，似為墓主人的廚房和奴婢的住室。

西邊箱有點特殊，它似是墓主人的貯藏室，又似錢糧庫。因為裡面堆放著 33 個規模頗大的竹笥（箱子），竹笥用繩索一道道捆著，打結之處有封泥，封泥上有「軑（ㄉㄞˋ）侯家丞」的印記。

▎墓中寶庫

考古人員在西邊箱發現了 6 笥絲織品，其中盛放服飾的竹笥 2 個，內裝服飾 19 件；盛放繒的竹笥 2 個，內裝絲織品 54 件。另外 2 個竹笥內盛放著香囊、鞋、衣著、手套等雜用織物 20 多件。就絲織品而言，此墓出土數量之大、品種之多、花紋之鮮豔繁複，堪稱中國考古發掘中的一次空前大發現。

儘管中國絲綢已有 5,000 多年的歷史，但由於蠶絲是動物纖維，由蛋白質組成，極易腐朽，因此我們很難了解古代絲綢究竟發展到了什麼

樣的水準。長沙馬王堆一號漢墓的發掘,首次揭開了這個謎團。

此次出土的絲織品,幾乎包括了所知一切古代絲織物品種。如絹、羅紗、錦、綺、繡等都是此前難得見到的實物。而絲織品的顏色又有茶褐、絳紅、灰、朱、黃棕、棕、淺黃、青、綠、白等,花紋的製作技術又分織、繡、繪等不同工藝,且這些紋樣又有各種動物、雲紋、卷草、變形雲紋以及菱形幾何紋等。經初步點驗、鑑別,出土的服飾類有絳絹裙、素絹裙、素紗襌衣、素絹絲綿袍、朱羅絲綿袍、繡花絲綿袍、黃地素緣繡花袍、泥金銀彩繪羅紗絲綿袍、泥銀黃地紗袍、彩繪朱地紗袍等十多種。可謂品種齊全,美不勝收。

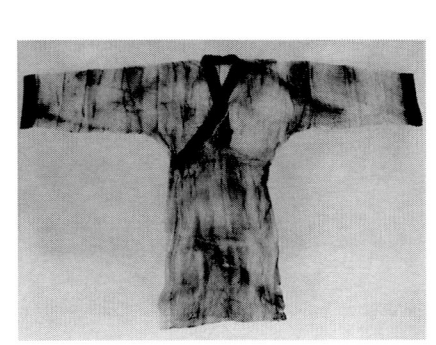

圖8-9 一號墓出土的素紗襌衣,
屬直裾袍,漢代的便服

圖8-10 一號墓出土的
直裾絲綿袍、手套、絹裙

特別值得提及的是,西邊箱出土的素紗襌衣,堪稱稀世珍品。這種襌衣共出土兩件,一件衣長128公分,袖長190公分,重量僅有48克;另一件是49克。按中國通行的50克為一市兩計算,兩件衣服都不足一兩重,如果把袖口和領口鑲的錦邊去掉,有可能只有半兩重了,其輕薄程度完全可以和現代生產的高級尼龍紗相媲美。

古人曾描述紗衣「薄如蟬翼、輕若煙霧」,但後人沒有見過實物,並

第八章　驚魂馬王堆

不清楚究竟是什麼樣的絲織物。隨著這兩件衣服的出土，才知古代文人的描述堪稱栩栩如生，恰到好處。

《詩經・鄭風・豐》說：「衣錦絅（ㄐㄩㄥˇ）衣，裳錦絅裳。」這裡所說的「絅衣」，據考證就是這種沒有內襯的襌衣。它的原意是說，古代婦女們為了美觀，喜歡把薄薄的襌衣罩在花衣上面穿。這和現代戲劇舞臺上所使用的紗幕是同樣的道理，在布景外面罩上一層紗幕，會產生一種立體感，使人更覺其中的神祕美妙。由此可見，兩千多年前的中國婦女，就懂得這項美學原理。

發掘人員又在這個邊箱中，發現了44簍泥半兩錢（冥幣）及泥「郢稱」金版，另外有裝在麻袋裡的糧食稻、大麥、小麥、粟、大豆、紅豆以及梨、楊梅、大棗、梅等食物和瓜果蔬菜等。

有些器物上用紅漆和黑漆書寫著「軑家」三個字。由於當時發掘人員的主要目標是儘快將邊箱內的文物取出並設法保護，對於上面的「軑侯家」、「軑侯家丞」等字樣，只是簡單推斷認為墓主人身分應是軑侯的妻子或與軑侯家有關聯的人，但一時難以斷定實際身分。既然難以斷定，發掘人員也就不再深究，最緊迫的任務就是要快速而又安全地搶救出土文物。

之所以說是搶救，是因為當龐大的槨蓋開啟後，由於空氣、光照等進入和滲透，許多文物已變質、甚至消失。當老技工任全生伸手將東邊箱編號133號陶罐取出並開啟時，驚奇地發現罐內裝滿了紫紅色鮮豔的楊梅果。這些鮮果如同剛從樹上摘下一般亮麗可愛，即便是那不算太長的果柄也鮮豔奪目。想不到就在搬動過程中，由於空氣和光照的作用，鮮豔亮麗的楊梅果很快變成黑色的炭灰狀。

墓中寶庫

圖 8-11 漆器上的「軑侯家」銘文　　圖 8-12 一號墓出土的雲紋漆鼎

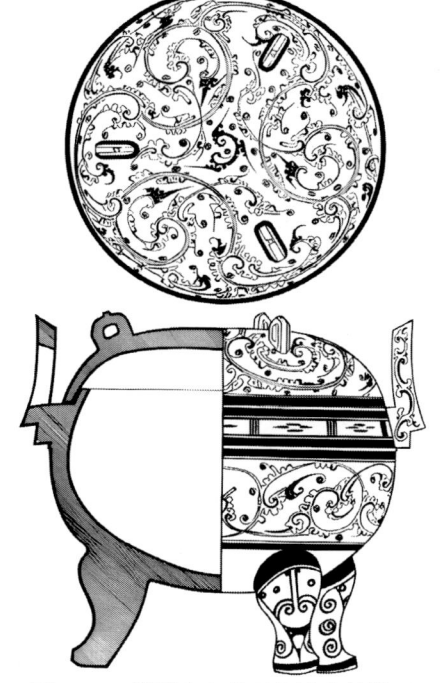

圖 8-13 一號墓出土的雲紋漆鼎線描圖

在同一個邊箱裡，考古人員將編號 100 號的雲紋漆鼎取出，揭開鼎蓋，發現裡面有近 10 片蓮藕浸泡在水中。這些藕片質地白皙，如同剛剛切開放入其中，藕片之上那一個又一個小孔都清晰可辨，惹人愛憐。記取

075

第八章　驚魂馬王堆

楊梅果氧化的教訓，王予建議立即為其照相、繪圖。當漆鼎搬到墓坑之外時，隨著水的蕩動和空氣、光照的侵蝕，藕片已消失大半，待繪圖和照相完畢後，所有的藕片在運往博物館的路上，竟全部消失化成粉漿了。

當時，在現場負責器物記錄、定名和編號的白榮金，立即聯想到長沙地區兩千多年來沒有發生過大地震。根據白榮金的聯想，前來採訪的新華社記者何其烈將此事寫成內部報告發往北京。湊巧的是，正在進行地震普查的國家地震局主管看到後，立即派兩名專家赴長沙，請馬王堆漢墓發掘的負責人侯良協助調查，並對漆鼎內的物質做了化學等方面分析研究，結果是：藕片在初出土時，本身早已溶化，也就是說藕片的靈魂已失，由於未受外界影響，才保留了外殼的整體形狀。

地震專家到長沙地震臺查閱當地有關資料，發現長沙地區自西元477年到馬王堆漢墓發掘的1972年，共發生地震21次，其中20次為4級，1次為5級。也就是說長沙地區在近1,500年中，沒有發生過強烈地震。正因為沒有大的地震發生，浸泡在漆鼎中的藕片才得以在地下宮殿中長久保存。由此可以推斷，長沙應是一個遠離地震帶的地區，在以後的若干年內，應當不會受到強烈地震的侵害。

藕片的消失，對文物本身是個不幸，但就地震研究而言，也算是意外收穫吧。

開啟內棺

邊箱的文物全部提取並運往博物館防空洞暫藏，發掘人員並未因此而感到輕鬆，誰都知道，位於井槨中央的那個巨大的內棺尚未開啟，而這個內棺才是古墓的核心。也許就在內棺的裡面，藏著這座千年古墓的

最大祕密。

發掘人員努力了好幾天，終將井槨拆開，一副木棺孤零零地呈現出來。由於四周槨板的護衛，木棺保持著閃亮的漆光，讓人感到恐怖又摻雜著幾分欣賞。畢竟像這樣完好如初的千年木棺在長沙地區前所未見。

幾個小時後，木棺被開啟了。大家發現，所開啟的不過是一層外棺，裡面尚有一層或幾層內棺。發掘人員再次動手開啟內棺。

與第一層不同的是，第二層木棺外表用漆塗畫了極其美麗的黑地彩繪，除底部外，其他五面，即左右兩側、頭檔、足檔和頂蓋都有一幅巨大的彩色畫面，每幅畫面均以銀箔鑲著 0.14 公尺寬的幾何圖案花邊。邊框中的巨幅畫面均繪有大片舒捲的流雲和神仙怪獸。這些散布於雲氣中間的怪獸，或打鬥，或狩獵，或鼓瑟，或舞蹈，或與飛禽、猛獸、牛、鹿追逐，姿態萬千，動作自如，描繪逼真。後經考古人員研究，這黑地彩棺的畫面是採用堆漆畫法的風格，即後世所傳「鐵線描法」製作而成。

圖 8-14 一號墓出土的黑地彩繪漆棺

第八章　驚魂馬王堆

圖 8-15 一號墓漆棺上面虛紋畫之中的怪獸彈瑟圖

圖 8-16 一號墓漆棺上的角虛擊筑圖

黑地彩棺按如前的方法被開啟之後，裡面又露出了一副朱地彩繪棺，這是第三層木棺。

這副朱地彩棺，是先用鮮紅的朱漆為地，然後以青綠、赤褐、藕荷、黃、白等較明快亮麗的顏色彩繪出行雲流水般的圖畫。在蓋板之上，繪有一幅飄飄欲飛的雲紋和二龍二虎互相搏鬥的圖畫。四壁板的邊緣，分別鑲有 0.11 公尺寬的幾何圖案花邊，在花邊中間畫著傳說中的崑崙山，山上雲氣繚繞，形態各異的游龍、奔鹿和怪獸躍然其中，勾勒營造出一幅如夢似幻、令人心馳神往的奇情異景。

按照往常的考古發掘經驗，在古墓中見到兩層木棺就是一件令人高興的事情，有三層棺的古墓已屬罕見，因為古代的封建制度對死者的用棺有著嚴格的等級規定。從流傳的史料來看，天子之棺四重，諸公三重，諸侯兩重，大夫一重，士不重。史料中的重應是重複的意思，若發現三層棺，說明墓主已位到諸公了。

令眾人大感驚奇的是，第三層木棺開啟，裡面還有一層木棺。想不到墓中的女人竟地位如此顯赫，除了雙層結構的木槨之外，竟有四層木棺包裹著她的芳身。

圖 8-17 馬王堆一號墓墓主入葬示意圖

墓主的地位究竟多高，一時之間尚難斷定，但從這層木棺的形狀和外表裝飾來看，這應該是最後一層木棺了。因為墓主的身分再高，也不會超過天子。

內棺的外表是用橘紅和青黑二色羽毛貼成菱形圖案，整個木棺長 2.02 公尺、寬 0.69 公尺、高 0.63 公尺。這種用羽毛貼花裝飾的木棺，在中國考古發掘中尚屬首次發現。至於為什麼要在木棺上貼羽毛，大概是古人認為，凡人死後要昇天成仙必須有相應的條件，羽毛便是重要的條件之一，即《史記》、《漢書》等史料所說的「羽化而登仙」。

除了奇特的羽毛貼花之外，在內棺的蓋板上平鋪著一幅大型的彩繪帛畫。

整幅畫呈「T」形，上寬下窄，頂部橫一根竹竿並繫以絲帶，下部四角各綴一條 20 公分長的麻穗飄帶，全長 250 公分，上部寬 92 公分，下部寬 47.7 公分。從形狀上看似是旌幡之類的物品。由於帛畫的正面朝下，一時還看不清內容。但考古人員已預感到，這將是一件極其寶貴的文物。

考古人員利用多種方法，小心翼翼地將整幅帛畫揭取下來。帛畫內容是天上、人間、地下三種景象，中間繪一名老年婦女拄杖緩行的場

第八章　驚魂馬王堆

面。初步推測，當為墓主人出行昇天的比喻。從整幅畫面的影像看，採用單線平塗的技法繪成，線條流暢，描繪精細。儘管有些地方模糊不清，但從清晰處可見到，此畫在色彩處理上，使用了硃砂、石青、石綠等礦物顏料，對比鮮明強烈，色彩絢麗燦爛，堪稱是中國古代帛畫藝術中前所未見的傑作，是人類藝術寶庫中最為貴重的珍品之一。

從4月27日凌晨4點一直到第二天下午4點，發掘人員絞盡腦汁，經過了無數次失敗，終於將最後一層棺蓋開啟了。

蓋板剛一掀起，一股難聞的酸臭味衝了出來，在場的人都感到難以忍受。此時發掘人員卻喜從中來，因為這股臭味就是報喜的訊號，它意味著棺內墓主的屍體很可能尚未完全腐朽。

只見棺內裝載著約有半棺的無色透明液體，不知這些液體是入葬時有意投放，還是後來地下水的滲透所致。在這神祕的棺液之中，停放著一堆外表被捆成長條的絲織品。從外表看去，絲織品被腐蝕的程度不高，墓主人的屍身或好或朽都應該在這一堆被捆成長條的物件之中。

由於棺中液體太多，文物又多半被浸泡在液體中，現場清理極其困難。經考古專家王㐨提議，決定將內三層木棺整體取出，運往博物館再進行清理。

圖 8-18 一號墓出土的帛畫
〈導引飛昇圖〉

防腐保護

　　4月29日上午10點，王㐨、白榮金提著行李，離開發掘工地的住處，乘車來到博物館暫住下來。田野考古發掘已結束，根據行內的流程，他們今後的工作任務就是對出土文物進行室內整理和採取保護措施，以備後來進一步研究和展出。從北京來的技術專家胡繼高、王丹華也相繼來到博物館，保護處理出土文物。

　　包裹著屍體的絲綢，被一一揭取開來，那件早已揭取一半的「乘雲繡」絹單衣被完全揭取後，王㐨和白榮金又花了一個星期，相繼揭取了第七層「信期繡」羅綺單衣、第八層灰色細麻布、第九層「茱萸紋繡」繡絹單衣、第十層、第十一層，直至第二十層貼身的「信期繡」羅綺綿袍。

　　至此，所有的絲織物全部揭取完畢，一具女屍隨之顯露出來。不知什麼原因，只見這個女人腳穿鞋子，卻沒有穿內外褲。

　　當女屍一絲不掛地展現在眾人面前時，所有在場者都為之驚奇不已。只見女屍外形完整，面色如生，全身柔軟光滑，皮膚呈淡黃色，看上去如同剛剛死去。伸展的雙手各握一繡花小香囊，內盛香草。

　　考古人員用手指在她的腦門、胸部以及手臂等部位按下去再放開，凹下去的肌肉和皮膚很快又彈起來恢復原狀。掀動四肢，各關節可自由彎曲伸展。更令人驚奇的是，女屍眼瞼的睫毛清晰可辨，左耳薄薄的鼓膜仍完好無損，就連腳指頭的指紋和皮膚的毛孔也清晰可見。經測量，女屍全長1.54公尺，重34.3公斤，腳掌長達25公分，幾乎和現代女性的雙腳長度相同。看來漢代的女人，確實沒有裹腳習俗。

　　女屍的出現，令考古人員感到神奇和激動的同時，對其本身價值的評估和如何處置的問題，產生了分歧。

第八章　驚魂馬王堆

　　一種意見認為，這具女屍埋藏地下兩千多年而不腐，屬世界罕見的奇蹟，它的價值可以與聞名於世的「北京猿人」相提並論。如果說「北京猿人」展示的是幾十萬年前人類的面貌、特徵，那麼，這具女屍可提供兩千多年前人的特徵以及生理結構、病理特徵，從而展開對古代人類學、醫學等多學科的研究。

　　另一種意見則認為，這具女屍是人體的遺存，不是人類創造的文化遺產，在考古學中屬於標本性質，與文物的價值有極大的差異，或者根本不能稱之為文物。實際上，這具女屍形同一具木乃伊，只不過更溼潤新鮮一些罷了。而木乃伊在西北地區經常發現，在世界各地也到處可見，根本沒有多少價值，更無法與「北京猿人」相提並論。就棺內的絲織品和屍體而言，其絲織品的文物價值遠遠大於女屍本身。因此，建議博物館如同處置幾年前在山東發現的明魯荒王朱檀的屍身一樣將其扔掉，不必再為此勞神費力了。

　　面對兩種不同意見，侯良決定打電話到北京故宮，讓高至喜向王冶秋彙報，看作何處理。王冶秋聽完，極其乾脆明確地指示道：「女屍應妥善保存。」

　　湖南當局接到高至喜轉達的電話，決定按王冶秋的指示執行，最終決定像醫學院儲存人體標本那樣，向其體內注射酒精與福馬林混合液，以保護內臟器官。此外，還特別請益陽有機玻璃廠製作了一個有機玻璃棺，將女屍移入盛放福馬林溶液的玻璃棺內，暫時性地防腐保護。

一號墓主真實死因

　　1972年12月14日下午，女屍順利解剖。1973年3月初，從各地來長沙的專家、學者，配合湖南醫學院及長沙其他的參與單位，對女屍進

行了各個方面的合作研究，在解剖學、組織學、微生物學、寄生蟲學、病理學、化學、生物化學、生物物理學、臨床醫學，以及中醫中藥學等諸多學科都獲得了豐碩的研究成果。透過肉眼觀察和病理組織分析、電子顯微鏡觀察、X光線觀察、寄生蟲學研究、毒物分析等，對女屍的死亡年齡、血型、疾病、死因等方面做了如下鑑定結論：

年齡：

1. 利用骨骼哈弗氏管的測定推斷，對照陳康頤主編的法醫學關於「根據骨骼推測年齡」的數字依據，推斷女屍生前年齡約為50歲。

2. 利用X光線檢查，推斷女屍生前年齡為40至50歲。

3. 婦科檢查推斷女屍生前為更年期婦女。根據中國古代醫學記載婦女絕經期的年齡為49歲，近代數據報導為45至52歲、國外數據為45至50歲的不同數字，推斷女屍生前年齡為45至52歲。

4. 從女屍的病理變化推斷，女屍生前年齡為50歲左右。

綜合以上各種不同推斷，其結論是女屍生前為50歲左右。

血型：

採用凝聚抑制試驗法，測出女屍頭髮與組織具有明顯的「A」型物質，故斷定女屍血型屬於「A」型。

汞、砷含量：

根據碘化鈉晶體探測器測定，女屍的含汞量比現代人高數百倍。在骨組織中含鉛量較高。

腸、胃解剖：

共發現內有138粒半形態飽滿的甜瓜子。

其次，根據多種學科的檢查診斷，墓中女主人生前共患有下列疾病和損傷性症狀：

第八章　驚魂馬王堆

1. 動脈粥狀硬化症。
2. 冠狀動脈粥狀硬化性心臟病（簡稱「冠心病」）。
3. 多發性膽石症（膽總管內、肝管內、肝內膽管內結石）。
4. 日本血吸蟲病。
5. 第四、五腰椎間的椎間盤脫出或椎間盤變性。
6. 右橈、尺骨遠端骨折，畸形癒合。
7. 左肺上葉及左肺門結核性鈣化病灶。
8. 兩肺廣泛性炭末沉著。
9. 膽囊隔畸形。
10. 會陰二度撕裂的疤痕（說明生育過，曾有裂傷）。
11. 腸道蟯蟲及鞭蟲感染。
12. 體內鉛、汞積蓄。

既然墓主人生前患有如此多的疾病和損傷性症狀，到底哪一種是致她死亡的原因？當時有人認為是吊頸而死，或者有可能被人用棒子敲死。經過醫務人員分析、研究，最後得出如下結論：

首先，排除吊頸而死的可能。因為女屍頸部沒有繩索勒痕，就不能推斷是吊頸而死。

儘管女屍頭部皮層有瘀血的痕跡，但檢查頭部和全身未見機械性損傷，因此排除被外力敲死的可能。

從毒物化驗來看，女主人生前有慢性汞（水銀）中毒，但不是因中毒死亡。因為在女主人所在的西漢初期，由於生產技術的局限，尚未生產出能使她急性中毒死亡的「昇汞」。女主人體內之所以有汞存在，主要是平時慢慢吞食下去的水銀。據考古學家考證，西漢「煉丹」技術已盛行，多數貴族都以吞服「仙丹」而夢想長生不老。因「仙丹」主要是由汞製

成，人吞服後就會慢性中毒，但這種慢性中毒不會致人猝死。因而，體內中毒不是女主人死亡的直接原因。

既然排除了自殺、他殺和中毒死亡的可能，女主人的死因到底是什麼？

透過系統解剖和病理檢查發現，女屍皮下脂肪、腸繫膜脂肪、腹膜後腎周脂肪及結腸脂肪均較豐滿，顯示古屍死前營養狀況良好。骶、背部沒有褥瘡，不像長期臥病而死。全身未見腫瘤，亦未見其他慢性消耗性疾病（如空洞性肺結核的病變）。消化道各段內均發現有甜瓜子，反映了患者臨死前不久尚能從容進食。

若把上述幾點連繫起來思索，可以認為女屍的病死，不像是慢性緩進，而很可能是急性驟發的病死過程。也就是習慣上所說的暴斃或猝死。或者說，出現症狀或體徵後立即或24小時內死亡。根據女屍食管、胃、小腸及大腸中還停留有不少甜瓜子的事實來看，女主人的死亡當在發病後24小時以內。

女屍全身多處動脈粥狀硬化，但大、小腦表面及各切面未見出血徵象，鏡下左、右大腦中動脈未見粥狀硬化病變，大、小腦各部位含鐵量，經化學分析及光譜測定，沒有顯著差別，故可排除大量腦出血所致的猝死。

最大的可能就是由於冠狀動脈堵塞嚴重，加上膽石症急性發作為誘因，反射性引起冠狀動脈痙攣，導致急性心肌缺血，這種情況，造成猝死的可能性最大。

這或許就是女主人死亡的真正原因。

馬王堆漢墓出土女屍的死因得以解開，但對這個女人死後，歷經兩千餘年而不腐的謎團，仍是外界以及研究者熱切關注的焦點。到底是怎樣的防腐奇術，使她的屍身歷經千年而不朽？

第八章　驚魂馬王堆

防腐的三大要訣

　　透過歷史文獻和考古發掘推斷，人死亡之後，其屍體防腐能否成功，妥善處理屍體當是最為關鍵的因素。尤其是死後是否即時處理，最為重要。因為人一旦死亡，其組織、細胞等失去活力，並在其本身固有酶、酵素作用下分解，使各器官變軟、液化、自溶。由於胃腸道細菌和體表的細菌大量繁殖，使肌膚身軀腐敗霉爛。因此，想要使屍體保存下來，就必須做到延緩和阻斷自溶、腐敗，而首要的一步，就是對死者屍體的即時處理。

　　馬王堆漢墓出土的女屍在解剖中發現其胃腸道內有138粒半形態飽滿的甜瓜子。由此推斷，她是在吃了甜瓜之後的短時間內猝死的。但在這個女人死後，其屍體做過怎樣處理？喪儀情節又是如何？這些都缺乏可供研究者分析的具體記載。

　　儘管如此，研究者還是普遍認為，屍體的處理與葬儀不會超凡脫俗地遠離其生活的時代，也就是說，不會脫離封建社會前期廣為盛行的《周禮》範疇。其葬儀及殉葬品的制度也應和《周禮》、《禮記》所記載內容差別不大。因此，在沒有直接證據的情況下，只有利用這些間接證據來推斷女屍採取防腐措施的可能性。

　　按照《周禮》和《儀禮》等規定，從人死亡到埋葬，大致上可分為如下幾個步驟：

　　第一，香湯沐浴和穿戴包裹。所謂香湯沐浴就是用香湯和酒擦洗死者的屍體。從史料記載中可以看出，用香湯和酒替屍體沐浴不僅可以去除汙穢，使屍體變香、變美，可能還有一定的消毒作用。如果在入殮前對屍體噴灑鬯（ㄔㄤˋ）酒，則更有利於封棺後加速棺內的氧耗，建立缺氧條件。

防腐的三大要訣

當沐浴完畢後，緊接著要進行的就是穿戴，要求把潔淨的內外衣和單被等緊緊捆貼屍體，藉以掩蓋體形面容。正如馬王堆一號漢墓女屍那樣，臉部覆蓋面罩，身上穿貼身衣，外面包裹各式絲織衣著、衾被及絲麻織物共20多層。這種死後的穿戴和嚴密包裹的功能，除了防止昆蟲侵入屍體口鼻外，還有助於隔離空氣，對阻滯屍體的早期腐爛有一定的作用。

第二，採取降溫措施。屍體沐浴後，為了防止腐敗以供瞻仰，周代已廣泛應用冰凍處理，據《禮記·喪大記》載「君設大盤造冰焉，大夫設夷盤造冰焉……」鄭玄注：「此事皆沐浴之後。」又說：「先內冰盤中，乃設床於其上。」冰盤之大小，盛用冰之多少，用冰時間的規定，都可以看出等級的森嚴。最高統治者帝王死後盛冰用大盤，漢代的大盤長一丈二尺，寬八尺，深三尺（西漢之1尺相當於今之0.7尺）。可見處理一個帝王的屍體，大約要用4立方公尺的冰。一個屍體放在4立方公尺的冰塊上冷凍，自然便有較優異的防腐敗、防自溶效果。用冰時間，規定在仲春之後，秋涼而止。馬王堆漢墓出土的墓主，作為貴族夫人，死後採用類似這種「寒屍」的降溫方法是可能的。

第三，及早入殮封棺。《禮記·王制》中載有：「天子七日而殯，七月而葬；諸侯五日而殯，五月而葬；大夫、士、庶人三日而殯，三月而葬。」由此看來，作為軑侯的夫人，死後停屍的時間不會很久，殮（包括小殮、大殮）應在死後五天之內。而在死後的第五天，就應把棺封起來存放，然後擇吉日埋葬。

根據馬王堆一號漢墓的墓坑工程和墓葬規模推斷，推測在入土以前至少要有幾個月的準備時間，所以殯而待葬的時間可以比較長，但也不能排除儘早埋葬的可能性。如果葬得晚，則把屍體封存在密閉效果很好

第八章　驚魂馬王堆

的棺具裡，是入土前保存屍體的一個重要措施。

這座漢墓所用的棺具品質很好，內棺的蓋口用膠漆封固，所以棺的密閉效果極佳。在這樣的棺具內能保存屍體的原因可能是：當屍體入殮封棺以後，就處於密閉條件中，由於棺內空間被包裹著的屍體和大量織物等塞滿，故棺內留存的空氣很少，屍體初期的腐敗過程和棺內物質的氧化過程，很快就耗掉了棺內的氧氣，從而形成了缺氧條件，屍體的腐敗過程就可能延緩並最終停止下來。1956年至1957年，考古人員在廣州清理的明代戴縉夫婦合葬墓，發現兩屍的保存狀況都很好。根據墓中的文字記載，兩屍都是死亡之後停棺三年多才下葬的。可見棺封密固亦可發揮防腐作用。

第四，汞、砷與酒精的應用。中國古代應用水銀、砷以防屍體腐敗的記載甚至多於香藥防腐。史載秦始皇陵墓地宮就是「以水銀為百川江河大海，機相灌輸，上具天文，下具地理」。1970年代的考古鑽探證實了文獻記載，說明秦始皇的喪葬用了大量水銀。馬王堆一號漢墓女屍在地下歷經兩千多個寒暑，肌膚、內臟、形體、顏色仍十分完好。達到如此防腐效果的因素當然是多方面的，但經過發掘之後的化學鑑定，在屍體處理上的明顯特點有二：一為汞處理，二為浸泡。因為這座墓棺液沉澱物含有大量硫化汞、乙醇和乙酸等物，而棺液中的硫化汞等對屍體有較明顯的防腐作用。馬王堆女屍能完整保存，與汞的保護作用是分不開的。

另外，出土的屍體還有一個不同於隨葬品的特殊保存條件，即本身居於槨和四層套棺保護之中，棺內空間遠比槨室空間小。尤其內棺是密閉的，屍體又為棺液所浸泡，如果沒有一個密閉的墓室，隨葬品中大量有機物必然很快腐爛，棺木也會腐朽，最後屍體也難免爛掉。因此，屍

防腐的三大要訣

體入土以後得以長期保存的基本條件，就是要與深埋地下的密閉墓室與密閉棺具結合在一起，這樣才有可能使入土前保存在棺內的屍體，在入土後得以繼續保存下去。

當一號漢墓的白膏泥層被挖開之初，曾經有氣體噴出，燃燒試驗時呈藍色無煙火焰。這就證明了墓室中積聚了大量可燃性氣體，也就是平時習稱的「火洞子」墓，或叫「火坑墓」。

類似的「火坑墓」，歷史上多有記載。王充在《論衡‧死偽篇》中記敘王莽時「改葬元帝傅后，……發棺時憧聞於天，洛陽丞臨棺聞臭而死。又改葬定陶共王丁后，火從藏中出，燒殺吏士數百人」。王充在論述這一現象時指出：「臭聞於天」，是「多藏食物腐朽猥發」、「人不能堪毒憤」而造成洛陽丞之死，「未為怪也」。「火出於藏中者」、「非丁后之神也」。「見火，聞臭則謂丁、傅之神誤矣。」可見在漢代，王充對「火坑墓」之形成已經給予了科學解釋。

馬王堆一號漢墓也屬於這種「火坑墓」。一個密閉的墓室內積聚可燃性氣體，與隨葬品的保存良好有著很大的關係，而墓室的密閉性則和構築墓室所用的材料——白膏泥的黏性和可塑性息息相關。

值得一提的是，在已發現的漢代前後的墓葬中，那些較少使用白膏泥密封的墓葬，則只剩下殘缺的槨底板，而找不到一點骨骼了。至於根本沒有使用白膏泥的墓葬，所有纖維物質都已腐蝕殆盡。如在中華人民共和國成立前後，湖南地區或盜掘、或正式考古發掘的四千多座較小的楚墓、西漢墓、東漢磚室墓，以及兩晉、南朝、唐、宋墓，凡未用白膏泥者，屍體均已腐蝕無存，個別墓的棺上漆皮也只能見到一點痕跡了。其他竹、木、漆、皮革、絲織物幾乎全部腐爛，甚至連痕跡也蕩然無存，隨葬的一般性銅器也一觸即破。這個奇異現象，在考古人員後來發

第八章　驚魂馬王堆

掘的馬王堆三號墓中也得到了確切的反映。

由此可見，使用白膏泥密封，加上深埋和填土夯築緊密，以保護好棺槨，是保存馬王堆一號漢墓女屍的一個最為重要的前提條件，也是女屍歷千年而不腐最具決定意義的因素。

發掘二號墓

馬王堆從外表看上去，只有兩個大土堆，也是歷史上流傳下來「馬鞍堆」、「雙女塚」等名字的原因。發掘之後，才知此處有三個墓塚。考古人員把一號墓一旁不顯眼的墓塚編為馬王堆三號，而離一號墓稍遠、那個明顯的大土堆，則編為二號。從一號墓打破了三號墓的地層關係推斷，三號墓的築造和入葬年代應早於一號墓。

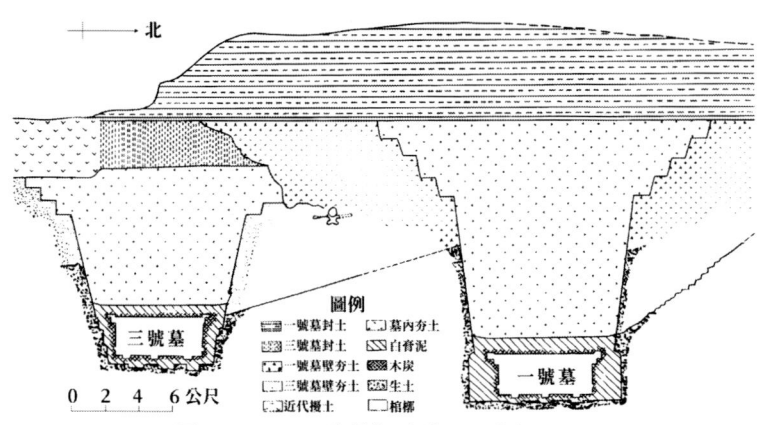

圖 8-19　一、三號墓打破地層關係剖面圖

經過發掘，發現二號墓儘管屢遭盜掘，但仍有一些零零碎碎的小件器物散落於棺槨之間。再細心膽大的盜墓賊，也不會將墓中的一切器物全部盜走，除了時間上的倉促，還有一些器物，是盜墓者認為沒有多大價值而捨棄的。

1974年1月10日傍晚，正當考古人員在二號墓槨室中四處尋找和提取零散的器物時，陰沉的天空突然飄起了雪花，至後半夜，雪下得更大了。11日清晨，大雪已呈鋪天蓋地之勢，遠山近丘、荒野田疇到處是白茫茫的一片。此時朔風驟起，雪花飛揚，氣溫突降到攝氏零下四至五度。這是長沙多年來未遇過的大風雪天氣。

雪花落地很快地融化，雪水浸泡的汙泥中，那鎏金的嵌玉銅卮、錯金的銅弩機，那銀質或銅質的帶鉤，精美靈秀的銅鼎、玉璧、漆器、陶器等，在考古人員耐心尋找下先後出土。

眼看又一個黃昏將至，被融化的積雪浸泡過的墓壁，已出現裂痕，整個墓壁看似隨時會崩塌，危及考古人員的性命。站在風雪飄零的墓坑之上負責指揮的李振軍決定立即調來起重機，將棺槨吊出墓坑。同時將墓室中的汙泥濁水全部裝筐裝桶，用起重機吊出，同棺槨一併裝入卡車，拉回省博物館再清理。

墓中的汙泥濁水拉到博物館後的第二天，考古人員開始進行清理。這次清理當然不再採用墓坑中的方法，而是放置一個鐵篩於水龍頭前，將汙泥一點一點倒入篩中，再用水管的水慢慢清洗。這個方法使汙泥濁水中的大小器物無一遺漏地被篩選出來。

當從墓中挖出的汙泥全部淘洗完後，考古人員、尤其是發掘領導小組成員，心情稍感輕鬆的同時，不禁大失所望。想不到從外表看來令人充滿信心與希望的二號墓葬，幾乎是腹中空空。不但未見到一丁點骨渣，期望中具有價值的器物也沒有一件出土。

面對此情此景，王冶秋、李振軍懷著複雜的心情在省博物館一樓大廳內來回踱步。可以想見，他們同樣於心不甘。就在眾人感到沉悶、壓抑、悲苦之時，李振軍似乎想起了什麼，急忙來到考古隊員身邊說：「將

第八章　驚魂馬王堆

那些破碎的槨板也抬來沖洗一下，說不定還有什麼東西呢。」

這一提醒，眾人儘管覺得有些道理，但也沒抱太大的希望。幾個人無精打采地將槨板抬到水龍頭前，開始沖洗起來。隨著嘩嘩的水流聲，槨板上的汙泥被一點一點沖掉。令所有人意想不到的是，奇蹟出現了。

就在槨板底部的汙泥中，考古人員何介鈞、胡德興等人發現了對整個馬王堆漢墓發掘至關重要的三顆印章。經鑑定，一顆是玉質私印，盝頂方形，長寬各2公分，上刻陰文篆體「利蒼」兩字。另兩顆是銅質明器官印，龜紐鎏金，長寬各2.2公分，分別刻有陰文篆體「軑侯之印」和「長沙丞相」字樣。

三顆印章的發現，確切地證實了墓主人是西漢初年軑侯、長沙丞相利蒼的同時，也揭開了千百年來蒙在馬王堆漢墓之上的最後一層面紗。它以無可爭辯的鐵證向人們證實，馬王堆一、二、三號漢墓，正是軑侯利蒼一家的葬地。

這個非同凡響的發現，使所有考古發掘者都忘卻了連日的艱辛，精神為之大振。回想當年，在一、三號漢墓發掘之後，雖然墓中隨葬器物上寫有「軑侯家」的物主標記和封有「軑侯家丞」的封泥，但仍有人堅持認為這些器物是軑侯一家送給長沙王的禮品。更有人依據文獻記載，堅持認為是漢代的「雙女塚」、「二姬墓」以及「長沙王妃」之墓等。

正所謂蒼天不負苦心人，此次三顆印章的出土，使一切的爭論和猜測都不辯自明，煙消雲散，也使二號墓乃至整個馬王堆漢墓的規格和考古價值大大地提升，當之無愧地列入20世紀最偉大的考古發現之一。

墓主家族關係初斷

二號墓出土的「長沙丞相」、「軑侯之印」和「利蒼」三顆印章，無疑是馬王堆利蒼一家墓地的確證。據《史記·惠景間侯者年表》和《漢書·高惠高后文功臣表》的記載，利蒼是漢惠帝二年（西元前 193 年）被封為軑侯的，死於高后二年（西元前 186 年），由此可知，此墓距開挖之時已有 2,100 多年的歷史了。

在三號墓出土的一件木牘中，上書「十二年二月乙巳朔戊辰……奏主臧（藏）君」等字樣。查西漢初期超過十二年的紀年，僅漢高祖有十二年和漢文帝前元有十六年。三號墓出土有帶「軑侯家」銘文漆器，漢高祖劉邦在位時，利蒼在長沙任職，尚未封為軑侯。據山東臨沂銀雀山漢墓出土的《元光元年曆譜》，漢初在漢武帝太初改曆以前，是使用顓頊曆規制推算，漢文帝前元十二年二月，恰是乙巳朔。如此便肯定了三號墓的年代，應為西元前 168 年。

至於一號墓的年代，由於它分別打破了二、三號墓的形制，從地層關係看來，晚於這兩座墓。但是，一號墓和三號墓的隨葬器物，無論是漆器的形制、花紋和銘文還是絲織品的圖案，或者簡牘文字的書體、風格都非常接近，如出一人之手。而一號墓出土的泥「半兩」錢和三號墓填土所出「半兩」錢，同樣都是文帝時期的四銖半兩。因此，一號墓和三號墓的年代應該相當接近，可能相距僅數年而已。

釐清了馬王堆三座墓葬的年代，那麼三者之間的關係也就比較容易解決了。一號墓與二號墓東西並列，都是正北方向，兩墓中心點的連接線又是正東西向，封土也幾乎同大，正是漢初流行的夫妻不同穴合葬形式。利蒼葬在西邊，女屍埋葬在東邊，正符合當時「尊右」習俗。因此，

第八章　驚魂馬王堆

一號墓墓主，毫無疑問就是第一代軑侯利蒼的妻子，她比利蒼晚死大約20餘年。

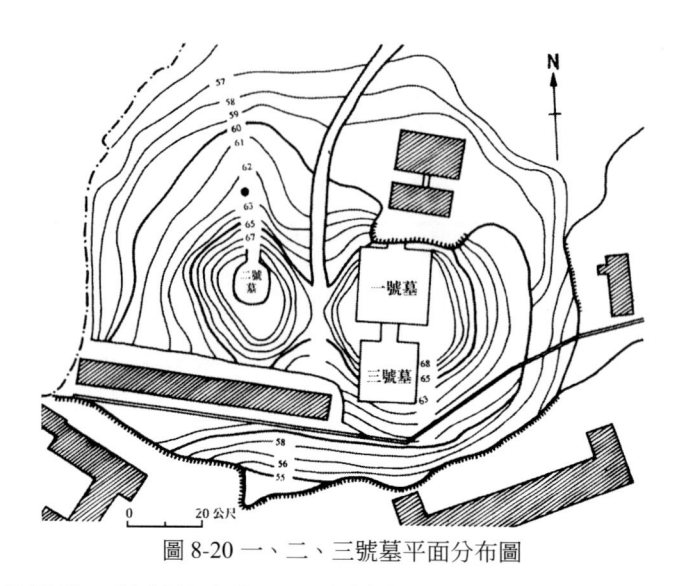

圖8-20 一、二、三號墓平面分布圖

三號墓緊靠一號墓的南方，即利蒼妻子的腳下，兩墓墓口相距僅4.3公尺。據鑑定，一號墓女屍的年齡為50歲左右，三號墓墓主人的遺骸為30多歲的男性，二者相差20多歲，應是母子關係。三號墓的墓主應是利蒼的兒子利豨。

軑侯家族的世系釐清之後，研究者接著迫切需要知道的，就是這個家族成員的生活經歷及人生命運。軑侯利蒼的生平，歷史上沒有專門的傳記流傳於世，只有《史記》和《漢書》分別在年表和功臣表中簡單提及（前文已述），且《史記》、《漢書》兩家記載又有不一致的地方。因此，只有將這些零散、簡單的材料綜合起來加以研究，再根據考古發掘的旁證材料加以推測，才能對軑侯家族不同人員的情況以及當時的社會風貌有大致符合史實的了解。當然，幾乎所有的考古人員和研究者都感到，要追尋已逝去兩千多年的利蒼的蹤影，便離不開與軑侯家族命運緊密相連

的兩個關鍵性人物──漢高祖劉邦與長沙王吳芮。

劉邦建立了西漢政權，自己登上九五之尊的帝位，國家統一，看來已是萬事大吉了。但是，劉邦深知，國家初建，面臨的問題和困難還很多，首要的問題出現在國家內部。當年自己起兵反秦以及在和強敵項羽的爭霸戰中，憑藉一群亂世梟雄和政治野心家的支持與妥協，才有了後來這個局面。既然霸業已成，而江山是大家共同打下的，勝利的果實自然要大家來分享。因此，垓下會戰勝利之後，劉邦不得不把大片國土分封給往日與自己共赴生死的弟兄。他先後分封韓信為楚王、彭越為梁王、韓王信為韓王、吳芮為長沙王、英布為淮南王、臧荼為燕王、張耳為趙王以及後來取臧荼而代之的盧綰等8位異姓王。

就當時西漢所占有的版圖看，太行山以東幾乎都成了各諸侯王的封地，宛如戰國末期殘存的東方六國，占據半壁江山，與西漢中央王朝形成了對峙的政治格局。這些分封的諸侯王表面上對劉邦的中央政權表示臣服，骨子裡卻依然殘存著非分之想，並潛藏著向朝廷發難的危勢。

除此之外，另一個最嚴重和棘手的問題是來自外部的「胡越之害」。胡是指北方強大的游牧民族匈奴；越是指秦末在百越故地上建立起來的南越國政權，這個政權在東南沿海一帶有很強大的政治、經濟勢力。《漢書‧地理志》顏注引臣瓚說：「自交趾至會稽七八千里，百越雜處，各有種姓。」從今天的地理位置來看，百越所包括的勢力範圍，應是廣東、廣西、福建以及越南北部等廣大地區。假如這些地區的勢力聯合起來向西漢中央政權發動進攻，其後果自是嚴重和可怕的。

面對這種內憂外患的險局，一生都在思索如何「治人」而不是「治於人」、老謀深算的劉邦，與他的忠誠謀臣張良、蕭何反覆權衡思量之後，採取了一項看似頗為得力的重要措施，這就是由中央朝廷選派代表到諸

第八章　驚魂馬王堆

侯國擔任丞相之職，其目的是透過這個代表人物去監視各路諸侯的不軌行動，並加強對他們的控制。由於這種考量背後的特殊政治意義，被派往諸侯國擔任丞相的人選，各方面條件要求異常嚴格，而首要的條件，必然是要絕對忠誠於中央政權，也就是說非劉邦本人的心腹親信不能擔當此任。其次，被派去的人選應具備非凡的才能，要有能力控制住諸侯王及這個侯國的臣僚，使他們服從於中央政權。這二者互為唇齒，缺一不可。倘只忠誠於中央政權而無駕馭諸侯的本領，或只具有才幹而不忠於中央，都會造成適得其反的惡果。

馬王堆二號墓的墓主利蒼，正是在這種政治背景和本身具備入選條件的情況下，被派往由吳氏家族為王的長沙國任丞相。

利蒼是何人

為什麼中央政權或者說劉邦本人選中了利蒼，又為什麼偏偏將他派往長沙國而不是其他諸侯國？結合史料和考古發掘，研究者曾做了幾種推測，那就是利蒼本人——

第一，來自苗族。

做這個推測的理由是：(1)「T」形帛畫上畫有苗族關於「九個太陽」的傳說。(2)墓主沒有穿褲子，隨葬衣服中也沒有褲子，數以百計的木俑也沒有穿褲子。下身不穿褲子而只穿裙子是苗族自古以來的習慣。(3)苗族認為他們的祖先是由蛋出生的。一號墓出土一箱雞蛋，與墓主人的民族習俗有關。(4)苗族人死後忌用生前的銀器、銅器隨葬。馬王堆漢墓沒有用金銀銅器隨葬，與苗族習俗相吻合。(5)一號墓主蓄有苗族的髮式。(6)用大量食品隨葬也是苗族的風俗。另外，研究者還認為利蒼在封為長沙丞相之前很可能就是當地苗族部落的首領。

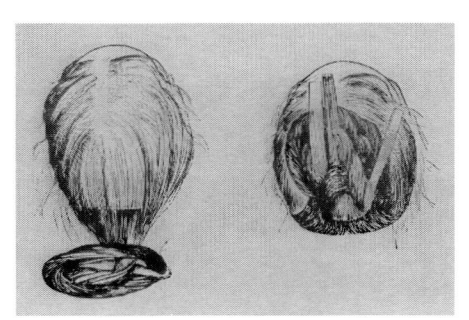

圖 8-21 女墓主的髮式

第二，來自侗族。

認為墓主是侗族的理由是：（1）《漢書》稱利蒼為「黎朱蒼」或「朱蒼」，這是侗語對利蒼的稱呼。軑侯夫人「辛追」也屬於侗族習慣的名字。　（2）漢族是夫妻合葬，而侗族是母子合葬。一、三號墓是母子同葬一個山頭，而二號墓利蒼葬在另一個山頭，正符合侗族的葬俗。（3）黑地彩繪棺上畫的是侗族的神話傳說故事。（4）墓中引魂幡作衣形，遣冊也稱它為「飛衣」，顯然是侗族以衣招魂習俗的反映。（5）帛畫中有許多鳥，反映了侗族偏愛鳥的習俗。（6）軑侯夫人辛追用的木梳和鵲尾鞋，也符合侗族婦女的穿著習慣。（7）墓中出土的樂器等保留了侗族古代葫蘆笙的原始形態。（8）軑侯家用牛肉摻米粉醃製的「牛白羹」反映了侗族特有的飲食習慣。

第三，來自越族。

認為墓主是越族的理由：（1）長沙王吳芮曾「率百越佐諸侯，又從入關」，有功封王。故長沙王吳芮的丞相利蒼也可能是百越中的頭目之一。（2）從氏族看，「利蒼」即「黎朱蒼」。黎姓的遠祖是傳說中的「九黎」，即後來的「三苗」，也就是百越。又黎人即俚人，《隋書·南蠻傳》說俚人「古所謂百越是也」。（3）墓主人梳的是越人的髮式。（4）墓中遣冊食譜中多狗肉，這是越人愛吃狗肉習俗的反映。（5）從葬制來看，也是採用越人

第八章　驚魂馬王堆

慣用的土坑豎穴墓。（6）三號墓出土的大批帛書多帶迷信色彩，反映墓主「好巫術」和「信鬼神」。軑侯一家信奉的神是祝融和蚩尤，這些也是越人習俗的反映。

第四，來自楚地。

認為墓主利蒼一家是楚人的理由：（1）據《姓解》記載：「楚公子食采於利，後以為氏。」則利氏在當時是只有楚人才有的姓。（2）利豨（ㄒㄧ）是楚人的名字，因「楚人謂豕為豨」。（3）利蒼的曾孫利秩（扶）因犯罪失去侯位，放歸老家江夏郡竟陵，而利蒼封侯的封地在江夏郡的軑縣，江夏郡是楚地，即今日湖北省漢水南岸的潛江，因此，利蒼一家為楚人。

從以上推測看來，不論是來自苗族、侗族、越族還是楚地，利蒼的出生地應在漢水或長江以南地區。根據《漢書·高惠高后文功臣表》中平皋煬侯劉它欄中記載的「功比軑侯」四個字來看，利蒼與劉它的經歷必有近似之處。漢高帝年間，曾對列侯18人做了位次的排列，到了高后二年，又由丞相陳平主持，對當時的列侯137人排列位次，當時利蒼被排在第120位，而跟利蒼功勞相比的劉它，被排在第121位。劉它本名項它，原為項羽部下一名將軍，司馬遷在《史記·項羽本紀》中曾提及此人。劉、項垓下決戰前夕，項它被劉邦手下大將灌嬰俘虜於彭城。此後，劉邦對「項氏枝屬」採取寬容收買的政策，賜姓封侯，授以高位。若干年後，漢中央政權將劉它與利蒼的功勞相提並論，間接說明了利蒼與劉它有相同的經歷，很可能利蒼本人原來也是項羽的部將，在劉、項大決戰的前後，棄項投劉。從利蒼的籍貫來看，他原來作為項羽部將的可能性也極大。此外，在利蒼墓中發現一件錯金的銅弩機，上刻銘文「廿三年私工室……」，從文字風格和銘刻的款式來看，應該製造於秦始皇二十三年。按照古代事死如事生的思想推理，這件銅弩機應是利蒼本人

利蒼是何人

生前使用過的實用兵器,並有可能陪伴利蒼度過了頗為不凡的戎馬生涯。這也是利蒼有可能先在項羽、後在劉邦部下為將的一個間接證據。

西漢王朝建立之後、到利蒼赴長沙國任丞相之前的這一段經歷到底是如何,史料無載,也沒有旁證或發掘實物可供推測。但從劉邦對他的信任程度來看,他似應在中央政權任職。不論如何推測,利蒼作為劉邦的親信和中央政權信賴的人選赴長沙就職是無可爭辯的。但是,在眾多的諸侯國中,為什麼要把利蒼派往長沙而不是別的地方,劉邦及中央政權的謀臣為此做了何種考慮?要釐清這一點,應該看一看長沙以及其他諸侯國當時的政治背景。

關於長沙王吳芮的經歷,史料多有記載。此人在秦朝時為番陽縣令,受到當地百姓及江湖志士的敬慕。當陳勝、吳廣等人起義反秦,他亦率一幫生死弟兄開始與秦王朝為敵,並與項羽為盟。後來他轉降劉邦,並在楚漢戰爭中立下了卓越戰功,劉邦於西元前202年封之為長沙王。此時的長沙國是漢初分封的諸侯國中最為特殊的一個。西漢以前的長沙國只是秦時的一個郡,秦之前則屬於楚國的地盤。雖然這次由郡改國後,在漢中央政權的詔令中明確規定以長沙、豫章、象郡、桂林、南海五地歸長沙國管轄,但當時的豫章實屬以英布為國王的淮南國,而象郡、桂林、南海三地則被獨霸一方的南越王趙佗所占,吳芮實際掌管的範圍僅長沙一郡之地,約為湘江河谷平原的十三縣之地。根據曾任長沙王太傅的賈誼於西元前174年上書說,漢初的長沙家戶數只有二萬五千,按《漢書‧地理志》長沙國戶口比例推算,那時的人口數為十一、二萬。由此看來這個王國是較小的。雖然長沙國國小人少,卻夾在漢朝廷所屬領地與南越諸國之間,是阻擋百越諸侯國進攻漢中央的門戶,而利蒼的原籍可能就在長沙國的版圖之內。他對長沙國的地理環境、風土

第八章　驚魂馬王堆

人情應該比較熟悉，故劉邦讓利蒼到長沙國任丞相，除了監視和控制長沙國外，還有一個除他之外別人很難勝任的重要任務，那就是監視百越之地眾諸侯國的異常動靜，特別是軍事方面。以他身經百戰的經歷，這個重擔是能夠勝任的。

在這樣複雜的政治背景中，利蒼肩負著中央政權及劉邦本人的重託走馬上任了。他上任後的情形如何呢？按《史記·五宗世家》載：「高祖時諸侯皆賦，得自除內史以下，漢獨為置丞相，黃金印。諸侯自除御史、廷尉正、博士，擬於天子。自吳楚反後，五宗王世，漢為置二千石，去『丞相』曰『相』，銀印。諸侯獨得食租稅，奪之權。」從以上的記載可以看出，就在利蒼上任的西漢初年，諸侯國王的權力相當大，在這個小朝廷裡，除丞相要由漢朝中央任命外，其餘所有官吏都由諸侯王自己任命。諸侯王是王國的真正統治者，而丞相的職權只是輔佐諸侯王進行統治。雖然此時王國丞相使用的是極富權威性質和中央級規格的黃金印，但由於他所領導的官屬臣僚都是諸侯王的親信，所以他的實際權力必然受到一定的掣肘。可以想像，這個時期的利蒼在長沙國所發揮的作用是不明顯的。而其他被派往諸侯國為丞相者的政治命運，也應該與他相似。

或許正因如此，雖有丞相監視，但諸王國還是不斷叛亂並向漢中央政權發難。繼吳楚等七國叛亂之後，中央洞察到了這個弊端，漢景帝決定改諸侯國的丞相為「相」，並規定除了王國相由中央派遣以外，王國朝廷的其他高級官吏也一律由中央任命。諸侯王被無形之中架空了，完全被剝奪直接統治權，而王國相的官印雖然由金印改為銀印，從外表上看，似乎職權降低，實際權力卻大大加強，並成為王國實際上的最高統治者。從利蒼在長沙國為丞相的時間來看，由於他在高后二年死去，生

前使用的應為黃金印。但從馬王堆二號墓出土的三顆印章看，除一顆私章是玉質外，另外兩顆爵印和官印均為銅質，顯然不是原印，而是專為死者殉葬做的冥印。至於當年利蒼用過的黃金印流落到何處，則難以知曉。

誘殺英布的立功者

從《史記》和《漢書》的記載來看，利蒼是在任長沙國丞相期間被封為軑侯的。也就是說，任丞相在前，封軑侯在後。那麼他在長沙國任了幾年丞相之後得以封侯，又是因為什麼而受封？為了回答這個問題，現將漢中央政權、長沙王、利蒼三方面的關係表列如下：

西元前 202 年	高帝五年	長沙文王吳芮始封，當年卒，子臣嗣
西元前 201 年	高帝六年	長沙成王吳臣元年
西元前 194 年	惠帝元年	長沙成王吳臣八年，卒，子回嗣
西元前 193 年	惠帝二年	長沙哀王吳回元年。利蒼以長沙丞相受封為侯
西元前 187 年	高后元年	長沙哀王吳回七年，卒，子右嗣
西元前 186 年	高后二年	長沙恭王吳右元年。軑侯利蒼八年，卒

據上表可知，利蒼任丞相之後到封侯之前的這段時間，應在漢高帝五年至惠帝二年間。另據史料載，早在利蒼出任長沙國丞相之前，就有一個叫吳郢的人擔任長沙國的「柱國」，這個官職是楚遺留下來的舊頭銜，其權力和丞相是相同的。從吳郢的姓氏來看，極可能是長沙王的宗親或者親信，他在死前數年被免，利蒼接替。由此推測，利蒼上任時應在漢高帝十年左右，距他封侯的時間有三至四年。在這樣短的時間內，是什麼特殊的功績使他躋身於列侯之中呢？儘管史料沒有直接提及，但作為旁證，就不能不令人想到發生在這個期間的淮南王英布叛亂事件。

第八章　驚魂馬王堆

　　史料中關於英布的記載比較詳細，此人是九江郡六縣（今安徽省六安市）人，秦王朝統治時僅為一介庶民，且有點地痞流氓的習氣。關於他的傳記中，史家提到英布少年時，有一位算卦先生對他說：「你受刑之後就能稱王。」到他壯年時，果真因為觸犯大秦律法被處以黥刑（臉上刺字）。於是，英布笑著對別人說：「以前有人說我受刑以後就能稱王，大概就是指今日之刑吧。」周圍的人聽了不禁哄堂大笑，皆把他當作馬戲團的小丑或不知好歹的瘋子來看待。

　　這次受刑之後不久，英布被押至驪山修造秦王嬴政的陵墓，也就在此期間，英布結交了不少同為刑徒的豪壯之士，並看準了一個機會，率領一幫患難弟兄逃出驪山工地，流落到長江一帶，成為強盜。陳勝起義時，英布見天下已亂，正是英雄施展本領、實現政治抱負的大好時機，便率眾投靠了番陽令吳芮，與其一道舉兵反秦。吳芮見英布威猛機智，是難得的英雄豪傑，便將女兒許配於他。

　　在之後天下紛亂的若干年內，英布先是轉歸項梁，項梁死後，又歸屬項羽，再後來又棄項投劉，跟隨劉邦轉戰各地。他驍勇無比，屢建奇功，直至西漢王朝建立初年，被劉邦封為淮南王，成了一個諸侯國的小皇帝。至此，英布當年在受刑後稱王的妄言竟變成了現實。可惜好景不長，到了高帝十一年（西元前196年）三月，劉邦在呂后的挑唆和主謀下，繼謀殺了楚王韓信之後，又將梁王彭越送上了斷頭臺。為了殺一儆百，劉邦竟命人將彭越的屍體剁成碎塊，煮成肉醬，分別派人送給各諸侯王品嘗。

　　英布與韓信、彭越在楚漢戰爭中曾立下了汗馬功勞，劉邦稱帝後，他們三人的命運緊密相連，可以說是一損俱損，一榮俱榮。當英布得知韓、彭兩人先後慘死的消息，並意外地收到了彭越的肉醬這個極其血腥

和暗伏殺機的「賞賜」，不禁驚恐萬狀，立即部署軍隊，以備不測。恰在這時，淮南國中大夫賁赫與英布的姬妾偷情之事東窗事發，深知大事不妙，便倉皇逃往長安，向劉邦誣告英布謀反。英布得知賁赫逃到長安後，必然將自己的軍事部署和意圖報告劉邦，生性多疑的劉邦當然不會放過置自己於死地的機會，必然帶兵前來征討。於是，英布乾脆一不做，二不休，屠殺了賁赫全家，起兵叛漢。

英布起兵後，先向東攻擊荊國，荊王劉賈（劉邦的叔父）大敗而逃，死於富陵亂軍之中。英布合併了荊國軍隊，乘勝北上，渡過淮河，又將楚國劉交（劉邦的弟弟）的軍隊擊潰，然後率大軍向西挺進。一時，淮南國軍隊聲勢浩大，鋒芒所及，無人能敵。西漢中央政權受到了極大威脅。在危急關頭，劉邦不得不強撐著病體，親自統率大軍前來征討。高帝十二年（西元前195年_冬十月，劉邦大軍跟英布軍隊在蘄縣西面遭遇。劉邦見英布軍鋒芒甚健，不敢貿然迎戰，便在庸城堅壁固守，英布也排兵布陣，欲與劉邦決一死戰。劉邦從城中出來，望見英布所布軍陣跟項羽當年的布陣十分相似，內心不免有些畏懼，便想用說服的辦法勸英布罷陣息兵，但剛說了句「我平日待你不薄，你何苦要反叛呢」，英布卻毫不領情地說：「什麼反叛，我不過也想嘗嘗當皇帝的味道罷了。」

劉邦聽後大怒，縱兵攻擊。英布軍抵擋不住，向後撤退。當渡過淮河後，雙方又經過幾次激烈的拚殺，英布再度失利，只好退到長江以南。正當英布欲尋機會重整旗鼓，再度反攻時，剛好長沙王吳臣（吳芮之子）派人前來，聲稱要接他到長沙國去休息頓整頓。英布想到吳臣的姐姐是自己的妻子，兩家素來交好，吳臣應是真心實意地對待自己，便懷著感激之情率部跟隨說客向長沙國而去。但英布萬萬沒有想到，當他剛走到番陽縣茲鄉時，就被長沙王吳臣事先埋伏的士兵殺死了。

第八章　驚魂馬王堆

　　劉邦得知長沙王誘殺了英布後，對吳臣這種審時度勢、大義滅親的舉動非常感激，同時也對上任時間不長的丞相利蒼表示讚賞。很顯然，使長沙王能在這關鍵時刻毅然站在漢中央政權這一邊、並採取果斷措施消滅英布，與利蒼的努力息息相關。或許，正是他的因勢利導和種種努力，才使長沙王最終有了這個非凡的舉動。從這一點上來看，利蒼沒有辜負中央及劉邦本人的期望，出色地完成了任務。長沙王以及利蒼立下的功勞本應得到中央朝廷的封賞，可惜劉邦在與英布交戰中不幸被流矢所傷，待次年返回長安後，因箭創復發，不久即死去。或許鑒於異姓王相繼叛亂的教訓，或許是出於對呂后的防範，劉邦行將歸天之際，召集列侯群臣一同入宮，命人殺了一匹白馬，一起盟誓道：「非劉氏不得王，非有功不得侯。不如約，天下共擊之！」此時，原來分封的八個諸侯王，除了長沙王之外，全部被除，其封地漸漸被九個劉姓王瓜分。

　　劉邦去世後，太子劉盈繼位，是為惠帝，尊呂后為皇太后。惠帝年剛17歲，秉性懦弱，身體不好，由其母呂后臨朝稱制，掌握了實權。儘管劉邦生前為劉氏天下的穩定久遠，想了種種招數，做了種種限制，但歷史上的呂后時代還是不可避免地到來了。

　　呂后當權，開始思慮如何為她的娘家人謀取更高更大的職位，但畢竟劉邦剛死不久，鑒於「虎死威尚在」的政治慣性和「白馬盟誓」的遺訓，呂后在對臣僚分封賜賞時，不得不暫且照顧大局。於是，從惠帝元年（西元前194年）開始，中央政權對平叛英布戰爭以及其他方面立下功勳的臣僚進行封賞，並重新排列所有的列侯位次。從《漢書·高惠高后文功臣表》來看，因與英布的姬妾通姦東窗事發，而後跑到長安告發英布叛亂的賁赫，以「告反」的功勞被封「期思侯」。惠帝二年四月，長沙丞相利蒼因功被封為軑侯，食邑700戶，列120位。此時全國列侯有180

多人，利蒼這個位次算是中間偏下。

利蒼死於高后二年（西元前 186 年），死時五、六十歲。從他的年齡和任職的政治背景來看，應該屬於正常死亡。利蒼死後，其子利豨繼軑侯位。據《漢書・高惠高后文功臣表》載，有醴陵侯越，於高后四年（西元前 184 年）以長沙相封侯。從時間上推算，這個醴陵侯越就是利蒼的繼任者，有可能利蒼是在長沙國相任上死去的，他在職的時間應為 8 至 10 年。

太夫人的生命歷程

透過考古發掘證實，馬王堆一、二號墓屬於不同穴的夫妻合葬墓。一號墓的女主人無疑是二號墓主軑侯利蒼的妻子。研究者在盡可能地推測出利蒼生前的經歷及政治活動的軌跡後，對這位長眠兩千餘年不朽的神奇夫人生前的經歷，也應做一個大致的推測。

首先是關於這個女人的姓名。考古人員在一號墓的殉葬品中，發現了一顆極其重要的上刻「妾辛追」三字角質印章，這應當是墓主人的私章。這裡的「妾」並非我們習慣認為的小老婆或姨太太，在漢代的制度中，男人稱臣、女人稱妾似乎是個通例，是謂「臣妾男女貧賤之稱」也。不僅如此，即使皇后在皇帝面前也自稱妾。《漢書・外戚傳》載皇后上疏的一段文章中，就有「詔書言服御所造，皆如竟寧前，吏誠不能揆其意，即且令妾被服所為不得不如前。設妾欲作某屏風張於某所，曰故事無有，或不能得，則必繩妾以詔書矣」的內容。按說貴為皇后，已不再貧賤，但這裡仍以妾稱，大概出於謙虛之意。既然皇后在皇帝面前稱妾，那麼諸侯之妻也在位高權重的丈夫面前稱妾，馬王堆一號漢墓的主人即是如此。

第八章　驚魂馬王堆

「妾」字問題得到了解釋，後面還有「辛追」兩字需做說明。當這個印章出土時，有研究者認為墓主人姓辛，故稱作辛氏。但後來有研究者表達否定，理由是從漢代印章的制度來看，無論男女，在「臣」或「妾」的後面都只有名，而無姓。如《十鐘山房印舉》中所舉的單面印章例子「妾繻」、「妾剽」等就是如此。雙面印則更清楚，一面是「姓款」，另一面則是「妾款」。如一面是「呂因諸」，另一面則是「妾因諸」。男性也是如此，如正反兩面分別為「賈寬」和「臣寬」，「高長安」和「臣長安」。雖然這些印章時代有早有晚，但在漢代整體形式是統一的。因此，一號墓出土的印章中的「辛」字絕不是姓，稱作辛氏自是不妥當的。但出於研究上的方便，將「辛追」兩字合起來，只稱其名也是可以說得過去的。

根據馬王堆漢墓出土的器物及墓主的裝飾，專家們對辛追及利蒼的出生地，曾做了屬於苗族、侗族、越族和楚地等不同的推測。但這些推測中，似乎沒有人注重醫學研究成果所提供的資訊，如果將湖南醫學院等醫學科學研究單位在解剖辛追的屍體時，發現其直腸和肝臟內積有大量血吸蟲卵這一事實加以考慮，或許會認為這個女人的故鄉屬於楚地，也就是當今湖南北部、湖北一帶的可能性最大。因為血吸蟲多產生於湖泊沼澤地區，據醫學部門的研究報告，血吸蟲卵一般都寄生在水中的釘螺體內，當血吸蟲的毛蚴在釘螺體內孵化之後，便在水中四處活動。這種小蟲活動力極強，幾乎無孔不入，且又小得難以用肉眼看到，所以當人體浸入水中之後，很容易被其乘虛而入，藉著擦傷、破皮或某個部位的空隙鑽入人體之中繁衍生長，並對人的生命帶來極大危害。

從史料來看，湖北一帶的長江、漢水流域，原與雲夢澤連成一片，形成了巨大的江河湖澤地區，而這個地區自古以來就是血吸蟲病頗為流行的地方。由於面積龐大，受害的病人眾多，加上醫學水準和醫療條件的限

制,幾千年來總是得不到根治。這種境況直到近年來才逐漸改善。可以想像,辛追體內的血吸蟲卵,正是幼年時在這片沼澤湖泊中被感染所致。如果辛追的童年和青少年時代不是生活在此處,而是在更南端或偏東南的少數民族地區,其體內的血吸蟲卵問題就很難做出合理的解釋。

長沙國的億萬富翁

自辛追攜子隨夫來到長沙國都城臨湘定居之後,身為長沙國丞相的利蒼算是擁有了嬌妻愛子皆備的完美家庭。如今他們一家的住處早已蕩然無存,甚至連一點可供探察的線索也沒有為後人留下。兩千年後的考古工作者只能從馬王堆三座墓葬的出土器物中,推測利蒼一家當年生活的情景。

顯然,這三座墓葬中的器物遠不能代表利蒼一家的全部財富,但僅僅是這豪華無比、精美絕倫的三千多件珍品,已經讓人深感震驚和意外了。一個受封僅700戶的小侯,何以聚斂如此繁多精美的財物?其經濟來源主要出自何處?這是一個研究和推測起來都極為煩瑣的命題,似乎只有將利蒼任丞相的長沙國、封侯之後的封地軑國以及漢中央政權等三方面連結起來,才能看出輪廓。

正如前文的推測,利蒼任長沙國丞相三至四年之後才得以封侯。在此期間,他的經濟來源與封地軑國尚無關聯,而主要靠長沙國以官俸的方式供給,不時也可得到中央財政的補給。那麼,他得到的官俸是多少,長沙國的經濟狀況又是如何呢?

有研究者曾根據《漢志》戶口數字和楊守敬編撰的《前漢地理志圖》所載西漢人口密度圖推斷,當時的黃河流域人口密度最高達每平方公里

第八章　驚魂馬王堆

200 人，一般也在 50 人至 100 人。而長沙國的人口密度則小得多，根據《漢書・地理志》所載元始二年（西元 2 年）長沙國的戶口數字來看，這時的長沙國面積大約為 71,000 平方公里，人口成長到 23 萬多人，人口密度約為每平方公里 3.3 人，這距離利蒼為長沙國丞相的時代晚了約 200 年，按照漢初的情況來看，那時長沙國的人口密度不會大於每平方公里 2 人，這個數字應當是西漢各封國中最低的。以小農經濟為主要生產、生活方式的漢初，人口的多寡是該地區開發最原始、最根本的動力，沒有人力，就遑論大規模的開發和提高生產力。

長沙國人口密度如此之低，可見生產力、生產水準以及地區開發規模也是極其低下和遲緩的，經濟狀況自然也就不佳。西漢政論家、文學家賈誼，曾奉漢文帝之命赴長沙國任長沙王太傅。三年之後重返長安時，向皇帝上奏的〈治安策〉中說道：「臣竊跡前事，大抵強者先反。淮陰王楚最強，則最先反；韓信倚胡，則又反；貫高因趙資，則又反；陳豨兵精，則又反；彭越用梁，則又反；黥布用淮南，則又反；盧綰最弱，最後反。長沙乃在二萬五千戶耳，功少而最完，勢疏而最忠，非獨性異人也，亦形勢然也。」賈誼在此所說的「形勢」，固然包括的方面很多，但其經濟形勢則是至關重要的因素。由於經濟上的貧困落後，長沙國才始終未敢背叛中央政權。想起當年長沙王吳臣不顧親情，用計誘殺自己的姐夫淮南王英布（黥布），與自身處於弱小地位以及對中央政權的恐懼息息相關。

長沙國這種國匱民窮的狀況似乎在相當長的一段時間內沒有出現轉機，《東觀漢記》載：「元和中，荊州刺史上言：臣行部入長沙界，觀者皆徒跣。臣問御佐曰：『人無履，亦苦之否？』御佐對曰：『十二月盛寒時，並多剖裂血出，燃火燎之，春溫或膿潰。』」元和（西元 84 年至西元 87

年）是東漢章帝劉炟的年號，上距利蒼為長沙國丞相的時代已逾 200 多年，但此時長沙國的百姓貧窮得在寒冬臘月連鞋都穿不上，可以推想經過秦末之亂和楚漢戰爭的西漢初年的長沙國，其經濟狀況及人民生活水準會是低下到何等程度。

在這樣的情況下，利蒼奉命赴長沙國任丞相。毋庸置疑的是，諸侯王的丞相是王國官僚機構中最高級的長官，王國掌管內政的內史和掌握軍權的中尉，都無一例外地要聽命於丞相。諸侯王對王國人民的統治和剝削，也自然地透過丞相來執行。也就是說，此時的利蒼是長沙國統治集團中僅次於長沙王的第二號人物。

由於利蒼上任的前幾年並未封侯，故可推斷他每個月的經濟來源主要靠二萬錢的官俸。當然，這個二萬錢的官俸，僅僅是公開的、硬性的經濟收入數字。按《漢書·高帝紀》載高帝五年（西元前 202 年）的詔令說：「其七大夫以上，皆令食邑。……七大夫、公乘以上，皆高爵也。諸侯子及從軍歸者，甚多高爵。吾數詔吏先與田宅，及所當求於吏者亟與。」顏注引臣瓚曰：「秦制，列侯乃得食邑，今七大夫以上皆食邑，所以寵之也。」這裡說的七大夫即公大夫，也就是二十等爵之中，第七等爵之名。看來劉邦對七等爵以上的貴族格外優待，除了給他們食邑外，還命地方長官供給他們田宅。有了這道明令的庇護，從西漢初年開始，各地達官貴人四處巧取豪奪，橫行鄉里，魚肉百姓，不僅兼併大片土地，還搶占修築大量房宅。隨著這股兼併搶占之風愈演愈烈，越來越多的百姓飢寒交迫、流落街頭。可以想像，在西漢初年出任長沙國丞相的利蒼，不會錯過這個發橫財的機會。就他顯赫的地位和掌握的重權來看，所搶占的田宅應不在少數，這個軟性的數字，應該高於他的官俸百倍甚至千倍。如此一來，他家中聚斂的財富就相當可觀了。

第八章　驚魂馬王堆

當然，以上說的是利蒼只任丞相而尚未封侯之前的經濟收入，當他於惠帝二年被封為軑侯之後，又無形地增加了一根強大的經濟支柱。

從表面上看，利蒼受封僅 700 戶，為數不多，位次也不高。漢初列侯封戶最多者為 16,000 戶，最少者 500 戶，而以封一、二千戶的人數比例最高。若單從封戶來看，軑侯應算是個很小的侯。但列侯這個級別本身就是非常高等的貴族，他是漢初二十等爵中最高的一等（第二十等），是僅次於天子、諸侯王的貴族。當利蒼初受封時，全國的列侯累計才有 140 多人，其中不少人兼任漢中央政權重要官職，沒有兼任官職的大多住在長安，隨時參與國家大事。只要朝廷面臨重大問題，皇帝便命丞相與列侯、中二千石、二千石等公卿共同商討，朝廷需要人才，仍由這些人舉薦。由此可見，列侯這個貴族階層，是漢朝政權的重要支柱。正因如此，才在古代的文章中出現了「王侯」並稱的詞句。

利蒼既封軑侯，那麼他的封地當然是在軑縣，但這個軑縣到底在哪裡，他與封地的關係以及從封地中得到的財富又是多少呢？

關於軑侯的封地，文獻上有兩種不同的說法，根據兩說來印證今天的地名，一說在今河南省境，一說在今湖北省境。當初考古研究人員在編寫〈長沙馬王堆一號漢墓發掘簡報〉時，就根據史料定漢軑縣「約在今湖北省浠水縣蘭溪鎮附近」，但經過後來研究者深入推理，利蒼所封侯的軑縣並非在湖北，而是在今河南省境內的光山縣和羅山縣之間。看來這個推測更可靠一些。

按漢制，凡列侯所封之縣改曰國，其令或長改曰相。軑侯雖封於軑國，但他在長沙國為官，家屬仍居住在長沙國的都城臨湘，與軑國並無行政上的隸屬關係。軑國的實際行政長官是軑相，軑相是中央政權任命的官吏，並非軑侯的臣屬。軑相與軑侯的關係只是按期將軑國 700 戶的

租稅派吏卒運送到軑侯家而已。

顯然，整個軑國的總戶數絕不止700戶，按《漢書·地理志》載，軑縣所屬之江夏郡共轄14縣，總數為56,844戶，這就是說平均每個縣為4,060戶。即使當時的軑縣再小，也應當在千戶以上。故漢中央政權名義上將軑縣改為軑國，實際上只是將軑縣繳納租稅的民戶撥出700戶，讓其本應上繳中央政府的租稅轉交於軑侯利蒼一家，其餘的租稅仍歸漢中央政權所有。

既然軑國700戶的租稅歸利蒼一家所有，這700戶所交的租稅數額又是多大呢？據《史記·貨殖列傳》載：「封者食租稅，歲率戶二百，千戶之君則二十萬，朝覲聘享出其中。」這個記載應是西漢初期列侯封邑食稅的證據。按這個證據推測，軑侯利蒼封於惠帝初年，其時應屬《史記》所載的食租稅制度，也就是說，軑國被劃出的700戶，每戶每年要出200錢供養軑侯利蒼一家，算起來一年的總數應為14萬錢，這便是軑侯利蒼從封國所得到經濟收入的大致數字。

但是，另據《漢書·匡衡傳》載：「郡即復以四百頃付樂安國，衡遣從史之僮，收取所還田租穀千餘石入衡家。」這段記載應當是西漢中期以後，列侯封邑食租的證據。史家錢大昕在《廿二史考異》中，就匡衡的食租問題考證說：「列侯封戶雖有定數，要以封界之廣狹，定租人之多寡，不專以戶數為定。」這個推論是有道理的，儘管史載匡衡封邑僅為647戶，但在三年中卻收租穀千餘石，可見其中必有不專以戶數為限度，而採取或明或暗的手段，巧取豪奪，以此聚斂錢財之卑劣行為。可以想像，身居王國丞相之高位，又有列侯之高爵的利蒼，必然也如同一切封建王公貴爵一樣橫徵暴斂，擴大自己的經濟實力，以追求醉生夢死、奢侈糜爛的生活。這一點從馬王堆一、三號漢墓的出土器物中完全可以得到證實。

第八章　驚魂馬王堆

▌太夫人的生活再現

　　利蒼在長沙國丞相位上被封為軑侯的第八年，即高后二年（西元前186年）死去了，死後葬入馬王堆二號墓中。隔了一年（高后四年），他的丞相職位才被醴陵侯越接替。由此看來，利蒼似乎是死在長沙國丞相任上，他的兒子利豨沒有接替丞相之職，卻承襲了軑侯的封爵。

　　儘管隨著利蒼本人死去，長沙國丞相的權位也遠離了軑侯家族，但這個家族的封爵還在，其在社會上的地位和權勢並未有大損傷。就其財富而言，除了利蒼在世時橫徵暴斂、巧取豪奪得來的大批田宅與錢物外，這個家族的經濟收入一定還在不斷地增長，權勢依然，甚至是有過之而無不及。這樣推測的旁證就是《漢書‧文帝紀》中留給後人的這句話：「七年冬十月，令列侯太夫人、夫人、諸侯王子及吏二千石無得擅徵捕。」這道詔令說明在此之前的列侯妻子或母親可以擅自徵捕百姓，而且徵捕必已成風，直至造成了社會問題，對漢政權形成了巨大威脅，所以文帝才下令禁止。按照漢制，列侯之妻稱夫人，列侯死，兒子復為列侯，列侯之母則被稱太夫人，若兒子不再為列侯，則不能被稱太夫人了。作為軑侯利蒼之妻的辛追，在利蒼為侯的時代自然稱夫人，待利蒼死去，兒子利豨繼為軑侯，她當是尊貴的太夫人了。可以想像，處於這種高爵、權勢和制度下的辛追，除了和他的兒子繼續橫徵暴斂、巧取豪奪之外，還擅自徵捕百姓，並像周亞夫那樣「取庸苦之，不予錢」等事情自然不在話下。只要看一下一號墓中殉葬品，就不難推測出這位太夫人生前過的是怎樣的生活。

　　我們來看一下其家庭屬員的組成。據《漢書‧百官公卿表》稱：「徹侯金印紫綬，避武帝諱曰通侯，或曰列侯，改所食國令長名相。又有家丞、門大夫、庶子。」家丞掌雜務，門大夫掌警衛，庶子掌文書。除此

之外，還有舍人、大行等屬員掌管應付賓客之事。在所屬五員之中，以家丞、庶子為要職，而家丞又是列侯家的總管，一切財物都由他經手負責，應算是五員之中的頭號人物。馬王堆一號墓出土的帶有「軑侯家丞」的封泥，便是史料與實物的印證。

饒有興味的是，在馬王堆一、三號墓中殉葬著數百個木俑。結合史料和考古發掘來看，以俑殉代替人殉，最早出現在奴隸社會後期。一些奴隸主感到用大量的奴隸和牛馬殉葬未免耗費生產力，損失太大，於是便漸漸產生了以俑代人的殉葬辦法。

隨著這個辦法的普遍施行，俑的種類和代表的級別與地位也逐漸繁榮、規範化。宋之前大多為木俑、銅俑、陶俑，宋、元之後，紙俑也出現了。其中有臣屬俑、侍俑、奏樂俑、生產俑、雜役俑和武士俑等形形色色的俑。若把考古發掘出土的俑放在一起，足以形成一個俑的社會。

圖 8-22 一號墓帛畫中部線描圖，中間的貴婦人當是墓主辛追

馬王堆一、三號墓中出土的這批木俑雕刻精細，造型生動，大量採用薄肉雕法，身體比例適當，面目端正，眉清目秀，觀之栩栩如生，形同真人。若仔細觀察，不難發現，這些木俑形體不僅大小不一，造型服飾也有區別，這說明它們之間的身分和等級有明顯差異。如在一號墓中的北邊箱和南邊箱內分別出土了兩個身材高大、頭戴高冠、身穿長袍、鞋底刻有「冠人」兩字的木俑。從擺放的位置和不同的形體、裝飾來看，

第八章　驚魂馬王堆

那兩個高大的木俑很可能是軑侯一家的家丞，即軑侯家的大管家。身後的幾十個彩繪木俑，比「冠人俑」要小一些，但身材修長、面目姣好，身著錦繡衣服，這似乎是辛追的侍女。從一號墓出土的帛畫看，女主人身後跟著三個形影不離的侍女，由於特殊的身分，所以形貌、穿著非同一般。與這些侍俑形成鮮明對比的是，絕大部分彩繪立俑，形體矮小、造型重複，且一副愁眉苦臉的醜陋模樣。這應該代表一般的奴婢，當時稱為「僮」。《史記·孝武本紀》載：「其以二千戶封地士將軍大為樂通侯，賜列侯甲第，僮千人。」也就是說二千戶的侯，可以擁有一千個奴婢。軑侯家族雖不足二千戶，但擁有奴婢也不在少數。這些奴婢有一部分從事家務勞動，有一些從事生產。軑侯家的土地極有可能讓一部分奴婢參與耕種，墓中殉葬的那些豐富糧食、蔬菜、水果和肉類大概是由她們參與耕種和飼養的成果。按照常理推斷，軑侯家還可能設有家庭作坊，由奴婢操作、生產。而墓中出土的那些帶銘文的工藝品，似乎不像是從市場購買而是由家庭作坊專門加工製造的。另外軑侯家的大量田宅，也應由這些奴婢參與管理和經營。這些「僮」地位低下，正如《史記·貨殖列傳》中把她們當作牛、馬、羊同等看待的記述，因此這些奴婢俑都是滿臉的愁苦悲傷之情。

除了以上幾個不同類別的俑，在一號墓中還發現了一個由23個木俑組成的「家庭歌舞團」，其中鼓瑟吹竽的管絃樂隊席地而坐，站立的歌舞俑似正在引吭高歌，為主人進餐、飲酒助興。類似這樣的俑在三號墓中還有發現，一個個都眉清目秀，有的在翩翩起舞，有的正在奏樂，有的在打擊十個一組編成的鐘和磬，其身旁的竹簡上書寫著：河間舞者4人，鄭舞者4人，楚歌者4人，河間鼓瑟者1人，鄭竽瑟吹者2人，楚竽瑟吹鼓者2人，建鼓者2人，擊鐃者1人，擊鐸者1人，擊磬者1人，

太夫人的生活再現

總數為 22 人。這個記載和場景，充分反映了軑侯家族歌舞昇平、鐘鳴鼎食的糜爛奢侈生活，更重要的是說明了這個歌舞團隊來自全國各地。其中有本地的楚人、河南的鄭人、河北的河間人，等等，其陣容頗似一個民族歌舞團。當然，這個歌舞團僅僅是軑侯家中一個小小的團體，無法代表全部。三號墓出土的 3 塊木牘，上面記載著：「右方男子明僮凡六百七十六人。」

「右方女子明僮凡百八十人。」「右方……豎十一人。」

這裡說的明僮，是指僮的明器，即墓中軑侯家奴婢的模擬造型。豎應指男奴一類。從這個記載來看，利豨時代的軑侯家共擁有屬吏、歌伎、奴婢等 867 人。這大概是軑侯擁有奴婢的底數。

從史料記載看，當時奴婢是一種財產，可以像牛、馬、豬、狗一樣任意買賣。關於買賣的價格史不多見，1930 年代和 1970 年代，考古人員在甘肅居延發現了大批漢簡，其中有的漢簡上載：「小奴二人，直三萬。大婢一人，二萬。」另外考古人員還在四川郫縣發現了一塊漢代的石碑，碑文有「奴□、□□、□生、婢小、奴生，並五人，直廿萬」的字樣。可見當時未成年的奴婢每人值一萬五千錢左右，成年奴婢的價格則在每人二萬至四萬。就軑侯家中的奴婢而言，如果按每人三萬錢計算，那麼 867 人共需花費二千六百零一萬錢。這只是按一般的通價計算，如果具有特殊技能的奴婢，則價錢就要高出這個數字十倍甚至百倍。《史記‧扁鵲倉公列傳》載，漢朝濟北王家有一個能歌善舞的婢女，花費四百七十萬錢才買到手中。當然，以上的數字只是在貧富者間「公平交易」才會出現的情景，而這種本身並不公平的「公平交易」通常也在封建貴族的權勢淫威下變成泡影了，像《史記‧絳侯周勃世家》記載的周亞夫「取庸苦之，不予錢」等，是極為普遍的。從三號墓出土、由 22 人組成的「民族歌舞

115

第八章　驚魂馬王堆

團」分別來自不同地區，軑侯家如此眾多的奴婢當不會全部來自長沙國和周圍的地區，也不會全部都是以所謂的公平交易方式花費錢財買進軑侯家的。其中必有一部分或大部分是軑侯家族利用特權從全國各地「擅徵捕」而來，而軑侯家丁在擅自徵捕中的淫威和四方百姓的恐懼與怨苦之情，亦是不難想像。

有了廣博的田產、豪華的住宅、瑰麗的衣著、精美的器物、前呼後擁的奴婢以及賞心的音樂、悅目的歌舞，那麼，軑侯家族的飲食又是怎樣的情景呢？從一號墓出土女屍的重量分析，墓主人辛追生前一定極其肥胖，從一號墓出土的帛畫所畫人物來看更見分明，想來這位貴夫人生前一定是吃遍了山珍海味，這一點從墓中出土的隨葬食品中可得到證實。

在一號墓殉葬的 48 個竹笥中，有 30 個盛有食品，三號墓盛有食品的竹笥有 40 個，在這兩座墓、70 個竹笥所盛的食品中，除了糧食、水果還有不少肉類，雖然肉的纖維組織已腐爛，經過動物學家的鑑定，這些肉屬於獸類的有黃牛、綿羊、狗、豬、馬、兔和梅花鹿，屬禽鳥類的有雞、野雞、野鴨、雁、鷓鴣、鵪鶉、鶴、天鵝、斑鳩、鷸、鴛鴦、竹雞、火斑雞、鵠、喜鵲、麻雀等，屬魚類的有鯉魚、鯽魚、魚、刺鯿魚、銀鯛魚和鱖魚等。三號墓有一個竹笥裡整整齊齊地放著兩隻華南兔，另一個竹笥裡層層疊疊地堆放著數十隻鵪鶉和竹雞。有些小魚用文火烤焙後，用竹籤穿著，放在竹笥裡。一號墓有一笥雞蛋，蛋黃、蛋白早已乾縮成了薄紙片。

墓中殉葬的食品全是經過烹調後隨葬的。在一號墓遣冊上記載的 36 種餚饌和食品中，僅肉羹一項就有 5 大類 24 個品種，在肉羹之外還有 72 種食物，如「魚膚」是從生魚腹上剖取下來的肉，「牛膾」是牛肉切成的細絲，「濯雞」則是把雞放在肉湯中再加工製成，除此還有乾煎兔、清

蒸仔雞等等，可謂五花八門，應有盡有。

在此之前，有研究者依據屈原的〈招魂〉、〈大招〉等名篇，研究出戰國時期楚地的烹調方法有燒、烤、燜、煎、煮、蒸、燉、醋烹、滷、醬等10種。當馬王堆漢墓殉葬的食品出土以後，根據實物和文字記載的研究，發現此時的烹調方法和工藝製作水準又有了新的進展，除了從屈原著述中得出的烹調方法之外，至少又增添了羹、炙、熬、濯、膾、脯、臘、炮、聚、醢、鮨、苴等10多種，烹調時使用的調料有鹽、醬、豉、曲、糖、蜜、韭、梅、橘皮、花椒、茱萸等。從中國的烹調史來看，湘菜的歷史確實是源遠流長，至少早在春秋戰國時期其整體風格和特色就已形成了，到西漢初年已奠定了湘菜的地位，馬王堆漢墓中殉葬的食品即是明證。

一號墓隨葬的高級錦繡絲綢衣服有6箱，總共達100多件。三號墓隨葬的高級錦繡絲綢有11箱，其數量和品種都比一號墓更多。這些大量的錦繡，在當時是極其貴重的。據《范子計然》記載：「繡細文齊出齊，上價匹二萬，中萬，下五千也。」即一匹好的刺繡要二萬，中等的一萬，差的五千。一號墓出土刺繡40件，除6件為單幅外，其餘均是成件的衣服和被子。一件直裾絲綢袍子，經過量算，它的內襯和表面要用衣料23公尺，一件曲裾袍子要用衣料32公尺，如果按每匹二萬計算，則直裾袍一件價五萬，曲裾袍價七萬。因此，僅一號墓34件刺繡就價值二百萬錢左右。估計一、二號墓隨葬的錦繡絲綢價值近千萬。

從上述軑侯家的漆器、奴婢、牛馬、車輛、錦繡絲綢等幾項，估計其價值總共數千萬錢。如果考慮到軑侯家還有大量的良田、房產以及金銀銅錢等現金，其全部財產當在一億錢以上。《漢書·食貨志》記載：「黃金重一斤，值錢萬。」一億錢則合黃金一萬斤。漢代一斤相當於今天零

第八章　驚魂馬王堆

點二五八公斤，一萬斤則相當於今天二千五百八十公斤，即約兩噸半黃金。像這樣鉅富的家庭，在漢代是少見的。可以想像，享受著封建專制特權，擁有廣博的田產，居住著豪華的美宅，乘坐著氣派的車輛，身穿華麗的衣著，使用著精美的器物，食飲著豐厚的美酒佳餚的墓主人，身邊奴婢成群，前呼後擁。每逢宴聚之時，又鐘鳴鼎食、鼓瑟吹竽，歌舞滿堂，羅衣粉黛，過著何等靡麗奢華的生活。但是，當軑侯家族正沉浸於人間天堂般的愜意與幸福之中時，死神卻悄然逼近了。

無可奈何花落去

從已發掘的馬王堆一、三號墓來看，一號墓的建造年代明顯晚於三號墓，如果沒有極為特殊的情況，可以斷定死神是先挾著第二代軑侯利豨進入陰界，時間就是墓中出土的木牘上所記載，即漢文帝十二年（關於史料記載的錯誤後面詳述）。利豨死後，軑侯的爵位由其子利彭祖襲承。

由一、三號墓建造的年代相距不遠這個考古發掘事實推測，大概在第二代軑侯利豨死後的第三年，曾享盡人間富貴的太夫人辛追也撒手歸天了。關於她的死因以及死時的年齡和具體時間等，醫學界曾做過鑑定和推測，這裡不再贅述。需要補充的是，這位太夫人死後殘留在腸胃中的138粒半甜瓜子，有些讓人懷疑甜瓜當時是否真的存在於中國。因為墓中出土了那麼多的楊梅等瓜果，獨不見甜瓜的存在，於是有人假設這種瓜是從國外進口，而多數研究者否認了這種假想的可能。雖然不確定甜瓜在中國的栽培歷史到底有多長，但以當時的交通條件而言，要從國外直接進口極易腐爛的甜瓜似是不太可能。相反的是，這種甜瓜不但不是從國外進口，很可能就產於長沙國本地，且與今天見到的盛產於三湘的甜瓜沒有多大差別。

圖 8-23 馬王堆一號漢墓出土女屍
消化管腔內殘存的 138 粒半甜瓜子

　　為了證明這個推測，就在辛追的屍體被解剖，醫務人員從其腸胃中取出甜瓜子後，湖南省博物館侯良等人曾找了一個花盆，將幾粒從屍體中取出的甜瓜子種於盆中，每天澆水、照顧，希望這幾粒甜瓜子能生根發芽、開花結果，讓現代人類親口嘗一嘗兩千年前的瓜到底是什麼滋味。但這個希望最後還是落空了，當侯良等人挖出瓜子觀看時，只見瓜子的尖嘴處稍微吐了點細小的芽絲，就再也不生長了。據醫學界人員分析，此時瓜子中至關重要的「酶」基因已不存在，所以也就不可能再生根發芽、開花結果。

　　辛追太夫人猝死的場景以及入葬的經過後人難以知曉。可以推想的是，當太夫人猝死這個消息傳出時，整個軑侯家族以及屬官、奴婢等必然十分驚慌，大管家也必定以豐富的經驗，賣力地協助軑侯家的親族人員料理後事。由於辛追死時正值盛夏，在熱浪滾滾中，屍體保護尤為困難，這就要求對屍體做各種處理和盡快下葬。但如此尊貴的軑侯太夫人，又不能如同一般的百姓那樣，打製一個薄棺、草草埋掉了事，更何況西漢時期厚葬成風，《漢書·地理志》在敘述京都的風俗時說：「列侯貴人，車服僭上，眾庶放效，羞不相及。嫁娶尤崇侈靡，送死過度。」京都如此，其他地區應該大同小異。《史記·孝文本紀》載文帝遺詔說：「當

第八章　驚魂馬王堆

今之時，世咸嘉生而惡死，厚葬以破業，重服以傷生。」對此說得更加直接和明白。在這種風俗的影響下，軑侯家族的主政者，自然也要厚葬這位太夫人。

　　於是，在時間有限的情況下，喪葬的主持者和參與者匆匆忙忙地將屍體進行湯浴、包裹等處理，又緊張地加工製作必需的少量殉葬品，再從家中的器物中挑選出一部分作為陪葬品，與屍體一起送入墓中。後來的考古發掘證實，一號墓中大多數陪葬品都是平時實用之物，明器較少，且製作也較粗糙，這應是由於當時時間倉促、趕工之故。至於漆繪極為精美的棺材以及那幅極具藝術水準和價值的帛畫等名貴物品，顯然是死者生前就有所準備的，絕非倉促可辦。保護屍體的神奇妙法更不可能是哪個人急中生智頓悟而來，必定是行內人士經過長期的摸索，集眾家防腐之經驗而成的。如果不是妄斷，為辛追施行防腐術的行內人士，一定曾參與或聞知第一代長沙王吳芮死後的防腐處理過程。吳芮是漢高祖劉邦親自冊封的西漢開國功臣，他的屍體在下葬四百年之後仍然形同真人，辛追的屍體歷兩千多年而完好，應當是這種防腐奇術的充分再現和發展。

　　當然，辛追的屍體之所以歷經兩千多年而不腐，與深埋和密封息息相關。而這種規模龐大、費工費時的墓坑建造，顯然只有統治階級才能辦得到，並且是靠奴役平民才得以實現。

　　就墓主人所處時代的喪葬風俗而言，打造這個墳墓所徵發的民夫絕不止一百人，也不止像漢景帝在詔令中規定的三百人。據《漢書・高帝紀》載，田橫死時，劉邦以王禮為其治喪，發卒兩千人。漢時列侯比王僅差一等，列侯的夫人或太夫人在儀制上大致和列侯本人相同。由此可以推知，軑侯夫人辛追的治喪人數也應和田橫不相上下。若剔除為其打

造棺槨、運載白膏等雜務人員，直接參加挖掘墓坑者最少也應在千人。這樣整個墓坑的可在一個月左右完成。

儘管打造墓坑的日期明顯縮短，但從發掘的情況分析，這個墳墓建造的年代依然應定在墓主人死亡之前。如果待人死後再投入一千多人建造墳墓，即使在一、兩個月的短時間內建成，正處於炎熱夏季的屍體保存則是一個大難題，無論當時採取怎樣的防腐奇術，死後一、兩個月再下葬，屍體還能呈現兩千年後人們看到的栩栩如生模樣是不可能的。

不僅如此，從墓中出土的巨大棺槨來看，大多是用生長千年的大樹製作而成，其中 72 塊巨大槨板，一塊就重達 1,500 公斤。如此龐大的木材在當時的長沙國很難找到，必須從很遠的原始森林中砍伐運載而來。可以想像，僅伐木和運載一項工事，也不是一、兩個月可以完成的。

關於一號墓建造的具體時間，史無明證，從它晚於三號墓、但二者的年代相距又不遠推測，也許就在辛追年僅 30 多歲的兒子利豨死後，她在極度的悲痛之中，倍感人之生死無常，自己的壽限也日薄西山，說不定哪一刻也將撒手人寰。在這種情感與恐懼的驅使下，她開始為自己的後事做各種準備。經過一番緊鑼密鼓的工作之後，墳墓、棺槨完成了，待一切即將全部完工之時，這位尊貴的太夫人於文帝十五年左右死了。

三號墓的墓主究竟是誰？

二、三號墓發掘不久後，考古人員編寫《長沙馬王堆二、三號漢墓發掘簡報》時，根據墓中出土木牘上書「文帝十二年」（西元前 168 年）等字樣推斷，此墓的主人「顯然不是利豨」。其理由是，儘管軑侯家族在《史記》或《漢書》中均沒有詳細的傳記，但根據《史記·惠景間侯者年表》

第八章　驚魂馬王堆

以及《漢書·高惠高后文功臣表》記載，第二代軑侯利豨在位二十一年，死於文帝十六年。

這個記載，顯然與三號墓出土木牘所記的十二年之間相隔三年。故此墓的主人，不是第二代軑侯利豨，而應是一位未繼承爵位的兄弟──這個推斷，無論是當時參與馬王堆漢墓發掘的考古人員，還是依靠發掘材料、坐在書房裡查史論證的研究人員，似乎都深信不疑。

但是，馬王堆明顯是軑侯家族的墓地。據記載，利豨並沒有離開長沙，馬王堆應該有他的墓。於是，發掘領導小組決定一不做二不休，索性派湖南省博物館研究員傅舉有請地質勘探隊人員前來鑽探，將神祕的利豨之墓弄個水落石出。

春節過後，傅舉有開始帶領地質勘探隊鑽探人員在馬王堆尋找第二代軑侯利豨之墓。按傅舉有的想法，如果的確有遺漏的利豨之墓，就應該在其父母下首的某個位置，不太可能一個人孤零零地葬在別處。一連幾天，他們把馬王堆上上下下、前後左右地毯式鑽過一遍，到了無處可鑽時才停止工作。

鑽探的結果令人大為失望，不但在一、二號墓的下首未再發現墳塚，整個馬王堆四周，再也沒有隱藏的墓葬了。傅舉有只好宣布收工，帶著巨大遺憾回到了博物館。

就在整理三號墓出土的簡牘時，傅舉有發現遣冊中，有「家丞一人」、「家吏十人」，以及「美人」、「才人」、「謁者」、「宦者」等記載。帛書整理小組的專家們認為，《漢書·百官公卿表》載「列侯……有家丞、門大夫、庶子」，《後漢書·百官志》載「列侯……其家臣，置家丞、庶子各一人」，三號墓主很可能就是第二代軑侯利豨。

在帛書整理小組專家的啟發下，傅舉有潛心研究，終於在 9 年之

後，得出了新的結論——馬王堆三號墓的真正主人，不是利豨的某一位兄弟，而是第二代軑侯利豨本人。《史記》、《漢書》的作者司馬遷、班固在這件事情的記錄上出現了失誤。

根據新的研究成果推斷，利豨在父親死後襲其爵位，成為漢朝第二代軑侯。只是這位軑侯沒有像他的父親一樣成為長沙國丞相，而是長沙國武裝部隊最高司令官——中尉。從出土的駐軍圖等文物分析，這位中尉曾率部駐紮在九嶷山，與割據嶺南地區的南越國趙佗大軍對峙，並數次交戰。因長期統兵在邊塞鎮守、作戰，利豨身體受到損傷，而立之年就突患急病，死於軍營之中……

傅舉有的推斷透過《考古》月刊1983年第2期發表後，引起考古學界、歷史學界有關人員的關注，同時也引來了眾多的附和之聲。一篇又一篇的論文相繼出現在各種報紙雜誌，競相以不同的角度證實傅舉有的推論。後來雖有學者提出反對意見，但都未成氣候，傅舉有之說遂成定論。

軑侯家族的興衰

一號墓建造的具體時間晚於三號墓，而三號墓又晚於二號墓，由此推斷，最早死去者，乃漢初劉邦時代就封侯的長沙國丞相利蒼，其次則是利蒼的兒子。由於第二代軑侯利豨死得過於突然，墓葬的修建也就顯得粗糙和倉促，甚至有些慌亂。這一點，無論是從墓室中短缺的白膏泥，還是棺槨的多處裂隙都可以看出來。或許正因為如此，利豨的屍體才沒有保存下來。

利豨死後，文帝十六年（西元前164年），第三代軑侯利彭祖正式襲爵，並於景帝中元五年，在歡慶漢朝中央政權平定吳楚等七國之亂的凱

第八章　驚魂馬王堆

歌聲中被晉升為中央奉常，定居長安。第二年，又晉升為九卿之一的太常，掌管朝廷極其重要的祭祀和禮儀。

漢武帝建元元年（西元前 140 年），第四代軑侯利秩（扶）出任東海郡太守。時東海郡轄 38 縣，有 35 萬多戶，共有人口 150 多萬。極富鹽鐵之利，且具有重要的政治、經濟地位。利秩（扶）出任東海郡太守，說明漢中央政權對他予以重用。

正當軑侯家族的政治、經濟地位日趨顯赫時，利秩（扶）因「擅發卒兵為衛，當斬，會赦，國除。」

利秩（扶）的「擅發卒兵為衛」，究竟是叛亂還是有其他原因，史料無載。但這個事件代表著整個軑侯家族在西漢的政治舞臺上歷經四代八十餘年的表演，徹底結束了。

舉世震驚的帛書與帛畫

令這個家族意想不到的是，在遁跡兩千年後，他們又以不同的面貌重返人間，接受現代人類的審視。

經各方專家的不懈努力，1974 年 5 月底，馬王堆漢墓出土的大部分帛書、竹書、帛畫內容，已辨別出來。

由於帛書不如竹簡普及，在地下又容易腐朽，考古工作者在以往的發掘中發現的竹簡較多，帛書極少。直到這次馬王堆三號漢墓的帛書出土，才讓眾人大開眼界。

這批帛書都是以生絲平紋織成，其條紋細密、均勻，帛書的幅寬為 48 公分左右。從字形的行文規律看，一般都是把帛橫著攤開書寫。整幅的每行約 60 字，有的 70 多字，半幅的 30 多字，字形大小疏密比

較隨便。除了個別的字用硃砂書寫外，大部分用墨書寫就。除了少數帛畫仍需要繼續拼接之外，整理人員開始將精力轉移到對帛書內容的深入研究。

馬王堆三號墓出土的帛書 20 多種，大約 12 萬字。如此眾多古書的發現，近 1,700 年以來，只有 1972 年銀雀山漢墓中發現的大批竹簡可與其媲美。從這批帛書的內容來看，只有少數幾種流傳下來。書的內容以古代哲學思想、歷史為主，也有相當一部分，是當時自然科學方面的著作，還有各種雜書。

圖 8-24 老子帛書

面對大多數久已失傳的人類文化至寶，專家們驚訝地發現，有的古籍，不僅對現代人類是佚書，甚至古代兩漢時期的劉向、班固等大史學家也沒有見過。帛書的出土，不僅豐富了古代史的內容，訂正了史書的記載，還可作為校勘某些傳世古籍的有力依據。同時，在文字學、訓詁學、音韻學等方面，也為後世研究者提供了豐富的研究資料。

整理者將馬王堆三號漢墓出土的帛書，依次編號為：

（甲）

1. 《老子》甲本，無篇題。
2. 《老子》甲本卷後佚書之一，無篇題。
3. 《老子》甲本卷後佚書之二，無篇題。
4. 《老子》甲本卷後佚書之三，無篇題。
5. 《老子》甲本卷後佚書之四，無篇題。

第八章　驚魂馬王堆

（乙）

1. 《老子》乙本卷前佚書之一，〈經法〉。
2. 《老子》乙本卷前佚書之二，〈十大經〉。
3. 《老子》乙本卷前佚書之三，〈稱〉。
4. 《老子》乙本卷前佚書之四，〈道原〉。
5. 《老子》乙本。

（丙）

1. 《周易》，無篇題。
2. 《周易》卷後佚書之一，無篇題。
3. 《周易》卷後佚書之二，〈要〉。
4. 《周易》卷後佚書之三，〈昭力〉。
5. 《周易·繫辭》，無篇題。

（丁）

與《戰國策》有關的書一種，無篇題。

（戊）與《左傳》類似的佚書一種，無篇題。

（己）關於天文星占的佚書一種，無篇題。

（庚）關於相馬的佚書一種，無篇題。

（辛）關於醫經方的佚書一種，無篇題。

（壬）

1. 關於刑德的佚書之一，無篇題。
2. 關於刑德的佚書之二，無篇題。
3. 關於刑德的佚書之三，無篇題。

（癸）

1. 關於陰陽五行的佚書之一，無篇題。

舉世震驚的帛書與帛畫

2. 關於陰陽五行的佚書之二，無篇題。

（子）導引圖一幅。

（丑）地圖一幅。

（寅）駐軍圖一幅。

（卯）街坊圖一幅。

（辰）雜占。

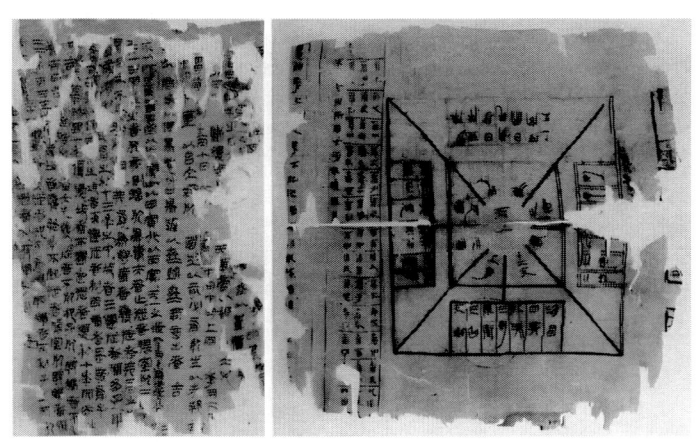

圖 8-25 帛書《陰陽五行》局部，此書有甲、乙兩種寫本，
其內容根據陰陽五行學說占卜吉凶，
是研究古代陰陽五行學說的極好資料

早在 1,700 年前的西晉咸寧五年（西元 279 年），一個叫不准的盜墓賊在河南汲縣（今河南省衛輝市）一處墳墓中盜出竹簡十餘萬言，一時震動朝野。儘管朝廷方面派學者整理這批竹簡，並編輯成為《竹書紀年》，但隨著日後的戰亂幾乎都散失殆盡。清朝末年，在西北地區出土的漢晉木簡及敦煌藏書，則多半被西方列強劫掠而去。正因如此，馬王堆漢墓帛書的出土更顯得彌足珍貴。《老子》本的發現，對研究戰國至漢初法家思想的演變，探討當時統治階級崇尚黃老之學等問題有著極其重要的參考價值，是學術思想寶庫中不可多得的重要文獻。

第八章　驚魂馬王堆

　　除了有文字書寫的帛書，馬王堆漢墓出土器物中最大的特色，就是價值連城的帛畫。

　　除了令學者們爭論不休的〈招魂圖〉或稱〈昇天圖〉之外，三號墓還出土了一捲圖文並茂的彩色畫。這幅畫既不是山水，也不是花卉，因而更為奇特。在長 1 公尺、寬 0.50 公尺的畫面上，用紅、藍、棕、黑諸色，分 4 排繪了 44 個人，有男、有女、有老、有少，有的穿短衣短褲，有的穿長袍，有的光著上身。大部分徒手，少數手持器械。這些人都是用工筆重彩繪在絹帛上，每一個人有一個運動姿態。圖畫原無標題，周世榮等專家根據人物的運動姿態及所標文字內容推定，這就是古代的〈導引圖〉。此圖是中國發現的最早的一幅健身圖，它為研究古老而獨特的「導引」療法之源流提供了極其珍貴的資料。

圖 8-26 馬王堆三號漢墓出土的〈導引圖〉

　　中國古代的導引，是指呼吸運動結合軀體運動的一種醫療體育方法。根據《莊子・刻意》李頤注：導引就是「導氣令和」、「引體令柔」。這個注解合理地說明了組成導引運動的方法和要求。由於呼吸在其中占有重要地位，因此也稱為「導引行氣」或「行氣」。這種導引術在春秋戰國時已經普及，中國最早的醫藥文獻之一《黃帝內經》上即記載有「導引行氣」的方法。

舉世震驚的帛書與帛畫

《莊子‧刻意》中說：「吹呴呼吸，吐故納新，熊經鳥申，為壽而已矣。此導引之士、養行之人、彭祖壽考者之所好也。」後漢時崔寔在《政論》中也提到「熊經鳥申」和「吐故納新」在強身延年方面的作用。三國時的名醫華佗，把導引術總結為五禽戲，即「虎戲、鹿戲、熊戲、猿戲、鳥戲」。至今四川、重慶等地，還流行有〈五禽圖〉導引方法。

有關「導引」的古代傳說非常多，《雲笈七籤》中就有不少神仙之類的導引術式。其中彭祖導引法中說可除百病，延年益壽。彭祖為殷大夫，經夏、商數代，活了700餘歲。這雖然是一個虛構的故事，但它告訴人們，導引的起源很早，歷史悠久，以及適當的運動可以使人健康和長壽。

除了〈導引圖〉外，馬王堆三號漢墓出土之類似醫療方面的書籍共有10種之多，其中有《五十二病方》、《足臂十一脈灸經》等。

經過醫學專家研究後認為，中國古代醫療技術的程度，已經遠遠走在當時世界的前列。這些醫書的發現不能不令人驚嘆中國古代醫學卓越先進的臨床診斷知識水準。

馬王堆漢墓出土的帛書、帛畫整理及研究工作告一段落後，馬王堆漢墓發掘的傳奇故事也隨之落下了厚重而神祕的帷幕。

第八章　驚魂馬王堆

第九章　南越國興衰

千年祕密

西漢建元四年（西元前 137 年）深秋，割據嶺南萬里之地的南越國發生了一件驚天動地的大事──一代開國雄主、南越王趙佗終於走完了 100 多個春秋的生命歷程，極不情願又無可奈何地拋下了為之經營、奮鬥長達 80 餘年的恢宏基業，撒手歸天。

這位南越王被譽為「南天支柱」，他的歸西使南越國朝野上下頓時陷入巨大驚恐和悲慟之中。繼位的長孫趙胡強忍哀痛，在事務繁亂與動盪不安的局勢中召來忠誠的臣僚、丞相呂嘉密議，為其祖父──南越國的締造者趙佗舉行自開國以來規模最隆重，也最特殊神祕的盛大葬禮。

早在此前的若干時日，素以英武剛毅、老謀深算著稱的南越王趙佗，不知是出於對自己親手創立的王國命運前途未卜的憂慮，還是出於對盜墓者的恐懼，在處理繁忙政務的同時，也對身後之事做了周密安排。他命心腹重臣、丞相呂嘉挑選一批得力人馬，在南越國都城番禺郊外的禺山、雞籠崗、天井等連崗接嶺的廣袤地帶祕密開鑿數十處疑塚，作為自己百年之後的藏身之所，以讓後人難辨真偽而免遭盜掘。

如今，趙佗已魂歸西天。根據祖父臨終密囑，趙胡與呂嘉以及幾位心腹臣僚做了周密嚴謹的安排後，於國葬之日，派出重兵將整個城郊的連崗接嶺處包圍得密不透風。稍後，數個無論是規格還是規模都極為相似的靈柩，同時從都城番禺四門運出。行進的送葬隊伍在靈幡引導下，

第九章　南越國興衰

忽左忽右，忽進忽退，左右盤旋，神祕莫測。當運出的靈柩全部被安葬完畢後，除了趙胡和身邊幾個重要親近大臣，世人無一知曉盛放趙佗遺體的靈柩以及陪葬的無數瑰寶珍玩到底祕藏於何處。

就在趙佗謝世 26 年後的漢元鼎六年（西元前 111 年），歷時 93 年的南越國在漢武帝 10 萬大軍的強攻下宣告滅亡。

曾盛極一時、威震萬里邊陲的南越國，在西漢一統的華夏版圖上消失了。但是，關於南越立國近一個世紀中發生的恩恩怨怨、是是非非以及那些愉快或憂傷的故事，並未在世人的記憶中消失。尤令後人格外關切和念念不忘的是，南越王趙佗和他子孫的墓葬，連同陪葬的無數奇珍異寶到底藏於何處？

於是，一心想著發鬼魂之財的各色人等，很快便邁上尋掘陵墓的征途。他們藉著當年南越國遺老遺少留下的種種傳聞以及史書祕籍顯露的蛛絲馬跡，踏遍了南越國故都番禺城外的白雲山、越秀山以及四周方圓數百里的無數山岡野嶺，企圖探查到南越王的真正葬所。遺憾的是，這些人無不枉費心機，空手而歸。

許多年過去了，儘管世人對探尋南越王墓、掘塚覓寶的欲望未減，但南越王趙佗及後世子孫的亡魂仍安然無恙地藏匿於山野草莽的隱祕之處，未露半點崢嶸。

斗轉星移，歲月如水，歷史在幾度流變中敲響了大漢王朝的喪鐘。在這喪鐘洪大淒涼的聲響中，由魏、蜀、吳三國爭雄、狼煙四起的新時代隨之到來。在這新一輪大拚殺、大動盪的格局中，一次看似意外的事件引發了歷史上規模最大也最為凶悍的尋掘南越王墓運動。

黃武四年（西元 225 年）春天，稱帝不久的吳主孫權為紀念先父披荊斬棘創下的基業和施給後世子孫的福祿恩澤，詔令治下臣民廣修孫堅

廟，以示永久的紀念。

詔令既出，舉國響應，各地臣僚政客無不各顯神通，爭先恐後行動起來。隸屬於東吳版圖之內、統治長沙地區的臣僚同樣不敢怠慢，想盡招數，傾盡財力，以應上諭。此時的長沙尚處於偏鄉僻壤、地瘠民貧的窮困境地，當地官吏雖竭盡全力以圖主上褒獎，終因規模龐大的孫堅廟費工頗多，耗資巨大，加之時間緊迫而感到舉步維艱，難以應付。就在尷尬與狼狽的境況中，不知哪個官吏頓起邪念，向長沙的最高統治者獻出了挖塚掘墓、以鬼魂之財彌補修造孫堅廟之缺的主意。

這個主意在長沙統治者反覆斟酌思量後，很快地得到批准。於是，部分官吏與一群流氓組成盜墓團，開始明火執仗地大肆盜掘起來。不到十幾天，凡是長沙城郊能搜尋到的大墓巨塚盡被挖掘一空。即便是西漢王朝的開國功臣、漢高祖劉邦親自冊封的第一代長沙王吳芮的墓葬也未能倖免。當群盜眾匪發掘吳芮「廣逾六十八丈」的巨塚時，意外發現這位死於西元前202年的長沙王，他的墓雖歷經400多年的土埋水浸，墓主人仍衣帛完好，面色如生，猶如剛剛逝去一般。至於那隨葬的大批奇珍異寶、絲帛服飾更是光彩奪目、豔麗如初，令人瞠目結舌。

隨著長沙郊外無數巨塚大墓被盜掘，孫堅廟得以順利建成。與此同時，長沙的大小臣僚也藉機發了一筆鬼魂財。而作為一代霸主的吳主孫權，得知先父的功德碑已赫然聳立於長沙的廟堂，同時也得到長沙官僚進獻的盜墓所得奇珍異寶。驚喜異常的他，毫不猶豫地對長沙官僚們大加封賞，同時也從他們的行動中受到啟發，覺得發鬼魂之財實在是一個無本萬利的好買賣。

在這個邪念的驅使之下，他乾脆一不做二不休，詔令官兵在都城建業（今南京）郊外悄悄地開始刨塚掘墓的勾當。當那些從墳堆裡掘出的奇

第九章　南越國興衰

珍異寶源源不斷地運往宮廷時，孫權更是精神大振，驚喜萬分，並決定將這個買賣繼續做下去。其地點不只局限於建業一地，還要將業務範圍擴大到一切可能的地方。

主意打定，孫權便找來一群臣僚專門負責應徵行家老手，打探巨塚珍寶的處所。當孫權得知南越國的國王趙佗死後曾陪葬有大量奇珍異寶，並且其墓一直未被後人盜掘時，立即命將軍呂瑜親率5,000名精兵，翻越霧瘴瀰漫的五嶺，在南越國故地大張旗鼓地搜尋南越王家族、尤其是南越王趙佗的墓塚。

由於南越王趙佗及其後世子孫的墓塚極其隱祕，呂瑜和手下兵將於番禺城外的山岡接嶺處伐木毀林，鑿山破石，四方鑽探。辛苦了半年，總算找到了趙佗曾孫、南越國第三代王──趙嬰齊的墓葬。從這座墓穴盜掘出「珠襦玉匣三具，金印三十六，一皇帝信璽，一皇帝行璽」等大批珍寶。但令孫權頗為遺憾的是，直到呂瑜的精兵不得不撤出嶺南、返回東吳腹地時，也始終未能尋獲有關趙佗和其長孫趙胡的墓葬祕所，哪怕是點滴的線索。

龜崗古塚

孫權兵發嶺南、掘塚覓寶的行動，引發了當地掘塚刨墓的風潮。當呂瑜的大軍撤出後，整個嶺南大地盜賊蜂起，無數雙貪婪的眼睛盯上了番禺城外那連綿的山岡野嶺。他們絞盡腦汁、四處訪鑿，希圖搜尋到連孫權大軍都無從探訪到的趙佗以及趙佗家族墓葬。令盜賊們惱恨和失望的是，任憑怎樣踏破鐵鞋也尋覓不到，輝煌的夢想一個個變成泡沫，化為烏有。

龜崗古塚

　　歷史的長河跨越千年時光隧道流淌到 1916 年 5 月 11 日，嶺南臺山一個叫黃葵石的農民在廣州東山龜崗建房時，在地下挖出了一座南越國時期的古塚，從中出土了陶器、玉器、銅器等多件隨葬品，同時還出土了上刻「甫一、甫二、甫十」等字樣的槨板。

　　古塚的意外發現，立即轟動了廣州乃至整個中國學界，喚起了人們漸已淡忘的記憶。許多研究者認為，這便是當年孫權派將軍呂瑜尋而未獲的南越國第二代王趙胡的墓塚。有的學者經過冷靜而深入的研究，認為這座古塚只不過是南越國某位高級貴族的墓葬而已，而真正南越國第一、第二代王的墓穴仍在廣州郊外的山岡接嶺處，深藏未露。

　　於是，有關東山龜崗古塚是否為南越王墓的問題，中國學界展開了一場曠日持久的爭論。論戰波及之廣，連當時最著名的金石學家、國學大師王國維也捲了進來。從王氏留下的文章來看，他對此墓屬於南越王的墓葬堅信不疑。

　　就在這場吵吵嚷嚷、各執一詞的論戰中，現代田野考古學由中國北方傳入偏南一隅的廣州。1931 年，廣州黃花考古學院成立，代表著嶺南地區現代考古學的萌生與開始。

　　從 1950 年代到 1980 年代初，為期 30 多年的風雨變幻中，考古人員根據漢朝陵墓大多遠離都城百餘里的特點，結合現代田野考古發掘知識，判斷當年南越國的趙佗一定會承襲漢制，其陵墓不會建在廣州近郊，而應在稍遠的山巒深處。

　　考古人員依據這種推斷，將調查、探尋的目標重點放在廣州城外遠郊縣區的荒山野嶺之中，並於 1950 年代到 1960 年代短短的 10 年間，在廣州市郊 34 個地點發掘南越國時期的墓葬共計 200 餘座。

　　但令這些考古新秀頗為沮喪的是，如此大面積地探尋和發掘，依然

135

第九章　南越國興衰

未找到趙佗及其子孫墓穴的半點線索。

隨著時間的推移和現代田野考古經驗的累積，廣州市考古人員漸漸感到過去的推斷可能存在著失誤和偏差，也就是說，南越王趙佗及其子孫的墓塚可能在廣州城的近郊，而非偏遠的山岡野嶺。在這種新想法的驅使下，考古人員遂調整方向和目標，開始捨遠求近，將重點放在城外近郊的調查和發掘上。

1982 年，時任廣州市文物管理委員會副主任並主管考古業務的著名考古學家麥英豪，率黃淼章、陳偉漢、冼錦祥等幾員大將，在廣州城北門外一個叫象崗的小山丘發現了一座規模較大的墓塚。這座墓塚的發現令麥英豪等人異常欣喜，認為可能與趙佗家族的葬所有關。但經實際發掘，才得知只是王莽時期一個早已被盜過的貴族墓葬。考古隊員再度由欣喜轉為沮喪，對象崗這個山丘的探尋也漸漸失去了熱情，並將勘查地點移到他處。

此時的麥英豪及其手下幾員大將尚不知道，就在離他們發掘的王莽時期貴族墓塚僅 50 公尺的半山腰中，竟埋藏著他們晝思夜想、苦苦探尋的千年祕密。

故事由這裡展開。

▎五十萬大軍發嶺南

西元前 221 年，曾在戰國末期叱吒風雲的齊、楚、燕、韓、趙、魏等山東六國，在秦國軍隊為期 15 年的征討中全部滅亡。中原大地持續幾百年的割據混亂局面宣告結束，中國第一個統一的專制中央集權國家──秦帝國形成了。

至此，北至今日的長城，南到長江南岸，東至東海、黃海，西到巴蜀，盡入秦帝國的版圖。秦帝國的締造者──秦始皇所建立的輝煌偉業，正如他自己所誇耀：「德逾三皇，功蓋五帝。」然而，剛剛誕生的大秦帝國還面臨著兩大強勁之敵的威脅，他們分別是北方的匈奴和嶺南地區的百越。

　　就越人和匈奴比較而言，越族對中原的威脅略小一些，其主要原因是，嶺南越族雖然人數眾多，但農業經濟不發達，多數尚處於刀耕火種的原始狀態。且越人分為眾多部落，分居於縱橫幾千里的山嶺叢林之中，缺乏統一領導，在軍事上沒有形成一個核心力量，部落之間又不斷相互征伐，難以形成一致對外的政治、軍事同盟。

　　儘管越人在政治軍事上對中原的威脅小於匈奴，但不代表威脅就不存在。越族畢竟是一個具有共同宗教信仰的龐大群體，且歷史悠久，在長期相互攻伐和對外戰爭中累積了豐富的經驗，並漸漸形成了勇猛無畏的作戰傳統。在春秋、戰國之際，越人曾多次與中原諸國交戰，使中原諸國吃了不少苦頭。這樣一個人口眾多的民族對剛剛建立的秦王朝，具有相當大的威脅。這種威脅，對雄心勃勃、意氣風發的鐵血人物秦始皇以及整個秦帝國社稷而言，都是無法視而不見的。要想保持帝國的強大和牢固，就必須對外來的威脅力量進行制衡。

　　於是，秦帝國對嶺南越人的征伐也就不可避免地發生了。

　　關於這場戰爭的經過，史書《淮南子‧人間訓》曾作了這樣的描述：「秦皇挾錄圖，見其傳曰：『亡秦者，胡也。』因發卒五十萬，使蒙公、楊翁子將築修城，西屬流沙，北擊遼水，東結朝鮮，中國內郡輓車而餉之。又……使尉屠睢發卒五十萬為五軍：一軍塞鐔城之嶺，一軍守九嶷之塞，一軍處番禺之都，一軍守南野之界，一軍結餘干之水。三年不解

第九章　南越國興衰

甲弛弩。使監祿無以轉餉，又以卒鑿渠而通糧道，以與越人戰。殺西嘔君譯吁宋，而越人皆入叢薄中，與禽獸處，莫肯為秦虜。相置桀駿以為將，而夜攻秦人，大破之，殺尉屠睢，伏屍流血數十萬，乃發適戍以備之。」

從以上寥寥數語，可以看出戰爭的酷烈以及秦軍攻伐的艱難。秦軍主帥屠睢被殺及大量將士的傷亡，使整個南征的秦軍受到了重創。占據桂林、象郡等地的秦軍日夜憑城固守，身上的盔甲都不敢卸下。而此時秦軍的糧草和軍事裝備在供給上又出現了空前危機，使已進入嶺南地區的部隊陷入極為不妙的境地。在這種局勢下，秦軍不得不調整作戰計劃，暫停攻伐西甌（西嘔）族人，由進攻轉為防禦戰略。整個嶺南戰事進入了秦、越對峙階段。

秦、越對峙的局面是暫時的，以秦始皇的性格和秦王朝的實力，絕不可能允許長期對峙下去，既然戰刀已經出鞘，就很難無功而返。為解決秦軍的糧草、裝備等供給問題，秦始皇下令，由史祿安排指揮十萬軍工開鑿靈渠。於是，一項因戰爭需要而開鑿的浩大水利工程拉開了序幕。

經過三年的開鑿、修築，興安靈渠大功告成。這是世界上第一條船閘式人工航道運河，它連接了湘、灕兩條河流，湘水匯入灕水，使原本屬於長江流域的湘水與屬於珠江流域的灕水連結了起來，因而從長江流域出發的船隻可以通過灕江，逾五嶺而直接到達嶺南地區。即使載重萬斤的大船，也可以順利經過，秦軍的糧餉和軍用物資得以大批地運往嶺南，為被困的秦軍帶來了轉機。

秦始皇認為征服嶺南的時機已到，便於西元前214年毅然決定，由任囂、趙佗兩位將領，率樓船之士，再次進攻百越。

五十萬大軍發嶺南

這次進攻和三年前不同的是，秦王朝和秦軍將領汲取屠睢征戰中的教訓，策略上採取「發諸嘗逋亡人、贅婿、賈人」，隨大軍行進，每當秦軍占領一地便將部分移民留駐此處。不僅使秦軍有了較穩定的後方根據地，同時也使秦軍人力的消耗有所補充。而大批商賈在嶺南經營，也為軍隊糧餉的補給創造了有利條件。

秦軍憑著豐厚的糧草和精良的武器裝備，在百越戰場上開始了第二次大規模征伐。大軍所到之處，兵鋒凌厲，勢如破竹，未費多大力氣就擊潰了西甌族的反抗力量，占領了今廣西等地的西甌地區。隨後任囂、趙佗又揮戈南下，乘勝進擊，一舉擊潰了駱越族，占領了今越南中北部的駱越地區。至此，秦王朝於西元前218年發動的征服嶺南戰爭，終於在西元前214年，以秦軍徹底征服嶺南越族的勝利而宣告結束。

此後，秦始皇很快在該地區設立了桂林、象郡、南海等三郡，把嶺南正式納入秦王朝版圖。為鞏固占領區，防止越人反抗力量死灰復燃，加強對越人的控制，秦王朝採取軍事戍守政策，並「置東南一尉，西北一候」，以加強對該地區的統治和防守。

所謂「東南一尉」，即在嶺南三郡「置南海尉以典之」，由掌兵的南海尉專斷一方，加強其軍事應變能力。為避免分散南海尉的權力，秦王朝決定三郡一律不設郡守，只設監御史主管一郡事務。

所謂「西北一候」，即在嶺南西北方的交通要道上建築城堡，駐紮重兵，以防西甌人北竄。這裡的候，不是史書中常載的萬戶侯或千戶侯，而是古代探望敵情的哨所，此乃駐兵監視之用意。此外，沿五嶺南北還設有許多戍守據點，各郡縣治所及水陸關隘也駐有大量戍卒。這一切措施，目的是鞏固秦王朝對嶺南的占領，加強對該地區的統治，並防止越人逾南嶺北犯。

第九章　南越國興衰

秦始皇對尚處於相對閉塞、落後的嶺南地區，除了實行戍守政策，還建立郡縣，有組織地大量向嶺南移民，開新道、鑿寬靈渠等政治和經濟措施。

秦國統一前，中原到嶺南沒有人工開鑿的道路，行人沿著五嶺山脈南北分流的河道往來。這些地方山高嶺峻，鳥道微通，不能行車，成為阻塞南北的天然障礙。隨著秦向嶺南進軍，差遣大量戍卒、罪人等修築溝通嶺南的道路。秦始皇三十四年，發配囚犯在嶺南從事苦役，主要是修築嶺南「新道」。秦末農民起義時，任囂囑趙佗「興兵絕新道」，即此也。趙佗「即移檄告橫浦、陽山、湟溪關曰：『盜兵且至，急絕道聚兵自守。』」。可見秦末嶺南「新道」已成為非常重要的交通要道。

所謂鑿寬靈渠，是在靈渠原有的基礎上繼續擴展，使長江船隻可以經湘江，過靈渠，入灕江、桂江南下，取西江東行而抵達番禺，或溯潯江西行而抵布山、臨塵，使水道縱橫的嶺南無所不通。秦始皇開新道、鑿靈渠，不僅是當時軍事上的一項重大戰略措施，而且在加強嶺南與內地的聯繫、打破嶺南閉塞局面、促進嶺南開發建設等方面，都發揮了極其重要的作用。從此，嶺南由野蠻卑溼之地進入了一個新的「王化」歷史時期。

秦軍攻占嶺南後，鑒於此地偏於東南一隅，越人勢力尚存，而嶺南與中央政權的聯繫又較困難，於是，秦王朝便任命任囂為南海尉，並授予其政治、軍事等專制一方的大權。而趙佗則為任囂治下的龍川縣縣令。

任囂掌握了嶺南的軍政大權，成為專制一方的「東南一尉」，便逐漸萌發了脫離中央政權、劃嶺自治的割據構想。這個構想的產生，除了受秦朝建立之前戰國諸侯並立的影響外，更重要的是嶺南具有實行割據

的政治、軍事、地理等方面的有利條件。就政治上而言，秦透過兼併六國的戰爭統一中原，到平定嶺南，其間不過十餘年。在這個天下初定、社會尚不穩固的短暫時期，許多人，尤其是原六國貴族，以極其悲傷、感懷的心情，企圖恢復戰國時期諸侯並立之局面。由於條件不夠成熟，他們不得不在秦統一六國後暫時潛伏起來，以待時機。而極具雄才大略的秦始皇在天下初定後，明顯地意識到這股潛在力量的危險，採取了多種針對性的措施，如「收天下之兵，聚之咸陽，銷鋒鑄鐻，以為金人十二」，大修秦道，直通山東六國腹地等。所有這一切，都是為了防止這股潛在勢力興風作浪。但是，秦始皇苦心孤詣採取的這些措施，只是在表面上發揮了一點作用，無法自根本剷除山東六國的復辟勢力，甚至就連秦政府官員內心深處的復辟思想也未能消融和根除。當時的秦王朝丞相王綰等人，公然向秦始皇宣稱：四方之地，「不為置王，毋以填之」，並積極主張「立諸子」以安天下。藉此可以看出，戰國時期的諸侯並立局面對於許多人仍有極大的吸引力。作為在嶺南獨掌軍政大權的任囂，自然受到這種思想的影響，萌生據嶺而守的割據念頭。

　　老謀深算的任囂在耐心地等待機會。出乎意料的是，這個機會很快便到來了。

秦帝國的覆亡

　　在「六王畢，四海一」的頌歌聲中，一個專制的集權帝國於世界東方誕生了。

　　秦始皇創造了輝煌偉業的同時，其殘酷的暴政也為秦的滅亡埋下伏筆。

　　當年建功立業的雄心壯志，很快被好大喜功所代替。天下才剛統

第九章　南越國興衰

一，秦始皇即下令大興土木、廣築宮室，並在都城咸陽修建氣派非凡的阿房宮，供自己尋歡作樂。徵發天下刑徒 70 萬人，大規模建造驪山陵墓，作為自己死後的安樂之所。為防止原山東六國貴族、黔首們捲土重來，造反起事，特別在驪山陵四周布置了一支面朝東方的地下軍團，永遠守護著自己的靈魂，時刻警惕和鎮壓原山東六國的謀反作亂者，使秦王朝萬世不休。

他濫用民力，施行苛政，直至造成「天下多事」、「蒙罪者眾，刑戮相望於道」的悲慘局面。無論是朝廷的公卿將相，還是普天之下的黎民百姓，人人自危，苦不堪言。

秦二世胡亥登基稱帝後，仍不顧天下民怨沸騰，強行下令徵發「閭左」戍守邊地。

秦王朝的喪鐘敲響了。

喪鐘的聲音由中原傳到了南越。南海尉任囂聞知，立即意識到這正是割據嶺南的天賜良機，準備付諸行動。遺憾的是，這時他忽然身染疾病，並一病不起了。

為了順利實施心中的構想，躺在病榻上的任囂派人招來自己的心腹助手、時任龍川縣縣令的趙佗，祕密囑咐道：「聞陳勝等作亂，秦為無道，天下苦之，項羽、劉季、陳勝、吳廣等州郡各共興軍聚眾，虎爭天下，中國擾亂，未知所安，豪傑畔秦相立。南海僻遠，吾恐盜兵侵地至此，吾欲興兵絕新道，自備，待諸侯變，會病甚。且番禺負山險，阻南海，東西數千里，頗有中國人相輔，此亦一州之主也，可以立國。郡中長吏無足與言者，故召公告之。」

趙佗乃真定人（今河北正定縣），率軍征伐嶺南之前的經歷史無明載。有記載的是他到嶺南後，曾上書秦王朝，要求派 30,000 名中原女子

赴嶺南為駐守嶺南的將士「縫補衣服」。秦始皇打了個對折,選派15,000名中原女子去了嶺南,這些女人自然成了嶺南將士的配偶。

此時,同樣具有雄才大略的趙佗,聽了任囂的密囑,心中十分感動,當場答應按任囂的構想行動。兩人經過一番謀劃,任囂假借秦王朝的命令,委託趙佗代理南海尉職務,為趙佗順利實施割據構想邁出了關鍵性的一步。

就在趙佗代南海尉不久,任囂撒手歸天。此時的中原局勢,秦大將章邯率40萬大軍,正和以楚軍為首的六國反秦聯軍相持在漳河地區(今河南省安陽市一帶);另一支由劉邦率領的起義軍,正沿著黃河南岸,向秦國首都咸陽急速出發。

面對如此紛亂的戰局,繼任的趙佗迅速實施任囂的計畫,首先向駐守在橫浦、陽山、湟關的將領快馬發出檄告,告知「盜兵且至,急絕道聚兵自守」。

趙佗所說的「盜兵」,表面上指的是反叛秦王朝的軍隊,實際上主要指的是中原可能派遣來鎮壓的秦軍。因為橫浦、陽山、湟關都位於秦所開闢的連通嶺南的兩條新道上,是兵家必爭的戰略之地。絕了此三關道,也就斷絕了秦軍南下嶺南地區的通道。

當絕道閉關、聚兵自守的策略得以順利實施後,趙佗接著採取了第二個步驟,誅秦吏代以黨羽。

此時的趙佗雖然代理南海尉並已行使職權,但他深知自己這個官職是任囂假傳皇帝聖旨而騙來的,心中十分不踏實。且此時的南海郡許多官吏都是秦王朝派來的,不是趙佗的嫡系,對趙佗十分不利,所以趙佗以各種理由剷除之。

誅殺了這些秦吏後,趙佗選拔擁護自己的心腹擔任郡守、令、長吏

第九章　南越國興衰

之類的重要職務。掌握軍政大權的趙佗下令軍民迅速修築關防城池，加強嶺南的防禦力量。首先大舉修築加固位於武水邊的樂昌「任囂城」，然後又在河對岸修築一座「趙佗城」，與「任囂城」呈掎角之勢，相為呼應，用以隔絕通往嶺北的險要水道。

與此同時，趙佗又在仁化北築城以阻秦軍南下；在嶺南洭水、湞水交接處的洭浦關和清遠各築一座萬人城。加固任囂時代所建築的番禺城——秦漢時期嶺南最早出現的城市，以守衛番禺。如此這般，趙佗在嶺南建立了以郡治番禺為中心的三道軍事防線。

嶺南兵變

西元前 205 年，趙佗發兵攻打企圖趁中原之亂而獨立的桂林和象郡，斬首級數千，掃除反對勢力，恢復了秦所置的嶺南三郡，復現嶺南地區統一局面。而此時，正是各路豪傑中原逐鹿之日。趙佗趁機自稱南越王，建立了南越國。

關於趙佗何年稱王，《史記》本傳未載，只是說：「秦已破滅，佗即擊併桂林、象郡，自立為南越武王。」而《史記·酈生陸賈列傳》稱：「高祖時，中國初定，尉他平南越，因王之。」「他」即指「趙佗」。從這段記載來看，可知劉邦「中國初定」之年，即趙佗稱王之年。

趙佗建立的南越國疆域，基本上與秦在嶺南所設三郡轄區相當，除南界瀕南海外，其餘皆為陸地。具體的位置是，向東與閩越相接，抵今福建西部的安定、平和、漳浦；向北主要以五嶺為界，與長沙國相接；向西到達今之廣西百色、巴馬、東蘭、環江一帶，與夜郎、句町等國相比鄰；其南則抵達越南北部，南瀕南海——這個疆域基本上維持到南越國的滅亡。

趙佗稱王後，再一次加強了邊防力量，並在南越國北部邊界築起一條東西長達數千里的邊防線。

當嶺南的邊防得以鞏固，稱王後的趙佗即著手治理南越國。一方面，他借鑑秦朝治理國家的得失，組織一個中央集權、郡縣分治的王國政府，但不效仿秦朝那樣刻薄寡恩、濫施刑罰，而是有效地保護中原移民的政治、經濟和文化傳統，發展生產力；另一方面，趙佗採取入境隨俗、遵從越人風俗習慣等措施，加強民族融合與團結。

趙佗不僅大力提倡漢人與越族通婚，並身體力行做出表率。如南越國丞相、越人呂嘉家族中「男盡尚王女，女盡嫁王子兄弟宗室」，使趙氏與呂氏兩大家族的關係盤根錯節，利益趨於一致。再如南越所封的蒼梧秦王趙光與呂氏家族聯姻，第二代南越王的一位夫人趙藍亦出身越家女。第三代南越王嬰齊也娶越女為妻，並生有子趙建德。

在趙氏統治集團的帶動、鼓勵下，中下級官吏兵卒及其他中原漢人與越族的通婚相當普遍。尤其是原先的數十萬秦兵，除部分與中原來的 15,000 名女子組成家庭外，大部分士卒都與駐地的越族通婚。

在經濟方面，趙佗著手改變落後的農業生產，引進中原地區先進的農業技術，並教民耕種，大力傳授使用鐵器和耕牛技術，以提高農業生產水準。同時在各郡縣、市鎮設立「市官」，由官府直接與當地原住民交換商品，把交換所得的象牙、犀角、翡翠、珠璣、香藥等，成批運到北邊的關市，與漢帝國南來的商人貿易，並向他們購買大批的牛、馬、銅鐵工具和器皿，然後又用這些貨物與原住民交換，由此形成了一個循環往復、連續不絕的商品交易管道。

這個策略不僅擴展了嶺南地區與中原的貿易往來，而且也豐富了嶺南地區市場的交換物品，百越族人很快地便獲得了他們所喜愛的銅鐵武器和

第九章　南越國興衰

工具。而這些新的工具大大提高了他們的生產力。南越王國政府則在這項貿易中獲得了豐厚的利潤，即使不徵收租賦也不會財政匱乏。同時又透過這項措施，使原住民獲得收益，從而擁戴王國政府及趙佗本人。

經濟有了起色，文化教育事業也不能落後。趙佗在嶺南推行以詩書而化國俗，以仁義而結人心的措施。讓越人讀書認字、學習禮儀，灌輸倫理道德、提高文化知識。越人「漸見禮化」。

趙佗的南越國王朝採取了較為合理、現實的民族政策，獲得「和集百越」、「粵人相攻擊之俗益止」的成效，同時也使「中縣人以故不耗減」。在趙佗的有效治理下，南越國內民族關係和睦，漢、越人民友好相處。這種和睦的民族關係為增強南越國的整體實力打下了堅定基礎。

就在趙佗將要實現、或正在實現上述一切計劃的時候，位於嶺北的秦王朝已被推翻有年。項羽、劉邦爭奪天下的刀光劍影，轍痕血跡，早已在曠野中雲散風乾。漢王劉邦最終打敗了不可一世的西楚霸王項羽，一統天下，在長安城面南背北，榮登大位，建立了大漢王朝。

──歷史開始了新一輪進程。

圖9-1 意氣風發的趙佗像

趙佗面北稱臣

南越王國在中原戰火紛飛的大動亂中建立起來了，而作為繼秦之後新建立的漢王朝，對這個偏處東南一隅的獨立王國，既不予承認，又無可奈何。

劉邦在楚漢之爭中，為了合力擊敗項羽，先後分封了七個異姓諸侯王，他們是：楚王韓信、梁王彭越、淮南王英布、韓王信、趙王張耳、燕王臧荼、長沙王吳芮。這些異姓王的封國跨州兼郡，占據了戰國後期東方六國的大部分疆域。他們手握重兵，各制一方，對中央權力的穩定與鞏固形成了很大威脅。西元前202年，燕王臧荼反；西元前197年，趙相國陳豨反，勾結匈奴，自立為代王；西元前196年，彭越反。各諸侯王不斷反叛，使劉邦不得不把主要精力放在對付、鎮壓國內各地的叛亂上，根本沒有餘力顧及五嶺以外的南越國。而這時的趙佗建立南越國及經營嶺南已有一段時間，也具有了一定的實力，這又迫使劉邦不得不慎重考慮與南越國的關係。

隨著時間的推移和西漢王朝政治、經濟狀況好轉，劉邦對待南越王國的想法也有了變化。在漢王朝依然沒有足夠的能力征服嶺南的情況下，劉邦順水推舟，承認趙佗南越稱王的既成事實，並於漢十一年，派陸賈出使南越，頒布詔命。

《史記·酈生陸賈列傳》載：「陸賈者，楚人也。以客從高祖定天下，名為有口辯士，居左右，常使諸侯。」

陸賈是早期參加秦末農民起義行列的知識分子。西元前207年，劉邦率起義軍由武關入陝，進軍咸陽，子嬰派重兵拒於嶢關，劉邦用張良之計，「『使酈食其、陸賈往說秦將，啗以利』，秦將果欲連和」。於是，

147

第九章　南越國興衰

秦軍設防懈怠，士氣大減，劉邦達到了預期目的，陸賈從此在起義軍中嶄露頭角。當秦王朝被推翻以後，陸賈繼續跟隨劉邦參加楚漢戰爭，並成為劉邦重要的親信謀士之一。

　　據史料記載，陸賈到達南越國的都城番禺後，只見趙佗態度傲慢，頭髮束成一撮，豎在頭上，伸開兩腿，像簸箕一樣坐在大殿裡。身為一位有著長期出使經驗的政治家和辯士，陸賈對趙佗的這番舉動好像早有預料。他不動聲色，先將趙佗與中原的關係作為會談的切入點，進言道：「你本是中國（指中原地區）人，親戚兄弟、祖先墳墓都在真定。而今你一反天性，背叛父母之國，不念祖宗，放棄中國傳統裝束，想要靠區區弱小的南越跟天子對抗，成為敵國，大禍恐怕就要來臨。自從秦王朝失去控制，諸侯豪傑紛紛起來，只有漢王劉邦率先入關，占領咸陽，項羽背叛盟約，自立西楚霸王，諸侯成為他的臣屬，可以說甚為強大。然而漢王劉邦從巴蜀出兵，鞭笞天下，誅滅項羽，僅僅五年時間便天下平安。這不是人為的力量，而是天意如此。天子（指劉邦）已知道大王在南越稱王，卻不出兵協助誅滅暴秦和西楚，朝廷文武官員都主張派出大軍，向大王（指趙佗）問罪，但天子憐憫百姓在戰亂頻仍中已經十分痛苦，才打消原意，並且派我前來授給大王王印和互相通好的符節。大王應該恭恭敬敬地到郊外迎接，面北稱臣。想不到你竟想憑藉基礎未穩的南越，倔強到底。漢朝廷如果得到報告，恐怕要挖掘焚燒你祖先的墳墓，屠殺你宗族，然後派一位將軍，率領十萬人馬南下進攻，到那時，你的部下殺你投降，易如反掌。」

　　趙佗茅塞頓開，趕緊跳起來，規規矩矩地坐下，道歉說：「我在蠻夷中生活得太久，忘了中國禮儀。」然後向陸賈請教說，「我比蕭何、曹參、韓信如何？」

　　陸賈說：「大王的賢明和能力，跟他們相仿。」趙佗又問：「我跟皇

帝相比誰賢明？」

陸賈說：「皇帝起自豐、沛，討伐暴秦，誅滅強楚，為天下百姓興利除害，繼承五帝三王的偉大勳業，統治天下，中國人口以『億』為單位計算，土地方圓萬里，物產富饒，號令統一，自從開天闢地以來從未有過。而大王之眾不過數萬，而且遍地蠻夷，不是山巒崎嶇，就是海濱水涯，一片荒涼，不過是漢的一個郡而已，大王怎麼能跟皇帝相比。」

趙佗朗聲大笑說：「可惜我不在中國（指中原），所以在這裡為王。假使我在中國，安知不如劉邦？」

此時趙佗自比於劉邦的夜郎自大、與他見陸賈之初的「魋結箕踞」以及接著「蹶然起坐」等，可以看出他滿足於獨霸嶺南，但又不能得罪漢廷，他以這種井蛙式的表現向漢廷暗示他「欲自外乎蠻夷」、「無遠大志」，以此求「杜兼併之禍於無形」。可見趙佗還是相當明智的。

最後，趙佗接受了漢朝的冊封，「願奉明詔，長為藩臣」。趙佗欽佩陸賈的才幹和「威儀文采」，挽留他在嶺南住了幾個月，並對陸賈說：「南越這個地方，我連個談話的對象都沒有，自先生來此，讓我聽到了許多前所未聞的新鮮事。」當陸賈臨走之時，趙佗送給陸賈價值兩千金的財物，算是餞行。

陸賈出色地完成任務回到長安，劉邦十分高興，升陸賈為太中大夫，以資獎勵。

烽煙再起

陸賈出使南越，使趙佗接受了漢朝的冊封，南越國對漢朝稱臣，遵守漢朝法律的約束。自此，南越國正式成為西漢的一個諸侯王國，大幅

第九章　南越國興衰

加強雙方在經濟、文化等方面的連繫，貿易互有所補，各獲其利，中原地區獲得了南越國的物產，豐富了中原人民的生活，而南越國也獲得了發展農業生產所必需的工具及馬、牛、羊等牲畜，有利於南越國社會經濟的發展。

南越王趙佗歲修職貢，向漢天子奉獻鮫魚、荔枝、龍眼、珠璣等珍品。漢王朝則以蒲桃、錦緞等物報之。

然而，才過了不到一年，到了漢高帝十二年三月，劉邦想到南越國趙佗雖然表面接受詔封，稱南越王，但他有帶甲兵百萬，又有五嶺阻隔，尾大不掉，終究是一件煩心事。加上朝中部分大臣及長沙成王吳臣又上書進讒言，劉邦遂生疑懼之心。南越之地不能真正劃歸到漢廷的版圖之中，和當年秦始皇相比，終是一件憾事。為抑制南越王趙佗，劉邦又故技重演，封南武侯織為南海王。這個南海王雖是虛封，卻像當年封長沙王吳芮一樣，再次為南越王趙佗樹立了一個敵人。

就在劉邦想方設法要徹底讓南越國臣服時，他治下的淮南王英布又謀反了。英布的謀反，不僅使南越國徹底臣服的構想成為泡影，就連劉邦本人也走上了黃泉之路。

當劉邦平息了英布的叛亂，於次年返回長安後，因箭傷復發，病情甚危，呂后為其請良醫，醫者入見劉邦，劉邦問道：「朕疾可醫？」醫者答道：「疾可醫。」

不知劉邦出於何種心態，他聽了醫者的話，一反常態地大罵道：「朕以布衣提三尺劍取天下，此非天命乎？命乃在天，雖扁鵲在世又有何益？」他拒絕醫治。

漢高帝十二年四月二十五日，劉邦崩於長樂宮，死時年62歲，在位13年。

劉邦去世後，太子劉盈繼位，是為惠帝，尊呂后為皇太后。南越與漢王朝的關係，在惠帝執政期間，雙方得以持續友好往來。惠帝在位七年而崩，接下來由呂后攝政。呂后攝政的前四年，漢、越雙方的關係還能勉強維持原狀，第五年（西元前 183 年）春，漢、越關係發生了變化。

高后五年春，呂后突然下詔禁止中原鐵器及雌性馬、牛、羊等運往南越國，並頒布所謂「別異蠻夷，隔絕器物」的政令，不僅斷絕與南越國的貿易，而且有歧視南越國的意味。

面對呂后突如其來的打擊和歧視，南越王趙佗迅速做出反應。在沒有得到確切情報，也不知道呂后為什麼下這道詔令的情況下，趙佗憑著自己的政治嗅覺推測，認為「今呂后聽讒臣，別異蠻夷，隔絕器物，此必長沙王計也，欲倚中國，擊滅南越而並王之，自為功也」。也就是說呂后聽信了長沙國的讒言才頒布這道詔令的。諳於政治的趙佗明白，在這種情況下，只有派人向漢廷說明才是上策。如若此時反漢，未必能取得勝利。想到這裡，趙佗強按心中的怒火，先後派遣南越國的高級官員「內史藩、中尉高、御史平凡三輩」前往漢都長安，請求呂后改變政策。但令趙佗意想不到的是，呂后不但毫不講理地扣留了趙佗派去的三位南越國高級官員，不久還派人誅殺趙佗在中原的宗族，並搗毀趙佗父母在老家真定的墳墓。

自古以來，對葬禮的重視已成為各民族發展中的共同規律之一。在孔子時代就強調孝事父母的中原漢族人民更是如此，搗毀別人父母墳塚之舉被認為是不共戴天之仇。這一點，早在戰國之時就有實例可證。如燕昭王與其他幾國聯合進攻齊國，占領了齊國的大多數城池，這時齊僅剩下即墨、莒兩城，攻即墨的燕軍十分殘暴，公然在即墨城外「盡掘壟墓，燒死人」，焚毀即墨人民逝去親人的遺體，使守城的「即墨人從城上望見，皆

第九章　南越國興衰

涕泣,俱欲出戰,怒自十倍」。由此可見人們對祖先墳塚的重視程度。

當呂后殘忍、暴戾無常的做法傳到嶺南後,趙佗怒不可遏,憤然說道:「先前高皇帝任命我當南越王,准許兩國自由貿易往來,而今呂后採納奸臣的建議,把我們視為蠻夷,不准賣給我們東西,這一定是長沙王進讒言所致。」悲憤交集的趙佗終於忍無可忍,決心拒漢稱帝。

這年春天,趙佗自上尊號為南越武帝,並「恨長沙王圖己」而發兵攻打長沙國,連破數縣而回。

呂后聽到趙佗竟敢抗漢稱帝,並進攻長沙國的消息,大怒。立即下令削去趙佗以前受封的南越王爵位,並派遣漢朝將軍隆廬侯周灶、博陽侯陳濞率兵征討南越國。由於趙佗在五嶺戰略要點早已派兵據險築城,嚴加防守,所以漢軍進軍受阻。加之由於此時天氣酷熱,漢軍士卒因水土不服而多染疾病,漢軍的攻勢始終未能越過五嶺,致使漢、越兩軍在以五嶺形成了長期的僵持對峙局面。這種局面直到第二年呂后死後,漢軍見難以獲勝,才開始罷兵休戰。

從史料記載中可以看出,造成漢、越關係緊張、兵戎相見的局面,完全是由於呂后政策失誤所致,究其原因,則是她缺少對東南地區形勢的充分理解。南越的反叛不僅使漢朝在東南邊陲戰火重燃,而且留給後世許多隱患和急待解決的難題。其中最大的隱患是,漢伐南越,不但沒有達到降服趙佗的目的,反而使趙佗成為一名成功抗擊漢中央王朝的叛逆者,且因獲勝而大大提高了自己的形象。這個結局使南越國在周圍地區的威望陡然增高,許多鄰國不得不對南越國另眼相看。不僅如此,趙佗藉著他在漢越戰爭中的餘威和漢王朝無暇南顧的機會,以兵威邊,迫使相鄰的閩越、西甌、駱越等王國和部族向南越國臣服,由此建立起一個東西萬餘里的龐大王國,對漢王朝的南部邊陲構成了極大的威脅。

漢越罷兵再言和

　　呂后死後，文帝即位。文帝即位不久，便頒詔大赦天下，修改苛刑酷罰，緩和自秦王朝以來過分緊張的政治局面，降低對人民的壓迫程度，以恢復、發展生產力。在對待附屬國方面，文帝採取了「使告諸侯四夷從代來即位意，喻盛德焉」，並開始醞釀糾正呂后對南越採取的錯誤政策。正在這個時候，善於審時度勢的趙佗考慮到南越國雖然成功地阻擊了漢軍的南下，但是與漢為敵對南越國沒有一絲好處。鑒於此情，趙佗採取主動，派人送信給駐守在長沙國邊境的漢將周灶，「求親昆弟，請罷長沙兩將軍兵」。周灶接到這封要求漢、越和解的書信，不敢怠慢，立即送入漢朝廷請文帝定奪。

　　文帝接到趙佗的和解書，馬上做出反應，除了表示同意，並以實際行動「為佗親塚在真定置守邑，歲時奉祀」，又「召其從昆弟，尊官厚賜寵之」，同時，還「罷將軍博陽侯」，表面上解除了與南越國的武力對峙。漢文帝採取的這些舉動，為漢、越雙方緊張關係的解凍以及走向正常化開闢了道路。

　　為進一步使趙佗解除帝號、俯首稱臣，文帝再次派陸賈出使南越。

　　此時陸賈已是一位七十五、六歲的古稀老人，他本來完全有理由推辭這個任務，然而為了使漢、越兩族化干戈為玉帛，他毅然受命，帶著文帝的詔書、一名副使以及文帝賜給南越王趙佗的禮物——「上褚五十衣、中褚三十衣、下褚二十衣」，踏上了通往嶺南的道路。

　　漢朝使者陸賈的到來，雖然是趙佗預料之中的事，但是他沒有料到新即位的文帝會這麼快就做出相應的答覆，這個舉動反而使他有些驚慌不安，帶著既懷抱希望又「甚恐」的心情接見了陸賈。

第九章　南越國興衰

雙方見面後，陸賈即遞交了文帝的詔書，從歷史留給後人的史料來看，文帝給趙佗的詔書是比較客觀的。詔書中文帝首先承認了呂后對南越國的政策是「悖暴乎治」，過錯在漢朝；其次，又告訴趙佗，漢朝為恢復與南越國的關係也採取了一些措施，如撤去了靠近南越國邊界的一支漢軍，修葺趙佗父母墳塚等；詔書中還認為，漢越交兵，「必多殺士卒，傷良將吏，寡人之妻，孤人之子，獨人父母，得一亡十」，對漢、越雙方都是不利的；最後文帝委婉地告訴趙佗：南越國與長沙國一樣，都是高祖所封，其土地界限不能更改，希望趙佗「分棄前患，終今以來，通使如故」。

面對文帝的詔書，趙佗將做出怎樣的反應呢？前文已述，趙佗在秦時就進入嶺南，後又任南海尉以至劃嶺而王，此時執政已達38年，他對嶺南的政治、社會經濟等十分了解，他深知嶺南雖然已有40餘年的開拓史，而且社會經濟水準比秦平嶺南時增強了許多，但與中原漢朝相比，仍是綿力薄材，不可同日而語。所以南越國對漢的抗衡也是難以持久的，一旦中原「賢天子繼出」，則完全可能趁勢消滅南越國。故趙佗深知南越「誠非漢之敵」，可謂「明哲炳於幾變，故能變逆為順，以相安於無事耳」，自然也就「固不待賈之再來，而帝號之削，在佗意中久矣」。趙佗唯一沒有料到的是，陸賈如此之快就到了南越。直至陸賈來到，交代了漢朝天子的意圖後，他深表恐懼與歉意，當即表示願意接受中國皇帝的詔書，作為藩屬，按期進貢。同時說：「我聽說兩雄不俱立，兩賢不並存。漢皇帝（劉恆）是一位賢明的天子，從現在開始，我不再稱皇帝，撤銷黃綾車蓋、左側大旗。」

陸賈這次出使南越，趙佗對他格外看重，相待優禮有加。

陸賈還朝時，趙佗「因使者獻白璧一雙，翠鳥千、犀角十、紫貝

五百、桂蠹一器、生翠四十雙、孔雀二雙」等嶺南地區的特產。趙佗一次上貢，即達 1,000 多件物品、珍禽，可見趙佗是誠心實意向漢朝釋出友好。

陸賈順利地完成使命回到長安，向文帝詳細彙報出使經過，文帝十分滿意，設宴慶賀陸賈的第二次出使圓滿成功，使趙佗再次對漢稱臣。由此開始，南越國與漢朝恢復了以往的關係，趙佗對漢稱臣，行諸侯之職，時時遣使入貢。

趙佗之死

漢文帝劉恆是以勤儉節約著稱的皇帝，他開創了後人稱為「文景之治」盛世的先河。

文帝劉恆於後元七年（西元前 157 年）六月，崩於長安未央宮。孝文皇帝劉恆駕崩後，由子劉啟即皇帝位。劉啟生性純厚仁慈，文帝時被立為太子，即位後是為孝景皇帝。

劉啟繼位後大赦天下，啟用申屠嘉與周勃之子周亞夫為左右丞相，景帝承文帝節儉之風，繼續採取與民休養生息政策。歷史上把文帝劉恆與景帝劉啟共治的時代，稱為西漢著名的盛世兆年「文景之治」。

繼景帝之後，年僅 16 歲的劉徹於景帝後元三年正月即皇帝位。

武帝劉徹建元四年（西元前 137 年），南越王趙佗無疾而終，享年百歲餘，成為迄今為止中國封建帝王中唯一的一位大壽者。

趙佗自秦始皇時代率軍入嶺南起，到漢武帝劉徹建元四年薨，在前後總計 80 餘年的漫長歷程中，稱王稱帝六十餘載，在這個特殊的歷史時期內，趙佗以自己的仁德、寬厚之心和滿腔熱情統一嶺南，締造了南越

第九章　南越國興衰

國，使南越各族人民擺脫了刀耕火種的原始生產方式，習得中原社會生產能力準，使嶺南百姓富庶，國泰民安。

南越王趙佗仙逝後，長孫太子趙胡繼王位。他與丞相呂嘉，為其祖父趙佗舉行了自立國以來規模最大的國葬。國中所分封的王侯、朝臣、將士、郡縣之吏以及黎民百姓，紛紛從南越的四面八方趕至京都番禺，為其弔唁，連都城郊外十幾里的村寨都住滿了前來弔唁和送葬的人群。南越之地，可謂家家弔唁，人人萬分悲痛。

發葬這一天，南越國中所有鼓號齊鳴，送葬之車駕、人役綿延數十里之遙。趙胡按祖父趙佗遺囑，將其葬於都城番禺城外的群山之中。為了使祖父趙佗永遠安靜長眠於黃泉之下。趙胡安葬祖父趙佗遺體時，多置疑塚。發葬的靈車從番禺都城四個城門同時出來，棺柩一模一樣，下葬時又棺棚無定處。除丞相呂嘉和趙胡等少數幾人外，其他人全然不知南越王趙佗棺柩的真正下葬之處。

在送葬的隊伍中，丞相呂嘉是最年老的朝臣。他披麻戴孝，被兩個家人攙扶著，曾幾度哭得昏死過去。呂嘉昔日只是越族的一個少年，但他自幼聰慧好學，處事機靈，漸成大器。趙佗憐其才，拜呂嘉為軍師，立國後又拜他為南越國的丞相。呂嘉與趙佗相處的 60 餘年漫長歲月中，深受趙佗仁德、寬厚的影響，對趙佗敬重萬分。今趙佗晏駕，巨星隕落，他自然是悲慟欲絕。送別趙佗亡靈之後，呂嘉獨居一室，仰望趙佗長眠的城外山岡，悄然跪下，捶胸頓足大呼道：「天邪！聖王一去，從此南越國將不復存在矣！」

象崗山中的黑洞

　　往事越千年。南越王趙佗父子陵墓所在位置，雖歷代官家、民間盜墓者苦苦尋覓，始終未見蹤跡。直到歷史進展到1983年，才有了新的突破。

　　這年6月9日，廣州市區北部一座號稱象崗的小山丘上，幾十名工人正在劈里啪啦地鑿石刨土。當海拔高度為49.71公尺的小山丘被鑿掉17公尺時，有工人突然發現自己的鎬頭下出現了不同尋常的變化，原本風化得有些零碎的花崗岩石塊不見了，取而代之的是一塊又一塊整齊排列的砂岩石板。

　　「哎！這是怎麼回事，怎麼有這麼好的大石板埋在這裡？」有人用鎬頭敲打著石板，自言自語道。

　　大約過了一個小時，最早覺得有些異常的工人找了一把長尖的鐵鎬插入石板與石板之間的縫隙裡撬動起來。隨著石板不斷移動，縫隙越來越大，不時有碎石泥土稀里嘩啦地掉在縫隙之內。

　　「奇怪哩！」撬動石板的工人說著，彎腰俯身想看個究竟，無奈縫隙太小，地下黑漆漆的，像個洞穴，什麼也看不見。於是這位撬石的工人懷著一種難以言狀的心情，將身邊的幾個同伴喊過來，請他們找來幾把鐵鍬插入縫隙中同時撬動，於是石板的縫隙越撬越大。大約半個小時後，有人拔出鐵鍬，擦著臉上的汗水，再次俯下身去看個究竟。恰在此時，一束明亮的陽光照射下來，此人驚地看到，在這石板下面竟然是一個碩大的洞穴。

　　「哎喲，快來看，這下面是一個洞哩！」工人抬頭驚喜地喊著同伴。

　　石板下的洞穴一片黑暗，一群人什麼也沒看見，只是感到下面像是

第九章　南越國興衰

一處人為的地下建築。於是,有人開始聲稱這是當年部隊修築的一個防空洞,其目的和用途是預防蘇聯發射的原子彈在廣州爆炸。這個解釋使部分人信以為真,但也有人感到僅僅是一個防空洞並不夠刺激,便以不同的見地言稱此處是日軍侵華時,祕密修建的一座軍火庫,下面藏匿的必是成捆的炸藥和炸彈。

在好奇心的驅使下,幾十個工人圍繞著一塊石板,拿著各種工具,劈里啪啦地鑿撬起來。眼看石板的縫隙越來越大,洞穴中的一切即將暴露於世。正在這個時候,一個人的突然到來,使這個行動未能進行下去。這個人就是廣東省政府基建處的基建科長鄧欽友。

鄧欽友到象崗工地時,發現工人們圍在一起指指點點地議論著,禁不住走上前去看個究竟。他圍著搖晃的大石板繞了兩圈,驀然想到了什麼,急忙要大家住手,隨之跨到近前俯身從石板的縫隙中向下窺視。此時,縫隙的最寬處已被撬開達 0.3 公尺,洞穴內的形制基本可以辨清,散落其中的器物也隱隱約約地顯現出來。

根據他看到的情形,鄧欽友初步推斷,這個洞穴很可能是一座巨大的古墓。既然是古墓,就應當受到保護,並迅速通知考古部門前來鑑別。他立即打電話給廣州市文管會考古隊,報告象崗發現的情況。值班的考古人員黃淼章接到電話,立即隨同考古隊員陳偉漢、冼錦祥等騎腳踏車趕到象崗施工工地。

黃淼章等人擠進人群,立即對現場進行勘查,發現這個洞穴既不是部隊修築的防空洞,更不是侵華日軍構築的祕密軍火庫,而是一座石室古墓。從整體看上去,這座古墓構築在象崗腹心約 20 公尺的深處,墓頂全部用大石板覆蓋,石板的上部再用一層層灰土將墓坑夯實,以達到封閉的效果。

不祥之兆

外部情形勘查完畢，黃淼章從懷裡掏出裝有兩節電池的手電筒，俯身石板的縫隙，透過手電筒射出的光向下觀看。由於下面的墓穴過於龐大，加之外部光線干擾，射到墓穴中的手電筒光線顯得極其微弱，如同螢火在黑夜中晃動。儘管如此，黃淼章還是看到了墓穴前室的石壁、石門等較明顯的建築。稍後，隨著手電筒光線的不斷移動，黃淼章又在石室內散亂的一堆雜物中看到了一件類似銅鼎的器物，從這件器物的外部造型來看，應當是漢代之前的葬品。

陳偉漢和冼錦祥以及另外兩名考古隊員相繼窺看了墓室，也感到有些不同尋常，但對此墓到底屬於什麼時代，仍難以下確切的結論。黃淼章望著大家有些疑惑的臉說：「你們在這裡等著，我打個電話叫老麥來看看，再做結論。」

說著，轉身向山下走去。

約20分鐘後，廣州市文管會副主任、廣州博物館館長、著名考古學家麥英豪來到了象崗山。這位考古學家，曾率領考古隊員幾乎踏遍了廣州地區所有的山山水水，調查、發掘了近千座墓葬，從而累積了豐富的考古經驗和廣博的學識，每當有較大的墓葬發現，必定由他親自主持發掘。在廣州現代田野考古的歷程中，麥英豪始終扮演著舉足輕重的角色。

聽到黃淼章的電話彙報，麥英豪異常驚喜，他沒有想到，他將要面對的就是苦苦探尋的那個千年祕密。

▍不祥之兆

麥英豪來到工地，從腰裡掏出裝有五節電池的大號手電筒，身子半趴在地上，藉著手電筒的強光從縫隙中向下窺視。由於光的亮度明顯加

第九章　南越國興衰

強，墓室中的景物看起來比先前清晰了許多。隨著手電筒光柱不斷移動，麥英豪先是看到了用石塊砌疊的墓壁，然後看到了碩大的石製墓門，接下來，看到了散落在墓室中的一堆凌亂不堪的器物。在這堆零亂的器物中，有一個大號銅鼎和幾件陶器格外顯眼。

麥英豪將手電筒的光柱，在這幾件器物上反覆晃動，並從形制、特色等多方面觀察判斷，終於在腦海中形成了一個結論——這確實是2,000多年前漢代的一座石室墓葬。

儘管尚且未知墓葬的主人是誰，然而僅從墓室的形制、規模以及隨葬的器物來看，應當是嶺南考古史上前所未有的新發現。這次偶然的發現，將為嶺南考古史增添極其光彩的嶄新篇章。

麥英豪轉身來到鄧欽友的身邊，心懷感激之情地說：「鄧科長，你可是又做了一件大好事啊！這是一座很有價值的古墓，是個重大的考古發現，沒有你即時報告，說不定會遭到破壞。我們需要馬上安排發掘，如果這個墓是完好的，恐怕你們的建築沒辦法蓋在這裡了，你還是早一點向省政府打個招呼吧。我們回去研究一下，看看應該如何發掘。」

為避免引起人群圍觀，妨礙勘察，麥英豪決定當晚進行勘探。

根據白天觀察到的情形，象崗古墓墓頂石板的縫隙最寬處只有三十幾公分。顯而易見，若從這樣的寬度中鑽入墓穴，只有精瘦者可擔當此任。麥英豪決定請業務主力、身材精瘦結實的黃淼章充當「孫行者」。

進入墓塚的人選確定，麥英豪和眾人又商討具體操作方法，準備了繩索、竹竿、手電筒等必需工具。眼看預定的時間已到，大家起身來到了夜色中神祕莫測的象崗山。

到了墓坑邊，麥英豪開啟手電筒，照了照墓頂石板的裂縫處，然後用手拍了拍黃淼章的肩膀，輕聲叮囑：「小心一點，下去以後，記住文物

分布的大致情況，要注意保護墓內的跡象，盡量做到進退均踩同一個腳印。聞到不同氣味或聽到異響，迅速往上撤，如果來不及撤退，你就大喊幾聲，我們這邊抓住繩子將你拉出來。聽清楚了？」

「聽清楚了。」黃淼章回答著，盡力使自己怦怦跳動的心平靜下來，而後向墓頂石板的裂縫走去。

幾束手電筒的光柱對準石板裂縫，黃淼章站在裂縫前，用手拉緊上衣，兩手扶竿，雙腳躍起，輕靈快捷的身手，一下子便鑽入地宮。

藉著地面上射下來的幾束手電筒光柱，黃淼章低下頭，小心地選好一個見不到器物的地方，踏上雙腳，然後開啟自己肩背的長筒手電筒，在地宮中觀察起來。

只見這個墓穴全部用石塊和石板建成，地宮的四壁完好，而墓頂的石板多數已經斷裂，不少碎塊落入地宮，碩大的石板有許多已變形移位，隨時都有斷裂塌下的可能。

黃淼章望著那些變形的石板，不禁頭皮發麻，毛骨悚然。他知道，只要有一塊石板掉下來，自己就有被砸成肉泥的危險。他不敢移動身體，只能強迫有些眩暈的大腦稍微冷靜下來，藉助手電筒的光束開始逐步觀察。

他發現，自己身處的地方很像平時家中的廳堂，廳堂的前後都有一道石門封閉，左右似有兩個規模相同的廂房。這個廳堂的頂部和四壁都有朱墨繪的捲雲圖案，儘管此時廳堂內升騰迴盪著腐朽而陰溼的茫茫霧氣，使手電筒的光亮大為減弱，一時難以看得仔細、分明，但從整體可以看出，這座古墓的地下冥宮原本建造得極其精緻、壯觀，如此規模宏大又有捲雲圖案的石室墓葬，在嶺南地區可謂前所未見、聞所未聞。

當他小心翼翼地穿過一條過道，跨入廳堂的一個廂房時（後正式定

第九章　南越國興衰

名為東耳室），眼前的景物驚得他目瞪口呆。手電筒的光柱穿過飄忽纏繞的迷霧，照射在一堆色彩斑斕的珍寶之上。只見碩大的銅壺、銅缸、銅提筒、銅鈁和無數的玉飾，突顯於一層質地難辨的零碎器物之上。這些器物光芒四射，燦爛奪目。在這堆瑰麗珍寶的不遠處，一排碩大整齊的銅質編鐘泛著暗綠色的幽光，高貴聖潔而又氣宇軒昂地靜臥在油漆彩繪的鐘架之上。

眼前的一切，使黃淼章如同置身於一個神奇的夢幻之中，情感和理智都難以讓他相信，這竟是一個沒有受到任何外界騷擾、完整地藏匿了 2,000 多年的石室大墓，這座大墓連同墓中的一切，使黃淼章如痴如醉⋯⋯

神祕人物是誰？

十幾分鐘後，黃淼章懷抱一件大玉璧、一個銅編鐘、一個陶罐來到了墓室的裂縫之下。他仰起頭，對著上面喊道：「扔下三個包來，往上取文物。」

三個粗布包相繼扔了下來，黃淼章分別將三件文物裝入布包中，解下腰上繫的繩子將布包拴住，喊了句：「拉上去，拉上去。」

藉著幾束手電筒的光亮，三件文物很快地被陸續提上去。稍後，黃淼章順著竹竿在同伴們連拖帶拉之下，慢慢鑽出了墓室。

「怎麼樣，裡面的情況怎麼樣？」麥英豪迫不及待地問著。

黃淼章抬手抹了一把臉上的汗水，望著麥英豪掩映在夜幕中的身影，氣喘吁吁地說：「墓室很大，沒有被盜，裡面有數不清的奇珍異寶⋯⋯」

「好,陳偉漢,你安排幾個人在這裡輪流看守,其餘的人帶著文物跟我到考古隊辦公室去。」麥英豪聽完黃淼章的話,情緒激昂地說。

一時之間,廣州市考古隊辦公室內燈火通明,煙霧繚繞。十幾個人圍著從象崗古墓中取出的三件文物和黃淼章畫的一張墓室草圖反覆檢視。巨大的墓室、彩繪的壁畫、成排的編鐘、碩大的銅鼎、瑰麗的玉璧……古墓的形制和珍寶,無不使在場者瞠目結舌、驚愕不已。

事實已清楚地向眾人表明,如此巨大的墓葬和奇特珍貴的文物,在廣州市考古隊成立30多年來是首次發現。成套的編鐘說明墓主的身分非王即侯,而碧綠的大玉璧,又分明是瑞玉之首,絕非普通人家所有。這一切,無不在暗示每一個考古隊員——一名藏匿2,000多年的重要人物,很快就將走出陰暗幽深的地宮,登上歷史重新搭建的舞臺,再度向世人講述那早已逝去的愉快或憂傷往事。

這個重要的神祕人物是誰,會不會就是讓考古人員30多年來魂牽夢縈的南越王趙佗?

8月25日上午,三方(廣州市文管會、廣東省博物館、中國社會科學院考古研究所)發掘隊人員雲集象崗,聯合考古發掘正式開始。

發掘中尤其引起發掘人員注意的是,墓道中發現了銅器、陶器等殉葬品,並發現了刻有「長樂宮器」的四字戳印。

長樂宮原是西漢時期都城長安著名的宮殿建築,位於長安城內東南部,與西邊的未央宮東西並列,故又稱東宮。自漢高祖劉邦駕崩、漢惠帝移住未央宮後,長樂宮便成為太后之宮,其遺址至今尚有部分保存。「長樂宮器」戳印的出土,無疑向發掘人員昭示,墓室的主人很可能就是一度僭號「南越武帝」的趙佗或其家族中的某一位王。但究竟屬於哪一代王,是否就是趙佗本人?發掘人員為此又開始了新的一輪假設和議論。

第九章　南越國興衰

　　在長達十餘公尺的墓道盡頭是兩扇東倒西歪的石門。看來當初為墓主下葬的群臣、民夫在撤退時顯得有些匆忙和慌亂。墓門關閉，便胡亂向墓道中填入亂石和泥土。石門在這些巨石碎土嚴重擠壓和衝撞下，門軸斷裂，使已經關閉的兩扇碩大門板再度分離，並使中間敞開了一道足可容人進出的缺口。

　　這座已經敞開墓門的巨型大墓，歷經 2,000 餘年未被盜墓賊發現，實在是墓主的幸運。

墓室探寶

　　當發掘人員陸續進入被揭開頂蓋的石製墓室時，最醒目的是四壁滿布的雲紋圖案，清新亮麗，筆觸如行雲流水，大小不同的彩繪雲朵，看起來如同被颶風捲起，狂飆裏挾，形成了一種奔騰、飄逸、凌空飛旋的浩瀚氣勢。

　　整個前室的隨葬物布置比較簡單，除清理出的大銅鼎、玉珮飾、玉璧和石硯等較明顯的文物外，發掘人員又在墓室的東側發現了一處殉葬人的棺具遺痕，殉者的骨架、棺具早已腐爛如泥，僅見一片板灰殘痕。在這片板灰痕的南北兩頭，分別有一把鐵刮刀和環首鐵刀，兩者相距 1.2 公尺。在兩把鐵刀之間，排列著一組玉珮飾——散落的玉璧、玉環、玉璜和一件鎏金的銅環等器物，由北而南形成一條明顯的直線。在這組玉珮飾之中的一個大玉璧旁，發現了一方銅質印章，印為方形，龜鈕，陰刻篆文「景巷令印」四字，長寬均為 2.4 公分，重 27.97 克。

　　根據後來研究，印章上的「景」字為「永」字同音通假，「景巷令」即「永巷令」，漢代設永巷令這一官職，由宮中的宦者充任，專門掌管皇

墓室探寶

后、太子的家事。由此可推斷墓中的這位殉葬者，生前應當是南越國王室的「景（永）巷令」。墓主死後，便與漆木車模型同殉。因為在墓室內靠西邊的地方，還發現了一具木車模型的殘痕，由此斷定與之同殉。

當地宮前室的文物全部清理之後，發掘人員將清理的重點轉向了東耳室。

從整體看來，東耳室應是放置宴樂用具的處所，室內的銅器、鐵器、陶器、玉石器、金銀器、漆木器、象牙骨器、動物遺骸等器物琳瑯滿目，一眼望去，令人感到眼花撩亂。最令發掘人員激動和興奮的，是室內那耀眼生輝、光彩照人的銅樂器和銅容器。

經初步觀察和鑑定，象崗古墓東耳室存放的銅器皆為鑄件，造型優美，有些銅器上有繁縟精美的紋飾，有的通體鎏金，尤其是兩套銅編鐘，雖歷經 2,000 多年的歲月侵蝕，依然散發著獨特的魅力和逼人的光輝。

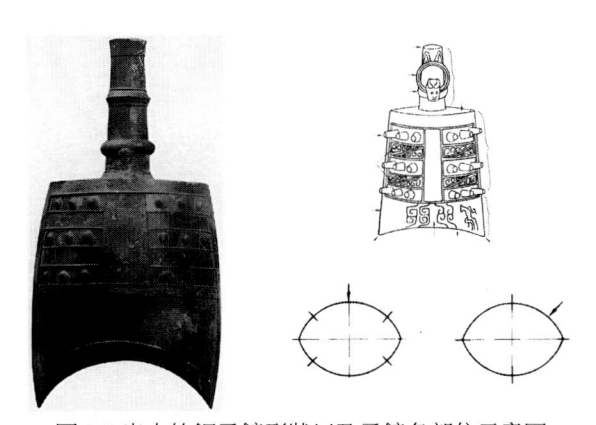

圖 9-2 出土的銅甬鐘形狀以及甬鐘各部位示意圖

兩套編鐘分為鈕鐘和甬鐘兩種，鈕鐘為一整套共 14 件，從小到大依次排列在北牆壁的下方，並整齊地懸掛於木製橫梁上。儘管木製橫梁早已朽腐，但殘留的木片和漆皮依然保持著當初入葬時的情形。這套鈕

165

第九章　南越國興衰

鐘通體泛著青綠色的幽光，方環狀鈕，口部作弧形，鐘體橫斷面呈橢圓形，每件鈕鐘均保存完好。

與14件鈕鐘相連的另一套5件的甬鐘，同樣是從小到大，依次擺放在耳室東側的地面上，只是未見橫梁木架。每件甬鐘形制相同，外表都有絲絹包裹的痕跡，表明入葬前曾人為包裝過。在清理時，考古人員對兩套編鐘輕輕叩擊，鐘體發出了莊重、清新、典雅的聲音，可見這兩套青銅鑄就的編鐘，雖經2,000多年的掩埋，仍風采依舊，聲韻不減當年。

在青銅編鐘旁側，由耳室的前部往後，排列著兩套共18件石製編磬（石製打擊樂器和禮器）。石磬的排列順序由小到大，依次平放在地面上。考古人員透過粗略的觀察，發現石磬通體呈曲尺形，兩面光素，股邊短而寬，鼓邊長而窄，股鼓相接處上部成角狀，下邊呈弧線形，頂部各有一圓孔，以作懸掛之用。

在石磬的上下左右，考古人員並未發現可供懸掛的木架或木架的痕跡。看來石磬入葬之初就沒有打算要懸掛，而是擺放在地面上。

除此之外，考古人員還發現，這兩套石磬不但未見絲織物包裹的痕跡，且石質較差，大多呈灰白色。可能由於墓中長期浸水以及墓底酸性土的侵蝕，石磬整體上保存狀況相當差，尤其是貼於地面的那一面，腐蝕極其嚴重，甚至有的地方已成粉末狀。

在東耳室所有的青銅器物中，形體最大也最為顯眼的當是室內後半部中間位置的一套銅提筒。從形制上看，這套提筒是古代嶺南人用來盛酒的器物。提筒分3件，按大小順序相套在一起。3件提筒均保存完好，只是缺少頂蓋，出土後經考古人員分析，可能上面分別有木蓋，由於年久日深，木蓋腐爛無痕了。

相套在一起的3件銅提筒，外部的一件最為碩大，通體像人們平時

見到的圓桶，只是頭部比圓桶還要大，外有船形紋圖案，通高 50 公分，口徑 46.5 公分，筒壁口部厚 0.2 公分，底部圈足部分厚達 0.35 公分。

大提筒內部的兩個小提筒，其形狀基本上與外部的大提筒相同，只是形紋圖案更顯得別具特色。只見這組圖案有飾羽人船 4 只，形象大同小異。4 船首尾相連，船身修長呈弧形，

圖 9-3 銅提筒

兩端高翹像首尾。首尾各豎 2 根祭祀用的羽旌，船頭兩羽旌下各有一隻水鳥。中後部有一船臺，臺下置一鼎形物。中前部豎一長竿，竿上飾羽**纛**，即古代軍隊裡的大旗，下懸木鼓。每條船上有 6 人，其中 5 人戴羽冠，冠下有羽翼，細腰，下著羽毛狀短裙，跣足。其中一人高立於船臺之上，左手前伸持弓，右手持箭，似屬主持祭祀的首領形象。船臺前三人，第一人亦左手持弓，右手執箭；第二人坐鼓形座上，左手執短棒擊鼓，右手執一物；第三人左手執一裸體俘虜，右手持短劍，好像正在殺人。船尾一人掌櫓，每艘船飾以水鳥、海龜、海魚等水生動物。

從主要人物的動作來看，似乎是兩股不同的勢力在相互攻伐，得勝的一方殺俘虜以祭河（海）神。嶺南臨海，山林密布，除了生活在這裡的各種部落相互攻伐之外，海盜時常出沒叢林大海，形成了嶺南一大隱患。這個提筒以及圖案的發現，為研究嶺南冶金史和當時的社會制度提供了極其珍貴的史料。

根據考古人員研究，象崗古墓出土的這一類銅提筒，起源地應在越南，兩廣銅提筒是受到越南的影響而發展起來的。根據麥英豪考證，南越國的統治勢力已達今越南北部地區，兩廣銅提筒中的一部分可能是透過貿易輸入進來，也可能是越南某些部落首領用以盛放貢品進獻到南越王宮。

第九章　南越國興衰

墓主是誰？

從整個東耳室出土的大多數器物來看，那盛酒的容器、伴奏助興的鐘、磬，以及後來出土的琴、瑟和用於娛樂的「六博」等，都代表著這是一個盛大豪華的宴樂場所，也暗示出這個場所主人具有的高貴身分。尤其在鐘、磬旁邊那個早已腐爛成灰的殉葬人，很可能就是墓主人帶進來的一名「樂師」。當主人進入另一個世界後，依然讓這位「樂師」一同進入幽暗的墓穴，為自己的奢華享樂服務。看來這位墓主人確實氣派非凡、霸氣十足，具有唯我獨尊、視天下人如草芥的派頭。

那麼，墓主人到底是誰？難道真的是人們千百年來苦苦探尋的南越王趙佗？如果不是趙佗，誰會有這番氣派？

當考古人員在東耳室清理到最後一種器物時，蒙在墓主人臉上的那塊神祕面紗終於揭開了一角。

考古人員最後清理的是存放於東耳室後壁的一套青銅句鑃，這套句鑃共由8件組成，在嶺南地區屬首次發現。此器出土時多數大小相套，器型基本上相同。器體上大下小，一面光而無文，另一面則陰刻篆文「文帝九年樂府工造」。

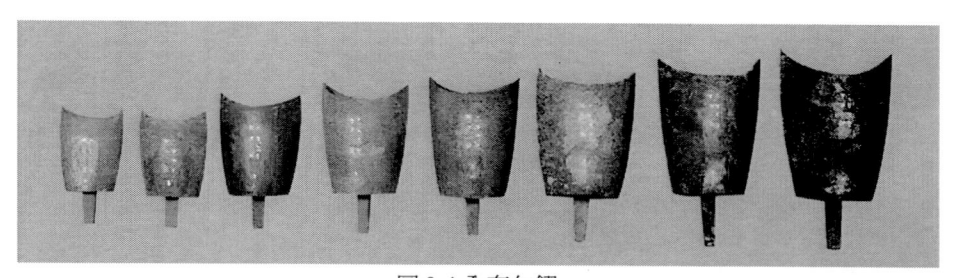

圖9-4 全套句鑃

此次發現的刻銘「文帝九年樂府工造」句鑃，當是南越國樂府所鑄。根據史料記載，只有南越國第二代王曾自稱「文帝」，這個「文帝九年」

應是西漢武帝元光六年（西元前 129 年），而這個時候南越第一代王趙佗早已死去，在位的則是第二代王趙胡。

如果史書記載的南越第三代王趙嬰齊之墓確實遭孫權大軍盜掘，那麼，此墓屬於趙胡或趙胡時代其家族主要成員的可能性極大，因為在嬰齊之後繼位的第四、第五代王，正逢刀光劍影的動盪亂世，不可能從容不迫地建造如此規模宏大的墓穴。只有趙胡或他同時代的高級貴族才有可能做出此曠世之舉。

未久，考古人員又在一件銅傘柄飾旁和一個銅匜之內，先後發現了兩枚上有「帝印」字樣的封泥。這兩枚封泥的出土，再次為考古人員提供了一個重要資訊：所謂「帝印」，當指皇帝之印。這種直書「帝印」的封泥，在此前的中國考古史上從未發現過。按常規推斷，封泥是緘封隨葬品的信物，此墓中發現「帝印」的緘封，說明墓中的主人曾僭號稱帝，而部分隨葬品，也是這位稱帝的墓主生前親自緘封的。那麼，這位僭號稱帝的人到底是趙佗還是趙胡呢？

▍進入主棺室

9 月 20 日，第二道石門被開啟，考古人員陸續進入後室。

當考古隊員李季在棺槨南端清理幾堆散亂的陶壁時，偶然發現了一塊四角鑽有小孔的薄玉片。這塊薄玉片的出現，並未引起李季格外關注，他當時簡單地認為，這只不過是一塊斷石砸散的器物碎片而已。

但當他詳細觀察後，猛然感到此發現非同小可。這個薄玉片的出現，是否意味著墓主用玉衣做為殮服？在高度的興奮與渴望中，身旁的麥英豪指示李季沿一條直線迅速地向棺槨位置清理。李季遵照指令，一邊清理其他器物，一邊按直線向前推進，當接近棺槨並將棺槨的朽灰泥土用小

第九章　南越國興衰

毛刷一點一點細細清掉後，一堆期待已久的白色帶孔小玉片出現了。

「玉衣，真的是玉衣！」未等李季說話，眾人便急切地叫喊起來。眼前的情景無疑向考古人員證實，墓主確實是身穿玉衣躺在這個冥宮之中。大家知道，既然以玉衣殮葬，墓主人尊貴的身分已不言自明，除了南越王，誰會有這樣的氣派？

於是，考古發掘隊集合了白榮金、杜玉生、冼錦祥、李季等最精幹的人力，開始清理棺槨部位。隨著清理工作的不斷深入，玉衣的輪廓漸漸突顯出來。只見玉衣緊貼棺底，幾塊大玉璧覆蓋在玉衣的胸腹間，另外還有組玉珮、金銀飾物等覆壓其上。玉衣的兩側依次排列著幾把長劍，頭下置珍珠枕。

可能由於斷石在棺槨朽腐散架後擠壓的緣故，玉衣保存狀況極為糟糕，整體已被坍壓成扁片，平均厚度只有 3 公分到 4 公分，且多數玉衣片已散亂不堪，除兩袖、褲筒、手套等部位的輪廓尚隱約可辨，面罩和雙鞋則凌亂得難以分出原有的順序和層次。儘管如此，考古人員依然情緒亢奮，喜不自禁，因為這畢竟是嶺南地區乃至整個南部地區首次發現的一件漢代玉衣殮服。1968 年，在河北滿城劉勝夫婦墓中出土了兩件金縷玉衣，曾轟動世界。而今天，象崗古墓發現的玉衣也必將令世人再度為之矚目。

圖 9-5 修復後的絲縷玉衣

進入主棺室

　　白榮金、冼錦祥等人清理玉衣的過程中，發現玉衣內仍保留有部分遺體的殘骸，絕大部分殘骸已腐朽成粉末狀的骨渣，只在玉衣的頭罩部分尚有少許殘顱骨片。這些殘片大小不一，最小的為直徑 5 公釐左右，最大的直徑也僅有 45 公釐至 50 公釐。由頭罩中揀出的殘顱片，大多數已難辨其所屬部位，少數較大的骨片經拼對黏合後尚可判斷其所屬部位。這幾塊拼接起來的殘顱骨片成為判別墓主性別、年齡的唯一依據。

　　後經中國社科院考古所鑑定專家以及北京醫院口腔科主任李善榮等採取多種方法鑑定，象崗古墓墓主屬一例男性個體，從牙齒的磨耗程度、主要顱骨縫的癒合情況以及牙槽骨出現萎縮和牙齒的結構等多方面考察，墓主的死亡年齡為 35 歲到 45 歲。

　　除了殘碎骨骸的發現，在散亂的玉衣片中還出土了一枚玉質印章。此印為方形，螭虎鈕，螭虎周圍刻有雲氣紋襯托。印文篆體，陰刻「帝印」兩字，中間由一條線分隔，外加邊框。這枚「帝印」的書體與較早前出土於西耳室上刻「帝印」的封泥不同，這表明墓主生前最少曾使用過兩枚「帝印」。

圖 9-6 「帝印」玉印。印面長寬各 2.3 公分，印臺高 0.8 公分，通高 1.8 公分

　　繼這枚「帝印」之後，考古人員又在玉衣片中間部位接連發現了兩枚刻有「泰子」的印章。此印章一枚金制，一枚玉製，都為陰刻篆文。其中金印為龜鈕，外有邊欄，中有豎界，印面右方刻「泰」，左方刻「子」。

第九章　南越國興衰

圖 9-7 「泰子」金印

　　與金印不同的是，玉印為覆斗鈕，外無邊欄，內無中界，印面右方刻「泰」字寬大，「子」字瘦窄，兩者比例失調，從字形上看，金、玉兩印書體不同，不是一人所書。

　　印文作「泰子」兩字的印章，在傳世璽印中未曾見過，考古發掘中也屬首次發現。這兩枚印章的出土，在使考古人員感到新鮮驚奇的同時，也使大家陷入了迷惑。

「文帝行璽」驚現人世

　　古時泰、太兩字互相通用，漢代冊立嗣位的皇帝之子和諸侯王之子稱太子。這個常規制度無疑在提醒現場的考古人員，墓主人顯然不是南越國第一代王趙佗，也不會是第二代王趙胡，因為司馬遷《史記》載，趙佗的父親沒有做過皇帝或諸侯王，趙佗為太子便無從說起。而第二代王趙胡乃趙佗之孫，既是王孫，生前也不會有「泰（太）子」的封號。有「泰（太）子」封號者除了趙胡以後的家族成員，另一個便是在《交州外域記》和《日南傳》中提到的曾率兵攻占交趾並大破安陽王的趙佗的太子趙始。

　　或許，這位太子未及嗣位而身亡，入葬時由後人將他的「泰（太）子」印一同送入幽暗的墓穴之中。這個設想是否成立，考古人員一時難以定論。

「文帝行璽」驚現人世

讓考古人員更感到困惑和不解的是，隨著清理工作的進展，在玉衣片的中部又發現了一枚上刻「趙眛」的玉印。這枚玉印覆斗鈕，橫穿一小孔，印文陰刻篆書，中有豎線分隔，外加邊框。

圖 9-8 「趙眛」玉印。長寬各 2.3 公分，通高 1.7 公分

從形制上斷定，這枚印應是墓主的名章。這枚名章的出現，使墓主到底是誰的問題，變得更加複雜起來。若按此前發現的「帝印」來看，墓主當是一位僭號稱帝的南越王。據《漢書》記載，南越國歷史上只有第一代南越王趙佗和第二代南越王趙胡僭號稱帝。這就說明，墓主人不是趙佗便是趙胡。

而從「泰子」印來看，墓主人應該是趙佗的兒子趙始或趙胡後輩的家族成員。再從「趙眛」的名章來看，無論是《史記》還是《漢書》都沒有趙眛此人的記載，這個趙眛是誰？是墓主本人還是陪葬的家族成員？綜觀以上 4 枚印章，竟出現了 3 個不同的推論，那麼墓主究竟是誰？

要解開這個祕密，還需要更加有力、確鑿的證據來證實。讓考古人員意想不到的是，一個至關重要的證據很快地出現了。

就在第二天傍晚快要收工時，黃展岳在玉衣中間部位稍左的一塊大玉璧上，突然發現了一個金黃色的物件。黃展岳眼睛一亮，細心剔除周圍的泥土，輕輕拂去上面的灰塵，一條造型別緻的金色小蟠龍立即呈現於四方臺上。

第九章　南越國興衰

只見一個方形的金塊之上盤踞著一條游龍，游龍的身體盤曲成 S 形，首尾及兩足分別置於金塊的四個邊角之上，龍首微昂，做欲騰躍疾走之狀。整個游龍透出一股威嚴神聖、騰達飄逸的靈性。

麥英豪面露神聖之色，用一支細桿毛筆再次拂去金印上的灰塵，極度小心謹慎地伸出兩個手指捏住沉甸甸的龍鈕提起後放入手心，然後屏息靜氣慢慢翻轉。整枚金印的正面顯露出來，赫然銘刻著四字篆書「文帝行璽」——一件絕世 2,000 餘年的鎮墓之寶橫空出世。

圖 9-9 「文帝行璽」金印

眾人情不自禁地「啊」了一聲，接著是一陣歡呼。

「文帝行璽」的出土，無疑向大家宣告，象崗古墓的墓主，極有可能就是《史記》、《漢書》記載曾僭稱南越文帝的第二代南越王——趙佗的孫子趙胡。

據史料記載，秦代以前，印章是用金、玉、銀、銅製成，稱「方寸璽」，人人皆可佩帶。秦後，只有皇帝印章獨稱璽，並專以玉製成。玉製印章造型的不同，展現了擁有者不同的身分和社會地位。

秦始皇統一六國後，令良工用藍田山美玉製成了一枚玉璽，璽鈕雕刻猶如龍魚鳳鳥之狀。丞相李斯以大篆書寫「受命於天，既壽永昌」八字，刻於璽上。秦皇和滿朝文武對這枚玉璽非常看重，稱為「傳國璽」。此璽在歷代不同人物手中流傳了一千多年，直到元代末期，被敗退

的蒙古人攜至漠北,下落不明。

象崗古墓出土的「文帝行璽」為陰刻小篆,書體工整剛健有力,字劃的文道很深,如一條直溝,溝壁垂直光滑,表明印文是鑄後加工刻鑿的。而溝底像鱗片一樣,滿布一條條等距的小橫劃,由此可推斷,這是用利器刻鑿之後留下的痕跡。經測量,金印長 3.1 公分、寬 3 公分、高 0.6 公分,通鈕高 1.8 公分,重 148.5 克。經電子探針測定,此印的含金量為 98%。

按文獻記載,漢印邊長應該是漢尺的一寸,即現在的 2.2 公分。皇帝的印是否還要更大些以示區別?由於沒有發現漢代皇帝印,無從比較,但和此前在咸陽發現的皇后之璽 2.8 公分的寬度相比,還是比較接近的。

這枚金印出土時,印面溝槽內及印臺的四壁都有碰撞的疤痕與劃傷,有些地方磨得特別光滑,而這些地方正是抓印的手指經常接觸的部位,由此可推斷,這枚印是墓主生前的實用之物。

但有一點令人感到奇怪,按史料記載,漢代皇帝活著的時候,並沒有自稱為「某帝」者。那些所謂的「高帝」、「文帝」、「武帝」等稱呼,都是在他們死後,由後代根據其生前功績加擬的封號,叫做「諡」。如漢朝的「景帝」,是他兒子劉徹(漢武帝)繼位時追諡的。由此可知,漢代皇帝生前的印不會有「高祖之璽」、「武帝之璽」之類的印文。

另外,皇帝所用之印也不是他死了便可帶走的,有的帝王死後雖然也可能帶印陪葬,但大多是臨時刻出來的,不是生前治理國家時用的那一枚。因此,「皇帝信璽」才得以從漢高祖一直用到漢哀帝。

很顯然,象崗古墓這枚金印的印文並不符合漢朝的制度。漢代帝印是用「皇帝」、「天子」之類的通用字眼,象崗古墓的墓主為什麼卻用「文

帝」呢？「文帝」是一個特定的稱呼，只能指某一朝的其中一個皇帝，總不會是父親叫文帝，兒子、孫子還自稱文帝。

或許這正是南越國與中原不同之處。從文獻記載來看，南越國的帝王，在生前就已經為自己上封號了。如開國的第一代王趙佗，自稱是「武帝」。從象崗墓主人的印章可以看出，他自稱「文帝」。

歷史文獻載，南越國到了第三代王就不敢再稱帝了。他把以前的武帝璽、文帝璽都藏起不用。其實即使他稱帝，像「文帝行璽」這枚印，也是不能用的。至於南越國是否有「傳國璽」，後人尚不清楚，但像「文帝行璽」這樣的金印無疑是屬於一個帝王的印章。

南越王墓的形制

發掘工作完成之後，關於整個南越王墓的構築格局也隨之明朗。從整體上來看，這座古墓先在象崗小石山的山頂向縱深劈開20公尺，鑿出一個平面如「凸」字形的豎穴，前端兩側再加掏洞以建造耳室。全墓用紅砂岩石砌築，分前後兩部分，共7個墓室。前部為前室和東、西耳室；後部正中是主棺室和後藏室，兩側為東、西側室。前室頂部及四壁均有彩繪雲紋圖案，裝飾富麗，象徵墓主生前宴樂的廳堂，室中置帷帳、車具。東耳室是禮、樂、宴飲用器藏所，置編鐘、編磬及大型酒器。西耳室置青銅禮器，各種銅、陶生活用具、兵器、甲冑、鐵工具、車馬帷帳、金銀珠寶、象牙、漆木器及絲織品、五色藥石與硯石丸墨等等，數量達四、五百件，是全墓儲藏器物最多、最豐富的一個庫藏。墓主棺槨置於後部主室正中，墓主身著絲縷玉衣。後藏室儲放著膳食用具和珍饈。東側室為姬妾藏所，西側室為庖丁廚役之室。全墓的構築格局以及隨葬品陳設都是仿照生前「前朝（堂）後寢（室）」布局而設計。

南越王墓的形制

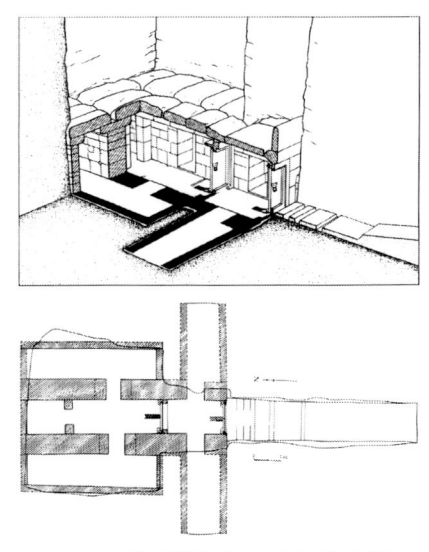

圖 9-10 南越王墓內部結構立體示意圖

　　據《史記·南越列傳》載，南越第一代國主趙佗自尊號為「南越武帝」「乘黃屋左纛（ㄉㄠˋ），稱制，與中國侔（ㄇㄡˊ）」。南越王墓是否可視作「按天子葬制」而營建的帝陵？只要針對漢代天子諸侯葬制與南越王墓的形製作一個簡要的比較，便見分曉。

　　結合歷史典籍和考古發掘，王陵的地面建制內容包括高大的墳丘、圍繞墳丘的墳垣以及祠廟等形制。漢代墳丘的高度與墓主的身分密切相關。文獻記載，武帝墳高二十丈（約今日 48 公尺。象崗漢墓為南越國二主趙胡（眛）的陵墓，下葬於武帝時，當西漢中期。從建築格局來看，受中原王陵形制的影響，修建在象崗山體之中，而象崗在西漢時期，處於南越國都城──番禺城的西北角，屬於都城的近郊。趙胡（眛）選擇此地建墓，符合王陵建於國都附近的時代風潮。

　　趙胡（眛）墓的墓室建築實際坑位面積只有 100 多平方公尺，僅相當於中山靖王劉勝墓（502 平方公尺）的五分之一，連長沙國王后曹☐的墓

177

第九章 南越國興衰

（128平方公尺）也比它大。這無論從墓主身為外藩封國之王，還是僭稱「文帝」的身分而言，似乎都很不相稱。這個差異應和南越國當時的社會歷史和經濟發展程度緊密相關。在漢初，嶺南地區比中原落後，生產方式「廣種薄收」，生活水準較低。漢興幾十年，經過秦代留戍嶺南的五十萬大軍和南越人民的辛勤勞動，到武帝時，嶺南地區的社會經濟才開始飛速發展。中華人民共和國成立之後，廣州近郊發現的南越國時期墓群也反映了這段史實。南越國前期，墓的規模一般較小，隨葬器物也少，很少發現大墓。那些規模較大、隨葬器物豐富的大墓，幾乎都出於南越國的後期——漢文帝、景帝以後到武帝元鼎六年南越滅亡這一段時期。

象崗趙胡（眜）墓與中原王侯墓相比雖顯得較小，但在當時的南越境內絕不算小，相反地，是一項巨大的工程。整座墓修築在石英岩的地基上，地基離山頂超過20公尺。也就是說，在動工建墓以前，要先從山頂向下挖一個20公尺深、面積略大於墓室底面的大坑。從已發掘出的墓室底部面積100多平方公尺來看，假設當時挖的大坑坑壁垂直，這個大坑的體積也有2,000立方公尺。實際上，在施工時，垂直下挖一個20公尺深的大坑是很困難的，尤其象崗的石英岩，有些地方已經風化，如果垂直挖20公尺，肯定會出現塌方。因此，挖坑過程中必須採用不斷擴展坑壁，階梯式擴方的方法，墓坑的實際工程量肯定大於2,000立方公尺。可以想像，在2,100年前，鋼鐵工具還很不普遍的嶺南地區，要在石山裡鑿出一個這樣的大坑，是何等艱鉅！我們的祖先在剛剛學會建造房屋的時候，是用小棍組成房架，用獸皮做擋風的牆壁。到了青銅時代，北方的房子，主要是用夯土的方法來建牆，以木為柱；而南方的房子則結構較小，用石頭做為材料。

經考古人員計算，南越王墓的墓室，一共用了750多塊石頭，所用

南越王墓的形制

的全部石料,包括砌牆石、挑簷石、柱石、頂蓋石板等,都經過了不同程度的鑿打。墓中的砌牆石,石頭表面打磨得相當平整。不僅較小的砌牆石如此,蓋在前室頂部的那塊全墓最大的石板,面積有5.5平方公尺,石板的兩面也都鑿得異常平滑。根據現代手工打鑿石料的經驗,每開一立方公尺石料要兩、三天,而加工一塊1.3公尺×0.3公尺×0.15公尺的石料至六面平整,一個工人也要工作兩天左右。參考現代打石工人的工作時數,僅採石和鑿石加工兩項,南越王墓至少需要100個工人工作100天。運輸石料的工作更是艱鉅。根據地質科學工作者朱照宇先生的研究,南越王墓所用的砂岩來自番禺蓮花山,那裡有一座古老的採石場。採集到的石料,據推測是沿珠江運到廣州再到象崗,如此一來,運送這批石料,大約需要100個工人、花兩個月以上的時間。合起來估算,僅石料的開採、加工、運輸就需要100個工人、工作半年左右。當時不僅沒有起重機械,沒有汽車,連錘、鑿也不如現代的工具那麼堅硬。用人力打磨這些碩大的石板,再用人力運送到墓室所在的工地,可以想像其困難的程度。

從整體來看,象崗南越王墓石牆的砌造,品質優良,每一面牆都砌得平直有序。在各個墓室連線的轉角處,還特別用長、寬1公尺多的大石砌成「石柱」,以支撐沉重的頂蓋石板,同時加強轉角位置的穩定性,從而保證了墓室結構的穩定。

需要特別提及的是,在這座王陵的建築材料中,最沉重的,就是蓋在墓頂上的石板。這些大石板平均都有2公尺多長,1公尺多寬,二、三十公分厚,重1,500多公斤。最大的一塊是鋪在前室頂上、一面繪有花紋的那塊頂板,面積達5.5平方公尺,重2,000多公斤。這麼沉重而龐大的石板在沒有起重設備的古代,是如何吊起來放到墓頂上去的呢?這

179

第九章　南越國興衰

成為研究者一個難解之謎。尤其困難的是前部東、西兩側那兩個像隧道一樣的耳室。這兩個耳室是向山腹掏挖修建而成，長6公尺多，寬僅1.8公尺，頂部就是石山，鋪頂的大石板重1,500公斤以上，要把它抬起兩公尺多高、架到活動空間極小的頂部，又是多麼的不易！

儘管象崗古墓在建造等方面的謎團一時難以揭開，但有一點是清楚的，那便是在嶺南地區已發現的漢墓之中，這是營造工程最艱鉅、規模最大、出土遺物最豐富的一座漢墓。就整個中國而言，也是目前已知的年代最早的一座有彩繪裝飾的石室墓。事實再一次告訴人們，象崗古墓的形制、規模與趙胡稱帝的身分依舊相符。

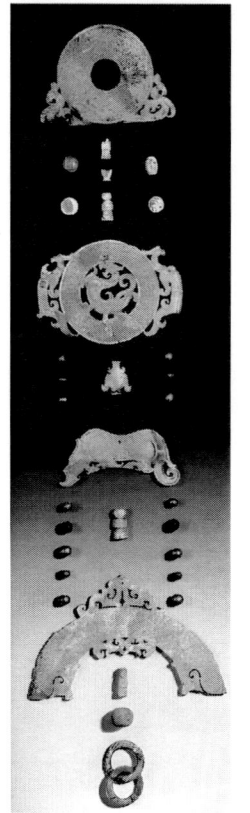

鑒於以上諸問題已基本釐清，1993年11月10日，新華通訊社發布如下消息：

我國考古發掘又重大收穫　廣州發現西漢南越王墓

新華社11月10日電：廣州市越秀公園西邊的象崗發現一座西漢南越王墓，墓中出土遺物是嶺南漢墓中出土數量最多，收穫最大的一座。其科學價值，可與滿城陵山漢中山靖王墓和長沙馬王堆漢軑侯墓相比擬，在全國漢墓考古工作中占有重要地位。

圖9-11 墓主組玉珮。
全組由32件不同質地的飾件組成，以玉飾為主，
計有雙鳳渦紋玉璧、龍鳳渦紋玉璧、
犀形玉璜、雙龍蒲紋玉璜各式各1件，
玉人4件，壺形玉飾、獸頭形玉飾各式各1件，
玉珠5粒，玉套環1件，
玻璃珠4粒，煤精珠2粒，金珠10顆

圖 9-12 墓內出土的角形玉杯，通高 18.4 公分。
據發掘者麥英豪研究，角形玉杯的雕琢工藝已達巔峰，
是漢代玉器中的稀世珍寶

圖 9-13 清理後的透雕龍鳳紋重環玉珮，
直徑 10.6 公分

隨著新華社消息的發布，全世界接收到來自嶺南地區古老文化的同時，也勾起了人們對早已逝去 2,000 年的南越國興亡的回顧與追思。

趙佗死後的南越國

南越國經歷了 69 年風風雨雨之後，號稱「南天一柱」的趙佗歸天，正如丞相呂嘉所言：聖王一去，從此南越國將不復存在矣！

當南越王趙佗討伐長沙成王時，趙佗威名大振，閩越王一時也役屬於南越王。但到了漢武帝建元四年，即南越王趙佗仙逝的西元前 137 年，閩越國趁趙佗亡故、新君剛立、國內人心未定之機，出於自己狹隘的私利，竟悍然發兵侵略越、閩相倚邊界的蒲葵關，並向南越國境內逼進。

第九章　南越國興衰

顯然，閩越此舉是一場毫無理由、乘人之危的侵略性戰爭。戰爭發起突然，南越人無法預料。

就地理位置而言，閩越王國位於南越國的東方，以閩江流域為中心。在秦漢之際，閩越人的活動範圍為東及今臺灣、澎湖、琉球等海島，西則直達贛東北等地，但以今福建省境內為最多。

秦統一天下之前，就存在著閩越王國，由首領無諸統治。後來，秦平閩越，以其地置閩中郡，將無諸廢為君長。相傳是「越王勾踐之後」的無諸對此不滿，盼望有一天能恢復王位。秦末，天下大亂，無諸趁機率領閩越人投奔鄱君吳芮而「佐漢」，及至劉邦稱帝，建立西漢王朝，無諸也因佐漢有功，得以在西元前202年復立為閩越王，恢復了在閩越地區的統治地位。西元前196年，趙佗也受漢朝冊封，建立了南越王國對漢的臣屬關係。所以，兩國在名義上是平等的，這種平等關係是兩國關係史上的初期階段。

高后五年（西元前183年）春天，呂后下詔禁止與南越交往，趙佗遂抗漢稱帝並發兵攻長沙國，克數縣而去，又阻擊南下的漢軍，終使漢軍未能逾嶺。趙佗對抗中央的行動獲得勝利，提高了南越國的威望，趙佗也就在以兵威邊的同時，趁機遣使對閩越、夜郎等國施以「財物」，閩越國不得不接受，因而對南越國產生了一種役屬的關係。從這個時候開始，兩國的平等關係結束，閩越國開始向南越俯首稱臣的歷史。也就是說，閩越國開始了對漢王朝、南越國的雙重依附關係。文、景兩帝時，這種關係仍保持不變。

意想不到的是，這次閩越國竟趁人之危，突然向南越發動侵略，這代表著閩越對南越役屬關係的結束，也象徵著一個新的政治格局。

面對閩越國突然發動襲擊，新繼位的趙胡身穿孝服臨朝，與臣僚們

緊急磋商禦敵方案。趙佗臨終時曾把趙胡託付給丞相呂嘉，用趙佗的話說，凡遇大事不決時，就問丞相。此時的趙胡看了看仍處在悲痛中的呂嘉，問道：「丞相，閩越王率軍攻打蒲葵關，並劫掠邊境村寨，守將告急，怎麼辦？」

頗有文韜武略的呂嘉果斷說道：「自古兵來將擋，水來土掩！閩越王趁人之危，攻打蒲葵關，吾王不須多慮，發兵擊之！」

趙胡又問眾文武大臣道：「列位愛卿，閩越王率兵來犯，本王當以何策御之？莫非也與丞相相同？」

文武百官齊道：「正是，請吾王發兵擊之！」

趙胡聽了丞相和輔佐大臣之言，猶豫了一陣子，然後說道：「列位愛卿，以本王看，恰恰相反，本王決定不發一兵一卒。我南越今為漢臣，武帝陛下臨朝不足五年，閩越與南越均為漢臣，今閩越發兵於邊侵我南越，我南越當上書奏明朝廷，由朝廷派兵擊之。這樣，朝廷既不會怪罪我南越，又可以將閩越兵擊退，我只需一書一帛，便可禦敵，何須與之兵戈相見……」

丞相呂嘉聽了大驚，遂怒目圓睜強諫道：「啟稟大王，此事萬萬不可如此！先武帝奠基南越，如今帶甲之眾百萬有餘，只需三萬人馬，便可將入侵南越之敵擊退，何必上書於漢廷。再說，從上書到漢兵至，需要多少時間？兵貴神速，如我不發兵擊之，則閩越當視我懼怕其勢，必然得寸進尺，步步緊逼，邊關之害可就大矣。再者先武帝在世時，一再叮嚀吾等群臣，南越之事當由南越自己決斷，若自強可以立國，若倚他人者必貽害於國！大王若不聽吾等逆耳之言，南越將岌岌可危矣！」

趙胡聽了，正色質問道：「我們如果與閩越兵戈相見，則朝廷勢必乘機發兵，取漁人之利。以本王看，閩越人攻打蒲葵關，只是為了搶奪些

第九章　南越國興衰

財物而已,與中國本體並無大礙。不如一書一帛,漢兵至,則閩越人必退!」

儘管眾臣僚對趙胡的主張極不贊成,但最後還是無可奈何地看著這位新主向漢王朝發出了求援書。書中稱:「兩越俱為藩臣,毋得擅興兵相攻擊,今閩越興兵侵臣,臣不敢興兵,唯天子詔之。」以趙胡的想法,如此上書,不僅向漢武帝表明了南越國忠於臣屬之職,不興兵互相攻擊,同時又可使漢朝廷出面干涉。這樣,就巧妙地把難題推給了漢廷。

漢武帝接到南越國使臣送來的求援書後,對趙胡的舉動表示讚賞,認為南越國重信義,守職約。於是,漢武帝「為興師」,遣兩將軍即大行王恢率軍出豫章、大農韓安國率軍出會稽,南北夾攻往討閩越。

漢王朝直接發兵干預,大出閩越國統治者的預料,面對大敵當前的緊迫形勢,閩越國統治集團發生了分裂。閩越王郢之弟餘善殺郢而降,「使使奉王頭馳報天子」,漢軍於是停止進攻,上報漢廷,武帝乃改立無諸之孫「丑為越繇王,奉閩越先祭祀」。但在閩越國統治集團的內訌中,餘善以殺其兄而「威行於國,國民多屬」,擁有了相當的支持力量,因而「竊自立為王」。面對閩越國出現的這種情況,漢王朝採取了分而治之的策略,下令立餘善為閩越王,從此閩越國一分為二,越繇王、閩越王並存。

在這場戰爭中,閩越出於掠奪財物的企圖而發起侵襲,顯然不是正義之舉。而南越國既未損己之兵,又使敵軍退卻,看起來是一舉兩得的好事,但就在這件好事的背後,卻暗藏著極大的隱患,這個隱患所導致的嚴重後果是趙胡始料未及的。

就在漢武帝派大將王恢出兵輕取閩越時,曾以兵威為後盾的番陽令唐蒙,奉詔來到南越國都城番禺,要南越王趙胡親自入朝向皇帝謝恩。

趙胡接到詔諭後,不知漢武帝到底是何意圖,對這個詔諭採取不冷不熱的處置態度,沒有立即奉詔前行。漢武帝見南越王趙胡無動於衷,接著,再次傳詔,令嚴助赴南越說服趙胡前往長安。

嚴助,本名莊助,會稽人,「郡舉賢良,對策百餘人,武帝善助對,繇是獨擢助為中大夫」。嚴助在漢廷是屈指可數的善辯之士,曾「與大臣辯論,中外相應以義理之文,大臣數詘」,所以漢武帝對他另眼看待,並委派他出使南越。嚴助到達番禺後,告訴趙胡,漢天子已將閩越之事擺平。趙胡聽後頓首,認為「天子乃為臣興兵討閩越,死無以報德」,表達了對漢的感激之情。當嚴助接著傳諭,要趙胡入漢朝親自向皇帝謝恩時,趙胡這才意識到問題的嚴重,不免大驚失色。原本南越號稱有百萬帶甲之眾,擊敗昔日役屬的閩越易如反掌,但趙胡自作聰明地要請漢廷出兵。豈不知,古往今來,凡立國者,皆以己強而服眾,只有自己強盛起來,別人才會俯首帖耳,唯命是聽。而一旦身為弱小,即使禮儀再周全、再誠實、再厚道,在強者眼裡,也只是形同糞土。趙胡太過看重漢廷的實力和與其的約定,而忽略自己百萬帶甲之眾和據嶺自守的天然屏障,只想做個唯命是從、百依百順的順臣,這恰恰是漢武帝所期待的。

面對詔令,趙胡懾於漢朝廷的威勢,不敢拒絕,也不敢隨同嚴助入長安觀見天子。情急之中,他只好和幾個近臣商量,隨後稱自己本願隨嚴助一同入朝觀見天子,以示謝恩,無奈自己繼位時間不長,身體多病,不能去往長安,一旦病情有所好轉,即刻赴長安觀見天子。為了表達自己的誠意,他特命太子趙嬰齊跟嚴助一同赴長安為皇帝「宿衛」。

嚴助見趙胡如此說,不便強求,只好帶著太子趙嬰齊返回長安。

嚴助走後,趙胡與朝臣反覆商量是否親自去長安觀見天子之事。以丞相呂嘉為首的臣僚不同意趙胡親赴長安,並勸諫說:「漢興兵誅郢,

第九章　南越國興衰

亦行以驚動南粵。且先王昔言,事天子期無失禮,要之不可以說好語入見。入見則不得復歸,亡國之勢也。」

臣僚們的勸諫,勾起了趙胡對亡祖父趙佗當年所留遺訓的回憶,想起了漢、越幾十年來相互存有戒心和敵視的歷史。從此之後,他對漢廷一直稱自己有病在身,不肯去長安觀見皇帝。

漢武帝見趙胡遲遲不肯入朝觀見自己,便以牙還牙,以各種藉口,將太子嬰齊質於長安,不肯放回。趙佗當年的遺訓應驗了。

後來,丞相呂嘉用計,設法使太子嬰齊返回南越。但趙胡自太子入朝後,萎靡不振,元氣大傷,不再見輔佐大臣。呂嘉等群臣以國家基業為重,數次入王宮進諫,總算使趙胡有了些起色,但已無力挽回南越國江河日下的頹局了。

在這種危機四伏的格局中,趙胡勉強支撐了十餘年便憂鬱而死,死後諡為文王。

多年後,有學者認為趙胡已答應了嚴助要親自入長安朝見,卻又「背入朝之約」、「一再售漢以疑」,造成了漢對南越「益疑」,則「禍速」也。認為只要入朝見天子,「一修朝覲,禮成而還,恭恪之節愈昭,君臣之義愈密」,則南越國的江山愈固矣。對這種看法,現代史學家張榮芳、黃淼章提出了不同的見解和看法。

張、黃認為:經過漢初 70 餘年的休養生息,漢王朝的國力已達到了最高峰。在這種氣候下,具有雄才大略的漢武帝要加強中央集權,勢必要解決封國問題,打擊割據勢力。如武帝元朔二年(西元前 127 年)採納主父偃的建議,下達「推恩令」等。依據當時形勢,武帝對南越國是有征服的想法的。無論南越國如何討好漢廷,只要漢朝國力強盛,是不會允許這個極具威脅的王國存在的。

危機四伏南越國

　　早在漢武帝派唐蒙出使南越時，因食蜀產枸醬，無意中發現了從西蜀至夜郎，再從牂柯江（一說即今北盤江，一說即今都江）浮舟而下，可至番禺城的通道。唐蒙發現這條通道後，曾上書漢武帝說：「南粵王黃屋左纛，地東西萬餘里，名為外臣實一州主。今以長沙、豫章往，水道多絕，難行，竊聞夜郎所有精兵，可得十萬，浮船牂柯，出不意，此制粵一奇也。誠以漢之強，巴蜀之饒，通夜郎道，為置吏，甚易。」唐蒙建議漢武帝利用這條水道，出奇兵以制越，漢武帝聽了大喜，拜唐蒙為中郎將，帶一千兵和許多漢帛絲綢財物等，赴夜郎國先行招撫。唐蒙帶了大量錦緞，率一千人做護衛，出都南下，沿途經過許多險阻，才進入夜郎國。夜郎國王名叫多同，因為地處閉塞，素與外界不通，多同還以為夜郎是世上最大之國，見到漢使唐蒙，不禁問道：「漢朝與我誰大？」唐蒙欲笑不得，只得如實陳述。後世相傳「夜郎自大」的故事便源於此。唐蒙一邊講述漢朝如何強盛、如何富饒，又把錦緞置於帳前，五光十色，錦繡成章，夜郎王見所未見，聞所未聞，不由得瞠目結舌，表示願臣屬於漢，當下與唐蒙訂立約章。

　　夜郎國在趙佗執政時期曾接受趙佗贈給財物，與南越關係密切，有役屬關係。唐蒙對夜郎王厚送財物，曉諭威德，恩威並施，終於說服夜郎歸漢，其附近的小部落也相約歸附漢朝。漢武帝不失時機地在夜郎設犍為郡，為平定南越伏下了奇兵。

　　元狩年間（西元前122年至西元前117年），漢武帝以南越將叛，欲與越軍用船進行水戰為由，在長安西南開鑿昆明池，周圍四十里，建造樓船，訓練水軍，準備與越軍進行水戰。

第九章　南越國興衰

　　除此之外，漢武帝連連頒詔，拓邊關，廣絕域，西至沫若水（沫河和若河，即今大渡河），南至牂柯江，鑿靈山道（今廣西南部），架橋孫水（一說在今貴州甕安西北），直達邛都（西南州郡）。漢廷在這一帶設立了一都尉、十縣令，歸蜀管轄。

　　就在漢武帝集中力量準備平定南越時，南越國本身也發生了變化。趙嬰齊在長安時，曾娶邯鄲樛（ㄐㄧㄡ）氏為姬妾，生子趙興，而他在南越時，已娶越女為妻，生子趙建德。嬰齊接南越王位後，受樛氏姬妾的迷惑，竟然向漢廷請求立樛氏為王后，趙興為太子。出於利益的考慮，漢武帝批准了他的請求。趙嬰齊這種捨長立幼的做法，打破了封建常規制度，為南越國的滅亡種下了禍根。當時，南越丞相呂嘉等人曾在立嗣的問題上勸諫過趙嬰齊，「盍於嬰齊擇立太子之日，積極誠諫，以去就爭，使改立建德，嘉為國重臣，爭之不已。」遺憾的是，此時的嬰齊已聽不進這些臣僚的勸諫了，他這個荒唐的做法，成為導致南越國覆亡的導火線。

　　嬰齊繼位不久即病死，漢朝追封他為「明王」，太子趙興繼王位，母親樛氏被封為王太后。這位太后長在長安，在未嫁嬰齊之時，與一名叫安國少季的官吏曾有曖昧關係，此事整個長安上層人物幾乎人人知曉。元鼎四年（西元前113年），漢武帝特別派安國少季為使者，帶著辯士諫大夫終軍和勇士魏臣等人到番禺，還派衛尉路博德屯兵桂陽以接應使者，向南越施加壓力，勸諭南越王趙興和樛太后到長安朝見天子。

　　此時，南越王趙興繼位不久，年紀尚輕，太后又是漢女入越，人生地疏，朝中的實權掌握在丞相呂嘉手中，形勢對趙興母子十分不妙。更為不妙的是，自安國少季到達南越國後，這位樛太后徐娘半老卻風情不減，竟與舊日情人安國少季再次私通，使宮內、宮外烏煙瘴氣，出現了

「國人頗知之，多不附太后」的局面。樛太后深知自己不得南越國民心，恐國中發生動亂，於是心生邪念，力勸趙興和南越國臣僚向漢武帝請求內屬：「比內諸侯，三歲一朝，除邊關」，主動放棄南越立國以來一直保持的相對獨立的地位。太后的做法，無非是想借漢朝的力量來削弱呂嘉的大權，使勢弱力孤的她和趙興重掌實權，保住趙氏王室。

漢武帝接到南越王趙興請求內屬的上書，非常高興，立即按漢朝之例，頒發銀印給越相呂嘉，並賜給內史、中尉、太傅等南越高級官吏印章，其餘的官吏由南越國自行備印。此舉意味著南越王國高級官員由中央朝廷直接對其任命。漢武帝明令廢除南越野蠻的黥剄刑罰等，推行漢朝法律，改其舊俗，同內諸侯。同時還命令使者全部留鎮番禺，力求南越局勢平穩。這道詔令預示著南越國將由一個獨立自主的王國，變成漢廷真正的內屬國了。樛太后和趙興接旨後，喜不自禁，立即整理行裝，準備入朝覲見天子謝恩。

趙興母子的這一舉動，引起了國內眾臣的震怒，作為三朝丞相的呂嘉更是憤恨不已。於是，趙興母子與以丞相呂嘉為首的政治集團之間的對立更加嚴重了。

呂嘉，從歷史留下的點滴記載來看，為越人。清代梁廷枏的《南越五主傳》中引用了已失傳的《粵記》一書，說呂嘉「本越人之雄，佗因越人所服而相之，而南越以治」。呂嘉頗有政治才能，又很得越人信服，趙氏王室需要他來和集百越。趙氏王室的重用使呂嘉感激涕零，他死心塌地為南越王國著想，備受趙氏王室的賞識。

南越國作為一個獨立的割據王國，對漢稱臣實際上是效仿周代諸侯對於周天子的稱臣，也可以說是一種應付強敵的權宜之計。而在政治、軍事、經濟等各個方面，南越國是完全自主的，南越丞相的設定，則不

第九章　南越國興衰

同於同期漢朝各諸侯國的丞相由中央王朝委派,「不得與國政,輔王而已」。南越國的丞相是由南越王直接任命,其實際職能應該與西漢中央王朝的丞相一樣,能直接參與處理軍國大事,掌有重權。自從呂嘉坐上南越國丞相位置之後,除趙佗時代不算,從南越的文王趙胡、明王嬰齊,直至四主趙興,在長達20多年的時間內,南越的丞相未曾易人,由此可見南越的相權在呂嘉手中已達到了登峰造極的地步。到南越王趙興時,呂嘉已經「年長矣,相三王,宗族官仕為長吏者七十餘人,男盡尚王女,女盡嫁王子兄弟宗室,及蒼梧秦王有連。其居國中甚重,越人信之,多為耳目者,得眾心愈於王」。呂嘉不但在朝內擅權,在外又與擁有重權的南越藩王相勾結,內外呼應,更加強了他在南越國的特殊地位。從史料來看,呂氏家族中除了呂嘉任丞相外,還有呂嘉的弟弟為南越的「將」,即掌握著兵權。呂氏家族70多人都在朝為官,呂嘉本人及其家族不但培養了一批親信與部屬,還博得了越族貴族的支持和南越國百姓的信任。在以越人為主的南越國,呂嘉征服了越人的心,實際上也就掌握了南越國的權力。事實上,南越國自趙胡開始,便未再出現像趙佗那樣的「一代雄主」,不但如此,還一代不如一代,只懂得吃喝玩樂、作威作福,面對這位三朝重臣,除了盡力拉攏他尋求支持之外,似乎別無他法。

出於此背景,呂嘉因而長期為相並造成了擅權專政的局面,這種局面對南越國特別是趙興母子顯然是不利的。

且說正在整治行裝、準備趕赴長安的樛太后,透過耳目獲悉,以呂嘉為首的一批朝臣反對內屬的呼聲越來越高,卻又不肯當面諫阻,只將滿腔怒火壓在心中,以待時機爆發。呂嘉也採取了暗中對抗的手段,稱年老體衰、疾病在身而不上朝,也不與暫未離開南越的漢使者見面。種

種跡象皆表明，欲除內屬之患，必須首先除掉丞相呂嘉。於是，在樛太后心中，一個惡毒的念頭湧現。她向趙興說：「今丞相稱病不朝，吾看他反內屬之心不死，或許他要發動叛亂，不若早下決心除之。」

趙興嘆道：「母后，不可！丞相忠心輔佐，南越不可無丞相之助，待吾慢慢說服他，只要他回心轉意，滿朝文武會聽從的。」

樛太后見趙興仍戀戀不捨丞相呂嘉，遂私下與漢使者串通，以求徹底解決丞相呂嘉等反對內屬漢廷之事。漢使者早就對呂嘉的態度和做法極為不滿，於是，經過一番密謀後，終於想出置丞相呂嘉及一切反對南越國內屬的群臣於死地的計畫：由樛太后在宮中設宴，宴請漢使者及眾大臣赴宴，藉此機會，殺死呂嘉。

一切按計畫進行。在宴席上，漢使朝東坐西，南越王趙興和樛太后南北對坐，呂嘉與眾大臣則面西而坐。宴會開始後，樛太后借酒對呂嘉說：「南越國內屬是利國的事情，丞相總是不贊成，不知是何居心？」她想用這番話來激怒呂嘉，也激怒漢使，並借漢使之手殺掉呂嘉。由於呂嘉之弟是將軍，帶領士兵守在宮外，前來參加宴會的漢使安國少季等一時猶豫不決，未敢動手。呂嘉見情勢不妙，立即起身離席出宮。太后按捺不住心中的怒氣，竟親自抄起長矛欲投擲呂嘉。南越王趙興發現後，立即向前阻攔，使長矛未能投出。一場太后精心策畫的南越宮廷「鴻門宴」就這樣流產了。

呂嘉在其弟保護下安全回到家中，後一直託病不朝，私下卻與其弟密謀發動政變。呂嘉知道趙興不想把事情鬧大，所以好幾個月沒有採取行動。樛太后一直想著早日剷除呂嘉，卻總未找到合適的人選和機會。

此時的南越宮廷已是殺氣騰騰，危機四伏，整個國家走到了生死存亡的緊急關頭。漢武帝獲知後，一面怪罪安國少季等漢使怯弱無決斷，

第九章　南越國興衰

同時認為，南越王趙興和太后已經歸漢，只有丞相呂嘉犯上作亂，不必興師動眾，決定派莊參率 2,000 人出使南越，即可解決呂嘉的問題。但莊參認為：若漢朝以友好姿態前往，僅幾人就夠了，如果是準備去動武，區區 2,000 人無濟於事。漢武帝聽了極為氣憤，盛怒之下罷免了莊參。此時，一個名叫韓千秋的郟縣壯士，曾任濟北相，覺得這是一個投機和顯示自己能力的難得機會，便自告奮勇說：「一個小小南越有什麼了不起，又有趙王做內應，只是呂嘉一人為害，給我勇士 300 人，一定斬呂嘉的頭顱回報。」漢武帝聽後龍心大悅，即派韓千秋和樛太后的弟弟樛樂於元鼎五年（西元前 112 年）四月率領 2,000 人前往南越，討伐呂嘉。自此，拉開了平定南越的序幕。

歷史的終結

韓千秋、樛樂帶兵南下的消息傳到南越國後，呂嘉索性一不做二不休，決定孤注一擲，公開發動叛亂。在叛亂前，他首先創造輿論，說南越王趙興太年輕，樛太后是中原人，與漢人有姦情，不顧趙氏社稷，只求漢皇帝的恩寵。又說樛太后以入朝為名，要把先王遺下的珠寶都獻給漢帝以討好諂媚，還說樛太后到長安後就會把眾多的南越隨員賣為奴僕，使他們有家不能歸。這些虛實結合的煽動，加重了群臣以及越人對樛太后和趙興等人的反感，倒戈叛亂之聲占據上風，呂嘉見時機成熟，便迅速指揮弟弟帶兵殺入王宮，殺死了南越王趙興、樛太后及使者安國少季等。隨後，呂嘉派專人通告蒼梧秦王趙光及南越王屬下郡縣，「為萬世慮計之意」，並立嬰齊越妻所生的長子術陽侯趙建德為南越王。

就在呂嘉發動叛亂，在南越國宮裡宮外大肆屠殺之時，韓千秋、樛樂已率 2,000 漢軍逾嶺進入南越，並攻下了幾個邊境小邑。呂嘉得知，

心生一計，他命令南越軍隊佯裝不抵抗，並開道給食誘敵進入。韓千秋等不知是計，因此輕敵冒進。當他們進至離番禺還有40里的地方，呂嘉突發奇兵反擊，韓千秋、樛樂兵敗被殺，2,000名漢卒全軍覆沒。

呂嘉見南越王趙興、樛太后及南征漢軍相繼被殺，有些得意忘形，他將漢使者的憑信——使節包好，連同一封「好為謾辭謝罪」信函，置於漢越交界的邊塞上，又發兵據守南越各個關塞，準備與南下漢軍決一死戰。

呂嘉的行動，使漢武帝極為震怒，同時也見到了南越國的實力。他一面撫卹死難者的親屬，一面下達征伐南越國的詔書。汲取上次人單勢寡的教訓，漢武帝下令調遣部分粵人及江淮以南樓船將士十萬人，於元鼎五年秋天，兵分五路，進攻南越。這五路大軍的進攻路線分別是：

一路以衛尉路博德為伏波將軍，從長沙國境內出桂陽下匯水，從湖南經萌渚嶺而入連州一線，再沿江到石門；二路以主爵都尉楊僕為樓船將軍，出豫章，下橫浦，從江西大庾嶺入南雄一線；此兩路均取北江而下，直至番禺都城。兩路大軍共計六萬人馬，是攻打南越的主力軍。

三路、四路以越國投誠而來的歸義侯鄭嚴、田甲為戈船將軍和下瀨將軍，出湖南零陵，或下漓水，或至蒼梧，沿西江而下，然後直通番禺；五路以馳義侯何遺率巴蜀罪人及夜郎軍隊下牂舸江，取道西江，會於番禺城下。

就在漢武帝派出十萬人馬、兵分五路討伐呂嘉之時，東越王餘善想討好漢廷，主動請求發八千將士助漢攻越。東越王餘善之奏很快獲得漢武帝同意，並要他即刻起兵。

此前，餘善本來就是發動對南越國襲擊的主謀之一，及至漢廷出兵，事情鬧大了，又殺其王兄以求自保，是個相當狡詐之人。這次當他

第九章 南越國興衰

接到漢廷的詔令後，原計劃由閩越進入揭陽一線，再經潮州水系由海路直抵番禺。但他又害怕受到南越的致命打擊，所以，當他親率八千將士到達揭陽後，以海風甚烈，難行舟船為由，就地待命。同時，餘善又想討好南越丞相呂嘉，把漢軍發兵之舉動，密派使者告訴丞相呂嘉。他企圖兩方討好，以獲漁翁之利。

當漢朝五路大軍浩浩蕩蕩、殺氣騰騰地向南越國撲來時，呂嘉及其手下軍事將領憑藉嶺南的天險，指揮軍隊阻擊，雙方軍隊在嶺南地區展開了激烈的爭奪戰。戰爭持續到一年後的秋天，樓船將軍楊僕一軍首先逾嶺破橫浦關而入，順凌水入湞水，到韶關之後再轉入北江，並攻陷尋峽，繼而又攻破番禺城北30里的石門，繳獲南越大批軍糧船隻，使漢軍獲得充分的補給。石門攻破後，楊僕留下萬名將士扼守石門，然後由波濤洶湧的北江水上直搗番禺，立即占據番禺城之東南；伏波將軍路博德率將士在後，到達番禺，占領了城之西北面，猛攻番禺城。

番禺城依山面水而築，歷經秦尉任囂、南越王趙佗和呂嘉的多次擴建加固，池深城高，漢軍雖攻城多日，無半點進展。

後來，有謀士獻策，需用火攻，方可破城。楊僕從其計，遂號令將士聚集柴木，縱火燒城，大敗番禺守軍。因番禺守軍素聞伏波將軍大名，又不知漢軍殺來多少人馬，紛紛從城西北而出，這些南越兵卒幾乎全部為路博德軍所俘獲。路博德遣使者好言招撫，令出逃士卒復入城內進行勸降。至此，守軍人心渙散，遂全部投降，番禺只剩一座空城。此時已是元鼎六年十月。

南越王趙建德和呂嘉遂率其殘部數百人逃出番禺，乘船東去，抵達福建漳浦縣之太武山上。在山上倉促挖深溝、築高壘，築城以自守，並與跟隨的將士集體盟誓：寧為玉碎，不為瓦全，誓與此城共存亡。

漢軍追來後，再度攻城，不久城破。無奈中，呂嘉與趙建德逃亡海上，路博德派兵追趕，結果，伏波將軍的校尉司馬蘇弘擒得趙建德，原南越國的郎官孫都俘獲了呂嘉。

呂嘉和南越王趙建德被擒後，南越國附屬郡縣不戰而降，諸王侯官吏紛紛向漢朝投降。蒼梧王趙光聞漢兵到來立即投降，揭陽令史定投降，原南越將領畢取率軍投降，桂林郡監居翁勸諭駱越40萬人一起歸漢。至此，南越國全部平定。

戰爭剛一結束，漢軍將領便快馬將已擒獲呂嘉及南越王的消息飛報長安朝廷。此時，漢武帝劉徹正出行至左邑桐鄉，欣聞南越國已破，傳詔天下，將左邑桐鄉改名為聞喜縣。

元封元年（西元前110年）春天，武帝劉徹行至汲新中鄉，又聞已得呂嘉首級送入長安，立即傳詔，將汲新中鄉改名為獲嘉縣。

漢武帝劉徹為懲罰已被殺的呂嘉，回到長安後，傳詔將呂嘉的子孫宗族全部從南越遷至四川，並設定不韋縣，以彰其先人呂嘉之惡。

至漢武帝元鼎六年（西元前111年），於歷史上存在了五世93年的南越國宣告終結。

趙眛就是趙胡

南越王墓引起了世人矚目，同時也留下了許多頗有爭議的謎團，其中最大的謎團，就是墓主究竟是誰？若按司馬遷《史記》和班固《漢書》記載，第二代南越王名叫趙胡。而墓中出土的印章卻是趙眛，這個名字顯然與史書上的記載不符。那麼，這個趙眛是否就是史書中記載的趙胡？如果不是，那又是誰呢？如果是，究竟是怎樣弄錯了？是誰將他弄錯了？

第九章　南越國興衰

南越王墓發掘完成不久，參加發掘的黃展黃展岳、麥英豪等主要成員很快編寫出〈西漢南越王墓發掘初步報告〉一文，以廣州象崗漢墓發掘隊的名義，發表於《考古》1984年第3期。

在這篇初步報告中，編寫者認為「趙眜」就是「趙胡」，並對兩者的關係首次公開解釋：墓主身著玉衣，身上有「文帝行璽」金印，故確定為第二代南越王。《漢書‧西南夷兩粵朝鮮傳》記趙佗僭號為武帝，第三代南越王嬰齊去僭號，而「藏其先武帝文帝璽」。今本《史記‧南越列傳》脫失「文帝」二字。這枚「文帝行璽」的發現，證明《漢書》記載是正確的，第二代南越王曾僭號為「文帝」。《史記》、《漢書》本傳均謂趙佗傳孫胡，但發現的名章作「趙眜」，又有「泰子」印二枚，與《史記》、《漢書》皆不合。我們認為，如果單從「趙眜」、「泰子」二印考慮，似可斟酌，但「趙眜」印、「文帝」印同出，說明這個趙眜只能是《史記》、《漢書》中的第二代南越王趙胡。《史記》誤「眜」為「胡」，或出自司馬遷所據檔案資料不實，致誤；或司馬遷並不誤，後被班固傳誤，後人又據班固誤抄改訂《史記》正字，遂致一誤再誤。現在應據此印文改趙胡為趙眜，還他本來名字。

這份報告一經發表，在學術界產生了強烈迴響，引爆了一場學術大爭論。有學者贊成以上看法，亦有學者斷然否定，並發表文章提出了新的見解。

面對世人的矚目和學界多種不同的意見，以麥英豪、黃展岳等為首的南越王墓發掘人員，不得不對自己以前發表的觀點認真思考和檢查。經過深入細緻的研究後，麥、黃等人覺察到，過去編寫的〈西漢南越王墓發掘初步報告〉和發表的文章中，存在著論證不足、漏誤不實等缺憾，但他們的確認為「文帝」與趙眜應是同一人，趙眜即《史記》、《漢

書》所稱的趙胡。

也有學者質疑，認為趙眜是趙佗之子，故稱「泰子」，但麥英豪、黃展岳認為，對照墓主遺骸的鑑定研究，也有助於說明墓主與趙佗的祖孫關係。

從墓主遺骸的鑑定，可以判斷死亡年齡為35歲至45歲。今以40歲估算，知墓主約生於漢文帝末年，是時趙佗應有八、九十歲，耄耋之年生子，實為奇談。故墓主絕非趙佗之子，甚明。把他看成趙佗的孫子，則符合實際情況。古代帝王早婚，趙氏祖孫歲差又達八、九十年，依此估算，墓主趙眜不會是趙佗的長孫，而應是趙佗的次孫中的一個。《漢書・西南夷兩粵朝鮮傳》載，漢文帝元年陸賈出使南越，趙佗上漢文帝書稱「於今抱孫焉」。按文帝元年即西元前179年，至建元四年（西元前137年）佗卒，相隔有43年，退一萬步來說，漢文帝元年趙佗的孫子剛出生，到佗死之年這孫子已是43歲的壯年了，再加上南越二世在位約16年，如果二世是長孫的話，死時已是58歲或59歲，這個歲數與墓主遺骸鑑定的年歲迥異。因此，這是論定墓主是佗之次孫的又一力證。再說墓中出土不少藥物，反映了墓主生前多病。這一點與上引「後十餘歲，胡實病甚」的墓主健康狀況也是相符的。

由於麥英豪、黃展岳以大量的歷史典籍和考古資料針對象崗古墓墓主到底是誰的問題，做了嚴謹和較為科學的論述，當這篇長文發表後，認同麥、黃兩人觀點者越來越多，學界原來那極其熱鬧的爭論漸漸沉寂。

無論如何，趙胡是趙佗的孫子，已是學界公論。

第九章　南越國興衰

最後的祕境

　　根據文獻記載，南越國共傳 5 主 93 年，第一代王趙佗在位長達 67 年之久。第二代王趙胡是趙佗之孫，在位十餘年病死，葬於象崗，其陵墓已經發掘。第三代王趙嬰齊是趙胡之子，在位只有八、九年。第四代王是嬰齊之子趙興，即位不久便被丞相呂嘉所殺，最後的亡國之主趙建德在位不久也死去。若把南越國第四、五主在位時間合起來，前後也只不過三年多。從兩人死亡的結局來看，生前和死後不可能建造與前輩匹敵或與自己身分相符的大型陵墓。而有精力和財力建造大型陵墓的只有前三主。第二主趙胡的陵墓已被發掘，那麼整個南越國五主中，就只有一主趙佗和三主趙嬰齊的陵墓尚未找到。

　　關於三主嬰齊的陵墓，文獻中已有記載，曾被三國時吳主孫權派兵盜掘。與此記載有些關聯者，1983 年 5 月，也就是在象崗大墓發現之前的一個多月，廣州市考古隊在西村車輛段宿舍工地，曾清理了一座漢代大型木槨墓。墓坑長 13 公尺，寬 6 公尺，全部以河沙填實。這座墓堪稱廣州所見的漢代規模最大的一座木槨墓，遺憾的是墓室早已被盜。在發掘中，考古人員於盜洞內發現了玉舞人、玉璧、玉璜、玉劍飾等精美玉器若干件。當象崗古墓發掘後，將出土文物與之對比，發現木槨墓遺落的器物，不論是玉質還是雕琢工藝，都不在象崗古墓出土器物之下。據此推斷，木槨墓的這些器物當是盜墓者在慌忙之中遺落的。過去廣州也曾發掘過一些漢代大墓，但從未出土過如此精美的玉珮飾，這表明墓主有較高的身分。另外，從墓中出土的玉劍飾推斷，墓主應為男性。根據以上種種跡象，考古人員推斷，此墓可能就是文獻中記載的南越國第三主趙嬰齊的陵墓。

如果考古人員對木槨墓的推斷屬實，那麼，在南越五主中，就只剩一主趙佗的陵墓沒有找到。趙佗在位 67 年，且是南越國的鼎盛時期，他的陵墓一定比象崗趙胡的陵墓規格更高，其中的隨葬品也一定更加華麗和壯觀。那麼，趙佗的陵墓到底祕藏在何處？這成為嶺南考古最大的謎團。為揭開這個謎團，廣州市考古人員在發掘象崗趙胡大墓之後，經過查閱有關地方史籍和整理考古資料，對趙佗墓的祕所做出了各種推論。但真正找到這最後的祕境、揭開趙佗陵墓之謎，還有待於今後的考古新發現。

──歷史在期待。

第九章 南越國興衰

第十章　法門之光

佛光初照

西元前 243 年，西域沙門僧室利防等一行十八人，懷抱佛骨舍利前來東土，經過三年的艱難跋涉，穿越三十六國，終於踏上了中國的土地。此時正是秦始皇四年。

這年秋天，室利防等十八人來到了西部周原腹地，此處離秦國的首都咸陽，只有一步之遙。

這天，當他們來到古周原大地 [03] 原美陽城附近，天色已近黃昏。室利防便和同伴商量，在美陽城西的佛指溝（後來得此名，原為無名溝岔，今岐山縣內，法門寺西）休息整頓，以待來日趕往咸陽。

當他們找到一個避風的地方，剛要安歇，忽有一僧人大叫：「快看！」

眾人驀然抬頭，朝他手指的方向望去。

只見整個美陽上空，飄逸蕩漾起五彩祥雲。這祥雲一朵朵、一串串，相互輝映，燦爛輝煌。在五彩雲朵覆蓋下，金色的大地青煙裊裊，紫氣升騰，形成了一幅美妙絕倫的奇情異景。

眾僧人怦然心動，驚奇不已，連聲呼叫：「寶地，寶地，此處真乃聖地。」

---

[03] 周原大地指寶雞扶風、岐山一帶，此地是周文化的發祥地和滅商之前周人的聚居地，因此被稱為周原大地。

第十章　法門之光

不知過了多久，室利防突然看到一個周身透亮、金光耀眼的長者從遠處緩緩走來。長者走走停停，最後在一個高坡上站住不動。室利防覺得奇怪，隨即感到一股溫熱在胸中翻騰，這股溫熱形成了一種無形的力量，使他不知不覺站起來，朝著長者大步走去。

當他來到跟前時，藉著月光，驚奇地發現，長者正是早已寂滅的釋迦牟尼佛。只見偉大的佛陀正站立高坡，用慈祥的目光盯著自己。室利防驚駭之中，只覺一股熱流湧入腦際，不禁大叫一聲：「佛陀，您可來也……」

「子等攜我教法終達東土，實屬不易，只是暫不要將我殘存肉身顯示於世。等眾生普度、萬民歸佛之後，再顯我靈骨吧。」佛陀說完，威嚴而不高傲、莊重而又慈祥地看了一眼室利防，隨著一道閃亮的金光，佛陀蹤跡全無。

「師聖佛陀！」室利防大叫一聲，茫然四顧，只見東方微亮，明月西斜。晨曦的光照中，香風撲面，祥雲飛舞，腳下的大地在微微顫動……

其他眾僧人找到他時，只見到室利防腳下已突起一座高高的聖塚。

待室利防說出夜見佛陀的情形，眾人大為驚喜，急忙商量如何安置佛骨舍利。最後，大家一致同意，先將佛骨舍利全部埋入「聖塚」之中，然後再到咸陽面見君主。

室利防等人只帶了佛經等物，來到秦都咸陽面見秦王嬴政。待他們說明來意，意想不到的是，秦王把室利防等人的說法視為歪理邪說、蠱惑之魅。室利防等不但沒受到禮遇，反而被打入了大牢。

後來，在臣僚勸說下，秦王把室利防等人放了出來，令其速回本土，不得駐留，所帶各種佛經、器物被焚毀一光。

室利防等僧眾灰頭土臉地逃出城外，感慨萬千，遂決定一行十八人，分成四路，以秦都咸陽為中心，分別向南向北、向西向東，流散民間，祕密與眾講經說法。他們約定每年四月初八佛誕日這一天，在周原腹地美陽的「聖塚」會面，交流各自的傳法經驗。

第二天黎明，室利防等僧眾步出咸陽地界，戀戀不捨地朝各自的方向出發。

一晃幾十年過去了，室利防所率僧眾已熟悉當地語言，開始在民間傳播佛法。因缺少經書，只憑口傳，佛法的普及程度難以擴大。直到十八人先後去世，佛法在中國也未形成氣候。

明帝夢佛

轉眼已是東漢永平七年（西元 64 年）。這一年春天的一個深夜，漢明帝劉莊正在後宮熟睡，忽然一個身披金色外衣、頭頂日光的神人自天而降，飄落到孝明皇帝就寢的大殿之前。

神人全身燦燦發光、面容慈祥，舉止泰然地來到大殿窗下。漢明帝受神感召，起身穿衣，出外迎請。那神人略作示意，瞬間化作一道耀眼的白光，飄逸而去。漢明帝大叫一聲，不覺醒來，才知剛才是南柯一夢。

第二天一早，漢明帝召來幾個臣僚請教夢中緣由。其中有個叫傅毅的老臣博學多聞，對《周公解夢》研究頗深。聞知此情，他上前跪拜道：「依臣推算，聖上夢見的金人，乃是西方聖人，號為佛陀。這佛陀能飛行虛空，身有日光，具六神通。佛陀顯聖於陛下，昭示大漢國定會昌盛於天下。」

漢明帝聽了，驚異之色頓時全無，龍心大悅，當即召令群臣謀議如

第十章 法門之光

何才能將佛法引入大漢帝國。傅毅藉此機會,說出秦始皇早年驅逐佛家弟子的故事,並大膽推斷:「佛門弟子一定還在西域傳播佛法,只要派人西尋,不難獲遇。」

當日,漢明帝即遣羽林郎蔡愔,博士秦景、王遵等十二人進入西域尋找佛門弟子,求迎佛法。

蔡愔等翻越蔥嶺,西出玉門,一路西尋。經過近兩年時間,終於在月氏國發現了攜釋迦牟尼真像和《四十二章經》的沙門僧人迦葉摩騰、竺法蘭。蔡愔等人一番宣示、交涉後,兩僧答應隨迎佛隊伍前去東土。蔡愔等人驚喜之餘,立即同兩僧攜白馬馱載一批佛像、經卷返回本土。

漢明帝永平十年(西元67年)秋,蔡愔等迎佛隊伍抵達國都洛陽郊外。明帝得知消息後歡喜異常,親自出城迎奉,詔令群臣將迦葉摩騰、竺法蘭兩位僧人安置在洛陽西郊外鴻臚寺,以國禮相待,並請兩位高僧翻譯佛經,與帝說法。翌年,漢明帝敕令在洛陽城西雍門外三里御道北興建寺院。為銘記白馬馱經之功,取名為白馬寺。

聖塚現世

西元148年,也就是東漢桓帝建和二年,西域安息國的高僧安世高為弘揚佛法踏上了中國的土地。這時,住在白馬寺的伽葉摩騰和竺法蘭兩位高僧雖已去世,但佛法在中國的傳播已有了相當規模。

當安世高來到周原腹地的美陽城外,天色已晚,便在一個村落覓一間閒置不用的破屋,住下來休息。

夜晚三更時分,睡意矇矓中的安世高忽見窗外一片紅光劃過,照得漆黑的破屋如同白晝。他翻身而起,快步走出屋外。只見破屋北部的不

遠處，平地射出一道霞光。那霞光五彩繽紛，直衝斗牛。安世高心中大驚，憑自己多年的修行，當即判斷出這是佛門聖物顯現的靈光。

安世高懷著激動的心情，趕到發光的地點，只見四面田野平整如水，唯中間高高突起一堆黃土。這個荒塚野墳似的突起物，看似已經歷了漫長歲月。它到底始於何時？怎麼會有佛門聖物的靈光閃耀？難道……安世高的心怦怦狂跳起來。他暗暗地記住這個地方，不再久留，日夜兼程趕赴東都洛陽，準備面見漢桓帝。

桓帝劉志，生活荒淫腐朽，為延年祈福、長生不老，開始迷信宗教。無論何種宗派，他都熱情接納，幾乎是逢神必拜，有仙必求。

安世高正是在這樣一種情形下順利覲見了漢桓帝，說出自己弘揚佛法的打算。漢桓帝當即將這位西域高僧留在宮中，為自己說法，並以國禮相待。

安世高在洛陽安頓下來並得到桓帝尊崇之後，仍念念不忘關中周原腹地那個散發靈光的荒塚。透過近兩個月的觀察，他已經確切地知道中國人尚不知釋迦牟尼的佛骨舍利掩埋在哪個具體地方，甚至尚不知佛骨舍利早在西元前243年就與這片國土結下了佛緣。

安世高本是西域安息國國王的太子，自幼聰明絕倫，出家後曾遊歷西域三十多國，通曉各國語言，對佛教發展的具體細節瞭如指掌，尤其對南傳佛教上座部系統理論學說的研究堪稱一代宗師。憑著這些知識與經驗，他覺得周原那個荒塚非同小可。

終於有一天，他向漢桓帝坦白了自己心中的想法：「貧僧這次東來，路經關中周原美陽，發現那裡有一處荒塚，荒塚之內夜有靈光溢出。依貧僧多年修行推知，這種靈光下必有佛骨舍利。舍利生輝，佑及萬國。陛下若得舍利，可保萬福⋯⋯」

第十章　法門之光

桓帝聽了，神情振奮，立即令白馬寺高僧靜安法師等人跟隨安世高到關中挖掘荒塚。

安世高等一行人來到周原腹地美陽城外，找了幾十個當地鄉民，開始挖掘荒塚。僅花了半日，他們便發現了一塊帶有梵文的青磚，接著又有七塊方磚被挖出。安世高將這八塊青磚拼湊在一起，仔細觀察。磚上字跡極淺，加上黃土泥水浸染而模糊難認，但他還是分辨出來了。

青磚上的梵文為西域僧人室利防所書，大體敘述了西元前243年其一行十八人的歷程以及在秦都咸陽發生的故事，同時述及離開咸陽後在中國活動的範圍。最後，文中用了較大篇幅敘述這個「聖塚」的發現經過以及釋迦牟尼的真身顯世和囑託。

當年室利防等人在咸陽城外分手後，每年的四月八日準時來到這離「聖塚」不遠的佛指溝聚會。直到三十年後的西元前213年，聚會才取消。也就在這一年四月八日，室利防等僅存的三人來到「聖塚」做了最後拜謁，並趁夜深人靜挖開「聖塚」，埋下早已刻好的青磚，以使前來結緣的後人釐清事實真相。室利防等三人離開之後，最終圓寂於何時、何地，再也沒有人知道了。

當然，室利防最重要的記述，是青磚之下埋藏的十九份佛陀舍利。

一切都已明瞭。安世高心中狂跳不已，指揮鄉民繼續向下挖掘。三尺黃土很快被掘開，盛裝釋迦牟尼佛骨舍利的寶函露了出來。幾百年的泥水浸泡，寶函外部已經鏽漬斑斑。安世高剔去漬斑，開啟寶函，露出裡面十九個晶瑩透明的長頸陶壺，壺中各裝一份佛骨舍利。舍利在壺中燦燦發光，曜曜奪目。

「阿彌陀佛⋯⋯」安世高見此聖物，激動得五體投地，泣不成聲，昏厥過去。

建造佛塔

佛骨舍利很快地被送到京都洛陽。漢桓帝一見驚喜萬分，加上安世高等僧眾一番宣講，更感神奇，於是下詔在宮中建造浮屠（佛塔），以金銀製作佛像，重造舍利寶函，以示供奉。

安世高春風得意，在帝王之家和鄉野百姓心中的地位扶搖直上。藉著向桓帝說法的機會，他提請皇帝頒布詔令，將宮中供奉的佛骨舍利分散於九州大地，建造精舍廟宇分別供養。這樣做可以使佛陀的聖光普照整個華夏，大漢帝國也將會出現四海無波、八荒來服的鼎盛景況。

桓帝聽取了安世高的建議，撥出官銀，命白馬寺高僧靜安法師隨安世高一起籌措分發佛骨舍利及在各地建造佛塔寺院事宜。

兩人領旨後很快地開始行動，並決定先在關中周原腹地美陽縣「聖塚」之上建造寶塔，四周修築寺廟，並在塔下挖掘地宮，以存放佛骨舍利。

很快地，周原腹地的荒塚上架起了四層木塔。塔下地宮之中，存放著用紫檀香木做成的棺槨。棺槨內的金瓶之中，供奉著佛陀最大的指骨舍利。木塔上方書寫六個大字「真身舍利寶塔」。

寶塔建成之後，一座龐大威嚴的寺廟也拔地而起，氣勢雄偉、巍峨壯觀的玉石山門上，高懸蒼勁的「阿育王寺」（今法門寺）四個金色大字。

從此，繼洛陽白馬寺之後，中國又一偉大的佛教聖地、關中塔廟始祖——法門寺誕生了。

緊隨其後，西晉的會稽鄮縣塔、東晉的金陵長干塔、石趙的青州東城塔、姚秦的河東蒲坂塔、北周的瓜州城東古塔、沙州城內的大乘寺塔、涼州姑臧塔、洛州故都西塔、甘州刪丹縣塔、晉州霍山南塔，北齊

第十章　法門之光

的代州城東古塔、隋益州福感寺塔、益州晉源縣塔、鄭州超化寺塔、懷州妙樂寺塔、并州淨明寺塔、并州榆社縣塔、魏州臨淄縣塔等十八座舍利寶塔，先後建成。十八份釋迦牟尼佛骨舍利依次藏於塔中供奉。

由於佛塔寺院在中國的普遍修建和佛骨舍利適時分散供養，佛法猶如八面來風、四方開花，很快在民間盛行繁榮起來。釋迦牟尼佛的聖光普照了九州大地，古老的東方中國，迎來了尊佛、崇佛的新時代。

大明隆慶二年（西元 1568 年）八月十四日深夜，周原大地爆發了人類有史以來極為罕見的大地震。傲然挺立的法門寺四級木製迴廊式釋迦牟尼真身寶塔瞬間變作一堆斷木瓦礫。這座在東漢桓帝年間，由西域高僧安世高親自設計、監工築造的寶塔，經歷了一千餘年的風雨，轟然倒下了。

明萬曆七年（西元 1579 年）春天，在當時崇信佛法的李太后干預下，年輕的萬曆皇帝下詔重建法門寺寶塔。

三十年後的萬曆三十七年（西元 1609 年），整體高度為十三層、四十六公尺的磚石結構法門寺寶塔，又一次巍然矗立在周原大地上。

如同萬曆之後的明朝命運一樣不幸的是，扶風法門寺寶塔在周原大地與蒼生共處幾十年之後，受到了一次致命打擊。

清順治十一年六月初八日（西元 1654 年 7 月 21 日）夜半，西部甘肅省天水周圍發生 8 級大地震，震央震度為 11 度。這次大地震波及 200 公里以外的扶風，震度 9 度到 10 度。縣城北門外「垣宇傾頹，壓斃人畜」，法門寺寶塔洞內所藏鍍金盾形牌和一些佛像，紛紛墜於地面，整個塔身向西南方傾斜五尺之多。塔體裂縫，西南角塔基下陷二尺多深，塔體重心偏離達五尺之多。這次重創，為寶塔在三百多年後轟然崩塌埋下了隱患。

建造佛塔

　　隨著歲月的推進和風雨剝蝕，法門寺寶塔開始逐漸凋零殘破。晚清後期直至民國，連年的戰亂，持續的災荒，使整個法門寺變得支離破碎，荒草叢生，野狐出沒，人煙幾乎絕跡。

　　歷史的腳步到了 1976 年，西南部的四川省松潘地區發生強烈地震，餘波波及扶風法門寺，塔體進一步傾斜，裂度因此擴大，離最終的崩塌只有一步之遙。

　　1981 年夏季，備受摧殘的法門寺真身寶塔，在綿綿不斷的淫雨中再也難以支撐殘朽的軀體，不時有瓦片、泥土、碎塊從身上掉下。

　　這一年 8 月 24 日，一個風雨飄搖之夜，法門寺釋迦牟尼真身寶塔 —— 這位齒搖髮蒼、風燭殘年的歷史聖者，再也經不住歷史的重負和風雨摧殘，終於在一陣撼天動地的巨響聲中，轟然倒下。

　　—— 法門寺真身寶塔進入涅槃。

　　悶雷響過，真身寶塔爆裂之時，扶風縣駐法門寺文管所唯一的管理員王志英從居住的小屋裡跑出，意識到跌落於殘磚瓦礫之中的佛經、佛像有很高的文物價值，於是，他顧不得拿雨具，立即衝進雨幕中的寶塔前，從殘磚瓦礫中撿拾佛經和佛像。法門寺住持澄觀法師隨之率眾僧奔於塔下，搬磚運石，搶救文物。

圖 10-1 法門寺倒塌的半邊殘塔

　　搶救出的部分文物運往縣博物館保存後，很長一段時間裡，法門寺就這樣被遺忘在那裡，直到韓金科的出現，他和周原父老重建寶塔的一腔熱情、不斷的堅持，終於讓相關部門注意到法門寺這座千年古剎。

第十章　法門之光

　　1986年12月，陝西省政府決定，重新修復法門寺明代真身寶塔，責成陝西省文物局組成考古隊，負責重建前的地基清理工程。1987年2月28日，考古隊全部人員進駐法門寺，開始了具有歷史性意義的偉大行動。

發現地下玄宮

　　考古隊進入法門寺的首要任務，是清理原塔基的地面廢墟。當雜物被清除以後，正式發掘地基工作開始了。隨著發掘的深入，原始的夯土逐漸出現。正在這時，只聽「砰」的一聲，掘入土中的鋤頭觸動了硬物。大家沉著的心為之一震。

　　「像是石頭。」眾人幾乎同時喊出。參加發掘的扶風縣文化局局長韓金科大聲道：「是不是觸到了地宮？若真的是地宮，那可要加倍地小心行事。」

　　眾人在高度謹慎之中明顯地加快了發掘速度，夯土越來越少，在塔基中心的巨大臺墩上，顯露出一塊漢白玉石板的表面。

　　大家小心翼翼地用手撥開石板上黏著的泥土，只見一隻線雕雄獅出現在石板正中央。獅身呈半蹲姿勢，雙目滿含著雄性動物的挑戰之光，微張的大口銜著一枚鐵環。雄獅左腳前方部位，石板已碎裂成兩塊，但仍完好地閉合著，似無人動過。

　　韓金科小心地上前用手扒開中心部分的虛土，將線雕雄獅石板中斷為兩截的角石取掉。石板下露出一道小縫，縫內一股陰冷之氣直撲面頰，使他不禁打了個寒顫。

　　韓金科慢慢地俯下身子，左眼閉、右眼睜，向縫內看去。裡面漆黑

發現地下玄宮

一團，什麼也看不見。他向旁邊一揮手：「快拿手電筒來。」

手電筒的光線穿過縫隙中飄渺的濃霧，照亮了一個碩大的空間。只見裡面煙霧升騰，一片難辨分明的物體散發著燦爛光芒。

韓金科沒有吭聲，把手電筒遞給曹緯，示意他檢視。曹緯藉著手電筒的光俯身向下望去，不禁大叫一聲：「下面是一座地宮，金碧輝煌，金碧輝煌！」

眾人聽了，紛紛圍上前。

陝西省考古研究所的曹緯、縣考古修塔隊的傅升歧以及呂增福、淮建邦都是從事多年考古活動的專家。他們憑著多年的田野考古經驗，以及眼前南北鋪蓋的石板樣式與子午線走向重合的實物，初步推測，這是皇家地宮的規模，可能遠遠超過了眼見的面積。而地宮中珍藏的寶物，肯定會超出所有人的想像。現場的每個人，都為此重大發現而心魂激盪。

時間接近正午 12 點。

為使地宮珍寶萬無一失，考古發掘隊令所有人員都要嚴守機密，並將剛才發現的裂縫原土封存，派幾個人寸步不離把守。然後，他們立即向縣委、縣政府電話彙報，請求火速派保衛人員前來保護。隨後，韓金科和曹緯二人搭車赴西安彙報。

下午 4 點，駐西安的考古工作者全部搭車到達法門寺。

石興邦統領三級聯合考古隊，連夜投入工作。經過對現場認真、細緻的觀察，他們肯定了扶風縣考古修塔隊的推測，一致認為，塔基下就是一處南北走向的橫臥式地宮。但目前的首要問題是，要儘快找到地宮的宮門。

第十章　法門之光

　　從鳳翔雍城考古工地趕來的韓偉，指揮考古人員王保平、呂增福、徐克誠等人，在寺院內羅漢殿北及原真身寶塔之間實施鑽探，試圖尋找地宮入口。

　　為了儘快找到地宮神祕的宮門，考古隊調來幾十名工人一起發掘。然而，整整一天過去了，仍不見地宮大門的影子。

　　時值春寒料峭，周原大地冷風襲人。夜幕降臨時，仍然沒有多大起色，毫無任何發現。有人開始懷疑，這地宮是不是一座地下迷宮？

　　4月5日凌晨，在羅漢殿北8.4公尺處，一名工人於地下30公分的地方試掘了兩鋤頭，地下突然裂開一個小洞。他大聲叫喊起來：「這裡有情況！」

　　眾人一下子圍了過來。真的是地宮入口！至此，考古隊員鬆了一口氣。

　　經過發掘，地宮入口寬達2公尺，根據考古人員鑽探其水平距離下降的數值，判斷入口為磚砌的斜坡踏步漫道，大約有20階，長度為5.6公尺。

　　地宮入口處的第一級臺階，是青石板鋪成。

在地宮隧道裡

　　考古清理人員從第一級臺階向內部推進，臺階高16.5公分至19公分，寬27公分至33.5公分，長2公尺，由6塊方磚加1塊小條磚並排鋪成一層。每級約3層，呈45度斜坡向下、向內部延伸。每一級臺階上，都發現唐代粗瓷油燈盞及撒滿了帶翠綠色銅鏽的唐開元、乾元、五銖等各式銅錢，像是關中周原榆樹上生長的榆錢，飄落一地。另有數枚

稀有的玨璃幣夾雜其間，使發掘增加了一層神祕之感。

從第 14 級臺階起，開元通寶銅錢越來越密。漫道北端的高浮雕門楣顯露出來，但被一塊巨石封堵。填土清理完畢，得知為第 20 級臺階。臺階下面是一平臺，略呈方形，東西長 1.95 公尺，南北寬 1.75 公尺，由五排方磚鋪成，每排 6 塊，表面平整，同樣撒滿了綠鏽斑駁的各式銅錢。

緊連著青石平臺，有一堆重疊有序的石塊。考古人員小心翼翼地搬開這堆雜色石塊，一共 8 塊。石興邦頓然領悟：「這是封門石。」於是，他指揮考古人員取來導鏈，把封門石吊出地室入口。

搬開 8 塊封門石之後，映入眼簾的是一個雙扇素面青石門。地宮大門出現了。

石門高約 1 公尺，門扇正面無紋，不太光整。兩扇門門環處，一把大鐵鎖緊緊鎖住了進門扇的鐵環。鐵鎖已因年代久遠而完全鏽蝕，無法正常開啟。

門框由較大的 4 塊青石做成，門楣橫架於其上，門楣東西兩端夾填著石塊，正面光滑平整，上有梵文痕跡。門楣上方有一塊碩大頂石，頂石上方安置一個梯形石塊，石塊正中央刻有兩隻對首飛翔的鳳鳥。鳳鳥周圍襯有線雕纏枝紋，布局對稱，構圖明朗。石頂左上角有「醴泉縣人王行口」等刻文。石興邦一眼便認出，這兩隻鳳鳥就是迦陵頻伽鳥，是佛典中一種象徵吉祥瑞福的神鳥。鳥嘴微張，嘴裡含著一枚珠丹，是獻給佛祖的珍貴吉祥物。

第十章 法門之光

圖 10-2 法門寺唐代地宮大門，門楣額刻有雙鳳

考古人員站在第一道石門前研究開啟辦法，最後決定，使用考古學中特殊的手段。

開鎖之前，考古隊請來法門寺住持澄觀、靜一等法師在漫道平臺擺案焚香，為即將開啟的地宮大門誦經祈禱。

4月9日上午10點21分，富有經驗的考古人員任周芳用一根鋸條鋸開了門上鏽蝕的大鐵鎖，然後在錄影機和輔助燈光照耀下，考古隊員輕輕推開了兩扇石門。

隨著石門向兩側運轉，一股陰森潮溼的霧氣「呼」地噴射而出。霧氣凝重急促，瀰漫散發出一股刺鼻的霉味，刺得眾人熱淚直流、咳嗽不止，不得不撤離到石門兩側以避霧氣。

待霧氣漸漸散盡，錄影機的燈光重新對準地宮。透過淡淡的霧氣，考古人員看到，地宮隧道內石壁斷裂嚴重，地面散鋪著無數的銅錢和崩裂的碎石渣。

清理者依次進入地宮隧道。手電筒光束之下，可以看到隧道兩邊的石牆、頂部和地面均為黑色大理石鑲砌，且用白石灰勾縫。銅幣仍然散落滿地。在數以萬計的銅幣中，又發現了幾枚玳瑁幣，與踏步漫道上的玳瑁幣加起來，一共13枚。這種玳瑁幣在法門寺地宮洞開之前，中國大

陸只發現過兩枚！至此，法門寺地宮共出土古代貨幣計7萬多枚、400多公斤，幾乎包括了唐代全部貨幣品類。

沿著隧道向內部推進，第二道石門出現了。

石門前被兩塊石碑堵封。兩碑字跡朝外，緊貼前室石門豎立。考古人員花費了近三個小時，將兩塊石碑全部運出地宮。石碑刻滿了以楷書書寫的文字，字形看起來頗有傳統書法飄逸大方、遒勁有力的氣勢。

第一塊石碑，起首刻著如下文字：

大唐咸通啟送岐陽真身志文

　　內殿首座左右街淨光大師賜紫沙門臣僧澈撰內講論賜紫沙門臣令真書

第二塊碑文比前一石碑字數較多，起首兩行文字如下：

監送真身使

　　應從重真寺隨真身供養道具及恩賜金銀器物寶函等並新恩賜到金銀寶器衣物等如後

幾位考古隊員一邊擦著滿是汗漬灰塵的臉，一邊反覆思索字義。終於，不禁喜形於色、亢奮激動起來。

「無價之寶！無價之寶啊！」最先悟出門道的考古專家激動得不能自已，跳著喊了起來，眾人跟著陷入不可抑制的亢奮狀態。稍後，在考古發掘紀錄冊上，把前一塊命名為〈志文〉碑，第二塊命名為〈物帳〉碑。

第十章　法門之光

圖 10-3 法門寺地宮出土的〈物帳〉碑這是目前中國考古發現的唐代最完整的物帳碑，碑文詳載大唐咸通十四年迎奉佛骨後，皇室供佛器物的名稱、大小尺寸、重量、施奉者姓名等

聞訊趕來的陝西省副省長、歷史學家孫達人，仔細讀完碑文後，喜形於色，高聲對眾考古人員說道：「不得了呀，不得了！有了這兩塊石碑刻文，就可以按圖索驥，尋找珍寶。千年迷宮，就要再現它的謎底了！」

那麼，這兩塊石碑到底說了什麼呢？

第一塊石碑主要記事。〈志文〉碑文述說了從元魏至唐代帝王歷次到法門寺禮拜佛骨的經過，其中包括歷史知名、同時也是法門寺最大的一次劫難「會昌滅佛」事件。從記載中，後人更加真切地了解盛唐之時那波瀾壯闊、氣勢恢宏又奇事百出的迎佛送骨活動。

第二塊石碑主要記物，〈物帳〉碑上羅列著地宮裡 2,499 件文物清單。碑文詳細記載了晚唐時期懿、僖二宗、惠安皇太后、昭儀、晉國夫人、諳頭等皇室戚貴、內臣僧官供奉佛指真身舍利的金銀寶器、衫袍衣裙等器物。這是唐代考古發現最完整的物帳碑。碑文物主清楚，名稱羅列明晰，有標重類注，為研究唐代政治、經濟以及衣物寶器名稱、製作工藝、衡制、紡織服飾等方面提供了豐富的資料。

正是有了兩塊石碑記載的一系列活動，才有後來者在法門寺地宮看到的一切，並回眸歷史長河中那些歡樂與悲哀、神祕與驚險的千年往事。

帝王初臨

西魏恭帝二年（西元555年），也就是〈志文〉碑記載的元魏二年，發生了岐州牧拓跋育開啟法門寺地宮，供養佛骨或瞻仰佛骨的事件。這是法門寺歷史上第一次啟奉佛骨的文字記載。

拓跋育曾為魏十二大將軍之一，魏恭帝二年降爵為公，出任岐州牧一職。在被削官降級之際，他來到法門寺啟奉佛骨，尋找一點精神寄託，請這位慈悲的聖者保佑。

就在拓跋育開啟地宮迎奉佛骨的前後，發生了一件看似與法門寺無直接關係、卻關乎後來命運的一件事。

西魏大統七年（西元541年）一天深夜，一個女人在同州（陝西大荔縣）般若尼寺的一塊木板上生下了一個男嬰，取名為那羅廷，意為「金剛不可壞」。這個男嬰在般若尼寺生活了十三年，後來成為大隋王朝的開國皇帝，就是後來的隋文帝，本姓楊，名堅。

由於般若尼寺這一段緣分，楊堅對佛教產生了特殊感情。據王邵《舍利感應記》記載，隋文帝即位之前，有位印度沙門來到他的府邸，送給他一包佛舍利，請其供養。

仁壽元年（西元601年）隋文帝敕令天下三十一個州各建舍利塔，以分藏他供養的那包舍利。次年再度頒詔，下令增加五十個州建立舍利塔，以便分藏。

第十章 法門之光

就在全國掀起建塔熱潮的同時,仁壽末年(西元604年),時任右內史的李敏曾特別率人前來法門寺,修繕寺院和寶塔。

在這次修繕中,李敏等人開啟了地宮,迎奉佛骨。隨之在西北二十餘里的風泉寺又興建一座舍利塔。修建時,天空忽然出現祥雲,僧人在觀看的同時,將圖景畫了下來,名曰「陝州瑞相圖」,後放到佛堂供奉。只是這幅圖不知毀於何時、何人之手,後人不曾相見,只存於傳聞之中。

繼隋文帝之後,他的兒子隋煬帝楊廣即位的第一年,即大業元年(西元605年),繼續大肆興造佛寺,並於次年在東都洛陽上林苑設置譯經館,命高僧彥琮主持其事,徵召達摩笈多和眾多高僧學士從事佛經翻譯,京都內外遍布僧尼,熱鬧異常,甚至日本島國也聞風而動。大業三年(西元607年),日本的聖德太子派使者小野妹子和沙門(出家佛教徒的總稱)十餘人學法。隋煬帝在其他方面沒有繼承父業,唯獨在對待佛門一事上,比他父親有過之而無不及。但就其一生的荒淫無道來看,他的所謂崇佛也實在具有諷刺意味。

儘管如此,由於楊家父子兩代皇帝的努力,奉佛熱潮在表面上由谷底達到了高峰。隨之而來的,是佛教在東土中國進入了大紅大紫的黃金時代,法門寺也由此邁向輝煌。

大業十三年(西元617年),各地反隋義軍風起雲湧。太原留守李淵聽信兒子李世民勸告,在太原起兵反隋,並於這一年冬十一月攻入長安,立代王楊侑為皇帝,改元義寧,自封為「大都督內外諸軍事,尚書令,大丞相,進封唐王」。

義寧二年(西元618年)春天,身為「大丞相」的李淵率部來到扶風一帶視察民情,來到了法門寺。此時的法門寺,已改稱成實寺。李淵受

到熱情接待，按僧眾的請求，下令將成實寺又改為法門寺。

李淵回到長安不久，就代隋登上了皇帝寶座，改年號為武德。他和法門寺之間的這一段因緣，對法門寺本身在唐代的存續發展發揮了重要作用。

武德二年（西元619年），秦王李世民來到了法門寺。

李世民的到來讓法門寺眾僧欣喜異常。在寺院老僧普賢法師安排之下，全體僧眾為李世民誦經焚香，大肆頌揚其攻伐征戰的英明功德。佛門教義的宗旨是反對戰爭和殺戮，六戒中的首戒便是不殺生。但此時的僧眾顧不得那麼多了，因為耀眼得如同旭日一般的李家王朝已經自東方升起，眼看天下即將歸於這個家族了。

按僧眾的請求，李世民親自命人找來80名民間百姓來寺剃度，充作僧人，使法門寺僧人一下子增加到110人，可見李世民對法門寺的看重和厚待。臨別時，李世民又贈送一批財物予寺院，以示對佛祖的尊崇和敬重。

李世民的到來，使法門寺聲名鵲起，譽滿京華，一時之間天下寺院無一能與之匹敵。自此，法門寺具有了至尊至聖的歷史地位。

李世民登基後，作為新朝皇帝，龍袍加身後的第一件重大舉動，便是在曾經攻伐征戰的七處重大戰場所在地建立佛家寺院。他的目的很明確，以弘揚佛法、崇敬佛祖的舉動，籠絡民心，消解反唐勢力，使其安分守己，臣服大唐王朝。

此時，有一個人在討得李世民歡心的同時，也獲得了流傳後世的機會。此人便是法門寺地宮出土〈志文〉碑上記載的「唐太宗朝刺史張德亮」。

第十章　法門之光

太宗貞觀五年（西元631年）二月，時任岐州刺史的張德亮，在得知法門寺被火焚燒（焚燒原因不詳，可能是不慎失火）後，立即奏報唐太宗，並獲准修補塔寺。在這次修補中，他聽到「此塔一閉，經三十年一示人，令道俗生善」的傳說，以及「古所謂三十年一開，則歲穀稔而兵戈息」的傳聞。張德亮以「恐開聚眾，不敢私開」為由奏報太宗，請「開剖出舍利以示人」。唐太宗恩准。

於是，這位刺史張德亮便率人開啟了法門寺地宮，找出了佛舍利。之後的情景，《法苑珠林・敬塔篇》做了這樣的記載：

既出舍利，遍示道俗。有一盲人，積年目瞑，怒眼直視，忽然明淨。京邑內外，奔赴塔所，日有數萬。舍利高出，見者不同。或見如玉，白光映徹內外。或見綠色，或見佛形象，或見菩薩、聖僧，或見赤光，或見五色雜光。或有全不見者，問其本末，為一生已來，多造重罪。有善友人教使徹到懺悔。或有燒頭煉指，刺血灑地，殷重至誠，遂得見之。種種不同，不可備錄。

李世民沒有見到舍利。當時的舍利只在法門寺院內供奉展示，並未運到京都長安。但長安有不少人前來觀瞻，有一盲人看後，突然復明。插曲的背後，還有一些罪惡多端之人，只有燒頭煉指、刺血灑地才能看到舍利形狀和顏色。至於他們把頭顱用烈火燒烤一頓之後，看到的舍利是什麼形狀、什麼顏色，文中沒有提及。不難想像的是，除了一片漆黑，便是一片慘白，因為他們的大腦神經已被烈火燒焦，剩下的恐怕只有麻木的肉身了。

張德亮取出的佛骨舍利何時放回了地宮，他本人和唐太宗都作何感想，史上未見記載。但經過張德亮此番舉措，便立下法門寺地宮三十年一開的規矩，以及日後大唐王朝皇室六次浩浩蕩蕩迎奉佛骨的事件。

高宗迎佛骨

貞觀末年，唐太宗的健康狀況每況愈下。為了治病健身，唐太宗開始服食丹藥，連續服食了一、兩年的「國產」丹藥仍不見效，這位垂垂老矣的皇帝便希望能得到異域具有奇特療效的神藥。皇帝幻想著康復長壽的急切心理，被名為王玄策的大臣窺見。這個專門靠著迎合皇帝心理起家的大臣，不失時機地向唐太宗進獻了一名大唐與中天竺戰爭中俘虜來的「胡僧」那羅邇娑婆寐。此僧「自言壽二百歲，云有長生之術」，宣稱能配製金石祕劑。這個明顯的謊言竟打動了唐太宗，於是唐太宗龍心大悅，命該僧入金飈門內驛館配製丹藥，又令兵部尚書崔敦禮率人協助製作。

經過近一年的煉製，由這位「胡僧」主持煉製的丹藥出爐，兵部尚書崔敦禮搶著邀功，趕緊捧送入宮。正在病中呻吟的唐太宗李世民見到期盼已久的仙丹神藥送至床前，頗為激動，感念「胡僧」忠心侍君的同時，很快地將藥服下。

然而，聰明一世的李世民萬萬沒有想到，他吞食的長生不老藥竟成了送他入地獄的催命藥。服下丹藥之後，李世民病情迅速惡化，不到兩個月，便暴疾而死，享年52歲。

唐太宗一生擅長利用佛教鞏固自己的統治，他本人的性命及大唐帝國日漸興盛的事業，都曾得到佛門弟子的不少幫助和維護，想不到最後竟死於所謂的佛門弟子之手。也許該僧並非佛教徒也未可知。這一殘酷的現實，恐怕是他始料不及的。

唐太宗魂歸西天，太子李治登上了皇帝寶座，是為高宗。

高宗對佛法向來看重，十分敬重去西方取經的曠世名僧玄奘，曾著

第十章　法門之光

文對玄奘的人生經歷和功業表達讚美之情。玄奘病亡，他哀慟感傷，喟嘆：「朕失國寶！」也是他創下開啟地宮、迎佛骨到皇宮供奉的先例。這便是後來法門寺地宮出土的〈志文〉碑所載的「高宗延之於雒邑」的事件。

根據《法苑珠林・敬塔篇》記載，事件的具體經過如下：

顯慶四年九月，以破譯咒術聞名的山僧智琮慧辯、弘靜，應召入朝，拜見高宗。在談話中，兩僧提到了法門寺，說法門寺年代久遠，聲名漸長，需要好好地弘揚和愛護。並提請皇帝：「古老傳云……三十年一度（佛骨）出，前貞觀初已曾出現，大有感應，今期已滿，請更出之。」結果獲得批准。

上曰：「能得舍利，深是善因。可前至塔所，七日行道，祈請有瑞，乃可開發。」

即給錢五千貫，絹五千匹，以充供養。琮與給使王長信等，十月五日，從京旦發，六日逼夜方到。

琮即入塔內，專精苦到，行道久之，未驗。至十日三更，乃臂上安炭火燒香，懍厲專注，曾無異想。

這段記載不難讀懂，無非是說智琮與王長信等人受皇帝之命來法門寺迎請佛骨。讓人感到驚異的是，僧人智琮竟把炭火放在手臂上，以示對佛的敬重和崇拜。而這種崇拜和虔誠終於引發了一段神祕靈異事件。

忽聞塔內像下振裂之聲。尋聲往觀，乃見瑞光流溢，霏霏上湧。塔內三像足下各放光明，赤白綠色旋繞而上至於桁桷（屋梁），合成帳蓋。

琮大喜，踴躍欲召僧看，乃睹塔內，側塞僧徒，合掌而立，謂是同寺。須臾既久，光蓋漸歇，冉冉而下，去地三尺不見。群僧方知聖隱。

中使王長信等同睹瑞相，流輝遍滿，赫奕瀾漫，若有旋轉，久方沒

盡。及旦看之，獲舍利一枚，殊大於粒。光明鮮潔，更細尋視，又獲七粒。總置盤水，一枚獨轉繞，餘七粒各放光明，炫耀人目。琮等以所感瑞，具狀上聞。敕使常侍王君德等送絹三千匹，令造朕等身阿育王像，餘者修補故塔。仍以像在塔內，可即開發，出佛舍利以流福慧……

初開舍利，二十餘人同共下鑿。

及獲舍利，諸人並見，唯一人不見。其人懊惱自拔頭髮，苦心邀請。乃置舍利於掌，雖覺其重，不見如初。

由是諸人恐不見骨，不敢睹光。寺東雲龍坊人，敕使未至前數日，望寺塔上有赤色光周照遠近，或見如虹，直上至天，或見光照寺城，丹赤如畫。旦具以聞，寺僧嘆訝曰：舍利不久應開，此瑞如貞觀不異，其舍利形狀如小指，初骨長可二寸，內孔正方，外楞亦爾。下乎上漸，內外光淨。以指內孔恰得受指，便得勝戴，以示大眾……

以上記載了智琮等僧眾和部分官僚開啟地宮，並找到佛骨舍利的故事。舍利既出，整個天空大地祥兆瑞景便爭相出現。需要指出的是，自從佛入東土，甚至在佛未入東土而自身處於生滅之時，關於天空大地出現瑞兆的記載，就見於後人撰寫的史籍中，儘管瑞兆各異，但相差不大。在這次挖掘地宮找到舍利後，大家都看到了，唯獨一個人看不到，他便在懊惱羞愧中自拔頭髮。但當有人將舍利放到他的手掌之上時，他雖然感覺到其物的重量，可惜仍視而不見其真面貌。

據此可以推論，這個人肯定不是僧人，而是由朝廷派來的官員。因為僧人是不留頭髮的，既然沒有頭髮，就不存在拔的問題。就當時的情形而言，普通老百姓沒有資格進入地宮，所以斷定他是由朝廷派來的。

接著往下看：

至顯慶五年春三月下，敕請舍利往東都入內供養。時西域又獻佛束頂骨至京師，……又追京師僧七人往東都入內行道。

第十章 法門之光

敕以舍利及頂骨出示行道僧,曰:此佛真身,僧等可頂戴供養,經一宿還收入內。皇后舍所寢衣帳,准價千匹絹,為舍利造金棺銀槨,雕鏤窮奇。

這段記載是說唐高宗在得知法門寺佛骨舍利被挖出後,即下令運到東都洛陽的皇宮中供奉起來。所謂的「內」即大內皇宮。早在東晉時代,宮廷之內就建立了舉行法事活動的地方,晉時稱精舍,隋之後稱內道場。隋煬帝時曾在內道場彙集佛道經典,編撰經文典籍目錄,至唐代已大規模地發展內道場制度,而其全盛時期則是在中晚唐以後。

唐高宗詔令將佛骨舍利迎入東都洛陽內道場供養,自然引起朝廷上下的騷動,幾乎所有的皇親國戚、臣僚妃嬪都紛紛出資捐物,前來施捨供奉,京城內外一片歡騰景象。

佛骨舍利在皇宮歷經三年的奉迎、禮拜,在唐高宗龍朔二年(西元662年)送還法門寺。這一年二月十五日,由京師派來的諸僧與臣僚,會同法門寺僧眾開啟了塔下的地宮,將佛骨藏於其中。

就在佛骨送還的時候,唐高宗賜絹一千五百匹,詔令惠恭、意方等禪師辦理法門寺重修事宜,以示皇恩浩蕩和皇帝本人對佛的崇敬之情。

當佛骨入地宮後,惠恭等僧人便四處徵集材料和能工巧匠,開始沒日沒夜、載營載葺、莊嚴輪奐、制置殊麗、危檻對植、曲房分起、欒櫨斗栱、枕而盤鬱的大修復。法門寺在這次重修後,更加輝煌壯麗,氣勢非凡,具有典型的皇家寺院氣魄和格局——這時的法門寺已形成二十四院並存的浩大規模。

繼唐高宗之後,大唐歷史上有武則天、肅宗、德宗、憲宗、懿宗也曾經到法門寺迎奉佛骨。武則天有生之年最後一次崇佛活動是在西元704年,曾派高僧大德前往法門寺迎取佛指舍利入宮供養。〈志文〉碑同時

記載了唐中宗、代宗、僖宗三代到法門寺送佛骨或下詔修復的事件，當然也有唐武宗滅佛的事件。〈志文〉碑的發現如同一盞明燈，照亮了大唐歷史，同時也揭示了地宮的一段波折歲月。

地宮珍寶

發掘仍在繼續。隧道盡頭兩塊石碑的後面，又出現了一副雙扇石門。

在門框的兩個內側面，均有一「天王力士」像，神態威勇，頗有一股不可戰勝的護法氣勢。而兩扇門上，各有一尊「菩薩」像，線條鏤刻流暢，造型看似相同卻又相異，顯露隋唐壁畫人物豐腴飽滿的特點，生動可人，逼真傳神。

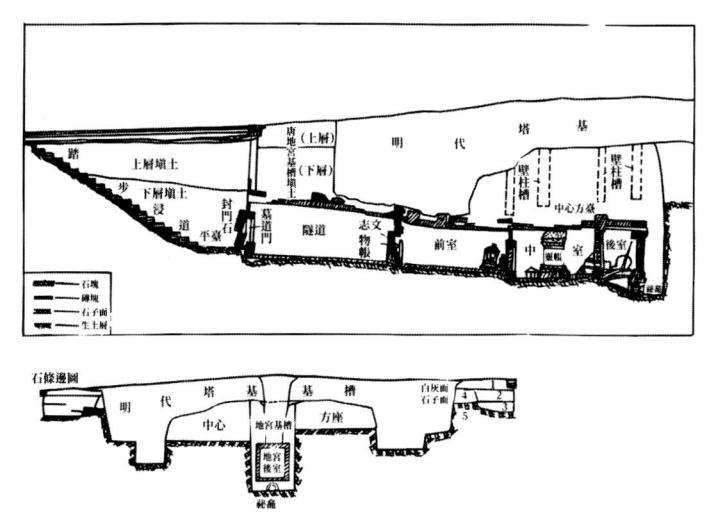

圖 10-4 法門寺真身寶塔唐代地宮縱剖面、橫剖面圖

兩尊菩薩像打破了第一道門只塗黑漆的格局。兩相比較，考古人員才恍然大悟，第一道門上的黑漆，原來是有意賦予哀悼懷念佛祖之意。

第十章　法門之光

　　菩薩像的出現表示已進入道場中心。隨著第二道石門開啟，考古隊員及數名佛門代表的心情更加激動

　　隊員們看到，室內的鋪地石為南北向兩行，由於年代久遠，不少地方已經拱起。

　　考古學家石興邦現場判斷，石門開啟後顯露的長長隧道為塔基地宮的前室。室中深處，是一堆又一堆整齊的絲織品，以及石函、踝躞十事、白瓷瓶，還有一銅質錫杖，甚為罕見。

　　錫杖乃鎏金單輪六環，由輪首、執手、杖樽三部分組成，原與木杖套接，木杖已朽壞，總長度不明。桃形輪上端兩側各套三枚錫環，經測量，錫環直徑均為117公釐。桃形輪及圓環剖面均呈菱形，輪頂飾有智慧珠。執手為八稜形，杖末端為圓球形。輪高310公釐，寬270公釐，執手長317公釐，直徑22公釐，杖樽長312公釐。此乃重要佛家禮品，顯然是哪位大德高僧之寶物。

　　再往前探尋，是一座漢白玉浮雕彩繪阿育王塔，通高785公釐，四面都刻有端莊秀麗的菩薩像。從雕刻手法來看，屬於盛唐時期製造，於懿宗咸通年間置於法門寺地宮前，顯然曾重新裝繪。至於阿育王塔中盛裝的祕密，只有開啟才能知曉。

　　據〈物帳〉碑載，武則天、唐懿宗、僖宗、惠安皇太后等人供奉給佛祖的各類絲織品數量多達700多件，全部放於地宮之中。可惜地宮封閉條件和年代太久的原因，許多供物已碳化朽敗，僅存殘跡，絲綢織物也表層粉化。只有堆積疊壓在底部的絲綢，色彩花紋保存完好，豔麗如初。

圖 10-5 法門寺地宮出土的漢白玉浮雕彩繪阿育王塔

地宮珍寶

　　前室所有珍貴文物，按嚴格的考古流程清理出地宮後，考古隊員發現，緊接前室之後又是一個珍寶世界，考古學家命名其為中室，內部結構與前室大致相同。

　　中室的中間位置，豎立著一尊白如瑩雪的漢白玉四稜塔狀雕刻物。在它的前面正中位置，有一鎏金銅燻爐。漢白玉靈帳架在四稜塔的上面，靈帳上披有三領金袈裟，件件金光閃閃，令人嘆為觀止。金袈裟旁邊放有一雙光彩照人的金鞋。

　　考古隊員進一步往內部探尋，又發現一個奇蹟：在漢白玉靈帳後部靠北壁處，放有一座大型銀風爐。風爐的正前方，有三個金銀稜檀香圓盒形木箱，高約13公分，直徑為40公分。其中兩個箱子裝著一模一樣的鎏金雙鳳紋銀棺。在另一具檀香木箱內滿裝著世間罕見的唐代宮廷瓷器──祕色瓷。這批瓷器共計15件，有八稜祕色瓷淨水瓶、祕色瓷盤、平脫銀扣祕色瓷碗等。祕色瓷的旁邊，出土了兩件白瓷碗和一件白瓷瓶。

　　這一批精美器物正是〈物帳〉碑中所指明的供養器具，是整個唐代考古不可多得的珍品。

　　這批祕色瓷的出現，解決了長期以來考古界和工藝陶瓷界之間的爭議。以往有關祕色瓷的討論僅限於文獻資料，而文獻記載眾說不一，使研究和辯論雙方都證據不足。法門寺地宮祕色瓷實物配合〈物帳〉碑記載，結合過去的唐代考古發現，可以得出結論，祕色瓷的始燒年代在唐朝，或者更確切一些，在晚唐時期。

　　千年隱祕就此揭開。

圖 10-6 八稜祕色瓷淨水瓶

227

第十章　法門之光

第四道石門

當考古隊員仔細清理完一件件文物，正要舒展一下腰背手足時，中室後壁又出現一道石門。此為地宮第四道石門，也是最後一道大門。

不知什麼原因，石門沒有上鎖，考古人員輕而易舉地推開，進入後室。

眼前的景觀，無疑是大唐帝國皇室精美物品的聚集地。小到生活用具，大到工藝玩物，應有盡有，一派富麗奢華的金銀世界。質地之精巧，數量之眾多，均是前面幾個洞室發掘的金銀器物無法相比的。

後室器物看似散亂、隨意放置，但考古專家們還是做出了「這大批的遺物以八重寶函為中心分布」的結論。

滿室的奇珍異寶堆積如山，考古人員一件件清理、登記、現場保護。首先映入考古人員眼簾的是碩大的八重寶函。根據〈物帳〉碑記載，八重寶函乃存放佛祖靈骨的珍貴寶器（後來開啟被證實）。

除了八重寶函，最引人注目和驚嘆的當屬迎真身銀金花雙輪十二環錫杖。

長期以來，日本正倉院所藏白銅頭六環錫杖，號稱世界錫杖之王，大和民族的佛門弟子引以為榮。而在法門寺地宮後室出土的這件錫杖，高 196 公分，杖首有垂直相交銀絲盤屈的兩個桃形外輪，輪頂為仰蓮束腰座，上托智慧珠 1 顆。外輪每面各套雕花金環 3 枚，共 12 枚。外輪中心的杖頂又有忍冬花（即金銀花，象徵「益壽」）、流雲紋、仰蓮瓣組成的三重佛

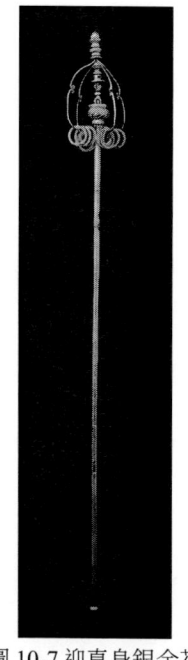

圖 10-7 迎真身銀金花雙輪十二環錫杖

座,其上承托五鈷杵與寶珠。杖身中空,鏨刻有手持法鈴、身披袈裟於蓮臺之上的沙門僧 12 位。這件錫杖整體造型雍容華貴,製作精絕,無論是工藝還是等級,都比日本正倉院 150 公分高的白銅頭六環錫杖等級更高,形制更宏偉得多,是不可多得的禮佛、事佛珍品。

與迎真身銀金花雙輪十二環錫杖同時發掘出土的,還有一件純金單輪十二環錫杖。通體用純金製成,杖桿為圓柱形,頂部有桃形輪杖首。輪心之杖端,為跏趺坐於蓮座上的坐佛,有背光,杖樽為寶珠形,輪頂為仰蓮座智慧珠,輪側各套有 6 枚錫環,總重 221 克。這件錫杖製作工藝精良取勝,巧妙絕倫,是頂級的佛教法器。

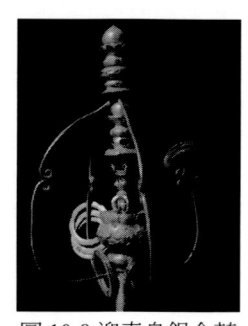

圖 10-8 迎真身銀金花雙輪十二環錫杖首部

經過幾天幾夜的工作,地宮後室的地面文物清理完畢。此時已是深夜,考古人員帶著滿身的疲憊,陸陸續續由地宮往上撤出,照明設備也逐一關閉,準備撤離。

就在這時,心細如絲的韓金科在即將撤出的最後一刻,戀戀不捨地以手摸了摸後室牆壁,發現壁畫上的圖案頗有點像在表現密宗的儀軌。忽然,腳下踩著的泥土使他心裡一震:「怎麼這麼虛鬆?」

疑惑中,他彎下腰用手一挖,大吃一驚:原來地宮後室的正面牆根下挖了一個窰洞,裡面好像藏著器物。他急忙大聲喊道:「等一等,快開啟照明燈。」

這一叫喊聲,使走在前面的考古人員回過了頭。緊跟著,總指揮石興邦也撥開其他人趕了過來。

窰洞裡確實有器物,而且是祕密貯藏地。石興邦緊張而莊嚴地說:「可能是一個祕龕。」

▎第十章　法門之光

眾人聽了，都驚訝不已。至高無上的佛教聖物可能就在這一祕龕之內。於是，韓金科等人一齊彎腰動手，仔細清理。

很快地，一尊外部包裹著夾金織錦的鐵函顯露了出來。眾人歡呼，相互傳看，而後一同將鐵函抱出地宮。此時是 1987 年 4 月 28 日。

祕龕鐵函內盛放了什麼聖物？為何放置得如此神祕？

▎開元密宗三大士

西元 705 年 1 月，中國歷史上唯一的一代女皇武則天病重不起，早已按捺不住的宰相張柬之等抓住時機，率兵進宮，殺死武則天的「嬖臣」張昌宗、張易之，擁唐中宗李顯復位，並取消武周國號。是年冬天，武則天在憂鬱中死去。

中宗李顯成功坐上龍椅，但天生庸懦無能，專信韋皇后，而這位韋皇后為達到當皇帝的目的，先是殘殺太子，後又謀害中宗。羽翼漸豐的李家後嗣李隆基統率御林軍殺進皇宮，除掉韋皇后，恢復了其父唐睿宗李旦的帝位。西元 712 年，睿宗讓位於太子李隆基──後來創立了「開元盛世」的唐玄宗。

唐玄宗即位不久，便對佛教採取了一定的限制。由於之前受到武則天崇佛的影響，到中宗時期，普天之下已出現了「造寺不止，枉費財者數百億；度人不休，免租庸者數十萬」的奇特現象。而當時的朝廷竟聽任貴戚造寺度人，富戶強丁多削髮避役。到了睿宗景雲二年（西元 711 年），懦弱無能的李旦，又准許貴妃、王公大臣之家建造功德院，浪費錢財無以計數，大唐王朝的國計民生受到威脅。

玄宗即位後的開元二年（西元 714 年），根據朝臣姚崇的上書，年輕

氣盛的唐玄宗下詔，敕命淘汰偽濫僧尼1.2萬餘人，責令還俗，並傳諭百官，以後不得私造寺廟。並同時規定，僧尼必須致敬君上，恭敬父母。自此之後，關於佛門僧尼是否應該恭敬君王的不休爭論大致結束了。

儘管唐玄宗對佛教做了具體的限制，但並沒有禁佛。相反的是在他執掌朝政期間，佛教在大唐疆域內迎來了造像的黃金時代。至今世界上最大的石刻佛像——樂山大佛，就出現在唐玄宗一朝以及稍後的時期，這尊花費了90年時光雕鑿而成的巨大佛像，顯示「開元盛世」浩大氣魄的同時，也展現了唐玄宗對佛的心態。與這個心態相應的還有鑑真和尚東渡日本事件。正是在朝廷的許可和支持下，鑑真和尚才得以多次組團東渡，並最終到達日本，為佛教和大唐文化的傳播做出了不可磨滅的貢獻。

唐玄宗以其智謀才情將大唐王朝推入了「開元盛世」，開始要「殫耳目之玩，窮聲技之巧」，盡情地享受人生——於此時代背景之下，三個不同凡響的印度和尚相繼抵達中國，他們分別是善無畏、金剛智和不空，史稱「開元三大士」。

「開元三大士」將一種叫做密宗教派的佛家理論帶到中國，並在朝廷的支持下很快發展傳播起來。

所謂密教，本是相對顯教而言。佛學中的顯教，就是釋迦牟尼佛所說的各種經典，因有文字語言，讓人一目了然，故稱顯教。而密教則是毗盧遮那佛（法身佛）直接所說的奧祕大法，其教理組織不易說明，但以咒術、儀禮形式為特徵。比如文字的意義，本從聲音而來，有「阿」之聲音，而後有「阿」字，其聲音又是依因緣而生，一對觸耳，再聞不得，故聲音亦畢竟不可得。如此一來，由文字聲音，可觀諸法空不可得之理。也正因如此，密教以真言密咒為最根本修習方法。

第十章　法門之光

　　密教不重教義理論，唯持高度組織化的各種密咒、儀規和神格信仰來進行修法。修法前必須建造「曼荼羅」，即建造壇場，壇場在室外淨地或室內皆可，並配置或者圖畫各種諸佛菩薩威儀之像。每當開始修法時，都要口誦真言，直修到身、語、意三密相應，便可即身成佛了。

　　由於密教的佛法教義無法以一般文字語言說明，只可在身、語、意三密相應之間進行體會，於是就顯得分外神祕，並且在這種神祕之中，也蘊藏著更為深邃、玄奧、廣大、不可思議的意境。正因如此，它才深深吸引了一批信徒，並很快地在中國扎根。

　　善無畏平素恬淡簡樸，靜慮怡神，到中國後，傳法有道，聲譽大起，被唐玄宗禮拜為國師。當時中國本土有一高僧法名一行，奉玄宗之命去見善無畏，請教佛法。誰知二人一見，相互傾心。從此，一行便投在善無畏門下，學習密教傳承以及基本密法。以後，一行在主持大唐繁重的修訂曆法工作的同時，協助善無畏翻譯出多部密典，其中有《大毗盧遮那成佛神變加持經》七卷，即密教經典《大日經》。這部經卷，抒發佛門義理，精緻嚴謹，深得密法真髓，千百年來備受推崇。

　　「開元三大士」的另一位天竺高僧金剛智，於開元八年（西元720年）來到長安，開始傳授密法。他在唐玄宗的崇信下，於皇宮內外設壇灌頂，廣度四眾，朝野士庶爭相皈依。從師於善無畏的一行，也拜在他的門下，親受其灌頂，秉承其所傳密法，深得其要。後來金剛智收受一位來自獅子國（今斯里蘭卡）的弟子，這便是位列「開元三大士」的不空。

　　金剛智在弟子不空及一行的協助下，也譯出多部密教經典，其中有《金剛頂瑜伽中略出唸誦經》四卷，以及《金剛頂一切如來真實攝大乘現證教王經》三卷，後人習慣將兩者並稱《金剛頂經》，這部經卷，亦是密教根本經典之一。

就在善無畏、金剛智、不空、一行等建立漢地密教的同時，印度密教又有一支越過喜馬拉雅山進入西藏，與西藏本土的苯教融合，流行並遠播於西藏、青海、蒙古等地，形成了區別漢地密教的「藏密」，並成為西藏佛教的重要組成部分。

與此相反的是，隨著唐末、五代的連年戰亂，由善無畏、金剛智等首創的中土密教，漸漸法脈斷絕，不為人知了。幸得當年來華求法的日本僧人最澄、空海、圓仁、圓珍等將漢密帶回了日本，形成「東密」，並逐漸使此佛教宗派發展、繁榮起來。

許多年之後，人們在法門寺地宮發現了早已斷絕的「唐密曼荼羅道場」，因而從中窺見了中土密教的神祕本質。這一切，當然是後話了，暫且不提。

卻說這「開元三大士」在中土建立密教並很快地紮根發芽、開花結果，其中原因除了密教本身極其神祕和組織嚴密的教理之外，還有一個明顯的特點就是教義中深含著享樂淫逸的內容，其教派的始祖龍樹曾宣稱「人生唯有追求欲色為至樂」的荒淫論調。這個論調和正在追求欲色淫樂的唐玄宗一拍即合，並很快在大唐朝野內外傳播開來。

唐玄宗對密宗教派的理論越來越崇信，直至一刻也難以分離的程度。他在長安宮中住得久了，要去東都洛陽散心，僧人善無畏也得令必須隨駕前往，並不間斷地向這位淫逸皇帝傳授「五佛五智」說，即大日如來、阿閦、寶生、無量壽、不空成就的五種智慧，按照密宗理論，如果眾生有了這五種智慧，雖食肉、飲酒、做男女之事也能達到「菩提」（覺或者智），這五種智慧必須由師父祕密傳授才能得到。

正是在此種崇佛理論的具體指導下，唐玄宗越來越迷戀女色，不問國事，最後導致了使大唐由興轉衰的「安史之亂」。

第十章　法門之光

「安史之亂」的爆發以及「馬嵬坡事變」的出現連同唐玄宗的倉皇南逃，提供太子李亨篡奪皇位的可乘之機。他自奉天北上，收兵至彭原，率眾馬抵平涼。西北軍人立即擁立李亨在朔方（關中靈武縣境）即位，完成了玄宗朝至肅宗朝的更替。

馬嵬坡事變剛過，唐玄宗面臨逃亡去向問題，君臣分別選擇了蜀中、太原、朔方、西涼等幾個地方。隨駕的高力士最後總結：「太原雖近，地與賊連，先屬祿山，人心難測。朔方近塞，全是蕃戎，教之甚難，不達人意。西涼地遠，沙塞蕭條，大駕巡幸，人馬不少，既無備擬，立見恓惶。劍南雖小，土富人強，表裡山河，內外險固。以臣所見，幸蜀為宜。」高力士力主去巴蜀，恰合玄宗的心意，因而促成了玄宗幸蜀。

唐玄宗走了，太子李亨篡權成功，是為唐肅宗。面對刀光劍影的亂世，這位新即位的皇帝卻無法迴避高力士所擔心的「朔方近塞，全是蕃戎，教之甚難，不達人意」。雖然朔方軍隊將領郭子儀、李光弼等率部擁立肅宗並願為之拚殺疆場，從而形成大唐軍隊的主要支柱，但該部多為突厥人，極難順從。後來肅宗又調集的西北各鎮軍人，也是成分複雜、信仰不同的少數民族軍隊，只憑傳統的儒家忠君保國思想難以穩定軍心。而軍心不穩，戰鬥力就無從談起，並且蘊藏著隨時倒戈的危險。為了求得各個民族軍隊在思想上的共識，讓軍隊為大唐效力，唐肅宗不得不再次借用已在西北少數民族中有極大影響的佛教來團結各族將士，穩定軍心，而法門寺已是極負盛名的佛門聖地，唐肅宗立即詔令平叛指揮部移駐當時被稱為鳳翔郡的扶風。

唐肅宗到了扶風，首先祕遣使者至已陷入「魔掌」的長安城，向「開元三大士」之一的不空求祕密法，以降服叛軍「惡魔」。

234

不空接到詔令，立即指導肅宗在扶風設曼荼羅「降魔」。他召僧侶數百，每日念《大威德金輪佛頂熾盛光如來消除一切災難陀羅尼經》，以招兵引將，消災降魔。當時數百名僧眾在曼荼羅內道場晝夜念佛，聲聞禁外……不久，隴右、河西、安西諸路大軍奔赴扶風，聚集在肅宗的大旗下，開始了向叛軍的反攻。

至德二年，唐軍收復長安，唐肅宗將這次勝利歸於佛的神靈保佑，功勞首推僧人不空，並召不空入皇宮為皇帝行「轉輪王七寶」灌頂大法，儼然一位忠誠的佛門弟子。

既然佛的神靈可以穩定軍心，可以保佑唐軍取得勝利，那麼就一定能保佑李家王朝政權的穩定與鞏固。出於這種考慮，唐肅宗不顧當時戰亂未平、國困民窮的尷尬處境，於上元二年（西元761年）詔令臣僚僧眾到法門寺開啟地宮，迎奉佛骨。

與此同時，李光弼正率領唐軍與叛軍史思明在洛陽血戰，而唐將康楚元在襄州反叛，並切斷唐王朝的漕運糧道，大唐王朝尚處在風雨飄搖之中。由於財政的極度困難和戰局的吃緊，迎奉佛骨的活動只持續了兩個月便匆匆結束了。

唐肅宗不久病死，生前藉助佛事活動平息「安史之亂」的目的雖未達到，但客觀上為鞏固李家王朝的政權發揮了極大的作用。而經過兵禍戰亂之後的李家王朝，以勝過以前的更大熱情展開了迎奉佛骨活動。

圖10-9 北京雍和宮密宗雙身造像
　　　　（汪堯民摹繪）

第十章　法門之光

韓愈的諫佛骨案

　　唐憲宗李純在「永貞內禪」[04]的政治鬥爭中登上皇帝寶座，他用優撫的辦法招降諸州叛將，使持續近一個世紀的大唐帝國藩鎮割據局面稍有好轉。他當時被譽為治國有方、睿智明斷的皇帝。

　　唐憲宗對於先輩們、尤其是處於亂世中的肅宗、德宗兩朝，藉助佛教的力量來穩定、鞏固李家王朝的做法堅信不疑。就在他登基的元和元年（西元806年），即詔令天下大德高僧全部赴京師長安闡揚佛法，並特地把名聲正興的知玄和尚召入內殿尋求佛道，同時賜予這位高僧「悟達國師」的名號。第二年，唐憲宗又詔令宦官吐突承璀等人任左右街功德使職務，掌天下僧尼道士，沙門僧端甫、靈邃分別為左右街僧事。由皇帝本人身邊的宦官和高僧共同管理沙門，進一步加強了朝廷與佛門的關係。

　　唐憲宗李純的確算是中唐李家王朝中較有作為和智謀的皇帝。他在亂世紛爭的局勢之中即位，經過一系列驚心動魄的政治、軍事鬥爭，尤其是元和七年魏博鎮衙內兵馬使田弘正歸降唐廷之後，唐憲宗終於贏得了全面削平藩鎮的機會和實力。元和十二年（西元817年），唐將李愬率部奇襲蔡州，生擒淮西吳元濟。元和十三年（西元818年），淄青節度使李師道亦請降歸附。唐憲宗在征剿招撫的同時，又將這些歸附的藩鎮由大劃小，分而治之，由朝廷統管，從而取得了自「安史之亂」之後的「中興」局面。

　　元和十三年十一月，唐憲宗正在宮中處理政務，有功德使前來奏

---

[04] 唐代宮廷政變。西元805年初，順宗李誦即位，因病不能視事，重用王叔文、王任實行改革，引起宦官及部分藩鎮反對。三月，宦官俱文珍等逼順宗立長子李淳為太子，改名李純。八月，俱文珍與韋皋、裴均、嚴綬等人強迫順宗禪位，改元永貞，李純登基。次年正月，改元元和。這一年間的宮中紛擾，史稱「永貞內禪」。

韓愈的諫佛骨案

報：「鳳翔法門寺塔有佛指骨，相傳三十年一開，開則歲豐人安。來年應開，請迎之。」唐憲宗正在想著如何使自己的施政措施和取得的成果與「天命佛法」連繫起來，立即准奏。元和十四年正月，唐憲宗詔令中史杜英奇帶領宮人、高僧30人，手持香花，赴鳳翔法門寺迎奉佛骨。

出發前夕，杜英奇傳令從鳳翔至長安沿途各州、縣，務必隆重迎奉佛骨，並授意沿途廣搭彩棚，紅氈鋪地，以示對佛的敬重。

杜英奇一行人來到法門寺後，先由宮人、高僧持香花來到塔下，然後焚香點燭，頂禮膜拜一番後，開啟了地宮石門。杜英奇等人迎出佛骨，直奔京城而去。

自法門寺至長安兩百多里的漫漫長道上，無論州縣府衙還是村鎮寺廟，處處築起高臺香剎，張燈結綵，跪而拜迎。

迎佛隊伍進入長安城，街市上的鉅商豪富爭相舉行盛大的迎奉儀式，到處結綵為樓，水銀為池，金玉扎樹，形成了一條條流金溢翠的五彩通道。自開元門到安福樓，被數人恭抬著、盛裝佛骨舍利的黃金寶函，幾乎是從人群的頭頂上踏過去的。為了向佛骨表達虔誠之意，砍肢割臂者不計其數，獻兒獻女、傾家蕩產、極盡耗費者數以千萬計。在一座貞節牌坊前，有一老嫗竟將一壺水銀強行灌入女兒口內，使其當場中毒死亡，以此敬佛。

此時的京師長安，一場大雪剛剛停歇，宮闕禁苑、豪門房舍一片銀裝素裹。燦爛的陽光照射下來，使這座都城分外輝煌壯麗。年輕氣盛、志得意滿的憲宗皇帝身披華彩亮麗的裘衣披風，在濃妝豔抹、妖豔華貴的妃嬪簇擁下，站在大明宮道場前的錦繡高臺之上，專候迎佛隊伍的到來。

第十章　法門之光

在萬民齊呼、聲震蒼穹的禮佛聲中，浩浩蕩蕩的迎佛隊伍來到了宮前道場。憲宗搶步上前，叩頭拜佛。緊接著，文武百官、妃嬪仕女、太監僧人等也跪地拜佛，整個道場一片沸騰。隨後，憲宗將佛骨留於禁宮，幾廢朝政，日日素衣齋食，焚香點燭，守於佛骨之前，並藉助神靈的感應，欣然命筆，賦詩一首敬獻佛靈，其詩曰：

功成積劫印文端，不是南山得恐難。眼睹數重金光潤，手擎一片玉光寒。煉時百火精神透，藏處千年瑩彩完。定果薰修真祕密，正心莫作等閒看。

此詩一出，朝野騷動，崇佛禮佛的狂潮再度掀起，「王公士庶，奔走施捨，唯恐在後。百姓有廢業破產，燒頂灼臂而求供養者……」。

面對皇帝、官宦、四方百姓如此瘋狂、如此痴迷、如此愚頑的禮佛之舉，有一個人再也按捺不住心中的憤怒之情。他奮筆疾書，一氣呵成了一篇〈論佛骨表〉，準備堅決抵制這種禮佛之舉，這個人就是官拜刑部侍郎的韓愈。文曰：

臣某言：伏以佛者，夷狄之一法耳，自後漢時流入中國，上古未嘗有也。昔者，黃帝在位百年，年百一十歲；少昊在位八十年，年百歲；顓頊在位七十九年，年九十八歲；帝嚳在位七十年，年百五歲；帝堯在位九十八年，年百一十八歲；帝舜及禹，年皆百歲，此時天下太平，百姓安樂壽考，然而中國未有佛也。其後，殷湯亦年百歲，湯孫太戊在位七十五年，武丁在位五十九年，書史不言其年壽所極，推其年數，蓋亦俱不減百歲。周文王年九十七歲，武王年九十三歲，穆王在位百年。此時佛法亦未入中國，非因事佛而致然也。

漢明帝時，始有佛法，明帝在位，才十八年耳。其後亂亡相繼，運祚不長。宋、齊、梁、陳、元魏以下，事佛漸謹，年代尤促。唯梁武帝在位四十八年，前後三度捨身施佛，宗廟之祭，不用牲牢，晝日一食，

止於菜果，其後竟為侯景所逼，餓死臺城，國亦尋滅。事佛求福，乃更得禍。由此觀之，佛不足事，亦可知矣。

高祖始受隋禪，則議除之。當時群臣材識不遠，不能深知先王之道、古今之宜，推闡聖明，以救斯弊，其事遂止，臣常恨焉。伏唯睿聖文武皇帝陛下，神聖英武，數千百年以來，未有倫比。即位之初，即不許度人為僧、尼、道士，又不許創立寺觀。臣常以為高祖之志，必行於陛下之手。今縱未能即行，豈可恣之轉令盛也！

今聞陛下令群僧迎佛骨於鳳翔，御樓以觀，舁入大內；又令諸寺遞迎供養。臣雖至愚，必知陛下不惑於佛，作此崇奉，以祈福祥也。直以年豐人樂，徇人之心，為京都士庶設詭異之觀、戲玩之具耳！安有聖明若此，而肯信此等事哉！然百姓愚冥，易惑難曉，苟見陛下如此，將謂真心事佛，皆云：「天子大聖，猶一心敬信，百姓何人，豈合更惜身命？」焚頂燒指，百十為群，解衣散錢，自朝至暮，轉相仿效，唯恐後時，老少奔波，棄其業次。若不即加禁遏，更歷諸寺，必有斷臂臠身以為供養者。傷風敗俗，傳笑四方，非細事也。

夫佛本夷狄之人，與中國言語不通，衣服殊制，口不言先王之法言，身不服先王之法服，不知君臣之義、父子之情。假如其身至今尚在，奉其國命來朝京師，陛下容而接之，不過宣政一見，禮賓一設，賜衣一襲，衛而出之於境，不令惑眾也。況其身死已久，枯朽之骨，凶穢之餘，豈宜令入宮禁！孔子曰：「敬鬼神而遠之。」古之諸侯行弔於其國，尚令巫祝先以桃茢祓除不祥，然後進弔。今無故取朽穢之物，親臨觀之，巫祝不先，桃茢不用，群臣不言其非，御史不舉其失，臣實恥之，乞以此骨付之有司，投諸水火，永絕根本，斷天下之疑，絕後代之惑，使天下之人知大聖人之所作為，出於尋常萬萬也，豈不盛哉！豈不快哉！佛如有靈，能作禍祟，凡有殃咎，宜加臣身。上天鑑臨，臣不怨悔。無任感激懇悃之至。謹奉表以聞，臣某誠惶誠恐。

第十章　法門之光

刑部侍郎韓愈的文表一經呈上，無異於對大唐憲宗皇帝和眾臣僚冷水灌頂，當頭棒喝。「亂亡相繼，運祚不長」、「事佛漸謹，年代尤促」等語句，使滿朝文武驚駭不已，皇帝本人怒火中燒，幾乎昏厥過去。

唐憲宗將〈論佛骨表〉擲於地上，滿腔怒火，顫抖著嘴唇下詔立即處死韓愈。

雪擁藍關馬不前

韓愈寫〈論佛骨表〉時，究竟是憑著一時的氣盛還是思慮良久，呈給大唐天子時，是否考慮到會迎來悲慘結局，史籍沒有記載。僅記載了當一群武士聞聲而入，打掉他的烏紗帽、將他用繩索捆綁時，他已面無血色，一句話也喊不出來了。

眼看韓愈大禍臨頭，很快將身首異處，宰相裴度急忙奏諫：「韓愈出言不遜，罪有應得，然實則忠心耿耿，才如此直言不諱。昔太宗聽魏徵直言，從其諫，才能親賢疏奸，安邦治國。韓愈雖冒犯神威，然其苦諫亦是一片忠心，怎能輕而殺之？」

唐憲宗聽後，仍餘怒未息，憤然回駁道：「好一個『枯朽之骨』、『朽穢之物』、『投諸水火，永絕根本』。昔太宗只為信佛，迎奉佛骨，才有了貞觀之治。則天皇帝因為信佛禮佛，迎奉佛骨，才有了大唐的強盛。況且韓愈竟然說出『運祚不長』、『年代尤促』這般大逆不道之語，豈不是在咒我這個皇帝早日歸天嗎？作為人臣，如此狂妄，罪實難恕！」

此時，驚駭不已的群臣似乎已清醒過來，他們感到為了此事殺韓愈實在有些過分，便紛紛出來為韓愈求情。唐憲宗見眾意難違，遂詔令將韓愈貶為潮州（今廣東省潮州市潮安區）刺史，即刻赴任。

倖免一死的韓愈接到詔命，不敢久留，當天便辭別親友，收拾行裝，找了一駕馬車，帶著家眷及幾個僕人匆匆上路。車出長安南門，韓愈禁不住回頭凝望，已看不見輝煌壯麗的宮闕殿宇。

韓愈諫迎佛骨這件驚心動魄的公案，看起來以當事者被貶潮州結束，但事情又沒有那麼簡單。就在韓愈走出長安都城、漸沒在黃塵古道之時，他的一位名叫馮宿的朋友卻又大難臨頭了。

時任禮部郎中的馮宿，原來與韓愈是同年同榜進士，由於這層關係，二人得中後在長安「朝夕同出入起居」。當韓愈打出「古文運動」的大旗時，馮宿在他的旗下竭力為其鼓吹並作〈初筮賦〉，曾得到韓愈的好評。唐軍征伐淮西時，二人同在大將軍裴度手下任職，韓任行軍司馬，馮任節度判官，均得裴度賞識。後來成為宰相的裴度之所以敢為韓愈冒死進諫並使韓愈免於殺身之禍，便是基於這段期間所建立起來的感情。而馮宿為人「孝友忠信，清廉正直」，因為有了裴度的提攜，升遷較快，遭到不少人的忌妒，加上他為了維護朝廷而損害了某些地方藩鎮的利益，當這些藩鎮歸順朝廷後，仍對馮宿懷恨在心，並設法整治他。韓愈案發，作為韓愈好友的馮宿自然成為對手打擊的重要目標，苦於找不到藉口的對手，便誣陷韓愈的奏表是由馮宿起草的。憲宗皇帝竟信以為真，詔令將馮宿貶為歙州（今安徽歙縣）刺史。

韓愈被貶情有可原，而馮宿被貶實在是有些冤枉。馮宿雖為當時著名的文人，較之韓愈卻遜一籌，從〈論佛骨表〉文風看來，當為韓愈所書無疑。再從情理上說，這種有殺頭風險的奏表，韓愈應該不會讓馮宿代勞。馮宿被貶謫，實則由於朝廷內部政治鬥爭所致，其微妙之處後人無從知曉，但韓愈一案成了他遭殃的導火線，也是不爭的事實。

馮宿被貶一事，韓愈到了潮州很長一段時間之後才知道。此時的他

第十章　法門之光

　　正在漫漫曠野中往藍田關一帶艱難前進。

　　儘管春節早已過去，春風卻遲遲未至，一眼望不見邊的西部黃土塬上，依然是朔風凜冽，冰冷如鐵。

　　雄奇峻拔的藍田關漸漸近了，灰濛濛的天空泛起了片片烏雲，烏雲在朔風的吹動下滾轉翻騰，起伏波動。天空越來越暗，烏雲越滾越低，一場鋪天蓋地的大雪悄然而至。紛紛揚揚的鵝毛大雪遮住了古道塵沙，淹沒了高塬溝壑，起伏的群山一片潔白，蒼茫的天地一片混沌。韓愈的馬車在風急雪緊的曠野中急急前行。車馬進入藍田關時，車輪陷於大雪覆蓋的溝岔，任憑御手怎樣揮鞭叫喝，全身已被冰雪捶打得精疲力竭的老馬只能仰天長嘶，不肯舉蹄前行。

　　天色更加灰暗，大雪越下越緊，韓愈無可奈何地環顧群山曠野，希望得到意外的救援。就在這時，只見遠處的雪霧中飛來一匹快馬，馬上坐著一位青春俊秀、飄逸灑脫的男子。那男子來到韓愈面前，滾鞍下馬，叩首作拜。韓愈定神一看，來者竟是姪子韓湘。

　　韓湘，乳名韓湘子，韓愈長兄韓會之子，幼喪父母，由其叔父韓愈撫養。少年時，韓湘入私塾求學，但他天生頑皮，不喜讀書，鬧得其他學生也無法用功。在私塾先生的建議下，韓愈只好送他到一座寺廟中習經。但沒過幾日，寺院住持前來告狀，說韓湘天性愚頑輕狂，無法調教。韓愈將這位姪子叫來，憤然警告道：「市井小民都要有一技之長，你如此放蕩不羈，不學無術，將來怎麼謀生？」

　　韓湘子望著叔父，竟笑而答道：「我已有一技之長，恨叔不知矣。」說完，指著臺階前一盆正在吐蕊的牡丹說，「叔父想要此花開成青、紫、黃、赤，任您吩咐。」

　　韓愈氣惱中順口說道：「我不要青、紫、黃、赤，只要紅、白、黑、

綠四色。姪子不要再頑固不化,快好好讀書去吧。」

韓湘並沒有依言行事,而是極為神祕認真地用一塊布將牡丹枝遮住,第二天,這株牡丹果然開成了紅、白、黑、綠四色。最為神奇的是,花朵上竟有紫色字樣,並連成一句詩:

雲橫秦嶺家何在,雪擁藍關馬不前。

韓愈和家人看到盛開的牡丹和詩句大為驚異,知道韓湘果有奇術,不再逼其讀書。後韓湘辭歸江淮,浪跡天涯,其間得到鍾、呂二仙傳授修行之術,並遁至終南山修道,得成正果,成為歷史上流傳的八仙之一。

史載韓愈在徐州任官時,浪跡中的韓湘曾專程拜訪韓愈,因叔姪已有多年不見,加之韓湘當時浪跡無著而蓬頭垢面,韓愈竟一時未能認出。韓湘子走時,哭笑不得的他作了一首〈贈徐州族姪〉送給韓湘,算是這次相見的紀念,詩曰:

擊門者誰子?問言乃吾宗。自云有奇術,探妙知天工。

當韓愈獲罪被貶來到藍田關時,韓湘居住何處,如何探知的消息,又從哪裡找來一匹馬在風雪中匆匆趕來,為何叔姪二人偏偏相會於藍田關而不是別處,史籍少有記載。有傳聞說,正處於欲進不能、欲退不可的兩難局面的韓愈,見到這位姪子飄然而至,自是百感交集,淚水漣漣,其心境的悲苦和內心的熱情,勝過了早年在徐州官邸的接見。而此時的韓湘似乎還是那麼頑固灑脫和放蕩不羈。在叩首起身之後,他問韓愈的第一句話是:「您還記得當年那牡丹花上的詩句嗎?說的正是今日之事也!」韓愈想起舊事,嗟嘆再三,無可奈何又倍加感激地說道:「我為你吟成一首完整的詩吧。」說著便面對風雪群山吟道:

第十章　法門之光

一封朝奏九重天，夕貶潮州路八千。欲為聖明除弊事，肯將衰朽惜殘年？雲橫秦嶺家何在？雪擁藍關馬不前。知汝遠來應有意，好收吾骨瘴江邊。

此即中國文學史上著名的〈左遷至藍關示姪孫湘〉。

從這首詩的文風和氣勢來看，當是一代文豪韓愈所作無疑，而韓氏叔姪二人曾在藍田關相見過大概也是事實。至於此時的韓湘是否就是後來八仙之一的韓湘子，還有以前那神祕的傳聞是否真實，則很難推斷了。[05]

一代文豪的反思

幾乎忘記了已離開長安多少個日夜。在韓愈的心中，這座輝煌壯麗又危機四伏的都城，已經漸漸淡遠，它從此之後很可能不再容納自己，那燈紅酒綠、歌舞昇平的生活也將不復存在，屬於自己的只有面前這漫漫古道、凜凜西風和一匹行將倒斃的瘦馬拉著的一輛破車。道路曲折艱難，前景凶險難測，奔騰的思緒越來越難以平靜，心情更加憂鬱愁苦。

元和十四年（西元819年）三月十五日，經過了兩個月的風寒冰凍、跋山涉水、輾轉行程，歷盡千辛萬苦的韓愈終於來到潮州。

經過一段時間的休息、整理與反思，韓愈漸漸地從悲憫苦痛中擺脫出來，文化和人格的力量又促使他在這塊被貶謫的土地上，再一次顯示出文人的高貴胸襟。他決定在今後的殘年餘生裡和這裡的百姓同甘共苦，建設家園，共創大業，以實現自己的志向與政治抱負。

事實上，韓愈在潮州主政的一年多時間裡，確實為百姓做了幾件好

---

[05] 關於韓湘子其人的生平，歷史記載不一。他跟韓愈的親屬關係也有多種說法。根據我們考察的資料來看，韓湘為韓愈之姪子，應較為可信。

事。他提倡輕賦減稅，與民休養生息，實行「自贖法」，解放了大批被賣身的奴隸，安定了社會秩序，使潮州從原始走向開化。所有這些，後人可從當時潮州百姓在海邊設立的韓公祠，以及韓愈本人留下的〈潮州祭神文五篇〉(即〈祭鱷魚文〉、〈祭止雨文〉、〈祭城隍文〉、〈祭界石神文〉、〈祭大湖神文〉)中看到。值得說明的是，這五篇祭文不再是作者觸景生情式的純文學篇章，而是與當地民風民俗以及政治、文化等方面高度結合和溝通的產物。每篇祭文的背後都無一例外地附帶著一個頗值得玩味的故事或事件，賦予祭文更廣泛的意義和深刻的內涵，反映出韓愈的良苦用心和足智多謀的治理本領。

當韓愈走馬上任並在潮州屬地海門、神泉、惠來一帶巡察時，發現田野的莊稼被糟踏殆盡，有的村落荒草叢生，房屋倒塌，一片淒涼慘景。問及原因，人們都說是因鱷魚所害。原來這一帶潮間帶地勢低窪，水經過處留下一處深潭，潭方圓幾十里，一望無際。潭中除了各種植物、魚類生存之外，還潛藏著一種叫做鱷魚的兩棲爬行動物。它們勇猛凶殘，身長丈餘，牙尖齒利，口似血盆，每隨潮來，數十成百，像一支臨陣的軍隊，氣勢洶洶地自水中登陸，毀壞莊稼，咬食人畜，鬧得四周百姓苦不堪言。為避鱷魚之害，崇尚迷信道法的百姓，只好廣修祭祀，向潭中拋牛拋羊，一些官僚鄉紳甚至強迫百姓湊錢購買貧家的童男童女，拋入潭中以餵養鱷魚。儘管如此，鱷魚照常出潭為害，逼得大批百姓離鄉背井，逃難他鄉。

作為一向反對鬼神並以「大儒」自居的韓愈，得知後自是憤怒異常，他當即傳令：「主此謀者當殺。調集鄉勇，各備堅兵毒弩，盡殺醜類，為民除害。」

當各地鄉勇們拿著武器會聚而來準備除害時，令韓愈大出意料的

第十章　法門之光

是，他的面前來了無數請願的百姓。驚訝中的韓愈不知為何，問及緣由，幾位白髮蒼蒼的請願者說：「鱷魚乃海龍之子，殺之不祥，若龍怒，將起波天之濤，淹沒州縣。天授年間，因百姓殺死一條鱷魚，引起海水上漫，淹沒了三縣十八鄉……」

韓愈明明知道此說荒唐，但面對如此眾多的請願者，他又顯然感到民風、民俗、民心的不可違。既然百姓的思想被神主宰，聰明的韓愈只好假借神力來懲治害人的動物，以求皆大歡喜。

想通了這一切，韓愈便扶起老者，慷慨陳詞：「我原想為民除害，怎能做此逆舉。鱷魚既是靈物，當不能殺。傳令下去，兵馬仍駐原地待命。各鄉父老百姓，準備香燭紙馬、鑼鼓禮炮、旌旗豬羊等祭品，以隆重的儀式、盛大的規模，歡送鱷魚歸遷大海，回去找它們的海神父母。」

韓愈的一番演講，百姓皆歡呼動容，以感念的心情各自回家準備。

七月十五日，這是當地百姓公認的海神生日。按照韓愈的事先安排，天剛放亮，四鄉百姓便敲著牛皮鼓，打著銅鑼，抬著各種肉類祭品，攜帶鞭炮，從四面八方擁向指定的海神廟。身為刺史的韓愈也帶領官兵，抬著祭品，打著龍虎旗，扛著火藥鐵炮來到海神廟。韓愈親自在供桌前上香、燒紙，然後開始宣讀那篇流傳後世的〈祭鱷魚文〉：

維年月日，潮州刺史韓愈，使軍事衙推秦濟，以羊一豬一，投惡溪之潭水，以與鱷魚食，而告之曰……

鱷魚有知，其聽刺史言：潮之州，大海在其南，鯨鵬之大，蝦蟹之細，無不容歸，以生以食，鱷魚朝發而夕至也。今與鱷魚約，盡三日，其率醜類南徙於海，以避天子之命吏。三日不能，至五日；五日不能，至七日。七日不能是終不肯徙也。是不有刺史聽從其言也；不然，則是

鱷魚冥頑不靈，刺史雖有言，不聞不知也。夫傲天子之命吏，不聽其言，不徙以避之，與冥頑不靈而為民物害者，皆可殺。刺史則選材技吏民，操強弓毒矢，以與鱷魚從事，必盡殺乃止，其無悔！

韓愈讀完祭文，命人將宰殺的豬羊、香餌用繩索拴在一條大船的後部，然後拋向水中。大船拖著祭品在前面開道，沿岸萬千百姓一齊敲鑼、擂鼓、鳴放鞭炮，並把事先做好的數萬隻紙船，點上香燭，放到水裡，隨水漂向大海。士卒官吏則抬著火藥鐵炮，尾隨紙船向水裡放炮。一時間，鼓聲、鑼聲、炮聲，夾雜著百姓的叫囂歡呼聲，震天動地，響徹雲霄⋯⋯

一場有神論者和無神論者聯手主演的鬧劇落下了帷幕。自此之後，鱷魚不再出現，百姓安居樂業。為了感謝這位刺史對百姓的恩德，人們在潭邊建了一座韓公祠，而這位曠世文豪以一篇文章趕跑鱷魚的故事也流傳下來。

韓愈在看似一場鬧劇中取得了預期的效果，並使他流芳千古。而這位無神論者最終在當地百姓心中又成了神的原因在於：韓愈本人當初就已料到，前有誘餌引路，後有炮火轟鳴，不要說是鱷魚，就是海龍王也會跑掉的。鱷魚本屬淺水動物，一旦進入深海，就會迷失方向找不到歸路，自然也不會再出現於這個深潭 —— 韓愈的用心和聰明正在於此。

儘管這位韓刺史在潮州主政期間，為百姓做了不少好事，但他本無意在此久留，夢迴朝廷重新施展抱負和充分享受人生的願望日漸強烈。為了實現這個願望，在上任不滿一年之時，他便頗有些違心地匆匆草擬一篇〈潮州刺史謝上表〉（下稱〈謝上表〉）呈奏唐憲宗。在這篇後人多有微詞的〈謝上表〉中，韓愈既承認了當初的激進言行，又表示了懺悔之意，對自己被貶不僅未有絲毫怨言，反而一再表示對憲宗皇帝不殺之恩

第十章　法門之光

的感激之情，並極盡阿諛奉承之能事。他的用心良苦終於使憲宗皇帝大為感動，接到奏表的第二天，唐憲宗便在朝中對眾臣說：「昨日接到潮州的〈謝上表〉，想起韓愈諫迎佛骨之事乃是對朕的一片忠心，朕豈不知，不過，作為人臣，本不該說朕信佛折壽，因而朕才加罪於他。」

唐憲宗這番述說，明眼人一聽便知是想起用韓愈，意在試探眾臣的意見。

當眾臣正在考慮如何回答時，韓愈的宿敵、朝臣皇甫鎛因怕韓愈歸來對自己不利，便搶先答道：「韓愈一向狂妄自大，可以酌情調至近處的州做刺史。」唐憲宗和眾臣僚不好再跟這位皇甫大人較勁，皇帝只好詔令調韓愈為袁州（今江西宜春市）刺史。

韓愈的這篇〈謝上表〉未能達到預期目的，卻留下了不少有損他人格的話柄，就連十分欽佩其為人為文的歐陽脩也不得不說：「前世有名人，當論事時，感激不避誅死，真若知義者；及到貶所，則戚戚怨嗟，有不堪之窮愁形於文字。雖韓文公不免此累。」明代的張萱在論及此事時，也感慨地說：「始以諫佛骨見斥，既欲以請封禪而媒進，非兩截人乎？」

不管後世怎麼評說，韓愈的這篇〈謝上表〉還是多少帶給他一點好處。除了地域上離京師長安更近之外，重要的是在政治上已邁出了回歸的步伐，輝煌的殿宇離他也許只有一步之遙了。

元和十五年（西元820年），唐憲宗駕崩，他的迎佛折壽之舉不幸被韓愈言中，死時年僅43歲。

憲宗死後，他的兒子穆宗繼位，韓愈被重徵入朝，任國子監祭酒。後又出任兵部、吏部侍郎等職。至此，這件歷史公案總算有了滿意的結局。

會昌法難

韓愈終於回到了他夢中的京城，開始新的人生之路，關於他因諫迎佛骨而倒楣的一段歷史也告終結。

但是，他諫迎佛骨而引起的是是非非並沒有隨著他回到長安而告終結，這個在中國佛教發展傳播史上極具典型和預言性的事件，因其特殊的歷史背景，成為中國正統的儒道思想與外來文化碰撞和交流的焦點，也是自佛教東傳以來各種矛盾衝突逐漸嚴重的象徵。韓愈的思想具體反映了歷史上佛教敵對勢力的反佛觀點和願望。因此，這一引人注目又轟動一時的歷史公案，才引得千百年來歷代學者的高度重視和關注，才有了諸多異彩紛呈的評論觀點。

其實，佛教自傳入中國後，始終面臨著本土宗教和本土文化的排斥和打擊。當永平七年明帝夜夢金人，派遣羽林郎蔡愔等入西土求法，終於以白馬馱經迎來佛教之後，就開始了五嶽道士與佛教的設壇焚經之論戰。此後西晉的佛道之爭及蕭齊的夷夏之爭、三破之論，梁武帝舍道事佛，北齊廢道……可謂烽煙迭起，爭戰不斷。佛教與儒教、道教在這般起伏不定、烽火狼煙的大格局中，不斷碰撞、傾軋、侵吞、分離和融合。佛教自從來到東土，有過幾次的繁榮，又有幾次的沉淪和劫難。在中國漫長的歷史中，曾先後有四位皇帝發動毀佛、滅佛的典型事件。他們分別是韓愈諫迎佛骨之前的北魏太武帝、北周武帝和韓愈諫佛骨之後的唐武宗、後周世宗，史稱「三武一宗」之厄。

暫且略過北魏和北周兩位武帝的毀佛經過不表，接著唐憲宗一朝和韓愈的「諫佛公案」往下敘述。

隨著憲宗的死去和其子穆宗的即位，韓愈雖已平反昭雪、重新回朝

第十章　法門之光

為官,但他的反佛言論並未得到執政者的響應。不過,朝廷為了避免佛門僧尼的魚目混珠和濫竽充數,進行了一次有效的整頓。

唐敬宗寶曆元年(西元825年),敕令京師兩街各建方等戒壇,命左右街功德使選擇有戒行者為大德主持考試,凡童子能背誦佛經一百五十頁者、女童能背一百頁者,才准許剃度。此舉在一定程度上避免了佛門混亂,同時也使僧尼在入寺前就掌握了部分佛教知識,為以後的修行打下基礎。

中唐以後,由於連年戰亂和政治腐敗,各地寺院也漸漸變成了娛樂場所,原有的神聖、肅穆、威嚴已不復存在。僧尼們為招引庶民百姓、達官貴人,往往賣法阿俗,也就是將佛教的講說世俗化。這種「俗講」逐漸受到大眾的青睞,甚至出現了由皇帝本人敕命而進行的俗講,有的俗講僧還被賜予「賜紫」、「引駕」、「大德」一類古怪的官名。朝野內外,上自天子妃嬪,下到刁民蕩婦,都爭相擁入寺院,迷戀於說法、譬喻及刺激感官的音樂和唱詞。

在這股悄然興起的俗講狂潮中,有一位名叫文淑的僧人脫穎而出,大有鶴立雞群之感,連敬宗皇帝都因他的盛名而親臨寺院聆聽。而這位文淑所講的正如《因話錄》所載:「假托經論,所言無非淫穢鄙褻之事,不逞之徒,轉相鼓扇扶樹,愚夫野婦,樂聞其說」。想不到堂堂大唐皇帝也混同於「愚夫野婦」以此為樂了。

一件神聖的事物,如果被它的操作者變得低階下流、淫穢不堪,便注定潛藏著巨大的危險和厄運。唐敬宗一朝將本來神聖、肅潔的佛教變成了淫穢的性感官刺激物,無疑將招致佛門和僧民們的厄運浩劫。

繼唐敬宗之後,即位的唐文宗已經覺察到父皇帶給佛門的巨大危險和潛在災難。於是他果斷採取措施,全面詔敕天下僧尼考試經文,如不

會昌法難

及格,勒令還俗,試圖使佛教發展正常化。遺憾的是,這位慧眼大智的皇帝在整肅僧尼隊伍過程之中又感到力不從心,已成氣候的「俗講」派僧尼和它的擁護者對這道詔令強硬抵抗、加上機智周旋,文宗的整肅計畫不但沒有成功,反而增加了各派之間的對立、甚至仇視,當這個無法控制的對立衝突惡化至頂點時,佛門和僧尼的滅頂之災也即將正式到來 —— 這便是歷史上最為著名的「會昌法難」。

隨著文宗皇帝的死亡和武宗李炎的繼位,中唐時期結束了。武宗在執政期間的最重大舉措,恐怕就是對佛門的蕩滅。

在敘述武宗對佛門蕩滅過程之前,不妨先看一看這場法難的真正內幕。

唐武宗本人素來偏好道術,排斥佛教。開成五年(西元 840 年)正月,唐武宗登基,這一年秋天,他即召請道士趙歸真等 81 人入宮,在三大殿修金籙道場。第二年,即改元後的會昌元年(西元 841 年)正月初四國忌日,唐武宗按照慣例敕命行香設千僧齋;到了六月十一日,武宗生日,於宮內集兩街釋門大德及道士四人談經對論,結果兩名道士被賜紫,釋門大德卻什麼也沒得到。當時,在中國傳法的南天竺沙門寶月聞此極為不滿,於是不經同意便擅自入宮,從懷中抽出奏表進呈武宗,請求回歸本國。見其驕狂的模樣和舉動,武宗大怒,當即詔令將寶月收禁五日,不放其歸國,並把他帶領的三個弟子與通事僧等人各打七棒和十棒。寶月的逞驕犯顏,在武宗心中埋下了最終滅佛的種子。

武宗與道士趙歸真過從甚密,趙歸真和其弟子不時地為蕩滅佛教煽風點火,並以「李氏十八子運盡」、由「黑衣天子」理國,附會為唐第十八代皇帝武宗將被僧人奪位篡權,挑撥武宗與僧尼的關係。趙歸真曾在禁中設壇,要練身登霞,逍遙九天,康福長壽,永保長生之樂。他的

第十章 法門之光

做法最終失敗後,便藉口釋教黑氣礙於仙道,唆使武宗滅絕佛教,以便昇天成仙。在這些挑撥、唆使下,武宗加緊了排佛的行動。

當然,會昌法難得以付諸實施與當時的政治形勢密切相關。據粗略統計,截至武宗一朝,唐朝和尚被朝廷封官的達 30 人之多,其中不乏有司徒、司空、國公等一類的顯官貴爵,甚至有的被封為將軍而參與軍機事務,涉及國家軍事機密。至於那些雖無官爵,但與權貴交往密切而氣焰囂張的僧人,更是屢見不鮮。由於僧眾日漸形成的政治勢力衝擊了正常的封建政治秩序,難免引起臣僚的憎惡和皇帝的擔憂,這種擔憂最終促使武宗走向滅佛之路。

促使武宗滅佛的直接原因,應該是寺院經濟的極端擴張和僧尼的淫亂放縱。由於中唐時期、尤其是唐憲宗一朝大力扶植佛教,致使佛教勢力及其社會影響越來越大,成為中國佛教史上罕見的極盛時期。到唐武宗時,全國大中型寺院近 5,000 座,小型廟宇多達 4 萬餘座,僧尼近 30 萬人,寺院奴僕達 15 萬人。有些寺院占有良田數千畝,形成一個又一個封閉的莊園。寺院內部的經濟大權掌握在住持僧手中,僧尼們極少下田勞動,而是靠農民耕種,寺院以收取地租和發放高利貸作為經濟來源。這種做法使寺院經濟迅速膨脹起來,以致達到「十分天下之財,而佛有七八」的程度。由於佛門僧尼憑藉皇帝的支持和扶植,巧取豪奪,不僅觸犯了地主和貴族的利益,而且極大地影響了國家的財政收入,寺院經濟逐漸與皇權利益嚴重對峙。在這種可怕局面下,佛門僧尼又不廉潔自律、一心事佛,而是迷戀咒術、燒煉、鳥文等邪術,有的僧尼犯淫養妻,不守戒行,甚至搶劫婦女,打劫燒掠,流氓成性,犯罪不止⋯⋯這些自毀形象的表現和龐大的經濟勢力,使朝廷和貴族階級感到不安和憎惡,終於到了非徹底解決不可的時候。

會昌二年（西元842年）三月初三日，在當朝宰相李德裕的奏請下，唐武宗敕命遣還保外無名僧，諭令不許置童子沙彌。

五月二十日，武宗將大內、兩街供奉的大德裁撤20人。

六月十一日，武宗壽誕，按慣例僧道各2人入宮御前論議。與去年一樣，道士得紫，僧人空手而歸。

十月九日，唐武宗再度敕令：天下所有僧尼涉燒煉、咒術、禁氣，身上杖痕鳥文，雜工巧，曾犯淫、養妻、不修戒行者，勒令還俗。若僧尼有錢穀田地，應收納入官。如惜錢財，情願還俗，亦令其還俗，充入兩稅戶。

敕令下達後，有左街功德使奏報說，所屬僧尼除年老及戒行精確者外，其愛惜資財而還俗者達1,232人。右街功德使奏報稱，還俗者達2,259人。唐武宗聽了再次敕令：寺院所蓄奴婢，僧人許留奴1人，女尼許留婢2人，其餘一併放歸本家，無家者由官方賃賣。

此時的武宗在反佛問題上只是牛刀小試，並未大動干戈。從敕令的內容來看，對佛門以及僧尼的處理並不算過分，一些僧尼還可以帶著大筆的錢財還俗度日，而寺院中的僧尼還有奴婢專門為其服務，可謂待遇不薄。可惜的是，驕橫慣了的僧尼並不領情，他們想方設法對抗和矇蔽，想要和武宗朝廷決一雌雄，並期望換來像文宗一朝那樣的結果。遺憾的是，這種錯誤的判斷和各種對抗措施，只能加劇僧尼們自身的悲劇，加快毀滅的步伐，因為此時畢竟不是文宗而是武宗一朝了。

牛刀小試後的武宗，對佛門開始步步緊逼，大動干戈了。

會昌三年（西元843年）二月，唐武宗透過功德使頒令，僧尼業已還俗者不得再行入寺。五月二十五日，朝廷派人查問京城各佛寺外國僧

第十章　法門之光

人的來由。六月十一日唐武宗壽誕，召僧道入內論議，依然是只賜紫給道士。當時，有太子詹事韋宗卿向唐武宗進獻《涅槃經疏》二十卷、《大圓伊字鏡略》二十卷。唐武宗連看都沒看一眼，當即命人將兩部佛書焚毀，並頒布了令佛門弟子絕望的敕令：

韋宗卿忝列崇班，合遵儒業，溺於邪說，是扇妖風。既開惑之端，全戾典墳之旨。簪纓之內，頹靡何深。況非聖之言，尚宜禁斥，外方之教，安可流傳。

唐武宗在這道敕令中把佛說視作「邪說」，認為「外方之教，安可流傳」。他斥責佛本是西戎人，其經疏為胡書，說韋宗卿不知共遏迷聾，反而收集妖妄，搏惑愚人。可憐可嘆的是韋宗卿不知出於何種心理，在這個不恰當的時候做出這種不恰當的事情，他當場被貶為成都府尹，離開了京師長安。隨著韋宗卿的貶謫，唐武宗又補發敕令，將宮內佛經、佛像一律焚毀。

就在這一年四月，昭義節度使劉從諫死，三軍以劉從諫之姪劉稹為兵馬留後[06]，上表請授節鉞，但朝廷沒有批准，反而令劉稹護送劉從諫之喪前往洛陽。劉稹見朝廷不給面子，又故意要挾，於是在盛怒之下抗旨作亂。唐武宗下令出兵平叛，雙方經過一年多的廝殺，朝廷於會昌四年七月才平息此亂。在此期間，劉稹府的部分兵丁、家人見大勢已去，便紛紛潛逃至佛教寺院避難。武宗得知後，立即敕令兩街功德使查禁城中僧人，凡是朝廷「公案」上無名者盡行勒令還俗，遣送回原籍。各道、州、府也一同行動，清洗僧尼，對來由不明的僧人，一律捉拿問罪。從這一年起，兩街慣例的佛法講說被廢止了。

自會昌四年（西元844年）開始，唐武宗進一步加快了毀佛的步伐，

---

[06]　留後：唐代節度使、觀察史缺位時設置的代理職位。

法難之中，法門寺的厄運也隨之降臨。

這一年三月，唐武宗敕令「焚燒經教，毀拆佛像，起出僧眾，各歸本寺」的同時，又敕令：代州五臺山、泗州普光寺、終南山五臺寺、鳳翔府法門寺，寺中原有佛指節，皆不許置供及巡禮等，如有人送一錢者，脊杖二十。如有僧尼等在前述處受一錢者，脊杖二十。諸道州縣如有送供者，當處捉獲，脊杖二十。於是，四處靈境，絕人往來，無人敢再送供。准敕勘責彼處僧人，無公驗者，並當處煞，具姓名聞奏。

唐武宗對法門寺等採取的措施，與已提到的平定昭義劉稹之亂有極大的關連，即使進行「勘責」，也只有在「敕准」的情況下才能入寺勘驗僧人。這一點，說明法門寺作為一所宮牆之外的道場，依然具有皇家寺院的資格與名分。既然是皇家寺院，在一般情況下不允許因公擾僧，但在「會昌法難」中，法門寺的這種特權被取消了。特權一旦被取消，它的厄運和其他寺院一樣，在一年之後也全面降臨。

法門寺地宮大劫

以往的唐代都城長安長生殿設有內道場，專門安置佛像、佛經，並抽調兩街諸寺高僧37人，輪流入內持念。而現如今武宗竟下令焚燒經教，拆毀佛像，並將在大內的僧人驅逐回本寺，道場之內改放道教始祖老子之像。

會昌四年六月的壽誕日，唐武宗只召道士而不再召僧人入內論議，並敕令僧尼不許街里行、犯鐘聲，如有外出者，須於鐘聲未動前返回。各處僧尼不得在別處寺院留宿，違者治罪。

同年七月，唐武宗頒發敕令，拆毀天下山房、蘭若、普通佛堂、義

第十章　法門之光

井、村邑齋堂及不入寺額者，其僧尼均勒令還俗。按照有唐一代的稱謂，凡由官府所批並賜僧眾名額者為寺，由私人或民眾共同建造的佛廟稱為招提、蘭若、野邑、山房，等等。此敕令頒發後，僅長安城內就毀掉私人佛堂300餘座，四方之內毀掉的就無法計算了。

同年十月，唐武宗又詔令，拆毀天下小型佛寺，經文佛像移於大寺，各寺大鐘轉送道觀。其被拆佛寺的僧尼，不依戒行者，不論老少一律還俗，遣回本籍。對於年老且精於戒行者，分配到各大寺，雖有戒行而年少者，也一併還俗回籍。這一次，長安城又拆小寺33座，其他城鄉拆毀廟宇更是不計其數。

道士趙歸真對武宗說：「佛生西戎，教說不生，夫不生者，只是死也。」趙歸真見皇帝對自己的言辭頗有好感，並進一步迷惑鼓吹皇帝，倘煉丹服食，可求長生……武宗終於被他的話所打動，即令趙歸真於大內築造仙臺，以煉製丹藥。至此，唐武宗對佛道兩家惡好的巨大反差，一覽無遺地顯露出來。

唐武宗和佛教的短兵相接，並對佛教施以最嚴厲的屠滅，在會昌五年全面展開了。

這一年三月，唐武宗敕令天下寺院不得設定莊園，並令盤查清點天下寺舍的奴婢和財物，京城諸寺由兩軍中尉勘檢，諸州府寺舍委令中書門下檢查。

同時將城中寺舍的奴婢分為三等，分別收遣。自四月一日起，年齡在40歲以下的僧尼盡行勒令還俗，返還原籍。於是，長安城每天有300多名僧尼還俗，直到十五日才暫告一段落。自十六日起，令50歲以下的僧尼還俗，至五月十日方止。自五月十一日起，令無度牒者還俗，最後勒令有度牒者亦須還俗。到五月底，長安城內的僧尼已是一掃而光了。

本土的佛僧不再存在，對於外國來的胡僧，唐武宗同樣下了驅逐的詔令，凡無祠部牒者，亦須還俗，送歸本國。如有不服還俗敕令者，朝廷在各佛寺大門上張貼的牒文是：「科違敕罪，當時決殺。」

會昌五年八月，唐武宗再次下詔，對只有招架之功、已無還手之力的佛門子弟給予最為致命的打擊。詔敕中稱：

泊於九州山原，兩京關，僧徒日廣，佛寺日崇。勞人力於土木之功，奪人利於金寶之飾，遺君親於師資之際，違配偶於戒律之間。壞法害人，無逾此道。且一夫不田，有受其飢者；一婦不蠶，有受其寒者。今天下僧尼，不可勝數，皆待農而食，待蠶而衣。寺宇招提，莫知紀極，皆雲構藻飾，僭擬宮居。……豈可以區區西方之教，與我抗衡哉！

唐武宗認為，由於全國的和尚數量越來越多，寺院遍布，不僅在修建中要耗費很多的人力、物力和財力，而且大量金銀財寶都流入寺院。與此同時，僧徒們又與官府勾結，害人壞法，威脅國家安全，不予以打擊，大唐王朝就難以穩定和鞏固。唐武宗的這道敕令，也許真正道出了他反佛和毀佛的初衷。既然佛教勢力發展到足以跟朝廷抗衡的地步，作為朝廷的執政者自然就不能等閒視之，滅佛已成為國家所需和時代的必然。

在武宗發動的一系列滅佛運動中，全國共有4,600座佛寺被毀，其他有關佛教建築被毀4萬餘座，勒令還俗的僧尼達26萬之多，沒收寺院土地、財產無以計數，收寺院奴婢為兩稅戶達15萬人。

關於「會昌法難」的具體情況，當時正在大唐求法的日本僧人圓仁，曾以其耳聞目睹的事實做了詳實的記述。圓仁於開成三年自島國日本西渡大唐求法，可惜他生不逢時，到中國後正好遇上「會昌法難」，並於會昌五年五月底被大唐朝廷以無祠部牒為名，勒令還俗回國。回國後的

第十章　法門之光

他，根據自己在大唐的所見所聞和親身經歷，寫成了在佛教史上極具重要意義的《入唐求法巡禮行記》。這部著作為後來者研究「會昌法難」的細節，提供了強而有力的依據。

「會昌法難」帶給佛教的毀滅性打擊遠不止這些。考古人員在法門寺地宮中發現的〈志文〉碑則進一步說明，這次法難其驚心動魄是難以想像的。其碑文載：

泊武皇帝蕩滅真教，坑焚貝多，衒天憲者碎殄影骨，上以塞君命，蓋君子從權之道也。緣謝而隱，感兆斯來。乃有九隴山禪僧師益貢章聞先朝，乞結壇於塔下，果獲金骨，潛符聖心，以咸通十二年八月十九日得舍利於舊隧道之西北角。

這段碑文的大意是，「會昌法難」中，唐武宗曾敕令毀碎佛指骨舍利，但受命者只是毀碎了佛骨舍利的影骨（仿製品），搪塞過去。而那真正的佛骨卻被祕藏起來，至咸通年間才在舊隧道的西北角處找到。

看似簡短、平淡的文字，若細細思索，便不難發現其中暗含一幕幕驚心動魄、刀光劍影的故事，許多懸念促使我們去追根究柢。首先是唐武宗對誰下達了毀滅佛骨的命令？受命者是如何來到法門寺的？法門寺僧眾又如何得知了這個消息？這個影骨是以前製造的，還是地宮被開啟後現場製造的？「碎殄影骨，上以塞君命」的主謀者，是朝廷派來的官員還是法門寺僧人？或者雙方共同密謀？不管怎樣，法門寺地宮發生的事，主謀者和參與者是冒著生命危險而做的，倘有半點閃失，無數人的頭顱將要落地，真身佛骨也將毀於一旦。儘管從後來的發掘中可以看出，當時法門寺地宮的大多器物——甚至包括地宮石門都遭到了大劫，但那枚真身佛骨安然無恙，可謂是世界佛教和全體人類的幸事。1987年4月28日深夜，當考古人員韓金科呼叫開啟照明燈，從地宮西北角一個

法門寺地宮大劫

隱祕的地方搬出一個寶函時，那枚在「會昌法難」中劫後餘存的釋迦牟尼真身指骨舍利就躺在裡面，〈志文〉碑記載的內容被現實所驗證。當然，那時的韓金科和考古人員還不知道這個重大發現，謎底揭開，還需要一些時日。

「會昌法難」使法門寺與全國各地的寺院一樣，遭到了殿宇被拆、地宮被毀、僧尼還俗、佛教經典湮滅散失的厄運——這是唐代乃至整個中國佛教發展史中所受到最為嚴重的一次打擊。這場「法難」從表面看來是由於武宗信仰道教，加之道士趙歸真等人趁機慫恿所造成，但實際上是佛教勢力和大唐朝廷勢力之利益衝突的總爆發。任何事物超過一定限度，即向相反的方向發展。佛教勢力的過分膨脹導致了滅門之災，而朝廷勢力過分地打擊佛教，對大唐的統治也極為不利。雙方在衝突中的過分行動，則又預示著必然將出現一個大的反轉和重新解決矛盾的開端。

會昌六年（西元 846 年）三月，當毀佛行動還在進行之時，唐武宗便因服食趙歸真等人貢奉的仙藥暴疾而死，其叔父李忱繼位，是為唐宣宗。唐宣宗即位後，立即誅殺煽動武宗滅佛的道士趙歸真、劉玄靖等人，並於當年五月下令恢復京都寺宇。

大中元年（西元 847 年）閏三月，唐宣宗再次下詔：「會昌季年，並省寺宇，雖云異方之教，無損致理之源。中國之人，久行其道，釐革過當，事體未弘。其靈山勝境、天下州府，應會昌五年四月所廢寺宇，有宿舊名僧，復能修創，一任住持，所司不得禁止。」

敕令頒布之後，各地方寺宇開始全面恢復，並從一個極端走向另一個極端。這一反轉，使國家本來已處於虛弱之態的財政蒙受了巨大損失，整個大唐王朝也逐漸步入衰途。

唐宣宗掀起的崇佛熱潮，愈演愈烈，愈演愈狂，逐漸脫離了佛門的

259

第十章 法門之光

正常軌道。長安城內的大寺院,如慈恩寺、青龍寺、薦福寺、永壽寺等已開設戲場,戲場的活動有樂舞、俗講、歌舞小戲、雜技魔術等諸種。此時的寺院變成了娛樂場,猶如今天的酒吧、KTV(配有卡拉OK、電視設備和包廂)。

唐宣宗本人不僅親往戲場,后妃公主也時常前去尋歡作樂,許多妃嬪公主在戲場與僧人眉來眼去,有的甚至勾搭成奸,在寺院祕室和皇宮禁地做男歡女愛之事。幾年的時間,整個寺院就由冷清淒慘的景象發展到淫穢汙濁之氣充塞整個殿宇的地步了。

面對這種極不尋常的狀況,在大中五年(西元851年),終於有一個叫孫樵的進士上表勸諫道:「陛下自即位以來,詔營廢寺以復群髡。自元年正月,即位以來,洎今年五月,斤斧之聲,不絕天下,而工未以訖。聞陛下即復之不休,臣恐數年之間,天下十七萬髡如故矣。」

這位進士的上表,只是勸諫皇帝不要耗費太多的錢財和人力廣造佛寺,而沒有指出那些淫穢不堪的現象,顯然是為皇帝留面子,同時也為自己留了一條退路。儘管如此,這位進士孫樵還是遭到了唐宣宗在盛怒中的一番嚴厲斥責。

宣宗在位沒有幾年便魂歸西天,接替其位的便是以迎奉法門寺佛骨出了名的懿宗李漼(ㄘㄨㄟˇ)。

最後的聖光

這位新任天子,在奉佛的問題上比他的歷代先祖有過之而無不及。自他即位開始,便內結道場,聚僧唸誦,並多次行幸寺院,大量布施財物。對於這位皇帝超乎平常的舉動,許多臣僚紛紛勸諫,希望其有所收

斂，但他充耳不聞，依然我行我素。咸通三年（西元862年），又有左散騎常侍蕭仿上疏，勸諫皇帝遠避佛事，勤理朝政，並指出：「昔年韓愈已得罪於憲宗，今日微臣固甘心於遐徼。」這位皇帝不同於他的祖先，對上表者既不貶官也不斥責，只是當作根本就沒有這個人和上表之事。他照樣瀟灑大方地敕命於兩街僧尼四寺各置方等戒壇度僧，並在大內經常以美味佳餚招待成千上萬的僧人，他本人還親自製作讚唄。每年遇到佛祖降生日，唐懿宗便敕令在宮中大肆慶賀，結綵為寺，宮廷伶人李可及「嘗教數百人作四方菩薩蠻隊」，「作菩薩蠻舞，如佛降生」。而咸通十四年舉行的迎奉佛骨活動，使這股宮廷崇佛的熱潮升到極致，佛教在大唐王朝也綻放了最後一次輝煌。

懿宗一朝，已是老態畢露，大唐餘日無多。藩鎮勢力的急遽擴張，南蠻、戍卒的不斷反叛，苛捐雜稅的日益增多，民眾反叛情緒的日趨高漲，使一個雄踞東方長達兩個多世紀的封建帝國走向衰亡。

咸通十四年（西元873年），懿宗在內外交困中身患重病，他感到來日不多，便將國家前途和自己的命運交給佛祖，希冀得到神靈的保佑和自身的解脫。這年三月二十二日，唐懿宗親派供奉官李奉建、高品彭延魯和左右街僧眾到法門寺迎奉佛骨。朝中百官聞訊紛紛上疏勸諫，有的竟提出當年憲宗迎奉佛骨誤國害民、自身不久晏駕之事。但懿宗決心已下，毫無收回敕命之意，並當著諸多臣僚面說出了令人無可奈何的話：「但生得見，歿而無恨也！」由此可見這位皇帝對佛骨已迷狂到怎樣的程度，對大唐帝國的前途和自身的能力是怎樣的悲觀和無可奈何。

後來的歷史學家在談到懿宗這個固執並有些自我麻醉意味的舉動時，總是給予過多的責難，而同情者卻幾乎沒有。客觀地說，到了懿宗這一朝，皇帝的確是越當越難，越當越覺得復興無望。當然，這個原因

第十章　法門之光

　　要追溯到許久之前，應負責任的也不應只是懿宗一人。早在唐憲宗死後不到三年，由於繼位的穆宗不知李氏家族創業之艱難、「中興」之辛勞，「謂威權在手，可以力制萬方，謂旒冕在躬，可以坐馳九有」。於是，他所任非人，怠而荒政，上不理朝廷之秩序，下不恤黎民之痛苦，致使藩鎮在蟄伏中重新抬頭，朱克融再據盧龍，成德將王庭湊、魏博將史憲誠隨之叛唐。朝廷雖發兵討伐，但無濟於事。直至唐最終消亡，河北再也沒有收復過。到了敬宗一朝，出現了「中人擅權，事多假借，京師豪右，大撓窮民」，更是江河日下，日薄西山。文宗皇帝雖「有帝王之道，而無帝王之才」，終於導致「王室寖卑，政由閹寺」。藩鎮作亂已構成大患，朝廷內部又出現宦官干政，更為晚唐錯綜複雜的形勢蒙上了一層陰影。在這層陰影籠罩下，多虧出了個宣宗皇帝，還算有點帝王氣度和才能，朝野內外大有「權豪斂跡」、「奸臣畏法」、「閹寺讋氣」的新氣象。遺憾的是這種氣象未能維持多久便又復歸原初，大唐王朝可能再度中興的機會一去不返。宣宗死後，懿宗即位，這位新皇帝「器本中庸，流於近習」，根本就無法治理一個泱泱大國，上臺不久便亂象橫生，戰事迭起，大唐王朝如一艘千瘡百孔的古船向死亡的深海疾速滑去。

　　唐懿宗執政的十四年間，戰亂從未中止，反唐的烈火越燒越烈。為了平息戰亂，朝廷進一步徵兵斂稅，結果卻是「徵二蜀之捍防，蒸人蕩覆，徐寇雖殄，河南幾空」。天下已形成了昏政、搜刮、反叛、再搜刮、再反叛的惡性循環。漸漸地，庸懦無能的懿宗皇帝將佛擺在一個比任何時候都更重要、更神聖的地位。在這位皇帝的心中，自己注定已無力回天，只有佛可以保大唐不亡，可以為百姓帶來福音。這或許就是懿宗在悲觀絕望之中的一種僥倖心理和自我麻醉心態。於是，浩大的迎奉佛骨行動開始了。

這次迎奉佛骨的場面，歷史記載較為詳細，其中《杜陽雜編》這樣記述道：

十四年春，詔大德僧數十輩，於鳳翔法門寺迎佛骨。百官上疏諫，有言憲宗故事者，上曰：「但生得見，歿而無恨也。」

遂以金銀為寶剎，以珠玉為寶帳、香舁，仍用孔雀氀毛飾。其寶剎小者高一丈，大者二丈。刻香檀為飛簾、花檻、瓦木、階砌之類，其上遍以金銀覆之。舁一剎，則用夫數百。其寶帳香舁，不可勝紀。工巧輝煥，與日爭麗。又悉珊瑚、瑪瑙、真珠、瑟瑟，綴為幡幢。計用珍寶，不啻百斛。其剪綵為幡為傘，約以萬隊。

四月八日，佛骨入長安。自開遠門（入）安福樓，夾道佛聲振地。士女瞻禮，僧徒道從，上御安福寺，親自頂禮，泣下沾臆。即召兩街供奉僧，賜金帛各有差。仍京師耆老，元和迎真體者，悉賜銀碗錦彩。

長安豪家，競飾車服，駕肩彌路。四方挈老扶幼。來觀者，莫不蔬素，以待恩福。

時有軍卒，斷左臂於佛前，以手執之，一步一禮，血流灑地，至於肘行膝步、嚙指截髮（者），不可算數。又有僧以艾覆頂上，謂之「煉頂」。火發痛作，即掉其首，呼叫坊市少年擒之，不令動搖，而痛不可忍，乃號哭臥於道上，頭頂焦爛，舉止蒼迫。凡見者無不大哂焉。

上迎佛骨入內道場，即設金花帳、溫清床、龍麟之席、鳳毛之褥，焚玉髓之香，薦瓊膏之乳，皆九年訶陵國所貢獻也。

初，迎佛骨，有詔令京城及畿甸於路旁壘土為香剎，或高一二丈，迫八九尺，悉以金翠飾之。京城之內，約及萬數……又坊市豪家，相為無遮齋大會，通衢間結綵為樓閣臺殿，或水銀以為池，金玉以為樹，競聚僧徒，廣設佛像，吹螺擊鈸，燈燭相繼。又令小兒玉帶金額，白腳。呵唱於其間，恣為嬉戲。又結錦繡為小車輿，以載歌舞。如是充於輦轂之下，而延壽里推為繁華之最。是歲秋七月，天子晏駕……

第十章　法門之光

《資治通鑑》載：

……四月，壬寅，佛骨至京師，導以禁軍兵仗、公私音樂，沸天燭地，綿亙數十里，儀衛之盛，過於郊祀，元和之時不及遠矣。富室夾道為綵樓及無遮會，競為侈靡。上御安福門，降樓膜拜，流涕沾臆，賜僧及京城耆老嘗見元和事者金帛。迎佛骨入禁中，三日，出置安國崇化寺。宰相已下競施金帛，不可勝紀，因下德音，降中外繫囚。……十二月，己亥，詔送佛骨還法門寺。

結合上述這兩段記載，便可看到懿宗迎奉佛骨的全部過程。他沿襲唐高宗與武后兩次迎奉佛骨的盛況，又在此基礎上做了前所未有的發揮和創造。諸如導以禁軍兵仗、沿途二百里道旁壘設香刹，等等，都是聞所未聞的，所耗費的人力、物力、財力更是無法計算。深為後人銘記的是，懿宗皇帝在城樓上看到迎來的佛骨舍利寶函，竟激動得流下了熱淚。可以想像，此時的大唐皇帝一定是百感交集，希望、理想、痛苦、焦灼、幸福、欣慰……這一切都由一股熱淚表達出來。遺憾的是，懿宗皇帝最終所渴望的祈福延壽未能實現，甚至連佛骨都未來得及送回法門寺就一命嗚呼了。這個結局實在令人扼腕嘆息。

讓後人感到不可思議的是，在大唐咸通十五年正月初四日，新即位的天子僖宗李儇匆匆下詔將佛骨送還法門寺時，隨之供奉的金銀寶物其數量和精美程度都極為驚人。多年後，當考古人員開啟法門寺地宮時，發現的財寶中有120多件是懿宗、僖宗兩朝的供品。儘管由於懿宗的溘然長逝，使迎奉活動明顯地具有了悲劇色彩，但眾生所表現出的熾熱宗教情感不但沒有減弱，反而更加強。可能由於他們從自身的苦難和朝廷的危急中，預感到一種不祥的徵兆和改天換地的迫在眉睫，因而出現「京城耆耋士女」爭相送別、嗚咽流涕的場面，因而發出「六十年一度迎真身，不知再見復在何時」的悲愴之問，因而整個大唐帝國呈現迴光返

照式的妄舉。僖宗送佛骨於法門寺的 30 多年後，中國歷史上風雲近 300 年的大唐王朝滅亡了。

隨著唐末社會更大的動亂，以及後周王朝的第四次禁佛運動，盛極一時的法門寺徹底衰敗了。

隨著百年戰亂平息、王朝更替，以及政治舞臺逐漸東移，關中周原大地那些戰車的轍道、駿馬的蹄印、將士的血滴，漸漸被歲月的流水沖刷得模糊不清。盛極一時、聲震四海的法門寺也已在戰爭的煙火中變成殘垣斷壁，荒草飄動。而光照人寰的佛指舍利連同神祕的地下玄宮中的無數珍寶，在一夜之間悄然消失了。它的真偽及地宮的方位與形貌，如同古羅馬的龐貝城和荷馬史詩中描繪的特洛伊古城一般，再也不被世人所知，成為千古之謎。

斗轉星移，陰陽輪迴。

終於，沉悶的歷史靜寂了千年之後，爆發了第一聲驚雷。

1987 年 4 月 9 日，消失了 1,113 年的法門寺地宮大門又轟然洞開。

於是，沉睡的古周原驚醒了，地球人類震撼了。一個古老輝煌的帝國再度展示了它的蓋世雄風。一位聖者帶著深邃的智慧和普度眾生的慈心悲願，從容莊重地步出幽暗沉寂的地宮，來到了他熟悉而陌生的俗世凡塵。

法門寺地宮的洞開，連同萬世不朽的聖骨以及奇珍異寶的面世，預告著一部絕不應該湮滅的輝煌歷史書卷，將重新昭示於人間大地。

八重寶函再現人間

1987 年 4 月 28 日深夜，考古專家將藏於法門寺地宮西北角的一個神祕鐵函挖出之後，眾人歡呼。藉著興奮之情，石興邦等幾名經驗老到

第十章 法門之光

的考古隊員又把地宮上上下下、各個角落檢查一遍，確定再無貴重文物之後，全部撤出地宮。

整理工作開始後，神奇的天象異兆，在古老的周原天地間出現了。

遠近聞訊而雲集於法門寺講經堂的幾十名高僧，連續三個晚上在凌晨3點多的時候，都感到有異樣玄象，像雨、像霧、像風、像氣、像電，令人輾轉難寐。其間，兩位大德高僧彷彿見到天空閃現數道七色佛光，且有鼓樂絲竹之聲自天幕傳來……

這一切是否意味著法門寺地宮開啟，人類魂牽夢縈的佛骨舍利即將重見天日？

永生不滅的佛骨舍利安在？

想不到，那個祈盼已久的偉大時刻來臨了。彩霞映照下的扶風縣博物館，正浸染在春夏之交的溫馨中。那飛簷斗栱、雕梁畫棟遮掩下的石子鋪成的小徑上，不時劃過幾縷暖暖的春風。數位身穿白色大褂的考古學家與文物保護專家無聲地穿過一道道武警部隊官兵組成的防線和崗哨，秩序井然地進入博物館後院用展室改造的臨時工作間。

從北京專程趕來的中國社會科學院歷史研究所專家王㐨，滿頭華髮映襯著清癯的面容，顯得沉靜而莊嚴。

屋裡極靜。王㐨來到上鋪白布的工作臺前坐定。臺上放著一個潔白的四方鐵盤，裡面盛放著鑷子、夾子、放大鏡、膠帶紙、卡片紙、筆等備用工具。

一切準備就緒。王㐨端坐在椅子上向韓偉示意，身邊的工作人員捧來從後室發現的那個八重寶函，一個精緻的黑漆檀香木函放到工作臺上。經過一系列詳細觀測、研究、分析，王㐨和其他幾位文物保護專家皆認為這個表面精美華麗、整體極為沉重的寶函，無論是外部裝飾還是

整體的重量,都在向大家宣示裡面藏著非同凡響的祕密。

這個沉重華麗的寶函是供養佛骨舍利的聖器嗎?

史書曾明確記載:「至顯慶五年春,三月,下敕請舍利往東都入內供養……皇后舍所寢衣帳准價千匹絹,為舍利造金棺銀槨,雕鏤窮奇。」

如果史書記載無誤,這個寶函便裝有佛指舍利並和武則天有必然的關聯。

寶函外部曾用紅錦袋包裹,王予一絲絲、一片片揭掉木函上的絲綢殘痕,小心地放到早已準備好的白紙板上。寶函原貌很快顯露出來。

圖 10-10 地宮後室供養第一枚佛指舍利的八重寶函(最外層已朽)

這是一個精美絕倫的黑漆寶函,整身呈正方形,邊長為 30 公分。雕花銀稜略斜,盝頂,通體用檀香木製成,外壁四周是描金加彩的減地浮雕,雕刻極為精細。畫面上有釋迦牟尼說法圖、阿彌陀佛極樂世界圖、禮佛圖等各種精美浮雕。一幅幅圖畫生動、形象、傳神,色彩斑斕,美中見妙,無疑是唐代漆木器中罕見的珍品。而這樣的木雕禮佛圖,在以往的考古發掘中從未發現過。

寶函的正面有一鎏金鎖釦,上面亮晃晃地懸掛著一把小巧玲瓏的金鎖。耀眼的金鑰匙插在金鎖孔內,鑰匙上還繫著一條紅綢。王予掏出手帕擦了擦手,方才輕擰那小小的金鑰匙。「嚓」的一聲,金鎖登時彈了起來。

繼之,涵蓋被輕輕揭開,一片黃白交錯的光芒撲面而來。

第十章 法門之光

　　寶函之內是一個鎏金四天王頂銀寶函，用一條約 5 公分寬的絳黃色綢帶呈十字交叉狀緊緊捆住。雖逾千年，綢帶依然光澤鮮豔，如同新裁，面上遍布蹙金二方連續金花，綢帶尾繫著數顆乳香粒。

　　解開綢帶，又見函外用平雕刀法刻滿畫面，函頂鏨兩條並列的行龍，首尾相對，四周襯流雲紋。每側斜面均鏨雙龍戲珠，底飾卷草。四側立沿各鏨兩隻迦陵頻伽鳥，身側飾以海石榴花和蔓草。

　　函體四壁分鏨「護世四天王」像：正面是北方大聖毗沙門天王，左面是東方提頭賴吒天王，右面是西方毗留博叉天王，後面是南方毗留勒叉天王。與前一層相同，有一套金鎖、金鑰匙。

　　開啟這重寶函，內有一素面盝頂銀寶函，鈑金成型，通體光素無紋，蓋與寶函體在背後以鉸鏈相連。

　　再向內揭開一層，是一鎏金如來盝頂銀寶函，函頂和四面都鏤刻有數尊穩坐蓮花寶座之上的佛像。

　　鎏金如來盝頂銀寶函內，又套著六臂觀音頂純金寶函。涵蓋面上是雙鳳，蓋側各有四隻繞中心追逐的瑞鳥，中為四部聖潔交錯怒放的西番蓮蓬。函身與函頂交相輝映，雕有數幅聖賢大德佛祖圖。正面為一奇妙的六臂如意輪觀音圖，她坐於蓮臺之上，兩側有八大侍從供養。函之左側，為藥師如來圖；函之右側，為阿彌陀佛圖；函之背面，為大日如來圖。

　　第六層寶函，散發著一片炫目的五彩之光，此為金筐寶鈿珍珠裝金寶函。這重寶函亦為純金雕鑄，上面鏨滿神異圖畫，它的十二稜、二十條邊和涵蓋、函身鑲滿各色寶石，涵蓋頂面和函體四壁有紅、綠二色寶石鑲嵌成大大小小的團花。連金鑰匙的金鍊帶上，也用三色寶石鑲嵌著玲瓏團花。浮光耀眼，一派仙宮極樂才有的珍奇境界。

　　第七層寶函內，裝著金筐寶鈿珍珠裝珷石函。以珷石琢磨而成，盝

頂，通體嵌飾珍珠，函身四面均用綠松石各鑲兩隻美麗的鴛鴦和花卉。高 11 公分，長寬各 7.3 公分。精緻的雕花金帶為邊，晶瑩透亮的石板，形成了一個金鑲玉砌的聖器。

此時，沒有人想到，第七層寶函內竟會裝著一巧妙精絕、登峰造極的小金塔，這件高 7.1 公分的寶珠頂單簷四門金塔，飛簷高翹，金磚金瓦層層逼真，塔身四壁刻滿人物畫，且有四扇可以開合的小金門，是為第八層，也是最後一層。

佛骨舍利面世

金塔座上，有一小銀柱，僅 2.8 公分高，盤口細頸鼓腰，喇叭口徑處雕有十二朵如意雲頭，鼓腰上二平行線連為四組三鑽紋桿狀十字團花，襯以珍珠紋。腰底為蓮瓣形，銀柱托底也呈八瓣蓮花狀。間以三輪紋，柱底還有一墨書小字「南」。

圖 10-11 地宮出土的寶珠頂單簷四門純金塔與第一枚佛指舍利

就在這根小銀柱上，套著一枚偌大的指骨。

「啊！佛指！佛指舍利！」有人驚呼起來。接著，整個室內一片歡呼。守候一旁的法門寺住持澄觀法師於狂喜中敲起了木魚，誦經祈禱。

王㐬身旁的絲綢專家王亞蓉強忍激動心情，對這枚佛指進行測量。

第十章　法門之光

指骨重 16.2 克，高 4.03 公分，上粗 1.75 公分，下粗 2.01 公分。上齊下折，色白如玉，三面俱空，一面稍高，骨質細密而澤，中空管狀，髓穴方大，上下俱通，二角有紋，紋並不徹。日光燈下，似有靈性異彩綻放開來。更為神奇的是，在高倍數放大鏡下，發現指骨外壁有隱隱的微細血管，內壁有七顆排列成「勺」形的小星組成的大熊星座。

漸漸冷靜下來的專家們將指骨和〈物帳〉碑文反覆對照勘驗，與記載完全相同。這證明地宮出土的這枚指骨就是佛祖真身指骨舍利。

王㐨與眾位專家商議，依照出土佛祖指骨在中外考古史上的特殊地位，命名為特級一號。

至此，隱遁真容 1,113 年的歷史之謎終於揭開。

王㐨深深舒了一口氣，回過頭問：「今天幾日？」眾人一查：「5 月 7 日，農曆四月初八。」

「四月初八！這是佛祖釋迦牟尼誕生的日子啊！」於是，眾人再度驚呼：「太巧了，太妙了，簡直不可思議！」

激動不已的考古學家一時無法對這個歷史巧合做出最恰當的解釋。而這個偉大的時刻永久留在了他們的記憶裡。

又是一個銀星璀璨的不眠之夜。

考古、文物保護專家繼續著清理工作。他們在漢白玉靈帳中發現一個珍藏著的鐵函。鐵函重 29.9 公斤，高 52 公分，長、寬各 58 公分。由於塵封既久，函上一把鐵鎖已經生鏽。如果說揭啟八重寶函的祕密是按碑文記載而「索驥」，那麼，眼前這件大鐵函卻出現了截然不同的情景。

不知是〈物帳〉碑記載疏忽，還是別有其因，目前沒有找到關於鐵函情況的隻言片語。

佛骨舍利面世

　　為了嚴謹而科學地釐清鐵函內塵封的隱情，兩天前的夜晚，考古專家在武警士兵的保護下，悄悄地將其帶到扶風縣醫院透視室，以醫用 X 光機進行掃描，結果發現內有異狀物。因鐵函嚴重鏽蝕，從拍出的 X 光片來看，內部已模糊不清，無從推斷其中藏著何等寶物。

　　這一次，韓偉先用一把大鐵鉗啟開了厚厚的函蓋。只見鐵函內有一木盒，木質大部分腐爛，被紅、黃二色泥土緊緊固定於函中。啟開木盒，內是彩絹，一共疊放了九層，每層花色各異。當最後一層彩絹取出時，一個閃閃泛光的鎏金銀棺躍然現出。

　　這具鎏金銀棺的形狀和普通民間常見的木棺相似，與慶山寺發現的武則天令工匠製作的金棺更如出一轍。它前高後低，蓋成瓦狀，前擋高 5.5 公分，後擋高 3.1 公分。棺身長 10.2 公分，寬 4.5 公分。棺蓋上，前端雕五彩花冠一頂，中間是兩隻拖著長尾的美麗鳳鳥。小小的銀擋板中間鏨有精緻的兩扇小門，掛一把精製金鎖，左右兩面門扇上各鑲三排九顆金星狀小金釘，且各雕一位執戟、執鉞的金剛力士。後擋雕一對披髮金毛獅，足下流水紋成萬頃波浪。棺身左右兩側棺板各雕一位守衛銀棺的金剛力士，左執劍，右執斧，氣宇軒昂。

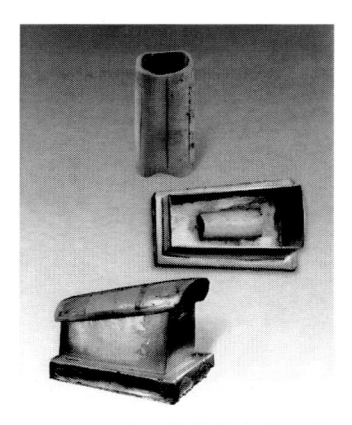

圖 10-12 第二枚佛指舍利面世

第十章　法門之光

　　整個銀棺置於一座雕花金棺床上，左右兩側是雕花簾帷。棺床上，鋪數層黑色綢絹，絹上織柳葉紋金花。

　　專家當場命名為：鎏金雙鳳紋銀棺。

　　銀棺棺蓋輕輕開啟，奇蹟再現。只見棺內豔麗如畫的織錦上，安臥著一枚佛祖指骨舍利！其大小、色澤、形狀、骨質，與珍臥於八重寶函中的那枚幾乎一模一樣。專家們將這枚佛指舍利定為特級二號。

　　關於第三枚佛指的發現，奇特而神祕。

　　第三枚佛指，就存放在地宮後室祕龕中發掘出的那件鐵函中。

　　開啟之前，專家們就有一個困惑。這件鐵函為什麼如此獨特，非要放置於地宮最陰暗的角落，且埋在地下一個祕龕之內？難道這就是「會昌滅佛」中被法門寺僧眾偷偷藏匿起來的那枚佛指舍利嗎？

　　一切準備就緒，鐵函搬到工作臺上。因年代久遠，鐵函周身布滿鏽斑，呈焦茶色。王㐨、王亞蓉、曹緯等專家用關中工具廠提供的刀具，小心地清除了函縫中的鐵鏽。曹緯用磨製鋒利的鋼製刀具，鑿掉子母扣中的鐵臂，隨著涵蓋輕微的顫動，封閉嚴實的鏽斑全部脫落，涵蓋毫無損壞地被輕輕開啟，裡面露出了兩枚隨球和幾片腐爛變質的絲綢。凌晨1點半，第一片絲綢被取出，經初步鑑定為羅底蹙金珠袋（用以盛裝隨球）。袋下是一個小型鎏金銀函。王㐨用鐵絲編成一個長方形套框，慢慢套在小型銀函之上，輕鬆地提取出來。

　　有了前兩枚佛指發現的經驗，現場的考古人員初步斷定，在這個精美華麗的銀函之中，一定會有佛骨祕藏。此時已是凌晨2點40分，法門寺中的澄觀、靜一、寬仁等四位法師聞訊趕到博物館工作室，雙手合十，向即將開啟的銀函祈禱。

　　文物保護專家王亞蓉輕輕剝離銀函上的絲綢，銀函慢慢開啟。只見

內有液體流動，經測量，液體高於函體底部 27 公釐，工作人員找來試管收取液體，以作標本。而後，王亞蓉、王㐨等專家先後對函內的物件進行清理，發現一個嵌寶水晶槨。

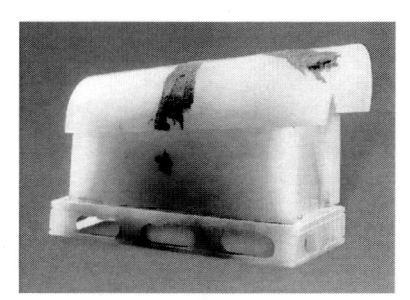

圖 10-13 供養第三枚佛指舍利的白玉棺

槨為水晶石造，通明透亮。槨蓋上嵌鑲黃、藍寶石各一，體積碩大，炫耀奪目。槨蓋雕觀世音菩薩及寶瓶插花，四面皆雕文殊菩薩坐像及蓮座花鳥。

開啟水晶槨，是一口微型玉棺，亦為水晶石造。長 40 公釐，前寬 23 公釐，後寬 20 公釐。前高 24 公釐，後高 22 公釐。蓋上雕普賢菩薩，前後兩側分別雕楊子、如意、經卷。整個棺體置於雕花壺門座玉石棺床之上。

5 月 10 日 8 點 6 分，當考古專家揭開玉棺棺蓋時，只見又一枚釋迦牟尼靈骨靜臥其中。眾人於驚喜中，又是一片歡呼喝采。

只見靈骨呈乳黃色，有裂紋，並有蠟質感，同時尚有星星點點的白色黴點附於其上。靈骨因在液體中浸泡千餘年，骨質發軟而不能摸磨。這枚顯然不同於先前發現的兩枚玉質靈骨，使人再度想起「會昌滅佛」的記載和聖物出土的特殊神祕位置。專家最後斷定，這就是歷經劫難而不滅的釋迦牟尼佛的真身骨指舍利。

根據出土的先後次序，專家們將其命名為「特級三號」。

第十章　法門之光

　　這枚佛骨是當今世界獨一無二、佛教界至高無上的至尊聖物。

　　面對這尊千餘年乃得一見的神聖靈骨，站立一旁的澄觀、靜一、寬仁等四位法師身披袈裟，眼含激動熱淚，於香案擺放花果，燃香禱告。繚繞的香霧中，四位法師躬身作揖，誦唸聲響徹殿宇，震動曠野。

　　第四枚佛指舍利是在阿育王塔中發現的。

　　阿育王塔的全稱為漢白玉浮雕彩繪阿育王塔。全塔由塔座、塔身、塔頂、塔尖四部分組成。漢白玉雕刻工藝精湛絕倫，相疊天衣無縫。塔的周身塗色上彩，頗有雲飛霞映、天上宮闕之勢。

　　當四面的銀質塔門開啟時，只見塔身內平放著寶刹單簷銅塔，其形貌與史書記載的釋迦牟尼佛講經殿完全一致。

　　塔頂飛簷斗栱，寶珠葫蘆狀的尖刹，四體四面。前壁的兩柱間安放一合雙扇金門，金門雕花鏤朵，門兩側有菱形小窗，其餘三面均有六孔小門。整座塔設於一座須彌座上，須彌座設於方形孔門銅臺基之上，每面又有長方形孔門六合。大須彌座上還有寬寬的月臺，月臺四面各有兩位金剛力士守衛。四面外圍均有護欄柱和雕花欄板。柱上分別有寶珠頂與金毛獅。月臺四面還有通向遠方的護欄雙邊踏步。

　　這座美妙絕倫的銅塔內，盛裝著一座明光閃閃的銀棺。此銀棺長 8.2 公分，高 6.4 公分，前擋板上刻著兩位坐佛弟子，棺兩側各雕飾著一對迦陵頻伽神鳥。棺座為銀質，四面有壺門十三個，飾蓮瓣一周。下面又有沉香木雕花棺床。揭開銀棺蓋，佛指舍利隨著一道靈光，呈現於考古人員面前。

佛骨舍利面世

圖 10-14 阿育王塔中的寶剎單簷銅浮屠

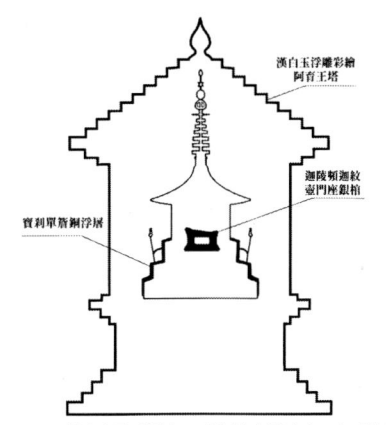

圖 10-15 外層是彩繪四鋪菩薩阿育王石塔，
內部是寶剎單簷銅浮屠
（標注：漢白玉浮雕彩繪阿育王塔、迦陵頻迦紋壹門座銀棺、寶剎單簷銅浮屠）

圖 10-16 鎏金雙鳳紋銀棺。棺內供奉著第四枚佛指舍利

　　至此，法門寺地宮出土的文物中，共發現四枚釋迦牟尼佛指舍利。除「特三」靈骨微黃、質地似骨以外，其餘特一、二、四號三枚質地均類似白玉，地宮〈志文〉碑稱之為「影骨」，也就是彷彿祖真身靈骨而製造的附屬品。

　　從盛放靈骨的鎏金四十五尊造像盝頂銀函上那鏨有「奉為皇帝敬造釋迦牟尼佛真身寶函」字樣分析，這「一月映三江」之說合乎佛家之理。

　　法門寺地宮發現四枚佛指舍利的消息，一夜之間傳遍了全世界，其聲光之遠大，波動之劇烈，被稱為「地球人類的震撼」。

275

第十章　法門之光

　　自此，湮沒沉寂千年的法門古寺再度走向人間大地，接受大千世界信徒的瞻仰膜拜。法門寺寶塔連同地宮出土的一系列奇珍異寶，以其獨一無二的至尊地位，重現了大唐王朝的光輝，建構起全世界佛教聖地的金剛座，並以宏深博大、萬世不朽的法門「教、理、行、果」，為人類造就和平博愛、永恆持久的福祉。

　＊本章資料來源於《萬世法門》，商成勇、岳南著，有刪改。

第十一章　明朝那些事

明十三陵發掘計畫

　　1955 年的最後一天，考古隊隊長趙其昌與探工趙同海攜帶著考古專用的各種工具，走出古城北京，冒雪北上，來到昌平縣（今北京市昌平區）明十三陵這塊昔日的皇家聖地。

　　寒風呼號，雪花紛飛。起伏的群山和荒蕪的陵墓蒙上了一層白雪，沉睡了幾百年的皇家陵園更加顯得死寂與淒涼。趙其昌踏著沒膝的積雪，越過祾恩殿[07]，爬上長陵寶頂。

圖 11-1 長陵風水格局示意圖（資料來源：胡漢生《明十三陵》）

　　「會當凌絕頂，一覽眾山小。」站在大明成祖朱棣皇帝這座輝煌、雄偉的長陵寶頂之上，舉目四望，群陵棋布，高低錯落，黃瓦紅牆，掩映在綠松白雪之間，真是一幅絕妙的風景畫；俯首南眺，一條長達七公

---

[07]　祾恩殿：即享殿，是祭祀時舉行典禮的處所。

第十一章　明朝那些事

里的中軸線如同一道寬大壯美的銀鏈，從遙遠的天際橫空而降，直通腳下，巨石雕刻的文臣武將排列兩側，形成一條「神道」，顯示著威嚴而肅穆的皇陵氣派。

帝王陵墓發展到明清時代，布局、建築形式趨向定式，封土都採取寶城、寶頂的形式。兩朝 30 多個皇帝和上百名后妃的墳頭，都是寶城、寶頂。其建築方法是在地宮之上砌築高大的磚城，在磚城內填土，使之高出城牆成一圓頂。城牆上設垛口和女牆，宛如一座小城。城牆稱為「寶城」，高出的圓頂稱為「寶頂」。這種寶城、寶頂和前方的明樓[08]構成一個整體，不僅突顯了陵寢的莊嚴肅穆，也增強了建築藝術效果和神祕氣氛。

自從成祖朱棣在天壽山下建造長陵，到明代最後一個皇帝思宗朱由檢（年號崇禎）止，除景帝朱祁鈺因故別葬外，其他諸帝都在天壽山附近營葬，共 13 處，成為明代中後期皇帝陵墓的集中區。陵區周圍因山勢築有圍牆，長達 12 公里，圍牆設垛口、城關、敵樓，駐軍守護。十三陵各陵建築自成整體，布局、形制與皇祖朱元璋的孝陵一脈相承，祭殿在前，寢宮在後，門廊、殿堂、明樓、寶城排列得層次分明，嚴肅整齊，從宮前莊嚴的神道、石橋、無字碑，直達寶城，一線相貫，地勢逐步升高，有曲有直，有高有低，遠山近水，連成一個氣勢宏偉壯麗的建築整體。

遺憾的是，這筆財富大都未能完整地保留下來。從正統十四年「土木堡之變」，來自北方的瓦剌大軍在十三陵燃起焚燒殿宇的大火之後，這些文明便開始了它悲劇性的毀滅。最能象徵十三陵各陵建築藝術與風格的祾恩殿經過數次戰火之後，也只剩長陵一座顧影自憐了。這座建成於宣德二年的輝煌建築，歷經五百餘年滄桑而無恙。

---

[08] 明樓：陵寢建築中的明樓建在方城之上，作用接近碑亭，方城與寶城連成一體，明樓四面各開一門，四出重檐，屋頂為十字形穹隆，樓內置豐碑。

明十六帝及其陵墓一覽表

陵名	帝名	建元	廟號與諡號	享年	世系	在位年數	祔葬皇后
孝陵	朱元璋	洪武	太祖 高皇帝	71歲		31年 （西元1368至1398年）	馬氏
	朱允炆	建文	清諡惠帝		太祖長孫	4年 （西元1399至1402年）	
長陵	朱棣	永樂	成祖 文皇帝	65歲	太祖四子	22年 （西元1403至1424年）	徐氏
獻陵	朱高熾	洪熙	仁宗 昭皇帝	48歲	成祖長子	1年 （西元1425年）	張氏
景陵	朱瞻基	宣德	宣宗 章皇帝	38歲	仁宗長子	10年 （西元1426至1435年）	孫氏
裕陵	朱祁鎮	正統 天順	英宗 睿皇帝	38歲	宣宗長子	22年 （西元1436至1449年） （西元1457至1464年）	錢氏、周氏
景泰陵	朱祁鈺	景泰	代宗 景皇帝	30歲	宣宗次子	8年 （西元1450至1457年）	汪氏
茂陵	朱見深	成化	憲宗 純皇帝	41歲	英宗長子	23年 （西元1465至1487年）	紀氏、王氏、邵氏

第十一章 明朝那些事

陵名	帝名	建元	廟號與諡號	享年	世系	在位年數	祔葬皇后
泰陵	朱祐樘	弘治	孝宗敬皇帝	36歲	憲宗三子	18年（西元1488至1505年）	張氏
康陵	朱厚照	正德	武宗毅皇帝	31歲	孝宗長子	16年（西元1506至1521年）	夏氏
永陵	朱厚熜	嘉靖	世宗肅皇帝	60歲	憲宗孫	45年（西元1522至1566年）	杜氏、陳氏
昭陵	朱載垕	隆慶	穆宗莊皇帝	36歲	世宗三子	6年（西元1567至1572年）	孝懿李氏、陳氏、孝定李氏
定陵	朱翊鈞	萬曆	神宗顯皇帝	58歲	穆宗三子	48年（西元1573至1620年）	孝端王氏、孝靖王氏
慶陵	朱常洛	泰昌	光宗貞皇帝	39歲	神宗長子	1月（西元1620年）	郭氏、王氏、劉氏
德陵	朱由校	天啟	熹宗悊皇帝	23歲	光宗長子	7年（西元1621至1627年）	張氏
思陵	朱由檢	崇禎	思宗愍皇帝	34歲	光宗五子	17年（西元1628至1644年）	周氏、田氏（妃）

風雪漸已停歇，夕陽西下，餘暉灑在起伏的山巒上，泛起銀色的光芒。蒼涼的北國之冬一片肅靜。趙其昌、趙同海兩人經過對長陵三天的勘察，沒有發現可供發掘的線索，心中暗想：這個陵墓規模太大了，能否找一個較小的陵墓進行試掘，等累積了經驗再掘長陵呢？

明十三陵發掘計畫

三天之後的夜晚，北京市副市長、主管文教工作的吳晗家中，不算寬敞的書房燈燭明亮，長陵的照片、草圖、各種數據資料和幾塊填土標本擺滿了地板。吳晗和夏鼐靜靜地聽著趙其昌的調查彙報：「我們在長陵的寶城、寶頂上上下下來回跑了兩天，找不到半點可供考慮的線索。在明樓後的寶城內打了兩個探眼，全是填土，沒有生土比較，打鏟已經沒什麼意義了。沒有線索，僅靠臆測，會使我們走向失敗……」

吳晗低著頭，拿鉛筆輕輕地敲打著桌子。夏鼐用放大鏡不停地檢查填土標本。書房中悄然無聲。

趙其昌提出一個建議，打破沉寂的氛圍：「現在天寒地凍，調查中動土又很困難，能不能給我兩個月時間，查查文獻。十三陵的皇帝、皇后無論生前建陵或死後建陵，總不會同時死去。如果不能同時入葬，就有再次挖開、二次入葬問題。類似的問題，他們又是怎麼處理的？我想帶著一些問題再著重調查一下，在十三陵多住一些日子。」

夏鼐一向重視調查，尤其注重結合文獻的田野調查，遂說道：「十三陵的建造，前後延續200多年，無論建築布局和形制，早、中、晚期總是有些變化的。應該普遍調查，再歸納一下，比較異同，提出一些疑問。然後再結合歷史上的喪葬制度相互參照、印證，可能會有些收穫。先找到可靠線索，然後再動工，才有把握，我看這樣比較妥當。」

吳晗聽了表示同意。他指了指書架對趙其昌說：「查文獻，好！我這裡講明代的書不少，你隨便拿去看，今天就可以帶走一些。再去調查，你打算住多久？」他轉向夏鼐，「作銘（夏鼐字），多長時間合適？」

趙其昌伸出兩個手指。夏鼎接下來說道：「兩個月可以，一個陵總要幾天，兩個月不算多。」

吳晗原以為兩個手指是指兩週，既然是兩個月，也不再說什麼了。

第十一章　明朝那些事

趙其昌的建議得到兩位師輩人物的許可，突然感到肩上的擔子沉重起來，順口冒出一句：「吳副市長，長陵是十三陵的祖陵，太大了，能不能找個小的，先試掘一個？」

吳晗一怔，轉身問夏鼐：「什麼叫試掘，哪個『試』？」

夏鼐笑笑：「辰伯（吳晗字），考試的『試』！你考試考得不及格的『試』。」

吳晗微笑了一下，幽默地說：「我比不上你聰明，當年進清華，數學考試確實不及格，慚愧啊！不過，我搞不清楚，這個試掘與發掘有什麼不同？」

夏鼐道：「試掘與發掘，其實方法、流程上完全一樣，完工後整理材料沒有什麼不同，照樣印出報告，只是沒有很大把握時，叫法謙虛一些而已。國外也有這樣的先例。」

吳晗聽了，表示認可。至於是否試掘，要等調查後的結果再定，而且還要上報北京市與中央批准。

夏鼎起身對趙其昌說：「我與吳副市長意見一致，同意試掘，前提是要找到重要線索，否則試掘也無從談起。你回去後，就先從考查文獻開始吧。」

新的一年開始了，對於趙其昌來說，也是一個新的開始。

時年28歲的趙其昌，在北京大學歷史系主修考古專業時，學的是舊石器、新石器、甲骨文金文、商周的青銅器，以及秦磚漢瓦、魏晉碑刻、唐宋詩文，等等。一下子轉到明朝，真是個新課題、新工作，必須從頭開始。

在夏鼎指導下，趙其昌開始了史料研究，重點自然是明清兩代帝王陵墓的史料。他幾乎跑遍北京各大圖書館，在浩如煙海的史籍中，尋找

著有關的資料，對《明實錄》、《大明會典》、《明史》、《國榷》、《日下舊聞考》等經典，一一仔細研讀，連明清人的筆記、野史，都盡可能一一翻閱。他要弄清眾多的帝后、王侯、嬪妃和各種陵墓的建築形制、布局規格、祭祀禮儀、埋葬制度、隨葬器物，以及帝王墓葬的發展演變過程，尤其是地下建築的形制。不到兩個月時間，關於十三陵的建造起因與整體布局，他已大致上查清，一個風雲際會的歷史時空和過往人物輪廓已顯現在眼前。

試掘獻陵

積雪消融，枯草微露，趙其昌再度來到昌平十三陵區，攜考古探鏟作田野調查。

獨自一人走進巨大的皇家陵園，趙其昌立感悲愴淒涼。輝煌的明樓、大殿、寶城俱已失去原有的風采雄姿而變得滿身瘡痍，殘垣斷壁、荒草悽迷，一代豪華璀璨的建築群，已經成為一片廢墟。「昔日皇陵形勝地，壘壘荒塚伴斜陽。」趙其昌和工作隊的幾位同事白天一座一座地仔細檢視陵墓，晚上走訪當地同鄉住民。十三座皇陵，想要找到一點線索，真如大海撈針。

經過幾天的探訪，趙其昌決定把目標重點放在獻陵。

獻陵位於長陵西側一里的黃泉寺山下，埋葬著朱棣的長子朱高熾。陵園規模較小，距長陵地域最近，入葬時間前後緊接，從發掘工作考慮，如果試掘，以獻陵最為合適。它不僅在埋葬制度、地下建築結構等方面有很多可供參考之處，試掘之後還可以直接把設施、人員拉到長陵，工作、食宿安排都比較方便。於是他對獻陵開始了第一步工作：查閱史書，收集資料，實地勘察，尋找線索。

第十一章　明朝那些事

朱高熾47歲當上了明朝的第四位皇帝，改元洪熙。十個月後駕崩，死後廟號為「仁宗」，葬於獻陵。

稱朱高熾為「仁宗」，「仁」字用得倒也確切。對於一個封建帝王來說，像他那樣關心百姓疾苦的實在不多。洪武二十八年，他由祖父朱元璋親自冊立為燕王世子。朱高熾文筆華美，諸王世子中無人能與之相比。朱元璋時常讓他幫助自己批閱奏章，而朱高熾選批最多的是關於百姓生活的，尤其是各地上報災情的奏疏，他總是立即讓爺爺過目。朱元璋曾不解地問他：

「怎麼你選的都是上報災情的奏疏？」

「孫兒覺得民以食為天。現在有的地方鬧災，民不聊生，乃是最急迫的事情，才請皇爺爺優先處理。」

「嗯！」朱元璋點點頭，又問，「堯在位時鬧了幾年水災，湯時七年大旱，百姓又靠什麼活下來的呢？」

「靠的是堯、湯聖人有恤民的政策。」

朱元璋聽後大喜：「你這孩子雖然生長在深宮，卻關心民間疾苦。好！」

明朝開國皇帝朱元璋是農民起義領袖出身，深知民間疾苦，大明王朝建立後，實行了一系列較開明的政策，經濟逐漸復甦，國庫也因而充實。但朱棣即位後好大喜功，頻繁地大規模征戰，加之建都北京、疏濬運河等浩大工程耗費了大量人力、物力。朱高熾登基當天，第一道命令就是追回第七次下西洋的鄭和遠洋船隊，召回在交趾採辦珍珠的中使和在西域買馬的官員，並大幅減少為皇宮採購、燒鑄、供應等一切花錢的行為。可惜這位雄心勃勃、一心強國富民的皇帝，在位僅十個月，就一命嗚呼了。

圖 11-2 獻陵明樓

　　獻陵和其他各陵有一個明顯的不同之處，就是在祾恩殿和明樓之間有一座小山相隔，把陵墓切割成兩塊。如今前方大殿已不存在，僅留有山後一片殘破的建築。趙其昌率人在山後的明樓和寶城內外尋找線索，仔細辨別、分析當年入葬的隧道口可能留下的痕跡。明朝陵墓制度，一般是寶城內用厚實的黃土填滿，並築起高大的寶頂，但獻陵的寶頂掩埋不住寶城內牆，顯得極為簡單和寒酸。

　　近半個月的勘察仍無線索，工作隊開始分頭探訪。一個偶然的機會，他們得知附近村裡存有祖宗留下的《陵譜》，據說上面記載有陵墓的建築形制和入葬經過。這些村莊大多是由當年的守陵宮監發展而來，也許可能留存著祕籍。趙其昌查訪了三天，終於從當地一戶富農家中借來《陵譜》，卻不禁啞然失笑，原來所謂《陵譜》所記全是臆說傳聞，毫無史料價值。

　　《陵譜》中關於獻陵的記載：

　　仁宗朱高熾為太子時，每日在宮中遊蕩。其時，宮中規矩，凡夜晚宮中妃子門口掛紅燈，太子方可進入。掛綠燈，表明內住長輩，不得入內。

　　一夜，朱高熾遊宮，見一樓內窗櫺上掛著紅燈，便喝退侍從，直接入樓。待其寬衣上床後，卻見床上竟是姨娘……

第十一章　明朝那些事

　　此事在皇宮裡譁然傳開，或曰太子對比其年長幾歲之姨娘早有此意。當夜，是其事先將姨娘房門綠燈摘下，於窗櫺之上換成紅燈；或曰姨娘早對太子有情，是其親摘綠燈，換上紅燈⋯⋯

　　仁宗皇帝駕崩，其子朱瞻基命人將父皇陵墓建於小土山後，使石碑殿堂及明樓寶頂互不能見，意在以小山將父皇仁宗與其姨娘之醜行遮掩。故此小山謂之「遮羞山」⋯⋯

　　居民們自然不會知道，據文獻記載，這座陵墓的建造形制實則與風水有關。皇家園陵首重選擇「龍脈」，此處起伏的山丘就是「龍脈」的象徵。建造獻陵時，因這小山形如几案，是作為「龍脈」而完好保存下來的，史書上稱為「玉案山」，殊不知風水反而讓仁宗皇帝蒙上一層不白之冤。

　　史書缺乏記載，《陵譜》只能當作飯後談資，面對一座座巨大的陵園，他們卻找不到一點可供科學發掘的線索。時間一天一天過去，吳晗、夏鼐不斷派人前來詢問，趙其昌心急如焚，建議上級主管再派五名人員參與調查，以便加速工作流程。

　　五名人員很快來到十三陵區，組成一個考古工作隊，由趙其昌帶領。然而，工作隊在陵區繞了三天，還是未得到一點線索。正當工作人員一籌莫展之際，兩位全副武裝的警察卻找上門來。他們被當成盜墓賊，叫到派出所審訊一頓，所幸最終搞清楚是個誤會。

　　這個讓人忍俊不住的插曲，卻帶給工作隊新的啟示：能不能從被盜的墓葬中發現一點線索，或者從盜墓者的口供裡判斷陵墓玄宮的結構？主意商定，工作隊員再度分頭行動。趙其昌去曾經被盜過的萬貴妃墓地尋覓蹤跡，另一名隊員于樹功則乾脆去了監獄，想從盜墓者口中探出蛛絲馬跡。只可惜，兩路人馬都無功而返。

城牆黑洞是地宮入口？

　　正當工作隊困惑著找不到頭緒的時候，吳晗和夏鼐有了新的想法，就是把定陵作為突破口。第一，定陵是十三陵中營建年代較晚的一個，地面建築保存得比較完整，將來修復起來也容易些。第二，萬曆是明朝統治時間最長的一個，做了48年皇帝，史料可能會多一些。

　　定陵雖是明代陵墓中建成較晚的一個，至今只有300多年，但風雨剝蝕、戰亂兵燹，使這座巨大陵園殘破不堪。高大寬厚的朱紅色外羅城早已蕩然無存，陵牆兩處倒塌，那輝煌的象徵皇帝權力與威嚴的黃色琉璃瓦大殿只殘存幾排柱礎石，似乎在向世間訴說著所經歷的劫難。

　　根據史料記載，定陵曾遭受過三次大火的焚燒，以致造成毀滅性的破壞。清軍入關後，對明陵進行了大規模破壞，並放火焚燒了萬曆帝的定陵和天啟帝的德陵。

　　此前不久，李自成率大軍逼近京城，從柳溝入德勝口，因居庸關守將投降，十三陵被起義軍攻下。李自成下令焚燒十三陵大殿，搗毀定陵、慶陵、德陵宮牆與宮門，整個十三陵「磚石遍地，大火三日不絕」。

　　順治四年（西元1647年）以後，清朝出於政治上的考慮，為緩和民族矛盾，安撫明朝遺老，說江山並非得自朱明王朝，而是取自李自成之手，還對明陵進行了一定的保護，設陵戶、給贍田、禁樵採，並修葺崇禎的思陵。乾隆五十年（西元1785年），高宗弘曆在明成祖朱棣的「神功聖德碑」碑陰鐫刻〈「哀明陵三十韻」〉，略示對明代帝王哀悼之意，並對曾經遭到破壞的定陵、德陵進行較大規模的修繕。

　　經工作隊考察，所謂乾隆帝對十三陵的修繕，只是利用舊料拆大改小而已，這在定陵的祾恩門、祾恩殿遺跡中反映得最為明顯。而天啟皇

帝的德陵,史料雖記有修繕事宜,但實際並未動工。

民國初年,陵區附近一個姓郭名五的人接替陵戶,負責十三陵的看管和保護工作。政府除免其租稅外,每年尚略有補助。當地一個無聊男子王某感到護陵的差使有油水可撈,便找到郭五要當陵戶,遭到郭五拒絕後,王某惱羞成怒,趁夜深人靜,提一桶煤油悄悄來到定陵,把油潑在祾恩大殿上,放火焚燒。頓時,烈焰沖天,映紅了整個陵區,方圓數十里可見煙火升騰。三天後,祾恩殿就變成了一堆灰炭。王某嫁禍郭五未成,自己反而吃了官司,暴死獄中……

趙其昌手提考古探鏟,又到寶城外側,鏟開一堆雜草和塵土,仔細辨析外羅城城牆的殘跡。

圖 11-3 定陵全景

在十三陵全部陵宮建築中,唯有嘉靖皇帝的永陵與萬曆皇帝的定陵建有外羅城,其他陵宮則沒有。史料記載:永陵建成後,嘉靖皇帝前去巡視,他登上陽翠嶺,往下一望,見只有明樓、寶城一座,便問督工大臣:「陵寢這樣算完工了嗎?」言下之意自然是不滿。大臣見皇上不甚滿意,趕忙說:「還有外羅城一座未建。」自此之後,就日夜趕工加築外羅城,定陵的建築全仿造永陵,因此也築有一道龐大的外羅城。

外羅城原有朱門三孔,門樓重簷,上覆黃瓦,鑲有山水、花卉、龍

鳳、麒麟、海馬、龍蛇影像，約在康熙四十三年之後漸被毀壞。時至今日，這座外羅城牆遺址也埋在黃土之下，只有一道朱紅色的內羅城牆，歷經滄桑劫難，一直忠心耿耿地守護著它的主人。

趙其昌扛起考古探鏟，來到寶城牆下，自東向西仔細檢視。7公尺多高的城牆，雖經300餘年風雨剝蝕而變得殘破，但仍不失它的威嚴。

趙其昌一步步向前走去，他感到脖子發麻，腰痠腿痛，精疲力竭，在身邊找塊石頭坐下，點燃一支菸，陣陣煙霧從喉管噴出，在眼前瀰漫開來。順著飄渺的煙霧，他望望遠處的山巒和藍藍的天空，又把眼睛轉向前方不遠處的紅色高牆。就在這一剎那間，奇蹟出現了——在離地面3公尺多高的城牆上方，幾塊城磚塌陷下去，露出一個直徑半公尺的圓洞。

「這是怎麼回事？」趙其昌自問著，揉揉被太陽刺花的眼睛，緊緊盯住黑漆漆的洞口，心臟加劇了跳動。

他突然想起前幾天一個在地人對自己講過的話：「長陵西面不確定是哪座陵墓，城牆外面塌了一個大洞。村裡百姓遇到土匪綁票、日本鬼子搶燒，就藏在裡面……」眼前的洞穴難道就是在地人所說的那個藏人的地方？假若是真的，此處必大有文章。正可謂踏破鐵鞋無覓處，得來全不費功夫！他再也無法抑制自己激動的心情，趕緊跑去。

「發現了，發現了！」「快來看，快來看！」洪亮的聲音沿著寶城迴盪，又從寶城傳向曠野。

兩個夥伴聞聲跑來。三個人、六隻眼睛，死死地盯著那個洞口。

沒有梯子，附近又找不到大塊石頭和木料，怎麼辦？兩個夥伴望著趙其昌激動的面孔，立即蹲下身：「來吧，蹬著我們的肩膀上去看看，這個葫蘆裡到底裝的什麼藥！」

趙其昌踩上他們的肩頭，沿著城牆慢慢地爬上去。正午的陽光照射

第十一章　明朝那些事

在洞口，裡面的景物若隱若現，像是一個券門[09]的上端，光照處可辨別出磚砌的痕跡，但一時難以證實券門是否存在。三個人輪流看過一遍，仍未得出一致的結論。

「你們在這裡守著，我去長陵村打電話請夏鼐老師來看看。」趙其昌囑咐完同伴，轉身向長陵村跑去。

夏鼐接到電話，立即驅車趕到定陵，同時還帶來了幾位年輕的考古工作者。

發掘隊員按原來的方法搭成人梯，讓夏鼐站在肩上沿牆慢慢爬升。

夏鼐從腰中掏出手電筒，認真檢視洞中的一切，不時地用探鏟叮叮噹噹地敲打著洞中的磚石……一刻鐘之後，才回到地面上。

隊員們紛紛圍攏上來，用期待的目光望著考古大師，希望儘快找到正確答案，揭開百年之謎。

夏鼐沉思片刻，轉身望著大家：「據我觀察，裡面的砌磚不像是原來築成的，有再砌的痕跡，可能是一個券門的上緣。」

「寶城砌得這麼結實，怎麼會有券門藏在裡頭？」不知是誰問了一句。

夏鼐望望大家，似在講解，又像自言自語：「定陵的歷史有300多年了，可能因為原砌的和後砌的兩層磚之間銜接不緊，經過風吹雨打，外面的砌磚，也就是後來砌成的磚牆就塌陷了。」講到這裡，他望望趙其昌，不再言語。

趙其昌豁然開朗：定陵是皇帝生前營建的，萬曆十二年（西元1584年）開工，歷時6年完成。這一點《明實錄》記載得很清楚。可是，陵墓建成，人並沒死，怎樣辦？地宮就必然再埋好。事實上，又過了30年，

---

[09]　券（ㄐㄩㄢˋ）門：圓拱形小門。

即萬曆四十八年（1620年）王皇后才死，緊接著萬曆皇帝也死了，二人一起入葬定陵。再度挖開入葬，二次砌磚的現象就可以解釋了。不過，定陵明樓下面不建通道，棺槨靈柩又從何處進入地宮呢？

考古所的年輕考古同行們也議論紛紛，有的說：「如果真的是券門上緣，那它很可能就是入葬的通道。」這句話又提醒了趙其昌。史料記載，定陵仿永陵建築，寶城外面都有一道外羅城牆。現在外羅城牆雖已毀壞，但遺址可以證實這道城牆的存在。「是不是可以得出這樣一個結論：如果是入葬的通道，它正處於外羅城之內、內宮牆之外，帝后的棺槨進入大門之後，繞到寶城外面，再從這裡進入地宮？」

趙其昌說完，看看夏鼐。大家頓時騷動起來：「夏所長，會不會這樣？」

夏鼐不露聲色地點點頭：「說得有道理，我回市裡和吳副市長商量下一步的打算。」說完，驅車與趙其昌向北京奔去。

一見面，未等夏鼐講話，吳晗就急不可待地問：「作銘，調查的結果怎樣？」

「我看是一條極有希望的線索。」

「有把握嗎？」

夏鼐望著老同學焦急的面孔，笑著說：「辰伯，我看你對考古倒真是外行，我們只有挖開後才能下結論喲！」

吳晗的臉微微紅了一下，在屋內踱了幾步，用略帶埋怨的口氣說道：「你倒是說一句有把握的話呀！」

夏鼐沉著地回答：「像是通往地下玄宮的入口。」

吳晗立即站住，面露喜色：「那就和大家研究一下，上報試掘，開始行動吧。」

第十一章　明朝那些事

迷路石？隧道門？

　　1956 年 5 月 18 日下午，發掘隊在定陵的寶城內側，即與城磚脫陷處相對應的地方，計畫先開一條探溝。在朝向明樓背後的方向，測好位置，釘上木樁，拉上繩子，立上木牌，墨書大字「T1」，表示第一道探溝。一切準備就緒，只等第二天破土動工。

　　按照繩子做出的標誌，工人們一鍬一鍬地挖下去，再把翻起的土小心地裝入筐中運往遠處。雖然是第一次動工，但工人們記住了考古隊副隊長白萬玉老人的囑咐：「我們不是做建築工程，也不是挖水庫建大壩，不要求速度，而是需要細緻地觀察和小心地操作……」儘管工人們對考古學一竅不通，更沒聽說過用科學考古的方法來發掘皇陵，在他們心中只有軍閥和土匪夜間盜墓的模糊形象，但面前的景況讓他們感到這項工程與眾不同。每裝進一筐土，都要經過仔細的檢查，而且時常把地面挖開，用小鏟一點一點地刮，尋找可疑痕跡，這種工作，聞所未聞。

　　趙其昌和白萬玉在工地四周密切注視著工人們的操作，幾乎每挖出一筐土，白萬玉都要仔細觀察辨別土質的變化。兩個小時之後，探溝已挖了 3 公尺多寬、1 公尺多深。寶城內側 1.5 公尺深處露出了一塊砌在寶城城牆上不大的石條，這時，有個工人突然大喊一聲：「石條上有字！」

　　大家聞聲而來，圍住石條，趙其昌、白萬玉也急忙奔過去。果然，在一塊橫砌的小石條上，顯出模糊不清的字跡。趙其昌找來毛刷，蹲下身，輕輕地刷掉上面覆蓋的一層積土，奇蹟出現了：石條上露出三個雕刻粗糙的字。經過仔細辨認，兩人幾乎同時喊出：「隧道門！」

　　那麼，這三個粗糙的字到底意味著什麼？回顧史料，他們做著這樣的推斷：自萬曆十八年（西元 1590 年）定陵建成，到萬曆四十八年（西元

1620年）皇帝死去，前後經過了30年的漫長歲月。地下宮殿建成之後，就必然要用土封存起來，等待皇帝死去入葬時再開啟墓道門。但是，皇帝的死期是無法預測的，一旦死去，就需要立即開啟，等待皇帝的棺槨入葬。這一工作是由工部主管，如果找不到入口，延誤葬期，營陵工匠必遭殺身之禍。經過長年累月的塵封土埋，入口定難尋找，因此要在入口的某個部位做一標記，以備急需。趙其昌想著，轉過身看著白萬玉，輕輕地說：「我看這石條砌在寶城這不正不中的地方，會不會是當年建陵工匠偷偷留下的？」

白萬玉點點頭：「我也在想，這石條上的字很可能是工部指使人或者工匠偷偷留下的。因為皇帝死後，入葬的日期要禮部決定，一旦日期定下而工部打不開地宮，從工部尚書、郎司到工匠都要問罪，所以才在這裡留下記號。看來這裡是通往地宮的隧道已不成問題了。」

果然不出所料，十幾天後，在探溝挖到離地面4.2公尺處時，發現了兩側用城磚整齊平鋪的磚牆。兩牆之間距離8公尺，如同一條弧形的巷弄由南向北彎曲延伸。這條隧道的出現，證實了當年皇帝的棺槨從這裡入葬的推斷。「隧道門」三個字正對著這條隧道的中心部位，後來發掘人員稱這條隧道為「磚隧道」。

開啟地宮的鑰匙

進入7月，天空開始不斷地下起雨來，發掘工作只得根據天氣狀況時進時停。

自寶城內挖開第一道探溝以後，工作進展極為順利，工人們將填土磚石，一筐筐運出，一個多月的清理便告完成。在「隧道門」刻石下面，

第十一章　明朝那些事

果然露出了一個用大城磚壘起的大門，事實證明了最早被發現的那個塌陷的缺口，就是大門外側上面的邊緣，也是通向地宮隧道的第一座大門。帝后棺槨入葬之後，大門就用城磚巧妙地堵死，磨磚對縫和城牆別無兩樣。當年的君臣工匠怎麼也不會料到，數百年之後，這精心的偽裝終究未能瞞過考古工作者的眼睛。

9月2日上午，剛剛開工不久，來自慶陵村的工人欒世海，一鎬刨下去，傳出鈍器的撞擊聲。「嗯，這是碰到了什麼東西？」他思索著，用鎬頭輕輕刨開積土，一塊石頭露出了地面。

「快來看，這是塊什麼東西？」他大聲喊叫著，溝底的人立即圍過去。白萬玉見狀，急忙喊道：「小心點，別弄壞了！」

大家用鐵鏟沿石頭兩側，輕輕地鏟著土。10 分鐘後，一塊小石碑出現在眼前。

一個工人突然大喊一聲：「上面有字！」隊長王啟發立即找來一根竹片，小心地刮著字上沉積的泥土，白萬玉拿一把刷子走下探溝，邊走邊喊：「快去找趙其昌！」

一刻鐘後，趙其昌氣喘吁吁地跑來了。他迫不及待地跳下探溝，撥開人群，擠到小石碑前。只見白萬玉跪在地上，一點一點地擦著碑上的泥土。趙其昌急忙蹲在一邊，問道：「怎麼回事？」白萬玉拿著刷子的手輕輕地顫抖著，激動地說：「這一次探出寶啦！」

趙其昌望著這塊一尺多長、半尺多寬的小石碑，仔細地辨認著上面的字跡，當白萬玉剛把泥土刷去，他就高聲念道：「此石至金剛牆[10]前皮十六丈深三丈五尺。」

---

[10] 金剛牆：古建築中凡是隱蔽不可見的牆體均叫金剛牆。陵寢建築被土掩埋的牆體（指出土之前），亦屬於其中一種，一般都特別厚實，所以稱為金剛牆。

話音剛落,人群轟然炸開,歡騰之聲在這昏暗、潮溼的探溝中嗡嗡作響。大家扔掉手中的工具,興奮地圍著石碑來回繞著。

在浩瀚的明代史料中,對於陵墓的建制,只能找到一般歷史概況的紀錄,如陵墓的營建年代、規模、用工用料、建造花費銀兩等事宜,至於玄宮的形制、結構史料絕不記載,這是明代一項極為嚴格的制度。但它既然存在,留下了痕跡,就必然會從帝后的喪葬制度中分析、辨別出這塊小石碑所發揮的作用。

發掘隊員圍在石碑前,仔細地研究起來。正午的陽光灑進探溝,使小石碑閃著亮光,字跡更加清晰可辨。白萬玉放下毛刷,神情嚴肅地望著大家,一字一頓地說:「我推測這是和隧道門一樣的道理。」

劉精義驚訝地望望老人,又看了眼趙其昌:「那麼說,又是工匠留下的標記了?」

白萬玉沒有回答,從口袋裡掏出紙菸,逕自抽起來。趙其昌對著劉精義點點頭:「白老說得有道理。皇帝也好,后妃也好,他們都是人,而人總是要死的。如果沒有特殊情況,皇帝皇后不可能同時死去,既然如此,就出現一個問題:是先死先葬,還是先死者要等後者死去,再同時入葬?」他一邊吸著菸,一邊推理似地慢慢講下去,「從文獻記載看,明朝帝后的入葬流程,習慣上是採用前者做法。以長陵為例,徐皇后先於成祖死,停靈在南京,等長陵玄宮建好後,才把她的靈柩從南京移來入陵。而後成祖皇帝死去,再開地宮,葬入長陵和徐皇后做伴。其他陵墓的主人也都採取這種方式。定陵是萬曆生前預先營造的,建成後,他並沒有死,只好把墓室關閉,再用土封嚴墓道。等到他死後再重新掘開使用。所以,這塊小石碑是工匠為了帝后入葬能順利地開啟地宮而偷偷

埋下的標記。石碑上的刻字應該是可信的，這不是迷路石，確實是一把開啟地宮的鑰匙。」趙其昌說到這裡，轉身看看白萬玉，老人微笑著點點頭。

弱冠皇帝選陵寢

隆慶六年（西元 1572 年），明朝剛剛 36 歲的隆慶皇帝朱載垕自知病入膏肓，不久於人世，急忙召見大學士高拱、張居正、高儀入乾清宮聽候遺詔。三人匆忙到來，見皇帝斜倚在御榻之上，面如死灰，氣息奄奄，左右靜靜地站立著皇后、皇貴妃和 10 歲的太子朱翊鈞。此時此刻，這位皇帝唯一放心不下的是侍立在病榻左邊年僅 10 歲的愛子、未來皇位的繼承人——朱翊鈞。他感到留給兒子的並不是一個國富民強、安康興旺的帝國，心裡有一種莫名的恐懼，無法預料大臣們將怎樣對待這個兒子和朱家江山。他再也沒有時間和精力護佑愛子了。彌留人世的最後一刻，他伸出乾瘦且毫無血色的手，轉動著滿含期待的淚眼，有氣無力地向高拱、張居正、高儀三位同閣輔臣囑託後事：「朕不久於人世，三位閣臣好生輔弼皇嗣，以保江山萬世不休……」

第二天，隆慶崩於乾清宮。

六月十日，皇太子朱翊鈞登基，以次年（西元 1573 年）為萬曆元年，開始了他長達 48 年的統治。

萬曆七年（西元 1579 年），不滿 18 歲的萬曆皇帝第一次到天壽山謁陵時，就開始考慮建造自己的陵寢了，只是當時擔心張居正（西元 1525 至 1582）等人勸阻諫諍，所以此次謁陵並未公開提出預建自己壽宮的想法。從西元 1582 年冬天到 1583 年春天的幾個月，一直糾纏於清算張居

弱冠皇帝選陵寢

正等人相關事宜的萬曆皇帝，情緒陷入了混亂。繼張居正之後出任首輔的張四維，洞察皇帝心理後，經過一番苦思冥想，終於得到了一條計策。他建議萬曆修建壽宮，萬曆皇帝欣然同意。

對於剛剛步入 21 歲青春年華的萬曆皇帝來說，這一看似奇特的抉擇並非因為他認為自己死期臨近。有研究者認為張居正的去世，使他越來越感到群臣閣僚並沒有把皇帝當作一個有血有肉的人，而是把他當作一個機構來看待。萬曆雖然缺乏堅強的意志和決心，但並不缺乏清醒和機靈的頭腦。如果仔細地回憶萬曆的人生，就不會遺漏這件事以及萬曆在其中所表現的思想脈絡及人生感悟。那是西元 1583 年春天，恰值三年一度的會試，按照傳統，皇帝要親自主持殿試。這次策文的題目出人意料地竟多達 500 字。他詢問那些參加會試的舉人，為什麼越想勵精圖治，後果則是大臣更加腐化和法令更加鬆弛？

答案顯然是無法靠幾個參試的舉人而準確地找到的。此時的萬曆皇帝陷入了更加沉重的精神壓力之中，他唯一的希望和寄託就是接受這精神上的活埋。

出乎萬曆意料的是，這次預築壽宮不但沒有遭到廷臣的勸諫和阻止，反而獲得極力迎合。事實上，直到他死也未能理解，為什麼廷臣在他所做的其他事上橫加干涉、屢屢進諫，而對此事卻如此寬容和諒解？也許群臣認為，此時的皇帝已經足以讓後代的人們崇敬。同時，他雖正值青春年少，但是已御宇十年，具有足夠的資格當此殊榮了。

根據張四維的建議，此項工程參照明世宗在嘉靖十五年選擇山陵的慣例，命文武大臣帶領欽天監人員及通曉地理風水之人，先行去天壽山選擇「吉壤」二、三處，以便於皇上在謁陵過程中欽定。

萬曆十年（西元 1582 年）二月四日，禮部首次派遣祠祭署員外郎陳

第十一章　明朝那些事

述嶺一行人去陵區勘察，擇得譚峪嶺、祥子嶺、勒草窪三處吉壤。又經定國公徐文璧、內閣首輔張四維、司禮太監張宏及通曉地理風水的內外大小官員一起校勘，確認三處均為吉壤。

三處俱吉，當然不能都用，只能從中選擇一處作為壽宮之地，而這個選擇只能由皇帝自己決定。於是，萬曆藉著恭謁山陵行春祭禮之名，決定在閏二月十二日進行第二次「謁陵」。

聖旨一下，朝廷內外一片忙碌。禮、工、兵各部按照自己的職責，仔細地準備。閏二月九日，突然狂風大作，黃塵蔽日，群臣無不驚慌失措。內閣首輔張四維認為天時不利，前行無益，並引用明太祖朱元璋的《祖訓》「謹出入」條目，奏諫皇帝放棄這次「謁陵」。萬曆選擇「吉壤」心切，不顧張四維的諫阻，毅然決定按原計畫成行。

閏二月十二日，狂風漸小，紅日初露。萬曆皇帝由定國公徐文璧、彰武伯楊炳護駕，「率后妃發京」。御駕前後，由鎮遠侯顧承光、左都督李文全、勳衛孫承恩統率刀府軍衛官30名、大漢將軍300名、其他武裝士卒4,000餘人，浩浩蕩蕩，向天壽山行進。

御駕尚未出動，京城便開始戒嚴，每座城門都由一位高級文臣和武將共同把守。皇弟潞王當時尚未成年，即參加戒嚴事宜。他的任務是搬到德勝門的城樓上居住，密切監視御駕必經之路。這支聲勢浩蕩的隊伍到了郊外，皇帝及其家室住在沿路修起的佛寺裡，其他隨從人員則臨時搭蓋帳篷以供歇息住宿。在幾十里路途上，一些地方官、耆老及飽學之士被引導在御前行禮，不能有差錯。

萬曆出京的第二天，在由沙河鞏華城赴天壽山的路途之中，皇帝的備用「飛雲輦」不知何故突然起火。侍衛們趕上前撲救，總算保住「飛雲輦」，未釀成大災。這次事故，群臣再度大驚失色，議論紛紛。張四維認

為,這是「上天的警告」,即勸萬曆停止前行,但未得同意。

十四日,隊伍到達陵區。萬曆此行的目的很明顯,主要是尋覓及視察他自己的葬身之地。既然以謁陵為名,那麼謁祭在所難免,種種儀式自然應當周到齊備。因此,在出發之前,禮部必須斟酌成例,擬訂各種詳情細節,有的陵墓由皇帝親自祭謁,有的則由駙馬等人代為行禮。十四、十五兩日,萬曆在拜謁完長、獻、景、裕、茂、泰、康、永諸陵之後,還要親祭長、永、昭三陵後面的主山,後經張四維諫阻,才勉強作罷,只命駙馬等人代行祭禮,以示誠意。

十六日,萬曆率隊依次到祥子嶺、譚峪嶺、勒草窪三處詳細查閱後,對三處地址皆不滿意。十八日,萬曆回宮,並立即諭禮、工二部及欽天監諸官,再去選擇二、三處來看。禮部見皇帝如此挑剔,心中不快,即呈奏萬曆:「臣等既已寡昧,請允許張邦垣多帶些通曉地理風水之人,共同前去踏勘,唯此才能選取更多吉壤供皇上選擇。」對於這個奏本,萬曆自然深知其中之意,但他未露聲色,當即給予允可,並諭令:「凡在京有諳曉地理風水的內外大小官員,都可到天壽山參與實地踏勘。」

萬曆的這一諭旨,不但未給禮、工二部帶來方便,反而加深了選擇「吉壤」的難度,導致官員之間矛盾重重,並生出許多阿諛逢迎、令人捧腹的可笑事件。

就在禮、工二部重新安排人馬,緊鑼密鼓地赴天壽山再擇「吉壤」之際,一位名叫梁子琦的通政司左參議感到建立奇功的機會到來,於是向萬曆陳奏自己深曉地理風水,請命前去選擇吉壤。萬曆急命梁子琦隨禮、工二部一同前往核視。梁子琦獲悉皇帝對自己的陳奏十分重視,便在實地踏勘中別出心裁,處處與禮、工二部及欽天監等人意見相左。三

第十一章　明朝那些事

　　月二十三日，禮部尚書徐學謨將本部及欽天監擇得的六處和梁子琦個人擇得的八處，一併呈給萬曆皇帝。萬曆覽奏之後，諭令禮、工二部再行實地踏勘，從十四處中選擇最上吉地三、四處並繪圖來看。

　　四月三日，禮部尚書徐學謨、工部尚書楊巍透過實地比較之後，認為形龍山、大峪山、石門溝山三處「最吉」。梁子琦得知自己選擇的石門溝山被列為「吉壤」，內心十分欣喜，彷彿高官厚祿就在眼前了。

　　令梁子琦遺憾和痛恨的是，首輔申時行的出任使他失去了這次加官晉爵的機會，最終落得貶職閒居的下場。

　　張四維繼任首輔不到一年，父親不幸病逝。張四維只能離職守制，在此期間，申時行代理首輔。但是張四維在居喪將要期滿之時又突然患病不起。恰在這時，比申時行資深望重的大學士馬自強和呂調陽也先後病故，命運之神自然地把這位資歷最淺的大學士推到了政治舞臺的前端。

　　申時行和張四維不同，他以才幹取得張居正的信任，而不是以諂媚逢迎見用。張居正死後，他承認張居正的過錯，但並不藉此誇大其過失作為自己上臺的資本。他和張四維的差異為同僚所深知，也為皇帝所了解。

　　七月二十二日，萬曆皇帝諭令內閣首輔申時行、定國公徐文璧、司禮監太監張宏前去陵區核視。兩天後，申時行等人回京，在奏文中陳述：除石門溝山坐離朝坎，方向不宜、堂局稍隘、似難取用外，看得形龍山吉地一處，主山高聳，疊嶂層巒，金星肥員，木星落脈，取坐乙山辛向，兼卯酉二分，形如出水蓮花，案似龍樓鳳閣，內外明堂開亮，左右輔弼森嚴，且龍虎重重包裹，水口曲曲關闌，諸山皆拱，眾水來朝，誠為至尊至貴之地。又見大峪山吉地一處，主勢尊嚴，重重起伏，水星

行龍，金星結穴，左右四鋪，拱顧周旋，雲秀朝宗，明堂端正，砂水有情，取坐辛山乙向，兼戌辰一分。以上二處盡善盡美，毫無可議。

梁子琦得知此情後惱羞成怒，認為這是申時行與徐學謨故意與自己作對，盛怒之下，上疏皇帝，攻擊徐學謨，奏稱申時行與徐學謨本是兒女親家，「附勢植黨」，故意不給皇上選擇最上「吉壤」。

萬曆見到梁子琦的奏疏後，大怒，立即將徐學謨罷職。申時行見此情景，感到形勢嚴峻，大禍欲臨，只得上疏奏辯，並聯合禮、工二部及欽天監重臣，一起揭露梁子琦在踏勘過程中好剛使氣、固執褊狹、自以為是、不顧吉凶等罪行。由於申時行的特殊地位和在朝廷的威望，他們的陳奏自然使萬曆皇帝堅信不疑。於是，當即諭旨：「子琦挾私瀆奏，奪俸三個月。」

梁子琦的陳奏使徐學謨被罷職的同時，自己也遭到了懲罰。然而，這個懲罰對於他來說只是一個訊號，不久之後，還將有更大的災難落到他的頭上。

九月六日，萬曆皇帝再次以行秋祭禮為名，率后妃進行第三次謁陵。九月九日，萬曆親登形龍山、大峪山主峰閱視，經過反覆比較之後，諭旨內閣：「壽宮吉壤，用大峪山。」這裡所指大峪山，原稱小峪山，真正的大峪山在昭陵主峰。因萬曆忌諱「小」字，便不顧與父皇昭陵的大峪山重名，將「小」改「大」，小峪山變成大峪山。

九月十九日，禮部上疏，認為陵址既已選定，就應該欽定日期營建。但萬曆仍然不允，非要待兩宮聖母太后看後才能確定。為此，御史朱應轂以謁陵耗費太巨，陳請兩宮太后不必再去閱視，但仍未得到萬曆皇帝的允可。

十一月十三日，在申時行的暗中指使下，貴州道試御史周之翰再次

第十一章 明朝那些事

上疏彈劾梁子琦，云已奉皇上諭旨，壽宮定在大峪山下，可見徐學謨當初對皇上並未欺罔。徐學謨既已被罷職，梁子琦豈宜獨留？

萬曆皇帝覽奏之後，立降梁子琦為右參議，令其閒住，永遠不許起用。

梁子琦接到聖旨，悲憤交集。落到今天這般地步，是他始料不及的。此時，他才真正知道面對這個強大的文官集團，他所要做的是什麼。

萬曆十一年（西元1583年）九月十三日，萬曆皇帝奉兩宮太后並率后妃進行第四次謁陵。十六日，萬曆與兩宮太后親登大峪山主峰閱視。兩宮太后也一致認為大峪山最「吉」。

至此，近一年半的「吉壤」紛爭總算告一段落。

經過萬曆皇帝的四處搜刮和群臣的東拼西湊，定陵總算於萬曆十八年（西元1590年）六月全部建成。整個工程總耗銀800萬兩，相當於國庫兩年的全部收入。

當萬曆大擺酒宴為忠實的臣僚加官晉爵之時，他不會想到、也無法想到，世界局勢已經發生了翻天覆地的變化，大明帝國的末日也將來臨。

泥水中拖曳前行的皇帝棺槨

萬曆十一年，正是萬曆皇帝清算張居正、並且至天壽山尋找自己死後樂園的這一年，生活在白山黑水之間的女真族人、25歲的努爾哈赤開始顯示他過人的軍事才華。

由於明朝遼東總兵李成梁用計殺死了努爾哈赤的祖父和父親，他便憑藉祖上遺下的13副鐵甲和族人一起對明朝發難。當萬曆皇帝接到邊廷

泥水中拖曳前行的皇帝棺槨

傳來努爾哈赤要求歸還祖父、父親屍體的消息時，他絕沒有料到不久的將來，就是這位努爾哈赤將與大明分庭抗禮。萬曆皇帝心平氣和地封努爾哈赤為建州衛都督，並加龍虎將軍銜。萬曆的冊封，使努爾哈赤如虎添翼。他不斷吞併周圍部落，在征戰中創立和完善自己的軍事組織；與此同時，他下令開採金銀銅礦，置辦冶煉，鼓勵民間養蠶，發展手工業生產。努爾哈赤已不滿足於做明朝的臣民，他覺得自己應該擁有更多的土地和人民，就像歷史上所有的君主那樣，憑著不斷進取贏得天下。這樣的理想和由此而來的奮發精神，是在故紙堆和脂粉中長大的萬曆皇帝所不具有的。

從萬曆十一年到萬曆四十六年（西元 1618 年），正當萬曆渾渾噩噩、沉溺於酒色之中，熱衷於搜刮珠寶時，努爾哈赤已經在東北的莽莽雪原上建立起了一支與明王朝爭奪天下的軍隊。同時，趁明軍抗倭援朝、遼東空虛之機，繼續擴張勢力，並針對明帝國狂妄自大和遼東總兵李成梁的驕橫，巧妙地實行對明朝表面恭順，暗中卻稱王稱汗、積極發展勢力的兩面政策。經過 35 年的積極準備，終於在萬曆四十六年四月十三日，以發布「七大恨」告天為起點，把進攻的矛頭正式指向明朝，從此，拉開了以清代明的序幕。

努爾哈赤親率兩萬鐵騎，直入要地撫順，迫使守將李永芳投降，並將救援的張承蔭等將領一舉擊斃。然後，乘勝進兵撫順東南的鴉鶻關，再克清河，一路勢如破竹，銳不可當，大軍橫掃北國朔漠平川，疾速向關內挺進。這時萬曆和他的臣僚們才感到事態發展的嚴重性。

邊防的軍事危機飛報皇帝，但是萬曆自己不能統率兵將，平日又沒有整頓軍備，自然更談不上離開京城、巡視邊關。既然他的權力產生於百官的俯伏跪拜之中，那麼在這邊關危難、大兵壓境之際，萬曆皇帝只

第十一章 明朝那些事

能盲目聽從大學士方從哲的請命，慌忙之中任命在抗倭戰爭中諱敗為勝的楊鎬為將，從而使明軍在關鍵的一仗中喪師失地。

萬曆見明軍已無力阻擋努爾哈赤的鐵騎，透過太監找來陰陽術士王老七，施展陰陽之術，以破敵軍。王老七一番占卜之後，跪請皇帝說道：「女真人之北關，與其祖墳風水有關。如將房山金人陵寢搗毀，洩其王氣，明軍可能轉為勝矣。」萬曆皇帝聞聽此言，大為驚喜，於是諭令兵部急速派人趕往房山，搗毀金人陵寢。

金朝原是由居住在長白山和黑龍江流域的女真族建立，12世紀初，其部落聯盟的首領完顏阿骨打戰勝遼，奪得了東北和華北的統治權，當上了皇帝，是為太祖。阿骨打死後，原葬於東北海古勒城西的泰陵，其弟太宗之陵原來也在上京。貞元元年（西元1153年），海陵王遷都燕京之後，又把他們二陵及其同葬十陵遷到中都（今北京）。兩年之後，房山壽宮建成，便把棺槨運往房山陵地安葬。由此，這裡便形成金代太祖、太宗、十帝和其他后妃王公的數十處陵墓組成的皇家陵區禁地。

明軍進入房山金人陵區之後，大肆焚燒盜掘，整個陵區烈焰升騰，煙塵四起。不到兩個月，建築規模和歷史藝術價值較之明十三陵毫不遜色的房山金陵，毀壞殆盡。

事情到此並未結束，萬曆皇帝死後，他的孫子天啟皇帝朱由校見努爾哈赤不但沒有自滅，反而銳氣劇增，又聽陰陽術士之言，在房山金人陵區修建一座關公廟，以壓其勝……而最後的結局是清軍入關，多爾袞下令搗毀十三陵，以報房山金陵被毀之仇。其中定陵遭其毀壞最為嚴重，寶城垛口、明樓地面的花斑石、外羅城等建築全被焚燒搗毀，輝煌的定陵園林只剩一座明樓。這個報復性的毀滅要在萬曆死後24年才得以應驗，當然這是後話。

泥水中拖曳前行的皇帝棺槨

面對這艘帝國古船，萬曆已經準備好了一切，決心沿著他選擇的道路直接走下去。病入骨髓的他自知必定先於古船沉沒，儘管船上救命的口號喊得翻江倒海，他卻再也無力顧及了。

萬曆四十八年（西元 1620 年）四月六日，孝端皇后王氏氣絕身亡，按照她生前的地位要葬於定陵地宮。為了擔心雨水進入玄宮，禮部左侍郎孫如游上疏說：皇后發葬，慣例要出百日，可玄宮隧道不可久洩，眼下正處大雨季節，臣等非常擔憂。萬曆皇帝連戰事都不再顧及，哪還有心思去理睬這些事，所以王皇后的棺槨一直沒有入葬。從此，群臣們不再過問，只管在沉淪中苟且偷生。

七月二十一日，萬曆皇帝終於一病不起。這位「難識君王真面目，三十餘載匿深宮」的帝國君主，在將要撒手歸天的彌留之際，竟然連太子朱常洛也不見，更不允許大臣們去問安，他只要曾帶給他歡樂又帶給他苦惱的鄭貴妃陪伴。兩人相對，多少往事湧上心頭。他慶幸，在這鬱悶蒼涼的人生旅途中，能和這位美麗聰明的愛妃相遇。同時，他又感到無限的內疚和憂慮，他辜負了愛妃和愛子的期望，使她和她的兒子落到今日天各一方、煢煢孑立的可憐境地。他無法知道自己死後，太子朱常洛會對鄭貴妃施以什麼樣的殘酷手段。他第一次感到了時間的珍貴與緊迫，在這陽氣尚存的最後一刻，他強打精神，諭令方從哲等幾位重臣前來接受顧命。

當方從哲等幾位大臣趕到乾清宮時，見萬曆皇帝面如土灰，奄奄一息，急忙跪地痛哭流涕。萬曆輕微地抬了抬手，示意方從哲上前，兩滴濁淚奪眶而出。他顫巍巍地拉了拉方從哲的手，有氣無力地說道：「念鄭貴妃待我好，冊立為皇后，死後葬入定陵壽宮同朕做伴……」說完，撒手而去。

第十一章　明朝那些事

　　萬曆死後，皇太子朱常洛即位，年號泰昌，是為光宗。朱常洛的一生，大部分時間都是在逆境中度過的，由於長期憂鬱苦悶，清閒無聊，只得把全部精力寄託在酒色上。雖然他年齡還不到40歲，身體的健康狀況卻已到了崩潰的邊緣。

　　萬曆駕崩之後，鄭貴妃知道自己地位岌岌可危，為了保住自己的地位，一反過去之常態，千方百計地逢迎討好這位新皇帝，除了贈送大量珍珠異寶以外，又贈送八名絕色美女供他享用。結果，由於色慾過度，這個一生受盡苦難的皇帝，不到一個月就一命嗚呼了。

　　從萬曆四十八年四月六日到九月一日，明帝國先後死去一后二帝，這在歷朝的宮廷史上都是極為罕見的。朱常洛的兒子、16歲的小皇帝朱由校（年號天啟）一登基，就要大辦喪事。然而此時宮廷內部正爭權奪利、鉤心鬥角、吵鬧不休，邊關異族不斷入侵，內地農民起義、風起雲湧。此種情形，萬曆皇帝的喪事舉辦得如何，是可想而知的。

　　按慣例，送葬前槓夫要在北京德勝門外「演槓」十天，按正式送葬的要求，抬著一具木箱，木箱上方中心位置放著滿滿一碗水，演練到滴水不灑為止。但這一切都無人要求了。九月二十八日，萬曆皇帝、孝端皇后梓宮同時發引。護喪的是孫如游、黃克纘、李騰芬、王永光等24員大臣，共有軍夫8,000人抬靈。走在最前面的是引幡隊，舉著花花綠綠的萬民旗、萬民傘；後面緊跟上千人的法駕鹵簿儀仗隊，高舉如林的金瓜鉞斧、朝天鐙，幡旗蔽日。跟在棺槨後面的是十路縱隊的兵丁；最後面是由數百輛車子組成的文武百官、皇親國戚的車隊。整個送葬隊伍蜿蜒十幾里，所到之處，凡是有礙通行的建築物，無論大小，一律拆除……由於事前未演練抬棺技巧，又因棺槨太重，一路上常有繩索損壞，行走極慢。早上從宮中走出，天黑才到德勝門，只好再增加600名槓夫。

二十九日傍晚，當棺槨運到沙河時遇到風雨，先是北風大作，黃塵升騰瀰漫，接著大雨飄落。風雨瀟瀟，天地蒼茫，送葬隊伍亂成一團。就在此時，托靈龍木（主槓）轟然斷裂，萬曆皇帝的棺槨一角墜地，跟隨的重臣聞此不測之事，急喊「停下獻酒……」竟無人理睬，棺槨依然在泥水中拖曳而行。直到十月三日，棺槨才進入壽宮。

掌管大明帝國 48 年的萬曆皇帝朱翊鈞，確實是愧對祖先於地下。雖然他死後 24 年明朝才被農民軍和大清帝國滅亡，但後來的政治家和歷史學家都承認這樣的評價：明朝滅亡的原因不在崇禎，而在萬曆。至少在萬曆年間，帝國淪亡便開始了。

誰在隧道石上留下文字？

1957 年元旦過後，定陵發掘工地又加緊了工作進度。為了儘快開啟隧道大門進入地宮，發掘委員會決定將人力運土改為機械化搬運，結合傳統的考古方法和現代化設施，開拓一條考古發掘的新路。

幾個月之後，石隧道終於全部顯露出來，在 40 公尺長、20 公尺深的隧道裡，趙其昌、白萬玉仔細地檢視著巨石的結構和一切可疑的跡象，在離溝底兩公尺多高的花斑石條上發現了墨書字跡，擦去上面的塵土，字跡清晰可辨。其內容多是記載時間、姓名、籍貫、官職以及石質的優劣等。工作隊詳細地抄錄了上面的一切記載：

四月廿六日管隊金虎下口

廿六日劉精

山東胡西兒

……

第十一章　明朝那些事

　　墨書的位置和結構極不工整，頗似順手塗抹而成，有的地方還出現「畫押」字樣。經分析認為，這些墨跡當是石料的驗收人員所書，從墨跡所示官職看，大部分屬於軍職人員。萬曆十八年正月癸丑，文獻記載：「巡視京營科道官洪有復等奏言，壽宮做工班軍，人多工少……」可見當時的陵工大都用軍兵，隧道石上所留墨書字跡證明了這一點，文獻與遺跡吻合。

　　經過一週的發掘，終於穿透土層，到達了金剛牆。仔細勘察過後，新的奇蹟出現了。金剛牆有一個隱約可見的開口，開口上窄下寬，呈「圭」字形，由牆的頂部延伸下來，原用 23 層城磚加灰漿砌封，封口不露任何痕跡。但是，由於石隧道內填土的長期擠壓，致使封磚略向內傾，封口漸漸顯露出來。可以斷定，這封口裡面就是埋葬帝后的玄宮大門。

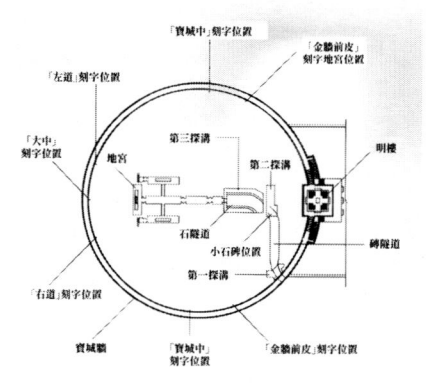

圖 11-4 定陵發掘示意圖

「找到了，終於找到了！」趙其昌激動地大聲叫喊起來。工人們也圍上來觀看這神祕的封口，20公尺深處，頓時迴響起嗡嗡的歡騰之音。

▌開啟金剛牆

　　9月19日傍晚，工人們伴著剛剛落下的太陽來到發掘工地。工作隊成員早已裝備整齊，深入探溝，將梯子搭上金剛牆，等待這考古歷史上偉大時刻的到來。

　　十多盞汽燈吊在上面，照得人眼花撩亂。

　　一切都按計畫進行，攝影機不停轉動，開始記錄這令人難忘的時刻。

　　因為磚縫之間沒有用灰漿黏合，趙其昌毫不費力地將24公斤重的城磚撬開了一角。他把鐵鏟掛在梯子側，兩手抓住磚邊向外慢慢抽動，王啟發和探溝中的人群屏住呼吸靜靜地等著。趙其昌凝聚力氣，猛地向外一拉，寬厚的城磚終於全部從牆體中抽出。夏鼐在溝底大喊一聲：「小心毒氣！」

　　話音剛落，只聽「噗」的一聲悶響，如同匕首刺進皮球，一股黑色的濃霧從洞中噴射而出。緊接著又發出「哧哧」的怪叫，就像夜色中野獸的嘶鳴，令人不寒而慄。

　　「快趴下！」白萬玉老人喊道。

　　趙其昌抱住城磚，就勢趴在梯子上，低下頭一動也不動。

　　黑色的霧氣伴著怪叫聲仍噴射不息，一股霉爛潮溼的氣味在金剛牆前瀰漫開來。霧氣由黑變白，漸成縷縷輕煙，由溝底向上飄浮。人群被這股刺人的氣味嗆得陣陣咳嗽，大家趕緊摀住口鼻。

　　趙其昌把磚遞給王啟發，咳嗽著跳下木梯，眼裡流出淚水。夏鼐指著飄渺的霧氣說：「這是地宮中多年積聚的腐爛發霉物質產生的氣體，只

第十一章　明朝那些事

要放出來，就可以進入地宮了。」

霧氣漸漸稀少，王啟發和劉精義爬上木梯，繼續拍動城磚，抽出來後下面的人一塊一塊地接過排列在一邊。夏鼎在溝底為抽下的城磚編號，同時繪圖、拍照、記錄、攝影等工作也在緊鑼密鼓地進行著。

磚一層一層抽掉，洞越來越大。當抽到15層時，洞口已經有2公尺多高。夏鼎宣布停拆，他爬上木梯，開啟手電筒向洞內照去，裡面漆黑一團，手電筒的光芒如同螢火蟲在黑暗裡流動，僅僅一個小光點，什麼景物也照不清楚。他把身體探進洞內，側耳細聽，烏黑的墓道一片沉寂，靜得令人發荒。他請人遞來一塊小石頭，輕輕扔下去，洞內立即傳出清晰的落地聲。趙其昌急切地說道：「夏老師，我下去看看吧。」

夏鼎走下木梯，抬起手臂，測了下未拆除的磚牆，沉思片刻，點點頭叮囑：「千萬要小心。」白萬玉拿根繩子跑過來：「為了保險，還是在你腰上拴條繩子吧。」

趙其昌戴好防毒面具，衣服袖口全部紮緊，腰繫繩索，手持手電筒，登上木梯，來到洞口。

「要是洞中無事，你就打一道直立的手電筒光束上來，如果發生意外，你就拉動繩子，我們想辦法救你。」白老再次叮囑。

趙其昌點點頭，表示記住了，然後轉過身，兩手扒住洞口的磚沿，跳了下去。

進入地宮隧道

不久過後，只見洞內射出一束手電筒光線，橙紅色光柱照在洞口上方，不再動彈。

進入地宮隧道

「沒事了。」洞口處的人們都鬆了一口氣、歡呼起來。其他考古人員看到這個訊號後，便也接連進入洞內。

幾個人打著手電筒在漆黑死寂的洞穴內摸索著前行，不時踩著木板、繩索之類，發出響聲。每個人的心臟都加快了跳動，每個人都百倍地警覺和小心，每個人都在盤算可能遇到的意外情況。裡面的空間很大，摸不到邊緣，看不到盡頭，充斥整個空間的只有黑暗和腐爛黴臭的氣味。一道道紅黃燈光在黑暗中晃動，光柱裡飄浮著塵埃和濛濛霧氣。不知道過了多久，時間在他們的心中已變得毫無意義。他們在極度緊張和亢奮中向前走去。50多年後，我們發現趙其昌曾在當時的一篇日記中這樣描述自己的心境：「地宮裡面靜悄悄、黑乎乎、霧茫茫。太寂靜了，靜得讓人心裡發慌、發毛、發蒙、發怵，一股難以名狀的恐怖與淒涼之感滲入骨髓。」突然，劉精義和冼自強幾乎同時喊道：「地宮大門！」

石破天驚，死寂中彷彿響起一聲炸雷，幽深的墓道裡頃刻響起嗡嗡的回聲。眾人打了個寒顫，順著手電筒光束的方向望去，只見兩扇潔白如玉的巨大石門突兀而現，高高地矗立在面前。霧氣繚繞，光亮如豆，看不清巨門的真實面目，大家只好按捺住要跳出胸膛的心，一步步向前移動、移動。

在6道手電筒光線照射下，大家來到門前，終於看清了它的真面目。原來這是用整塊漢白玉石做成的兩扇石門，歷經300多年仍晶瑩如玉，潔白如雪。每扇大門雕刻著81枚乳狀門釘，兩門相對處的門面上，雕有口銜著圓環的獸頭，稱為「鋪首」，使石門顯得格外莊嚴和威武。

趙其昌向前輕輕推了一下石門，不見任何響動。夏鼐將手電筒沿著2公分寬的門縫照過去，只見有一塊石條把大門死死地頂住，這樣無論使出多大力氣，都無法將門推開。大家佇立門前，心中都在發著同一感慨：「好一座神祕的巨門啊！」

第十一章　明朝那些事

「自來石」

　　發掘人員從洞內撤出來後，聚集在木板房，極度興奮地探討著地下玄宮內石門的奧祕。門內有石條把兩扇大門死死地頂住，使外來的衝擊力無法破門而入，這是肯定的。那麼，這塊石條是誰放進去的？放好以後人又怎麼出來的呢？難道是殉葬的妃嬪宮女，在入葬人員撤出玄宮後，她們在裡面搬動石塊把門頂住？顯然，這是不可能的。

　　根據史料記載，殉葬的妃嬪宮女都是先被殺死之後，才和帝后的棺槨一起入葬。這一點，除了奴隸社會之外，都已被發掘現場所證實。況且，按照明代的葬制，只有皇帝、皇后才有資格入玄宮，即使是名位尊貴的皇貴妃，也必須嚴格遵守這種制度，絕對不允許葬入玄宮。明代雖有妃嬪宮女殉葬的記載，但也只是把這些女人吊死後另葬別處。是否地下宮殿還有別的祕密通道，在帝后入葬完畢之後，讓工匠用石頭把門堵死，然後再從祕密通道出來？儘管在後來的發掘中，又發現兩條通往地宮的甬道，但工匠堵門的假設，還是被排除了。既然要防止後人開門入宮，那麼這條通道被堵死，工匠出來的祕道之門又由何人在裡面封牆？假如這條祕道先被後人發現，工匠所做的一切不就前功盡棄了嗎？

　　妃嬪宮女和工匠在地宮內封門的假設不能成立，就只有一種可能存在，那就是在帝后安葬完畢後，活人全部撤出，把門關閉，裡面的石頭自動將門堵住封嚴。那麼又是一種什麼力量使石頭自動把門頂住呢？

　　木板房內煙霧瀰漫，議論紛紛。大家提出一個個假設，又一個個將這些假設在科學分析中予以否定。謎團連著謎團，在大家的心裡滾動翻騰，使發掘者心力交瘁。遠處傳來一聲雞啼，天就要亮了。

「自來石」

　　第二天下午，趙其昌帶人再次來到玄宮的石門前，研究開門的方法。趙其昌試圖在石門四周找到像「指路石」之類的密碼，但希望落空了。大門上的乳狀門釘，有的是後來嵌入雕好的鑿槽之內，四周的石牆也嚴絲合縫，找不出任何蛛絲馬跡。研究工作不得不回頭查訪文獻史料。

　　趙其昌以前曾經在北京西郊、東郊發掘過幾座明清時代的貴族墓。當時有些墓道的石門，是採用石球滾動的方法將門頂住。即先在石門內側做成一個斜坡石面，門檻處鑿出溝槽，槽的頂部放好石球，用敞開的門擋住。入葬完畢，人走出門外，兩門逐漸關閉，石球便沿著地面斜坡滾動，直到石門完全關閉，石球在兩門交合處的一個更深的石槽內停住，門也就被堵死了。

　　石球頂門為開啟定陵地下玄宮之門提供了啟示。從門縫看進去，石門之後可能是用一根石條頂住的。石條雖不同於石球，原理應是大同小異：在兩扇門關閉時，將石條抵於門後槽內；人走出後，石條隨著石門的關閉慢慢傾斜；石門完全關閉時，石條也隨之滑向兩扇門的中央，於是石門得以完全頂死。這個假設極有可能，而且也必須如此，才能頂住石門。

　　原理已經釐清，就要設法挪開石條，開啟大門。工作隊在浩如煙海的史料中，終於從有關明末崇禎帝入葬的記載中，找到了大門洞開的「鑰匙」。

第十一章　明朝那些事

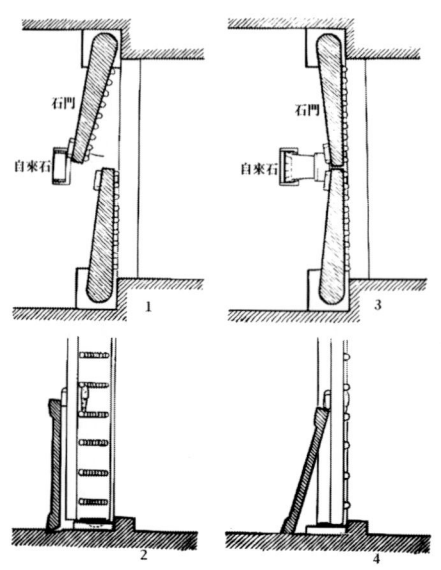

圖 11-5 玄宮石門關閉示意圖
1. 關閉前（平面）2. 關閉前（側面）
3. 關閉後（平面）4. 關閉後（側面）

▌拐釘鑰匙

故事要從崇禎十七年（西元 1644 年）開始講起。

李自成率領大順軍隊拿下居庸關，直抵北京城下。三月十七日晚上，明朝最後一個皇帝崇禎朱由檢，遙望城外到處都是火光，沉悶的炮聲不斷衝入耳鼓，知道大勢已去，仰天長嘆一聲：「只是苦了我全城百姓！」惶惶不安地回到乾清宮，端起酒杯一飲而盡。周皇后見崇禎已喪失鬥志，明亡在即，垂淚說道：「妾事皇上一十八年，你一句話也聽不進，致有今日。」說完拔刀刎頸而死。

16 歲的長平公主牽著父親的衣襟，淚如雨下。崇禎咬咬牙，嘆口氣說：「妳為何偏生於我家！」然後拔出寶劍，左手以袍掩面，右手舉劍砍

下。隨著一聲撕心裂肺的慘叫，公主的左臂落到地上。崇禎還想再砍，但手軟無力了，只好作罷。崇禎手執三眼火銃，率領幾十名太監衝出乾清宮，騎馬直奔安定門，想奪門而走。但此時安定門已經封閉，無法開啟。外城也被攻破，大順軍隊衝殺而來。崇禎皇帝只得下馬，看看身邊的太監已經跑掉，只有王承恩一人立於馬前。君臣兩人只好棄馬登上煤山（今景山）。崇禎脫下外服，要來王承恩隨身攜帶的筆，藉著火光月色，在白緞衣裡上寫下了他的最後一份詔書：「朕自登極，十七年，內地三陷，逆賊直逼京師。雖朕薄德匪躬，上干天咎，然皆諸臣之誤朕也。朕死無面目見祖宗於地下，故自去冠冕，以髮覆面。任賊分裂，無傷百姓。」

崇禎皇帝把衣服掛在樹上，將冠摘下，散開頭髮，披在臉上，在老槐樹上自縊而亡。

同年四月三十日，李自成與清兵交鋒兵敗，落荒而走，北京為清軍所占。昌平縣的幾個鄉紳出於對舊時君主的效忠，主動拿出錢財發喪。崇禎生前未來得及為自己建陵，只是為他的寵妃田貴妃在陵區的錦屏山下，建造了一座豪華陵墓。鄉紳們便將崇禎和周皇后的棺木運往田貴妃的墓中安葬。史料載：工匠用了4個晝夜，挖開了田貴妃墓，見到了地宮大門。用拐釘鑰匙將石門開啟後，把田貴妃棺移於石床之右，周皇后棺安放石床之左，崇禎棺木放在正中。田貴妃死於無事之時，棺槨完備，崇禎皇帝有棺無槨，於是工匠們把田貴妃之槨讓給了崇禎。安葬完畢，關閉石門，填上了封土……

發掘人員從這段記載中得知當年工匠開啟地宮之門，使用的是「拐釘鑰匙」。要開啟石門，必須先推開頂門石條，但又不能讓它完全傾倒摔壞，這就必須使用一種特製的工具。「拐釘」，顧名思義，一定是個帶彎的東西……事情進展到這裡，趙其昌一拍大腿，大聲嚷道：「我明白了！」

第十一章　明朝那些事

他找來一根小手指粗的鋼筋,把頂端彎成半個口字形,像一個缺了半邊的無底勺子。他拿到大家面前:「你們看,這是不是『拐釘鑰匙』?」眾人恍然大悟。聽來極為神祕的東西,其實並不神祕,一經出現在現實中,卻是那麼平淡無奇。

地宮石門轟然洞開

10月5日上午,發掘人員進入地宮,準備用自製的「鑰匙」開啟石門。

地宮的石門雖深埋地下,但它氣勢之磅礡、形態之巍峨、藝術之精湛,絲毫不比紫禁城的巨大城門遜色。

隧道內依然黑暗潮溼,氣味熏人。儘管發掘人員已有一些了解,但面對幽深的地宮和巨大的石門,心還是怦怦直跳。

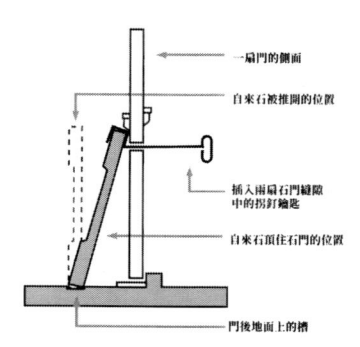

圖 11-6 拐釘鑰匙破解自來石封閉大門圖示(製圖:蔡博)

趙其昌手拿「拐釘鑰匙」,將長柄的半個「口」字形鋼筋豎起來,慢慢插進門縫。待接觸到石條上部後,又將「口」字橫過來套住石條的脖頸。一切準備就緒後,他屏住呼吸輕輕推動,「鑰匙」漸漸向內延伸,石條一點一點地移動起來,直到完全直立,方才停止用力。「石條我拿穩了,你們開門吧。」趙其昌兩手握緊「鑰匙」一端,對白萬玉說。

地宮石門轟然洞開

　　白萬玉把人分成兩組，列隊兩扇門前，喊一聲：「開！」隊員們一齊用力，石門轟然而開。霧氣繚繞，燈光黯淡，看不清真實面目。為了做到萬無一失，白萬玉和趙其昌商定先點燃汽燈照亮墓道。

　　門上方，橫亙著一塊長方形青銅，兩頭鑿有圓形軸窩，使粗重的門軸上部巧妙地穿進軸窩中。經測量，青銅長 3.6 公尺，寬 0.84 公尺，厚 0.3 公尺。早在一年前，趙其昌就在查閱文獻時，發現過這樣一段史實：

　　慶陵修建時，工部郎中萬燝在宮廷內外蒐集碎銅，利用廢銅煉製銅管扇，節省工料。萬燝為人正直，由於他平時不滿太監們胡作非為，引起了太監們的忌恨，太監們告發他藉機發青銅財。皇帝得知後，立即召人問罪。一陣痛打之後，萬燝感到十分委屈，抹淚苦辯，才免於治罪。後來銅管扇製成用於陵中，皇帝和群臣才明白他當初的苦衷。

　　一年多來，趙其昌常常思索這個典故所說的銅管扇，總未得到解答。今天看到這券門上部的青銅門梁，才茅塞頓開，銅管扇原來就是這根銅門梁。如果券門上部沒有這種青銅煉製的銅管扇，其他東西很難承受這沉重石門的摩擦力。可見那位工部大臣是頗費了一番心思的。

　　石門的製作不僅工整細緻，而且十分精巧。門軸一側厚達 0.4 公尺，鋪首一側僅為 0.2 公尺，只相當於門軸一半的厚度。門軸一側粗厚，才能承受更多的重量，開門時不易損壞；鋪首一面較薄，無形中減輕了石門的重量，也減輕了門軸的負荷，使通高 3.3 公尺、寬 1.7 公尺的巨大石門容易開關。

　　石門內側，與門外鋪首對稱的地方有突起部分用以承托石條，石門關閉後，石條上端頂住門內突起部分，下端嵌入券門地面上一個凹槽內，以使門外無法推開石門。面對這扇精緻輝煌的巨門，無論是發掘者還是來此參觀的遊客，無不驚嘆古代建築者非凡的創造力和出色的藝術才能。

測量、畫圖、照相⋯⋯一切都在有條不紊地進行。大家來到石條前，詳細勘察，只見上面有模模糊糊的 11 個墨筆楷書小字：「玄宮七座門自來石俱未驗」。字跡的出現，不僅使發掘者得知頂門石條原名「自來石」——聰明的工匠創造了一個多麼形象而韻味無窮的名字！同時也得知這幽深的玄宮內，還有六道石門等待他們去開啟。

假墓疑塚？

按照自來石的提示，發掘人員穿過 20 公尺長的前殿，又看到一座緊閉的石門。縱橫 9 排共 81 枚乳狀門釘，在朦朧的光亮裡閃閃爍爍，如同暗夜裡無盡蒼穹中密布的群星，令人遐思，使人陶醉。九是自然數字中最大的一個，石門上縱橫九排乳狀門釘，意在象徵吉利與權威，這是帝國皇帝「九五之尊」的具體展現。

他們拿出「拐釘鑰匙」，用開第一道石門的方法，將第二道門開啟。

一盞汽燈照亮了三個漢白玉神座（供案）。中央一個神座較大，顯然是皇帝的靈座，兩邊較小，是為皇后之靈位準備的。中央神座的靠背雕四個龍頭，伸向兩端。靠背後面又雕一條紋龍，做戲珠狀，四周為浮雕雲紋，大有騰雲駕霧之勢。兩側的神座踏板前放置「五供」[11]，中央為黃色琉璃香爐。五供前有一口巨大的青花龍缸，缸內貯有蠟質，蠟面有銅製圓瓢子一個，瓢子中有一根燈芯，芯端有燒過的痕跡，這便是史書上所說的「長明燈」——萬年燈。

根據痕跡判斷，長明燈在安葬時是點燃的，當玄宮封閉後，因氧氣缺乏，才漸漸熄滅。蠟質表面一層已經凝固，後經鑑定，為芝麻香油製

---

[11] 中國民間祭祀用盛供品的五件器皿。由香爐一只、燭臺與花觚各一對的五件器皿組成一套，合稱「五供」。

成。這口青花龍缸,不但是定陵出土文物中的珍品,同時也是中國青花瓷器中的罕見之作。缸的高度和口徑均為 0.7 公尺,外部刻有「大明嘉靖年制」的題款,頸和底部有蓮瓣紋飾,中部繪有雲龍紋,雲似飄移流動,龍如初入蒼穹,二龍一前一後,騰雲駕霧,直衝天宇,一種栩栩如生的動感使整個器物充滿神韻。

發掘人員發現了神座和長明燈的同時,又在北壁和南壁上,分別發現兩道券門。券門不出簷,無任何裝飾,裡面各有一座石門,用青石建成,沒有鋪首和門釘。券門上橫以銅管扇,穿以門軸,形式雖同前殿、中殿之門,但尺寸卻小得多,僅高 2.2 公尺、寬 0.9 公尺,門內側同樣用自來石頂住。發掘人員用「拐釘鑰匙」開啟左邊石門,沿券道而進,迷茫的霧氣中出現了一座巨大的棺床。棺床中間有一個方形孔穴,裡面填滿黃土,這也就是「金井」。四周空空蕩蕩,一無所有。一般來說,金井是一個直徑 10 多公分、深不到 1 公尺的方形或圓形孔洞,裡面放有陵址點穴時的第一撬吉土。在金井的位置放置棺槨。

從定陵玄宮左配殿的棺床和布設的金井看來,這裡應放皇后或妃子的棺槨,那麼為何這裡沒有放置?左配殿西側牆壁上也有一座石門,開啟後裡面也沒有棺槨。

圖 11-7 定陵地下玄宮透視

第十一章　明朝那些事

　　是否都放在右配殿？發掘人員分析著，提起汽燈，走出小券門，順利地將右配殿的石門開啟，滿懷希望地走進去。就在燈光照亮配殿的剎那間，大家的希望徹底變成失望以至絕望了。和左配殿同樣大小的棺床上，空空蕩蕩，只有一個孤零零的金井在棺床中央孑然獨處。發掘人員在殿中檢視，沒有一絲被盜掘的痕跡。在配殿西端，同樣發現一座石門，將自來石移開，裡面也是無有發現。

　　所幸的是，按照自來石書寫的「玄宮七座門」提示，應該還有一座門尚未開啟，這是大家心中的最後一線希望。定陵發掘的成敗在此一舉。

　　發掘人員走出右配殿狹窄的券洞，沿寬敞的中殿繼續向內部探尋。顯然，大家的腳步比先前加快了，地面上散落的腐朽木板被踩得嘎嘎響動，微弱的汽燈光線猶如暗夜的燈塔，導引著夜航者在迷濛遼闊的霧海中顛簸前行。

　　最後一道石門出現了。

　　發掘人員猶如發現新大陸一般，在絕望中迎來燦爛曙光，一種生命的騷動和靈魂的激情噴湧開來，在這地下 27 公尺的玄宮深處升騰迸裂。30 年後，發掘隊長趙其昌回憶那個短暫的瞬間，曾做過這樣的描述：「我們幾乎是撲到門前的，可是到了門前誰也不願意去開啟它。這座石門和最先開啟的兩座相同，只要移開自來石就可以開啟大門，看到裡面的景物。我的心怦怦地跳動著，格外緊張。以前的緊張是懼怕黑暗的氣氛和不良氣體之類的侵蝕，這次的緊張則是擔心，擔心這最後一線希望變成泡影。我拿起拐釘鑰匙向門縫插去，可是因為手抖得厲害，試了三次都沒有成功，最後還是白老接過去將自來石移開。大門轟鳴著向兩邊移動，金石之聲在烏黑的地宮深處迴盪，像是在寂靜的夜晚，突然颳起颶風、掀起海浪，令人毛骨悚然。這時沒有人再去注意暗箭和有害氣體，

一雙雙眼睛瞪得溜圓，屏住呼吸，注視著前方。事實上，這座門內湧出的霧氣最大、最濃，像是有人在前方揚起一把黃塵，使我們無法睜開眼睛，淚水順腮流淌。燈光在茫茫霧氣裡更加黯淡昏黃，而且不停地跳動。強大的氣流和嗡嗡的回聲提示我們，裡面的空間一定很大。

「希望產生於失望之中。當我們頂著煙霧霉氣進入大門之後，一個令我們目瞪口呆的奇蹟出現了，三個碩大無比的朱紅色棺槨靜靜地排列在棺床之上。

「我們激動地擁抱在一起，沒有人說話，幽深的地宮一片寂靜，迷濛昏暗的燈光裡，只有一行行淚水在各自的臉上流淌、流淌……那是一次世間罕見的輝煌而獨特的擁抱。」

圖 11-8 玄宮後殿中三具棺槨發掘時原狀

萬曆和他的「野蠻」妃子

萬曆六年（西元 1578 年），禮部奉慈聖皇太后旨意，選得錦衣衛指揮使王偉的長女王氏為萬曆皇后，並擇得黃道吉日，由張居正等人主持，於二月十九日完成了皇帝的大婚典禮。

對於 16 歲的萬曆皇帝來說，這次大婚並不是一件撼動人心的大事。他和這位 13 歲少女結婚，完全是依從母后的願望。太后年高，望孫心

第十一章　明朝那些事

切，在她心中對孫子的企盼是越早越好、越多越好。按照祖制，皇后一經冊立，皇帝再冊立其他妃嬪即為合理合法，她們都可以為皇帝生兒育女。

萬曆皇帝不只對這位王皇后沒有興趣，對其他的妃嬪也同樣毫無興趣可言。朱紅色的宮廷固然壯麗輝煌，但是欠缺大自然的靈光風采，因而顯得平淡無奇。即使雕梁畫棟之上刻滿了栩栩如生的飛禽走獸，也因缺少鮮活的血液而顯得乾枯單調。按照節令，宦官宮女們把身上的皮裘換成綢緞，再換成輕紗，直至打掃落葉，疏通御溝⋯⋯這一切越來越顯得重複無聊，在遵循固定節奏流逝的時光中，既缺乏動人心魄的事件，也沒有令人羨慕的奇遇。這種冷酷的氣氛籠罩一切，即使貴為天子，也只能無可奈何地仰天長嘆。

明代的宮女大都來自北京和周圍省分的平民家庭，像選后妃一樣，容貌的美麗與否並不是唯一標準。凡年在十三、四歲或者再小一點的女子都可列在被選範圍之內，但是她們的父母必須是素有家教、善良有德的人。應選后妃的條件包括：相貌端正，眉目清秀，耳鼻周正，牙齒整齊，鬢髮明潤，身無疤痕，性資純美，言行有禮。宮女的標準有別於后妃，各方面標準比后妃略低。她們在經過多次的挑選後，入選者便被女轎伕抬進宮中，從此再難跨出皇宮一步。這些可憐的宮女，只有在騷人墨客筆下，她們的容貌、生活才顯得美麗而極富浪漫色彩。實際上，皇宮裡的幾千名宮女都歸皇帝私有，她們之中的絕大多數只能在奴婢生活中度過一生，個別幸運者也是在無限期待中消磨時光。

宮女們的最後結局也不盡相同。有的可能到中年時被皇帝恩賜給某個宦官，與之結為「夫妻」，即所謂「菜戶」或「對食」；有的則被送到罪臣之婦工作的洗衣局去洗衣打雜；倘若皇帝一時興之所至，也會把一些

萬曆和他的「野蠻」妃子

人放出宮去,這些大多是皇帝不能「臨幸」的前朝老年宮女。留在宮中的,倘若在繁重的勞動、森嚴的禮節、不時的凌辱中支撐不住而得病,也無法得到醫治。宮女死後的待遇更是悲慘至極,她們和內監的死葬一樣,被送到北京阜成門外進行火葬,骨灰則被放在枯井中,連一塊平民入葬的棺材板都得不到,更別提家人在靈前憑棺一慟了。

既然現實制度無法改變,被選入宮內的女人就要竭盡全力得到皇帝的青睞和親近。唯此,才有可能使悲慘的命運有所改變,並可能帶來一生的榮耀。這一點,在萬曆的母親慈聖太后身上就曾得到鮮活的展現。慈聖太后原為一個普通宮女,只是在一個偶然的機會被穆宗看中,私幸後生下幼子朱翊鈞,才逐漸得寵,而終於登上了皇太后的寶座。

一個極為罕見的契機在西元1581年悄然來到。一天,年已19歲的萬曆皇帝本想到慈寧宮拜見母親,卻不料遇到一個婷婷裊裊走來向他請安獻茶的宮女王氏。17歲的王氏端莊秀美,頗有姿色。慈聖太后恰巧不在宮中,一位體態豐腴、情竇初開的妙齡女子和一個擁有至高無上權力的年輕皇帝在一起,其結果是不難猜的。萬曆慾火頓熾,拉住王氏便私而幸之。此時的萬曆萬萬沒有料到,這一時的衝動竟影響了他的一生,並衍生出一場愛情悲劇。

按規矩,萬曆在私幸之後就該賜一物件給王氏,作為臨幸的憑證,何況這一舉動已被文書房的內宦記入《內起居注》。因為皇帝的子孫是不許有贗品的。但由於王氏是母親宮中的宮女,雖然沒有人會因此指責他的不軌,但年輕皇帝感到此事不太光彩。他不顧王氏哀怨的眼神,穿衣束帶後逕自走出慈寧宮。萬曆覺得一切會隨著那片刻歡樂的過去而永遠消失,不料春風一度,王氏卻暗結珠胎了。

王氏身懷有孕,幾個月後就因體形的變化被慈聖太后識破並盤問出

第十一章　明朝那些事

來。這位老太后面對此情此景，想起自己作為宮女時的苦難與辛酸，對王氏的境況深表理解，同時也為自己有了抱孫子的機會而大為高興。一日，萬曆陪慈聖皇太后酒宴。席間，太后向萬曆問及此事，他卻矢口否認。對萬曆一向管束嚴厲的慈聖太后，立即命左右太監取來《內起居注》，叫萬曆自己看。事實擺在面前，萬曆窘迫無計，只得如實承認。慈聖太后望著兒子失魂落魄的樣子，好言相勸：「吾老矣，猶未有孫。果男者宗社福也。母以子為貴，寧分差等耶？」

在慈聖太后力主之下，王氏被冊封為恭妃。王恭妃果然不負眾望生下一個男孩，這個男孩就是一生遭萬曆冷遇和歧視的短命皇帝——光宗朱常洛。

皇帝首次得子，在這個封建思想極為濃厚的國度裡，自然是一件喜事。由此，皇帝下詔全國減稅免刑，派使節通知和本朝關係友好的域外邦國⋯⋯表面上看這是一場喜劇，而實際上卻是一場悲劇，這場婚姻以喜劇開始卻以悲劇結束的原因，是萬曆遇到的另一個女人，即在西元1582年3月剛被冊封為淑嬪的鄭氏。這位長得乖巧玲瓏的小家碧玉，儘管14歲進宮，兩年之後才受到皇帝的殊寵，但她一介入萬曆的生活，就使這位年輕皇帝把恭妃王氏置於腦後。更不尋常的是，他和這位少女的熱戀竟終生不渝，而且還由此埋下了本朝極為慘重的政治危機，最終導致大明帝國身受重創而最終沉淪。

鄭貴妃之所以能贏得萬歲的歡心，並不只是因為她的美貌，更由於她的聰明機警、通曉詩文等他人少有的才華。如果專恃色相，則寵愛絕不可能如此歷久不衰。鄭妃透澈地看清了作為一個異性伴侶所能發揮的作用，應該如何以自己的青春熱情去填補皇帝精神上的寂寞。別的妃嬪對皇帝百依百順，心靈深處卻保持著距離和警惕，唯獨鄭妃是那樣天真

爛漫、無所顧忌。她勇於挑逗和諷刺皇帝，同時又能聆聽皇帝的傾訴，替他排憂解愁。在名分上，她屬於姬妾；但在精神上，她已經不把自己看成姬妾，而萬曆也真正感到了這種精神交流的力量。她不但不像別的妃嬪一樣跟皇帝說話時低首彎腰，一副奴才相，反而公然抱住皇帝，摸他的腦袋……這種「大不敬」的「野蠻」行為，除她之外是無人敢做的。也正是她的與眾不同，萬曆才把她引為知己而更加寵愛，不到三年就把她由淑嬪升為德妃，再升為貴妃。

萬曆十四年（西元 1586 年），鄭貴妃生下兒子朱常洵。由於萬曆對待王恭妃和鄭貴妃的態度不同，長達幾十年的「國本之爭」由此拉開了序幕。

朱常洵出生以前，首輔申時行就曾建議萬曆早立太子。但萬曆皇帝不願把自己不喜歡的女人生的兒子立為帝位的合法繼承人，便以皇長子年齡尚小為藉口推託過去。朱常洛 5 歲時，王恭妃還只是妃位，而朱常洵剛剛出生，鄭貴妃即被封為皇貴妃，令那些早就疑心重重的大臣懷疑萬曆要廢長立幼。他們不願因對此事讓步而被記入史冊，讓後世覺得朝中無忠君愛國之人。

就在冊封鄭貴妃的當天，戶科給事中姜應麟即上疏，向正熱血沸騰的萬曆心中潑了一盆冷水。姜應麟在疏中用的言辭極為尖銳沉重，他無非是希望萬曆能收回成命，名義上說先封王恭妃為皇貴妃，而實際上則是要萬曆封皇長子為太子。結果使得姜應麟及後來為姜說情的吏部員外郎沈璟、刑部主事孫如法一併獲罪。接著又有南北兩京數十人上疏，萬曆對此雖置之不理、我行我素，但心中極其惱火。近 400 年後，明史研究學者黃仁宇先生在論述萬曆這一時期的生活和政見時，曾有過獨特的見地：萬曆皇帝對於自己的「私生活」被人干預感到難以忍受，他覺得這

第十一章　明朝那些事

如同把金銀首飾、玉器古玩賞賜給一個自己喜歡的人一樣，別人無權干涉。而此時的臣僚對萬曆皇帝越來越「出格」的作為同樣感到困惑：貴為天子，怎麼能如常人那樣感情用事、為所欲為呢？像歷朝大臣一樣，他們總是把希望寄託在一個好皇帝身上，而最要緊的就是那個「好皇帝」是他們輔佐之人。如此當他們獲得賞賜時，不管是官階或者財物，都會隨著皇帝的聲望而提高其價值。

國本之爭

自從冊封鄭貴妃為皇貴妃引起群臣幾乎一致的反對以來，萬曆對臨朝聽政十分厭惡。這時候，慈聖太后已經在慈寧宮中安度晚年，五更時分不再到萬曆住所呼喊「帝起」並攜之登輦上朝了。張居正已死，馮保被貶，那位被稱為「和事佬」的當權者首輔申時行，抱著萬曆有朝一日自會覺悟的幻想，對皇帝一再遷就。如此一來，萬曆皇帝在那些國色天香、銷魂蕩魄的六宮佳麗與板著面孔、吹毛求疵的大臣之間，選擇了前者。只有置身其中，他才能感到片刻寧靜與歡樂。尤其是在那位體態嬌柔、情投意合的鄭貴妃面前，他才感到作為一個人的真實存在。

既然大臣敢放膽抨擊萬曆隱私，那麼皇帝身邊的宦官也就不再為了向外廷傳遞祕聞而感到忐忑不安。萬曆皇帝日常生活放縱的消息不斷傳出，加上皇帝不時以「頭眩」為由不舉行早朝，那些虎視眈眈、糾舉偏誤的大臣就又發起新一輪的「攻擊」。萬曆被激怒了，上疏干涉皇帝「私生活」的禮部尚書洪乃春被拖到午門外廷杖六十，然後削職為民，以致最後憤鬱而死。此後，廷杖幾乎成了萬曆對付那些對他和鄭貴妃之間的關係勇於置喙的大臣最主要的手段了。

就像黃仁宇先生所指出，大臣們被杖之後，立即以勇於廷爭面折而

聲名天下,並且名垂「竹帛」。人人都懼怕死亡,但只是屁股上挨幾下板子就可以名垂千古,為此而冒險的也就大有人在。萬曆皇帝在這些前赴後繼的勸諫者面前,最終還是精疲力竭了,他頭腦中自從當皇帝始就存在著的那一點幻想也隨之破滅。母親和張居正賦予了他滿腹經綸、道德倫理、為君準則、三綱五常⋯⋯似乎一切都已具備,但就是沒有賦予他堅強的意志和自信,而這一點恰是一個人最應該具備的精神財富。正因為如此,他才失去了祖宗們那樣的真正至高無上的權力和權威。表面看來,他是因為鄭貴妃而萬念俱灰、走上了自我毀滅的不歸路,而實際上他的灰心是因為他無力駕馭這個龐大的帝國機器造成的。貪財好色並把希望寄託在虛無縹緲的來世,只是他消極對抗的手段,既然這個帝國機器造就了這樣一個皇帝,那麼,歷史也只能讓他沿著這個軌道走下去了。

在慈聖皇太后的干預下,萬曆無可奈何地立朱常洛為「皇太子」。

鄭貴妃聽到萬曆要立朱常洛為太子的消息,雖然感到大勢已去,但她還是要做最後一搏。早在幾年前,萬曆皇帝為討鄭貴妃的歡心,曾許願將來封朱常洵為太子。鄭貴妃施展聰明,要皇帝寫下手諭,珍重地裝在錦匣裡,放在自己宮中的梁上,作為日後憑據。現在時機已到,她必須出示這張王牌以制其敵了。可是,當鄭貴妃滿懷希望地開啟錦匣時,不禁大吃一驚:一紙手諭被衣魚(蠹蟲)咬得殘破不堪,「常洵」兩字也進了衣魚腹中!迷信的皇帝長嘆一聲:「此乃天意也。」最終不顧鄭貴妃的淚眼,而把朱常洛封為「太子」,把朱常洵封為「福王」,封地洛陽。

至此,前後爭吵達 15 年之久,使無數大臣被斥、被貶、被杖打,令萬曆皇帝身心交瘁、鄭貴妃悒鬱不樂,令整個帝國不得安寧的「國本之爭」,才算告一段落。但事情仍尚未結束。

第十一章　明朝那些事

　　慈聖皇太后終於走到了生命的盡頭，告別她為之費盡心血但仍牽腸掛肚的朱家江山和不爭氣的兒子，溘然長逝。就在臨死之前，她又做了一件足以令群臣熱血沸騰、讓萬曆十分尷尬、讓鄭貴妃恨之入骨的大事。

　　按照明朝祖制，所封藩王必須住在自己的封國裡，非奉旨不得入京。但鄭貴妃的兒子朱常洵卻恃父母之寵，竟在皇宮中十多年不赴封地洛陽。正當皇帝和群臣為朱常洵就藩一事爭得難解難分之際，行將就木的太后出現了，她先是召問鄭貴妃：「福王為何未赴封國？」

　　極其聰明伶俐的鄭貴妃沉著地回答：「太后明年七十壽誕，福王留下為您祝壽。」

　　慈聖太后畢竟深懷城府，她冷冷地反問：「我二兒子潞王就藩衛輝，試問他可以回來祝壽否？」鄭貴妃無言以對，只得答應督促福王速去封國就藩。

　　萬曆皇帝敵不住太后和大臣們的輪番攻擊，在慈聖太后去世一個月後，終於讓福王赴洛陽就藩去了。臨行那天早晨，天空陰沉，時有零星雪粒落下，北國的冷風從塞外吹來，使人瑟瑟發抖。宮門前，鄭貴妃和兒子面面相對，淚如泉湧。福王進轎起程的剎那間，已是兩鬢斑白、長鬚飄胸的萬曆皇帝再也控制不住自己的感情。他抬起龍袖，想遮掩自己發燙的眼睛，但混濁的淚水還是嘩嘩地流了下來。

　　回到宮中，萬曆皇帝即臥龍榻，悲慟欲絕。他感到深深的內疚，因為自己終究還是辜負了鄭貴妃的一片痴情，未能把朱常洵立為太子。自己雖貴為天子，而終被群臣所制，讓愛子離京而去。一切都在失去——權威、父子深情、榮耀……備受創傷的心中只剩一個鄭貴妃了。

　　正是出於這種心理，萬曆才在生命最後一刻，遺命封鄭氏為皇后，

死後葬於定陵玄宮。可是300餘年後,定陵玄宮洞開,人們發現所有的棺床上都沒有鄭貴妃的影子。後殿並列的三口朱紅色棺槨,中間是萬曆皇帝,左邊是孝端皇后王氏,右邊是孝靖皇后王氏,也就是太子朱常洛的母親。這一悲劇性的安排,確乎在他的意料之外。既然生前就已對臣僚失去威力,那麼在他死後,這種威力就更不存在。他的遺詔未能實現,因為大臣們認為大行皇帝(對剛死去皇帝的稱呼)的遺詔「有悖典禮」。皇帝將死,再來冊立皇后,誰來主持這個冊封儀式?

不過,這齣悲劇不是太子朱常洛所為,因為他只當了29天皇帝便命赴黃泉。倒是朱常洛的兒子、16歲的朱由校當上皇帝後,將他的祖母王貴妃追尊為孝靖太后,並從東井把棺槨遷來,和萬曆皇帝、孝端太后一起葬於定陵玄宮,成就了這段「好事」。

萬曆皇帝寵愛的鄭貴妃比他多活了10年,她被認定是禍國殃民的妖孽,得不到朝中群臣的同情。這10年,她住在紫禁城一座寂寞的宮殿裡,和她的愛子福王天各一方,飽嘗母子分離之苦和世態炎涼。西元1630年,鄭貴妃在悽苦鬱悶中死去,帶著無比的絕望與怨恨走進了銀泉山下一座孤零零的墳墓。而她的兒子福王朱常洵倒真是一個禍患。就藩洛陽後,朱常洵昏庸無道,魚肉人民,在鄭貴妃死去11年後,為李自成農民軍所殺,屍體跟鹿肉摻在一起,被做成「福祿酒肉」,供軍士填了肚子。

走進陰冷的地下玄宮,面對三口朱漆脫落的巨大棺槨,留給人們的印象仍是命運的殘酷。假如中間棺槨內的萬曆皇帝還有知覺,大概是不會瞑目的。因為他心愛的女人,這唯一一個把他當成「人」的女人,並沒有長眠在他身邊。他們的恩愛生前未得到認可,死後同樣無法如願,堪稱一齣悽婉的愛情悲劇。同時,面對棺槨,也不能不為帝國嘆息。傳統

第十一章　明朝那些事

觀念不可踰越，一個年輕聰穎的皇帝在政治生涯中無法充分利用自己的創造力，個性也無從發揮，反而被無形的鎖鏈牽引進陰森可怖的洞穴。一位富有詩意的哲學家說：「生命不過是一種想像，這種想像可以突破人世間的任何阻隔。」在地宮深處，潮溼霉爛的棺木和膠結汙腐的油泥給人的感覺，卻是無法衝破的凝固和窒息。更為可悲和令人遺憾的是，曾經為萬曆皇帝付出青春和愛情的鄭貴妃，一直為後人所唾罵。即使史學家也未必給予這個悲劇性女人公正的評價。「女人乃亡國之禍水」，同樣是對鄭貴妃的結論。在「國本之爭」這個主題上，尚有為數眾多的歷史研究者，其觀點依然站在400多年前萬曆一朝的臣僚一邊。似乎鄭貴妃天生就該安分守己地做任人宰割的妃嬪，而不應有做皇后的非分之想；萬曆皇帝天生就該和王恭妃恩恩愛愛，不應有真正的愛情⋯⋯這些有悖常情的論斷大多出於一種僵化、保守、人云亦云的思想，無疑有失公允，弄得是非漸已分明的歷史，再度蒙上了一層難以辨認的鏽跡。

　　這是鄭貴妃的悲哀，也是後來者的不幸。

　　就在玄宮開啟的當天，長陵發掘委員會的吳晗、鄧拓、郭沫若、沈雁冰、鄭振鐸、夏鼐等先後來到定陵。面對這座幽暗、深邃、輝煌的地下宮殿，這些飽覽經書、學貫中西的文化巨匠，無不為之驚嘆不已。像這樣一座恢宏的大殿，通體沒有一根梁柱，歷300餘年無絲毫損傷，不能不說是一個罕見的奇蹟。

　　定陵玄宮的五室布局形式在中國尚屬首見，因此比較不易理解。有建築研究者認為，定陵地下玄宮是地面庭院式布局的反映，主室和配室就是正殿和配殿，三個主室代表三進院子。定陵玄宮建築是按照外朝和內廷兩部分建築規劃設計的，以象徵人君之居。

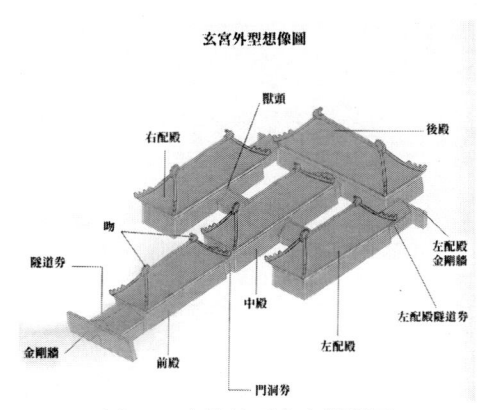

圖 11-9 定陵地下玄宮模擬圖

定陵發掘，從1956年5月19日開始，到1957年9月21日開啟玄宮，宣布告一段落。

孝靖皇后的孤魂

面對三口巨大的棺槨和26箱因木質腐朽而四散零亂的隨葬品，考古工作人員需要做的，就是迅速清理殉葬器物和揭開三具屍體之謎。

面對定陵玄宮這座地下文物寶庫，發掘人員做著各種猜測和準備。三具屍體保存完好還是早已腐爛？葬式如何？穿什麼服裝？現代京劇舞臺上的服飾是仿照明朝的式樣製成的，那麼，萬曆皇帝和兩位皇后的穿戴是否和京劇中的帝后相同？

帶著諸多疑問，發掘人員走向女屍。

在三口棺槨中，居右側的損壞最嚴重。外層的槨已腐爛、塌陷，棺也出現了諸多裂縫。這是孝靖皇后的梓宮。這位可憐的女人因比萬曆皇帝早死十年，埋在東井左側的平崗地，棺槨腐爛較快。加之後來她的孫子朱由校將其棺槨遷出，移放定陵，故損傷尤為嚴重。

第十一章 明朝那些事

最先清理這口棺槨，是夏鼐做出的決定。因為地宮一旦開啟，裡面的恆溫將不存在，外來氣流與地宮中的空氣融合，對屍體及文物有極大的損害。所以夏鼐斷然決定一部分人清理孝靖皇后的棺槨，其餘人員迅速搶救木箱中漸已腐爛變質的殉葬品。

開啟孝靖皇后的棺木，發掘人員首先看到的是一床平鋪的織錦經被，呈鵝黃色，織雜花，錦上有朱紅色經文。由於時代久遠，經文字跡辨認不清，僅中部殘存的「南無阿彌……」還可依稀認出。

掀開錦被，不見屍體，卻塞滿了織錦、金、銀、玉等殉葬品。似乎不是盛放屍體的棺木，倒是一個珍寶倉庫，各種美妙絕倫的藝術品和價值連城的寶器，構成了一個色彩紛呈的世界。

圖 11-10 孝靖皇后的十二龍金鳳冠（複製件）

帝后陵墓的殉葬與它的建造一樣，自有它的發展演變過程。從已有的發掘資料看來，在原始社會早期階段，生產力較為低下，人們對死者的埋葬並不在意，更不可能有什麼珍貴物品為死者殉葬。考古發掘證明，殉葬應是產生於有意識的埋葬行為以後，人們在埋葬先人或同伴的遺體時，往往會想到他們生前所用過的和喜愛的東西，把它們和他（她）同時埋起來。其出發點大約有兩點：一是作為紀念性質，不一定受宗教

迷信觀念的驅使；二是靈魂觀念引起的，認為人死後到另一個世界，仍像世間一樣生活，同樣需要生產工具和日用品以及愛好的玩物，為了使他們在陰間生活得更好，就用殉葬的方式把這些東西送給他們。

中國的殉葬制度大約是從原始氏族制度形成的時候開始的。如距今一萬八千年前的山頂洞遺址，下洞裡所埋葬的一名年輕婦女、一位中年婦女和一個老年男子，已經有了生產工具和裝飾品等殉葬物。其中有取火用的燧石，有石器生產工具和作為裝飾品的穿孔獸牙。

隨著氏族公社制度的發展，生產力有了一定的提高，殉葬物品也相應增多。在當時的墓葬中，殉葬品一般都有一套二件或五件用於炊煮、儲盛、打水和飲食方面的陶器，少量的生產工具和骨簪、骨珠、玉墜、陶環之類的裝飾品，還有一些作為防身武器的工具。此時還沒有棺材之類的葬具。

從這一時期殉葬物品所反映的情形來看，這些東西為數仍有限，都是他們個人日常用的物品，與各氏族成員之間所有的物品不相上下，數量與質量基本相同。由於一些生產工具製作不易，而且還需要使用，如磨製的刀斧石器等，所以較少殉葬。我們從這個時期的殉葬中，可以看出原始氏族公社的社會情況。隨著父系氏族公社的發展，生產有了剩餘，一些產品被少數人所占有，逐漸形成貧富差距。從殉葬品中，也可以看出這種差距。生產工具的大量占有和精美裝飾品之多，均顯示出死者生前占有財富的能力。如南京北陰陽營青蓮崗文化墓葬裡的殉葬品，70%為生產工具和其他貴重物品。有一座墓殉葬石器12件，實用陶器4件，玉器、瑪瑙等裝飾品11件，個別墓內有石器工具達20多件，其中有精美的石斧、石刀。山東泰安大汶口文化氏族墓葬中，一般富有的殉葬品有三、四十件，最多的達180多件。其中有精美的彩陶、黑陶、白

第十一章 明朝那些事

陶器，磨製精細的石製、骨製生產工具和精美的裝飾品，有的墓葬中還發現了透雕刻花的骨梳和象牙筒。與此同時，在另一些地區的墓葬中殉葬品卻極少，甚至全無。殉葬品的多少，反映了貧富差距，同時說明奴隸社會制度已在萌芽之中。這種殉葬制度自奴隸社會後，愈演愈烈，直到清朝之後才逐漸減少。

在孝靖皇后棺內的織錦經被下，有兩套精美鮮豔的服裝。上衣是黃緞袄襖，對開襟，織金線連成，袖既寬又長。下衣黃緞裙，所穿夾褲用黃緞做成，褲腰左側開口，頗具現代風格；腰用黃緞帶子裹緊。這是定陵出土的近 200 匹衣料和服飾中最為輝煌珍貴也是保存最好的兩件瑰寶。

它的珍貴在於整體用刺繡的工藝製成。衣上精緻地繡有 100 個童子，象徵多福、多壽、多子孫，取其「宜男百子」之意，以示皇室子孫萬代、永世興旺。衣服前襟及兩袖之上用金線繡出 9 條姿態各異的蛟龍，並以八寶紋和山石、樹林、花卉紋樣為背景，巧妙地與百子的各種活動融為一體，形成人和動物及自然三種生命一同呼吸、共通命運的風情畫。100 個童子神態各異，身著不同服飾，進行著各種不同的遊戲，都栩栩如生，情趣盎然。

圖 11-11 紅素羅繡平金龍百子花卉方領女袄衣（複製件）

一共 40 組畫面，構成一個色彩斑斕的兒童樂園。如「打貓圖」，一隻小貓在花草中追趕蝴蝶，孩子們則追趕著小貓。在「考試圖」中，有的假扮教書先生，有的認真書寫，有的拿著書本，眼睛盯著外面的大千世

界。這幅圖既顯示出了老師的嚴肅認真，又表現了考生的緊張心情，同時暗示著學生們欲擺脫桎梏、回到大自然中的美好願望。各種複雜的心態交相輝映，各種不同的嚮往、不同的追求、不同的形態，都展現得淋漓盡致。而「沐浴圖」更生動活潑，美妙可愛。這是百子圖中極為重要的一幅，也最富有生活氣息。畫面上四個童子正上演一場鬧劇：一個裸體小男孩躺在木盆裡洗澡，同伴手提噴壺為他澆水。洗得正愜意，突然跑來兩個孩子，將一根木棍伸進盆下用力上撬，頓時盆水四溢，浴童坐立不穩，急忙招手求饒。有的畫面為小兒身著大人服裝，扮演各種戲劇角色。在「官員出行圖」中，孩子們身穿長袍，頭戴烏紗，腰繫玉帶，騎著竹馬；前後臣僚成群，有的打旗，有的執傘，有的奏樂，有的鳴鑼開道。整個畫面熱鬧而滑稽，嚴肅而可笑，把朝廷臣僚的形象和心態含蓄委婉地勾勒出來，讓人開懷一樂的同時，也留下某種思考與回味的餘地。「跳繩圖」、「捕鳥圖」、「放爆竹圖」、「捉迷藏圖」、「摘鮮桃圖」等等，每一幅圖都捕捉故事中最富有表現力、最富情趣的情節，唯妙唯肖地表現出來，兒童的稚氣、活潑、純樸、天真無邪，躍然於錦緞之上。百子衣不僅構圖精巧優美，內容豐富多彩，而且刺繡技藝嫻熟，針法細密，配色得體，再加上金線的大量應用，使整個服裝蕩漾著藝術的靈光和天然的神韻，它是來源於自然又飄渺於自然之外的更高層次的藝術結晶。

圖 11-12 暗花羅方領女袷衣繡鬥毆圖

第十一章　明朝那些事

圖 11-13 暗花羅方領女袂衣繡觀魚、玩鳥圖

圖 11-14 暗花羅方領女袂衣繡招蜻蜓、鬥蟋蟀、沐浴圖

　　發掘人員掀開百子衣和兩床錦被，那位一生歷盡苦難的女人的屍骨終於出現了。她安詳地躺著，頭部位置有不少金、玉、寶石、釵簪，面稍向南側臥；左臂下垂，手放腰部；右臂向上彎曲，手放頭部附近；脊椎骨上部稍彎，下肢伸直；肌肉已經腐爛，只有一個殘存的骨架。

　　看來這位悲慘的女人，生前未得到幸福，死後同樣未能得到萬曆的照顧。從她那姿態中，仍讓人感到一種不甘於屈辱卻又無可奈何的悲愴命運。她的身下鋪滿了紙錢與銅錢。這是供她在地下的靈魂生活之用。她生前的肉體用不到金錢，也未得到愛情和幸福，不知地下的亡魂能否得到人世間不能得到的一切？面對這堆紙錢，更加讓人感到人生的悽苦與悲哀。但願這些紙錢銅幣能使她孤苦的亡靈有所慰藉。

孝端王氏

　　萬曆皇帝梓宮的左側放置著他的原配孝端皇后王氏的棺槨，其大小形狀和右側孝靖皇后的棺槨相同，保存較好。儘管槨的外側出現裂縫，但無塌陷。從已脫漆的木質看，亦為香楠製成。

孝端王氏

　　發掘人員撬開木槨，一口木棺露了出來。棺外有槨，意在以槨護棺，從而更有效地保護屍體。從國內外出土的帝王陵墓來看，棺槨質料不同，層數也有較大差異。在埃及圖坦卡蒙法老陵墓的發掘中，就曾發現有石槨和兩層黃金製作的棺。而晚期朝代的帝王，則大多採用兩層木質棺槨的形式。這從定陵和清東陵帝后的墓葬中可得到證實。

　　在孝端皇后棺木內的兩側，放置著 4 塊玉料。這種玉料在帝后三人的棺槨外側已發現 27 塊，至清理結束後發現，唯獨孝端的梓宮內又增放 4 塊。玉料大小形態不一，大部分都有文字。有的用墨筆直接寫在玉料上，有的貼著寫有墨筆字的紙，也有的兩者兼備。寫在紙條上的文字大都工整清晰，寫在玉料上的筆鋒粗糙，字形粗大，且不清楚。少數還有編號，都是記錄玉料的名稱、重量：

玉料十三斤

菜玉一塊重十三斤

六十八玉料十五斤

六十八

菜玉料一塊重十五斤十二兩

七十二號

漿水玉料一塊重十

漿水玉料一塊重十一斤

二斤八兩

漿水玉料一塊重二斤八兩

……

　　根據文字紀錄，最小的一塊 1 斤 10 兩，最大的一塊 48 斤。有一塊寫明 13 斤，發掘人員試秤則是 16.5 斤，不知是當初的失誤，還是明代

第十一章　明朝那些事

度量衡與今天的差異，或者玉料本身發生了變化。其中一塊玉料似有一條鋸過的缺口，大概是當初用繩索之類的東西捆勒而成。在另一塊玉料上，還特別標明「驗收人」三字。

中國歷代帝王的殉葬品中，大多放有玉料，即所謂的「金井玉葬」。「金井」是為了接地氣，保證靈魂長生不滅，「玉葬」則是為了保護屍體不腐爛變質。據《漢書‧楊王孫傳》稱「口含玉石，欲化不得，鬱為枯臘」。

玉料殉葬自戰國時期開始有了新的變化。在河南洛陽的考古發掘中，曾清理過一批戰國時期的墓葬，發現有些死者的面部有一組像人臉形的石片，身上也有石片，腳下還有兩件獸形石片。這些石片上都有穿孔，可能是為了編綴在一起以便覆蓋在死者的面部和身上，這就是後來出土的玉衣的雛形。

到西漢時期，帝王對玉料護體更深信不疑。他們不再滿足於用玉料殉葬，而是把玉片製成衣服，套在屍體之上，一同入葬，以期屍體永世長存。這種觀念在東漢時期達到了極致。河北滿城漢墓出土的劉勝、竇綰夫婦的金縷玉衣為此提供了證據。劉勝和竇綰除了身穿金縷玉衣外，還在胸部和背部放置了許多玉璧，且口有玉含、鼻有玉塞、兩眼有玉石掩蓋、兩耳有玉填，結果，1968年發掘人員清理他們的墓葬時，卻見玉衣尚存，而其中的屍骨朽爛得僅剩幾枚殘齒和一些骨渣。

以玉衣作為葬服，從西漢一直延續到東漢末年，到三國後期，魏文帝曹丕認為，此乃「愚俗所為」而下令禁止使用。從考古發掘的情況看來，也確實未發現魏晉以後的玉衣，由此推斷，這種習俗可能從魏以後真的被廢除了。

魏晉以後的帝王陵寢中，雖然也有玉料、玉器出土，但從規模和質量來看，不再考究，只是一種象徵而已。定陵玄宮出土的31塊玉料中，

只有漿水玉、菜玉兩種。漿水玉略帶淺青色，表面稍有些潤澤，菜玉像枯萎的白菜葉，淺黃中伴有淺綠。據《格古要論》的敘述，兩種均為玉中下品，很可能來自新疆、甘肅等地。

圖 11-15 金蓋金托玉碗

但從隨葬木箱中清理出的玉製容器來看，卻是別具一番風采。這些碗、盆、壺、耳杯、爵等器物質料細膩潤澤，琢工精緻，不少器物上都配有金製附件，鑲有寶石、珠玉，顯得光彩照人。細心的觀光者如果注意一下定陵博物館櫥窗裡的那只玉碗，就不難窺見這批玉器純美的質地和精湛的藝術造型，即使站在鑲有玻璃的櫥窗外，也能從碗的一面透視到另一面。其通體之細薄、造型之優美、光彩之奪目，如果不具備先進的技藝、奇特的構思和熟練的操作能力，斷然達不到如此精美絕倫的程度。

把殉葬的玉料和容器進行比較和研究，不難看出明代對玉葬的觀念，已不再限於保護屍體，而僅僅是一種形式了。

孝端皇后的棺木很快被撬開，裡面露出一床繡有蓮花和九龍紋的織錦被及殉葬的衣服、金器、漆盒等物。發掘人員小心翼翼地一件件取出，皇后的屍體出現了。

只見她上身穿一件繡龍襖，下著繡龍裙和黃緞褲，靜靜地躺著。繡龍襖袖筒肥大，通體用黃線緙絲製成，繡有蝙蝠、壽字和卍字符。兩袖之上，由於織品的寬幅不夠，出現了接頭的痕跡，但接上的用料「壽」字

第十一章　明朝那些事

倒寫，蝙蝠也是頭向下，別的衣服也常有字跡倒過來的現象。這顯然不是一種失誤，而隱含有一種「福倒來」和「壽倒來」的寓意。這是一種建立在方塊字加上豐富想像力基礎上的一種獨特文化。

孝端皇后的肌肉已經腐爛，但骨架完好。她頭西足東，左臂下垂，手放腰部，右臂直伸；下肢交疊，左腳在上，右腳在下，褲管紮在襪子內，腳腕外用細帶勒住，下穿一雙軟底黃緞鞋。依然像在皇宮一樣，端莊文雅，向南側臥。

萬曆一朝，繼張居正死後30餘年的漫長歲月中，朝廷逐步走向混亂和衰亡，皇帝昏庸，朝臣無道，相互勾心鬥角，廝殺得不可開交。這時只有兩個人清醒著，一個是首輔申時行，另一個就是孝端皇后王氏。

圖11-16 孝端皇后像

歷朝的制度，按理應當說是不能聽任黨爭發展的。尤其在萬曆一朝這種混亂的局勢下，只有使全部文官按照「經書」的教導，以忠厚之道待人接物，約束自己的私心，尊重別人的利益，大事化小，小事化無，朝廷才能上下一心，同舟共濟。要是官員們口誦經典中的詞句，稱自己為君子，別人為小人，在道德的掩蓋下爭權奪利，這就是把原則整個顛倒了。這種做法無疑會導致文官集團的渙散，進而導致帝國無法治理。早在西元1587年，萬曆的棺槨被抬到大峪山下葬的時候，申時行就曾鶴立雞群地站在帝國的最高處，得出「自古國家未有如此而能長治久安者」的結論。在大明帝國江河日下的危急時刻，申時行竭盡全力，以種種方法縫補皇帝與臣僚、臣僚與臣僚之間的裂痕。可惜，這種調和折中的苦心，在帝國制度強大的慣性面前顯得捉襟見肘，最後以失敗告終。

儘管孝端王氏從來沒有真正得到萬曆皇帝的愛，但她能夠清醒地意

識到自己的地位和處境，以馴服與忍耐力，做著自己應該做的一切。她在道德與人性二者的夾縫中，找到了一條適合自己生存的道路，並以她的殷勤、守制，在萬曆的母親和臣僚心中留下了良好的印象。足以展現她清醒的事例，是對「國本之爭」的處理。在長達數十年道德與政治的漩渦中，她既不傾向臣僚，也不指責萬曆，只是以她的聰明與機智站在二者之外，洞若觀火，使爭鬥雙方都對她無可奈何。即使後來萬曆皇帝在爭鬥失利之後，想廢掉她的皇后之位，但由於她在處理諸多問題上完美無瑕，而不得不讓萬曆打消這個念頭。

她一生無子，而又得不到皇帝的愛，作為最有權力享受一切的皇后來說，這無疑是個悲劇。但她面對現實，把痛苦埋在心裡，清醒地意識到這場悲劇中自己要扮演的角色，並義無反顧地演下去，才沒有像王恭妃、鄭貴妃以及其他宮女妃嬪那樣更加悲慘。或許這也算作一種不幸之中的萬幸吧。

她安詳地躺在萬曆皇帝身邊，頭枕一個長方形錦製枕頭，殘存的髮綹上插滿了鑲有寶石的金簪，冷眼觀望著世間的一切。她那交疊的雙腿，給人的印象依然是超塵脫俗、看破陰陽兩個世界的非凡女性。

她頭上的裝飾顯然比孝靖皇后的更昂貴與華麗，幾乎每一根金釵玉簪上都鑲有祖母綠和貓眼石。貓眼石在萬曆一朝曾是寶石中最珍貴的品種，據說它產於南洋一帶，物以稀為貴，堪稱無價之寶。史書中曾有這樣一段記載：江南一位少婦，頭戴一支鑲有貓眼石的簪子，雖然貓眼石並不太大，但被一位商人發現後，用極為昂貴的代價仍未到手。於是，狡猾的商人設法結識了她的丈夫，且終日以酒席相待。如此兩年，最後商人才透露了他的心願，貓眼石方到手中。這個故事不免具有野史性質，但由此可見其價值之昂貴。

第十一章　明朝那些事

圖 11-17 Ⅴ型 3 式鑲寶珠金簪；
Ⅲ型鑲珠寶金簪；Ⅷ型鑲寶金簪

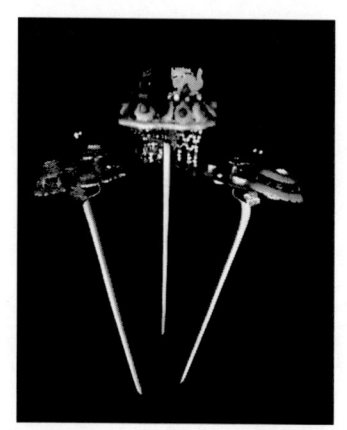

圖 11-18 Ⅴ型 1 式鑲珠寶鎏金銀簪；
Ⅰ型鑲珠寶金簪；Ⅰ型鑲珠寶鎏金銀簪

圖 11-19 鑲珠寶花蝶鎏金銀簪

圖 11-20 鑲珠寶玉龍戲珠金簪

在孝端皇后屍骨的下面，鋪有一床綴著整整 100 枚金錢的褥子，金錢上鑄有「消災延壽」的字樣。褥子兩側，放置了大量的金錢元寶。元寶兩面都刻有文字，刻文內填朱。其文字為：

上：九成色金十兩

底：萬曆四十六年戶部進到宛平縣鋪戶徐光祿等買完

上：九成色金十兩

底：萬曆四十六年戶部進到大興縣鋪戶嚴洪等買完

從元寶的刻字看，都是九成色金十兩錠，且均為萬曆四十六年大興與宛平二縣所進，鋪戶也只有徐光祿和嚴洪兩家。這就更加證實了史料中關於除「金取於滇」之外，京師的專設鋪戶也必須為宮廷重價購買的記載。

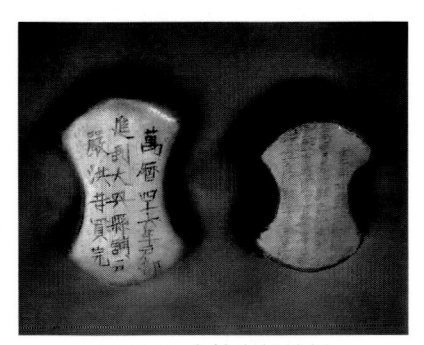

圖 11-21 金錠底部銘刻

孝端皇后棺中的金銀元寶孝靖卻沒有，有些史學家認為是萬曆對孝靖的薄葬造成二者的差異。這個說法難免有些偏頗。因為孝靖葬時僅為皇貴妃，而孝端葬時則為皇后，按照當時的等級制度，自然不會等同。

萬曆皇帝地宮現身

終於到了開啟萬曆皇帝棺槨的時刻。

這個寬、高均為 1.8 公尺，通長 3.9 公尺的巨大棺槨，依然悠然自得地穩臥在玄堂中央。在明亮的水銀燈下，這位帝國皇帝終於要在世人面前露出真容了。

第十一章　明朝那些事

　　朱紅色的槨板為松木精製而成，四壁以銀錠形卯榫壓住，再用鐵釘釘牢。雖歷經3個多世紀，仍不失當初的威嚴和莊重。蓋底板異常厚重，兩側釘入4枚大銅環，想必這是為了梓宮運送及入葬時運輸方便而設。因為有銅環相助，這巨大的棺槨就可從百里之外平安地運到玄宮。槨板之上，放置著木製儀仗幡旗之類的殉葬品，形式排列有序，饒具兩軍對壘、兵戎相見之勢。

　　夏鼐親臨現場，隊員們用鐵製的銳器將槨板慢慢撬開拆除，一口楠木製成的梓宮露了出來。只見棺木上方蓋有一塊黃色絲織銘旌，兩端鑲有木製龍牌。銘旗中央金書6個醒目的大字：「大行皇帝梓宮」。

　　最後一口梓宮就要開啟，幽深的玄宮內悄無聲息。發掘人員撬動棺蓋，鏽蝕的鐵釘在緩緩晃動，厚重的棺蓋露出了縫隙，銳器沿縫隙向內推進，「咯吱、咯吱」的聲響，如同棺內的主人發出的呻吟。

　　隊員們用手撐住棺蓋，憋足力氣，隨著夏鼐一聲令下，厚重的棺蓋倏然而起，然後搖搖晃晃地將棺蓋放在了棺床上，只見裡面塞滿了各種光彩奪目的奇珍異寶。一床紅地繡金的錦緞花被，閃著燦燦螢光，伴隨著各色金銀玉器、織錦龍袍。這無疑是一個集大明帝國物質、文化、藝術的寶庫，是一部詳盡的明代帝國史書。

　　掀開錦被，裡面露出了形態各異、色彩不同的道袍、中衣、龍袍等衣料。發掘人員按照放置的順序，小心地拿出上層的一件道袍。道袍用素黃綾做成，設有紗裡，右面開襟，腋下有帶，巧妙地將開襟綁住；道袍通體肥大，外形同今日道士所穿服裝相類似，不同的是背後有錯襟，兩側開口至兩腋，這樣的造型，穿起來也許更方便些。底襟裡面有絲線繡字，字跡清晰可辨：

　　萬曆四十三年正月十八日造

長三尺九寸六分

綿九

兩袍的裡面放有紙條，文字除和繡字相同之外，另有：

本色素綾大袖襯道袍

袍身寬二尺一寸

袍內填有棉絮，但分布極不均勻。根據製造年月和袍的成色進行分析，這件道袍萬曆生前並未穿過。事實上，整個明朝的君主都崇尚佛教，而對道教都比較冷淡。朱元璋和朱棣兩朝，都有佛門高僧輔佐政事。當年還是燕王的朱棣，正是靠慶壽寺僧人道衍（即姚廣孝）的幫助才奪得了帝位。萬曆的生母慈聖太后，生前多次捐獻銀兩、修繕佛廟，萬曆和鄭貴妃邂逅之後，也時常雙雙到佛寺進香，以求佛祖保佑他們百年好合。明代君主對佛教的崇拜，是否與他們的祖先開國皇帝朱元璋曾當過和尚有關，尚無結論，但這方面的因素，至少對他們的思想產生影響。

除嘉靖皇帝外，明代君主對道教冷漠，但並不排斥，仍然把道教作為一種文化遺產加以容納。萬曆皇帝棺內的道袍或許可做實證。

這件道袍的出現絕非偶然，它與故宮、天壇、紫禁城那輝煌的建築一樣，說明了處在資本主義萌芽時期的帝國在對待文化方面的胸襟。這與清朝後期漸已形成的小巧精緻建築及封閉的文化心態形成鮮明的對照。不管鄭和率龐大的船隊七下西洋的最終目的和結果如何，就它的氣魄而言，是後來的大清帝國所不能企及的。假如資本主義工業文明提前300年被引進中國，明代的君臣也絕不會像慈禧太后懼怕火車一樣恐慌不安。可惜，歷史的進步從來就不是以時間的流動而自然產生的。

在各類袍服、衣料的下層，深藏著一件稀世珍寶，這就是萬曆皇帝

第十一章　明朝那些事

的緙絲十二團龍十二章袞服龍袍。袞服是皇帝在祭祀天地、宗廟、社稷、先農、冊拜、聖節和舉行大典時所穿的禮服，是龍袍中最為珍貴的精品。

明代初期，禁用緙絲做服，以示節儉。至宣德年間，隨著節儉之風被享樂腐化所代替，緙絲才重新發展盛行起來。朝廷設內織染局，專以緙絲「通經斷緯」的技法製造袞服。由於袞服的製造工藝複雜，造價昂貴，即使最熟練的織匠，每天最多也只能織一寸二分，織完一件袞服，大約需要 10 年時間。定陵出土的萬曆皇帝這件十二團龍十二章袞服，應算是目前中國所見到唯一的緙絲袞服珍品。1983 年，定陵博物館委託南京雲錦研究所研究複製一件，該所累積 30 多年的經驗，花費了整整 5 年時間，終於織造完成，填補了明代龍袍織造技術失傳 300 餘年的空白。

當發掘人員清理到第十一層時，發現一條兩邊對摺的錦被。開啟錦被，萬曆皇帝的屍骨顯露出來。一個令大家猜測了兩年的謎，終於被揭開了。

這已不是保存完好的屍蠟，而是一具形貌可怖的骷髏。這位「大行皇帝」靜靜地躺在一床錦被上，骨架頭西腳東，毫無血肉的面頰稍向南偏，左臂下垂，手壓在腹部，細長的手骨握著一串念珠，像在祈禱神靈的保佑。右臂向上彎曲，手放在下顎附近，一縷黃褐色鬍鬚掛在唇邊，似在悠然自得地捋著鬍鬚暢談軍國大事，這個姿勢顯然是入葬時人為擺設而成。脊柱上部稍有彎曲，左腿伸直，右腿微屈，兩腳向外撇開。身穿的龍袍大都腐爛，腰部束一條玉帶，頭戴「翼善冠」，髮髻梳理完好，足蹬高筒長靴，褲腳裝在靴子內。上身打扮像是一位儒士，而下身及長靴又給人一種武士的感覺。如此文武兼備的服飾，在其他陵墓的出土中很少見到。

根據兩位皇后和萬曆帝的骨架情形來看，明代帝后的葬式，似乎比

較隨意,並無特別之處。這位一生享盡榮華富貴,精神卻備受磨難的皇帝,在地下生活了三百多年之後,終於又返世還陽了。假如他的靈魂真的活著,面對人世滄桑,又該想些什麼?

他所駕馭的帝國古船已經沉淪,他所鍾愛的女人早已化為灰土,就連取其祖宗基業而代之的大清帝國也已成為昨天的故事。歷史就是這樣造就著一切,又毀滅著一切。大江滾滾東去,浪淘盡千古風流人物!

萬曆的屍骨被輕輕地拿出棺外。經北京口腔醫學院教授周大成鑑定,根據萬曆皇帝及兩位皇后的口腔和牙齒狀況,做出如下結論:

萬曆的口腔疾患較複雜,除患過嚴重的齲齒和牙周病之外,還有楔狀缺損、氟牙症、偏側咀嚼等症。孝靖皇后亦有很多齲齒和中等程度的牙周病,只有孝端皇后的牙齒比較健康。

三個頭骨所具備的共同特點是,牙齒的磨耗程度非常輕微,有的牙齒幾乎看不出磨耗的痕跡。據中國出土的一些材料證明,無論是北京猿人、山頂洞人、新石器時代人以及戰國時代人的牙齒頜面磨耗都相當嚴重,這與他們的食物粗糙有關。而這三個頭骨牙齒的頜面費耗如此輕微,足以說明他們的食物極為精細。也正是過細的食物,造成了他們的齲齒和牙周病。

第二個特點是,萬曆及孝靖皇后的一些牙齒上都有楔狀缺損,這是由於刷牙方法不合理所致。可見當時宮廷裡使用牙刷已相當普遍。

第三個特點是萬曆的氟牙症。中國最早的氟牙症化石實物是1978年5月在山西和河北交界處的許家窰村發現的。這是屬於舊石器時代中期的三個人的牙化石,上面都有明顯的黃褐色小窩及斑點。據了解,今天生活在那裡的人,仍然都患有氟牙症。許家窰村人的氟牙症和萬曆帝的氟牙症極為相似。這在中國古代口腔疾病史上是一項重要發現,淵源有待進一步查證。

第十一章　明朝那些事

　　北京市警察局刑事科學技術研究所對萬曆和孝靖皇后殘存的頭髮進行了鑑定，結論如下：

　　萬曆一束為生前梳理時的脫髮，一束為屍體上所留。孝靖一束亦為屍體所留。

　　萬曆帝頭髮血型為 AB 型。孝靖后頭髮血型為 B 型。

　　注：孝端皇后殘存頭髮，與屍骨一起毀於「文化大革命」，無從查證。

　　經中科院古脊椎動物與古人類研究所研究人員對萬曆屍骨的復原得出結論：

　　萬曆生前，體形上部為駝背。從骨骼測定，頭頂到左腳長 1.64 公尺。

　　幽深的地宮，陰霧悽悽，雖然已到炎熱的夏季，但發掘人員還必須身穿厚厚的絨衣甚至棉衣才能抵禦襲人的寒氣。霉爛的腐臭和刺鼻的福馬林味融合在一起嗆進人們的肺管，使大家經常咳嗽不止。

　　在清理隨葬品中皇帝的冠冕、皮弁等物時，由於串珠的絲繩霉爛，玉珠已經散落，零亂地攤放在梓宮一角，且實物腐朽疊壓嚴重，形制很難辨認。冕、弁關係到禮儀制度，世間沒有實物存留，目睹這種情形，夏鼐親自承擔了清理任務。他拖著病體爬上了木架，把一個枕頭墊在胸部，趴在木板上，整整用了四天四夜的時間，把冕冠和皮弁的形式、結構、尺寸、色澤以及串珠的連結式樣、數目，一一記錄下來，並繪製了草圖，為日後的複製工作提供了重要依據。

　　梓宮清理工作臨近尾聲，棺床的木箱也一個個被開啟。在萬曆棺槨旁邊，發掘人員發現了一箱著有文字的諡冊。冊為檀香木板做成，原木色，不髹不染，每冊十板，用絲繩綴結而成，外被織錦，內刻諡文。文皆陰文正楷，直行讀，自右至左。冊的兩端木板不刻字，描金雲龍紋。

諡冊的文字，實際上是對萬曆一生功績的概括和總結，通篇盡為溢美之詞，字裡行間充溢著一股皇恩浩蕩、強民富國的韻味。假如不了解萬曆一朝的歷史真情，僅憑諡冊推斷，那該是一派欣欣向榮、四海昇平、輝煌燦爛的景象。

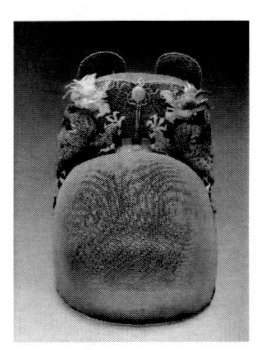

圖 11-22 金翼善冠

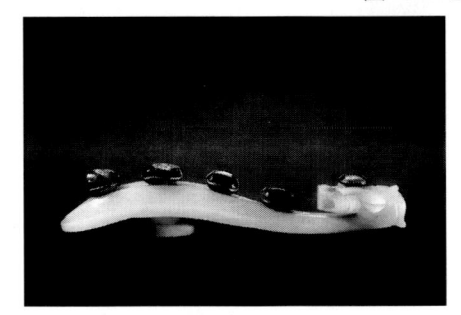

圖 11-23 萬曆皇帝的玉帶鉤

圖 11-24 心字形金帶飾

可惜，可悲的現實畢竟不是憑幾位儒臣的華麗辭藻就能掩飾得了的。在這一點上，萬曆及其臣僚遠沒有太祖朱元璋直爽和聰明。朱元璋在為皇陵立碑時，為避免儒臣對他及帝國的粉飾，親自主筆，以真摯的情感、冷峻的筆鋒客觀地描繪了自己的生平和創業的艱辛。撇開他那文采飛揚、氣魄恢宏的碑文不論，僅憑直面人生和面對現實的勇氣，就足以讓後人稱道。而萬曆的諡文，除了對他悲愴的人生及行將淪喪的帝國有一絲安慰外，於世人又有何裨益呢？

第十一章　明朝那些事

尾聲

定陵發掘自 1956 年 5 月破土動工到 1958 年 7 月底，清理工作大致結束，歷時兩年零兩個月，以總計投入勞力兩萬餘人次、耗資 40 餘萬元人民幣的代價，終於使這座深藏三百多年的地下玄宮重見天日。

1985 年 3 月，定陵發掘報告的撰寫工作進入尾聲。夏鼎聽取了趙其昌、王岩的彙報後，興奮地說道：「考古所的工作，我可以少管、不管，定陵發掘報告的事我要管到底。有困難我幫你們解決，爭取儘快完成。」

1985 年 6 月 15 日上午，夏鼎像往常一樣正在辦公室忙碌。突然他急遽地咳嗽起來，一股熱流從胸中升起，沿食道噴湧出來。一低頭，兩口鮮血濺到地上，他覺得頭昏眼花、全身無力。多年的田野考古工作，使他的胃、肝和心臟受到極大的損害，越來越多疾病纏繞著他的身心，消耗著他的生命。夏鼎預感到今天的徵兆不同尋常，便放下手中正在批閱的一份檔案，緩緩地來到院內，想呼吸幾口新鮮空氣，活動一下筋骨，以便繼續堅持工作，待稍有空閒時，再去醫院診治。

夏鼎在院子裡踱了幾步，又猛然站住腳，轉身向辦公室走去。他撥通了定陵博物館的電話，要趙其昌立即將發掘報告的初稿送來。報告當天下午便送到夏鼎辦公室，只是夏鼎已經住進醫院。趙其昌和一位工作人員將報告送至醫院，夏鼎捧著厚厚的書稿，仰起蒼白憔悴的臉，微笑著對趙其昌說：「看到它，我就放心了，走後對老同學也有個交代。」

1985 年 6 月 19 日，一位工作人員到夏鼎的病房請示工作，卻發現他永遠地睡著了，床頭放著定陵發掘報告的初稿，稿紙上留下了用紅筆圈畫的密密麻麻的字跡。

尾聲

　　就在這一年的冬天,定陵博物館原館長、88 歲高齡的朱欣陶,也在廣州與世長辭。他的骨灰運回北京,撒在了他熱愛的十三陵的土地上。

　　* 本章資料來源於《風雪定陵》,岳南、楊仕著,有刪改。

第十一章 明朝那些事

第十二章　尋找清東陵

▎箭插清東陵

　　明崇禎十七年（西元 1644 年）初夏，位於東北的清軍將領多爾袞，在明朝駐山海關總兵吳三桂的接引下，統率八旗勁旅走出白山黑水，跨過山海關，大敗李自成農民軍，迅速攻占北京。同年九月，皇太極第九子、不滿 7 歲的福臨和清皇室人員由瀋陽抵達北京。十月初一，福臨在臣僚的簇擁下，親到京師南郊告祭天地，即皇帝位，正式頒詔天下，宣布清王朝對全國的統治，改年號為順治，並從這一年起稱為順治元年。

　　這時的福臨雖然君臨天下，但畢竟年幼，在宮中自然無所作為，一切軍政大事統由其叔父、被封為攝政王的多爾袞主持。

　　順治七年（西元 1650 年）十二月，多爾袞在古北口外行獵時墜馬受傷，不久即死於喀喇城。順治八年（西元 1651 年），14 歲的順治皇帝終於擺脫了羈絆，開始親政。

　　一個風和日麗的春天，順治帝帶領群臣外出打獵，當一行人沿長城向東來到河北遵化縣（今河北省遵化市）所轄馬蘭峪鎮一帶鳳臺山時，順治來到一處高坡，勒住坐騎，舉目四望。只見高山連綿，岡巒起伏，隆起的山脊在藍天白雲掩映下若隱若現，猶如一條條天龍奔湧騰越，呼嘯長空。在天龍盤旋飛舞的中間，一塊坦蕩如砥的土地，蔚然深秀，生機盎然。東西兩向各有一泓碧水，波光粼粼，緩緩流淌，形似一個完美無缺的金甌。順治驚訝於這天造神賜的寶地，大聲說道：「此山王氣蔥郁，

第十二章　尋找清東陵

可為朕壽宮！」

　　言畢，順治命隨行堪輿大臣和欽天監官員架起羅盤，按八卦方位、二十四山向，運用陰陽五行玄妙之機進行測算。所屬臣僚和術士們已窺到皇帝的心事，又感到此處確是王氣逼人、氣度非凡。於是，在測算一陣後，他們添油加醋地說：「皇上聖明，深得搜地之竅，令觀之支法，見龍脈自太行而來，勢如巨浪，重巒疊嶂，茂草鬱林，實屬萬乘之葬也。再看那山勢如五魁站班，指峰拂手，文筆三峰，惚若金盞，形若銀瓶，恰似千葉蓮花，真乃上上吉地也！」

　　順治聞聽，大喜，來到一塊向陽之地，跳下坐騎，雙手合十，兩目微閉，十分虔誠地向蒼天高山禱告一番，而後解下隨身玉珮，繫於金漆箭翎之上，彎弓滿月，振臂一射，那箭便穿雲度日，飛落於正面鳳臺山的山阜之前，入地盈尺，錚錚有聲，「箭落穴定」。

　　臣僚、術士們趕到山前，找來鐵鍁在地上挖出一個磨盤大的圓坑，謂之「破土」。這個圓坑便是陵寢地宮「金井」的位置。待將來陵寢地宮修好後，將第一鍁土放入地宮「金井」之中，象徵著皇帝死後依然擁有皇天后土，並和他生前的大地永遠血脈相連。

　　待這一切結束後，順治傳諭，改鳳臺山為昌瑞山，臣僚領旨。臣僚們又找來一斗形木箱，蓋在「破土」的位置，不再讓它見到日、月、星三光，同時委派人員在此日夜守護，以待動工興建。

　　儘管順治帝選定了陵址，但由於當時清兵入關不久，基業方定，戰火頻仍，整個西部、南部、西南尚處於清兵與南明小朝廷以及各種武裝勢力的生死搏殺中。在這種形勢下，順治帝以國事為重，一直未建自己的陵寢，直到死後的康熙一朝，才將陵寢建成。

順治入葬清東陵

順治入主中原後，經歷了許多政治風浪及建國立業的輝煌壯舉。但不幸的是，他二十四歲時染上天花而早早過世。

順治死後，由與其生前關係最為密切的僧人茚溪森禪師主持，在景山壽皇殿前焚屍火化。

順治屍骨的火化，在清王朝入關後的歷代帝王中僅此一例。究其原委，一是順治生性好佛，且到了如醉如痴的程度。這位生前已被玉林禪師取了佛家法號為「行痴」的皇帝，自然願意以佛家弟子圓寂後需火化的規矩行事。除此之外，是為遵循故土先祖之習，因為滿洲的女真族在關外的風俗就是死後火化。順治崩時，清軍入關只有十幾年的光陰，本民族的風俗還依然保留如初，帝崩而火化是自然之事。葬儀到了他的兒子康熙皇帝一朝已經開始漢化，繼而朝野臣民也隨之改變得相當徹底。當康熙的兒子雍正皇帝駕崩時，新登基的乾隆皇帝曾對葬儀的漢化特別說明並嚴格規定：古之葬者，厚衣之以薪葬於中野，後世聖人易之以棺槨，所以變通宜民，而達其仁孝之心也。本朝肇跡關東，以師兵為營衛，遷徙靡常，遇父母之喪，棄之不忍，接之不能，故用火化以便隨身奉持，聊以遂其不忍相離之願，非得已也。自定鼎以來，八旗、蒙古各有寧居，祖宗墟墓悉隸鄉土，喪葬可依古以盡禮。而流俗不察或仍用火化者，狃於沿習之舊，不思當年所以不得已之故也。朕思人子事親送死，最為大事，豈可不因時定制痛自猛省乎？嗣後如遠鄉貧人不能扶柩回里，不得已攜骨歸葬者，姑聽不禁外，其餘一概不許火化。倘有犯者按律治罪，族長及佐領等隱匿不報，一併處分。

順治帝死去以及屍骨火化後，由於他生前選定的陵寢尚未完工，靈

第十二章　尋找清東陵

骨暫停放於景山壽皇殿，以待陵寢工程正式完工後入葬。

孝陵陵寢的建築，是在基本上沿襲明十三陵建制的基礎上，加以發展和改進而成，開創了清代獨有的陵寢風格和規制。孝陵之後清代各帝陵寢，其建築風格和模式基本相同。只是順治帝的孝陵由於當時國家財政困難以及政權不甚穩固，某些地方較之後代顯得有些粗糙。但它作為清代帝王陵寢的建築設計藍本，保持了它獨有的歷史地位，並延續發展了下去。

孝陵陵寢整體建築由神道碑亭開始，往北依次為東西朝房、東西班房、隆恩門、東西燎爐、東西配殿、隆恩殿、陵寢門、二柱門、石五供、月臺、方城、明樓、月牙城、寶城、寶頂。周圍是高大的紅牆環繞，與隆恩門相銜接，全長5,600多公尺。整座陵寢，以金星山為朝山，影壁山為案山，昌瑞山、霧靈山和東北的長白山為來龍，在東側馬蘭河、西側西大河的縈繞下，山水相映，構成了一幅世之罕見的完美的山水風景圖畫，充分展現出陵址的選擇者和陵寢建築設計者的獨具慧眼和匠心所至。

順治帝崩後，還是有二人為之殉葬而死。這二人一為孝獻皇后的族妹、妃子董鄂氏，一為太監傅達理。董鄂氏以身殉帝後，被追封為貞妃，初葬黃花山，後遷葬孝東陵。太監傅達理被葬於陵區外許家峪東，陵墓稱貞臣墓。

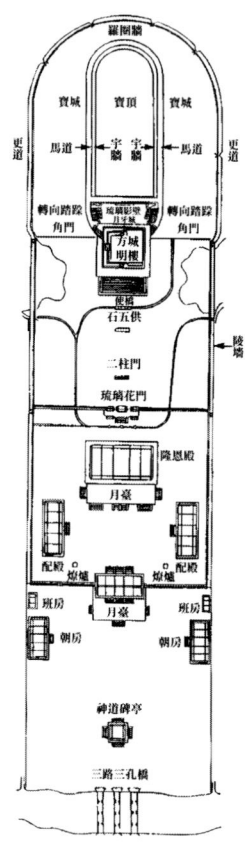

圖 12-1 孝陵平面示意圖

康熙二年四月二十二日,順治皇帝的棺槨遷往孝陵。這一天黎明,清廷王以下、奉恩將軍以上的內大臣及侍衛,分列於景山壽皇殿外,公侯伯以下滿漢文武百官全部聚集到東華門外,年少的康熙親自奠酒,哀樂聲中,悲慟不已。群臣無不熱淚紛紛,如喪考妣。梓宮每經過門、橋之地,都要停下進行奠酒之儀,每天宿駐享殿皆供獻奠酒,舉行哀禮。至六月初六日,順治梓宮抵達孝陵,與兩個月前逝去的孝康章皇后(佟佳氏)、孝獻端敬皇后(董鄂氏)合葬於地宮。康熙七年正月十一日所立的孝陵神功聖德碑之上,有「皇考遺命,山陵不崇飾,不藏金玉寶器」,故而有孝陵為空券之說。而有的傳說則是孝陵地宮內只葬有一把扇子、一雙鞋子。這個傳說是附會順治出家的故事而來。實際上,孝陵地宮內寶床上只放有三個骨灰罈。順治居中,兩個皇后分居左右,與碑文相符。不知是滿洲女真族的舊有風俗發揮作用,還是順治篤信佛法而得以佛祖保佑,這個「不藏金玉寶器」的空券,在兩百年後清東陵的連續浩劫中,竟一次次躲過了盜墓者的洗劫而安然無恙,成為清東陵所有陵寢中唯一一座沒有被盜掘的陵墓。

康熙入葬景陵

順治帝崩後,年僅 8 歲的玄燁順利繼位,建立了康熙朝,並成為功績赫赫的一代英主。

康熙六年(西元 1667 年),玄燁 14 歲,開始親政。如果說康熙皇帝在親政前無所作為,他的治國天才是由於自己的年幼和四大臣的牽制掣肘而無法發揮,那麼在親政後,玄燁的曠世才華便迅速顯示和爆發出來。清代歷史上,康熙除了文治武功堪稱最傑出的皇帝外,還有三個之

第十二章　尋找清東陵

最。這便是後宮的女人最多，其中有名號的后妃就有55位，其他侍奉的無名號的女人則不計其數。其次是子女最多，一生共有子35人，女20人，共計55人。最後是在位時間最長。從順治十八年（西元1661年）即位，至康熙六十一年（西元1722年）駕崩，共在位61年。

按照中國人的風俗和生活準則，多子、長壽被視為人生難得的福氣，但在康熙朝卻變成了一種災難。康熙生前已成年的兒子就有近20個，而每個兒子都渴望自己能接過父皇的權杖，過幾天皇帝癮，並且每個兒子都有這種希望和可能。但康熙帝在寶座上居然61年不下來，這就不能不讓一些兒子心焦和氣憤，甚至對他產生仇恨。而這時的康熙又偏偏在立太子的問題上，立了廢，廢了立，反覆無常，狡點多變，又使兒子們在希望與絕望、絕望與希望中加深了矛盾並引發混戰。當這種父子之間、兄弟之間的矛盾與混戰交織而來時，一代英主康熙大帝也無可奈何了。

康熙六十一年（西元1722年）十一月初七，康熙駕臨京城郊外的暢春園。初八，有旨傳出：皇帝偶然受了風寒，由於龍體欠安，從初十到十五，將為冬至的祭祀大典進行「齋戒」，一應奏章都不必送來。皇帝的「齋戒」和獨居靜休本是一件正常的事，沒有引起多少人的格外關注。但就在這看似平靜的宮廷生活中，有一個人極敏銳地看到了平靜的背後可能改朝換代的非凡時刻──此人就是皇四子胤禛。

各位皇子仍因皇位的繼承問題而結交朝臣、培植私黨並鬧得矛盾重重、沸沸揚揚之時，皇四子胤禛卻顯得老練、持重，他的言行也未引起父皇和兄弟們的格外看重和猜疑。在父皇和眾皇子的眼中，這位四阿哥好像頗為安分守己，彷彿對皇位沒有多大興趣。但後來的事實證明，所有的人都看錯了。他的一切做法只不過是來自門下謀士戴鐸的告誡：「父

皇英明，做兒子的就很難。太張揚外露，勢必會引起父皇的疑心。若一點也不顯山露水，又會被父皇和眾兄弟看不起，從而棄之不顧。故此，兩者之間的分寸，勢必要把握得恰當。」極端聰明老練的胤禛，聽了戴鐸的告誡後，一直在露與不露之間悄悄地表現。他沒有像其他皇子那樣明火執仗地結交朝臣、培植私黨，而是暗中結交了兩個重要人物——隆科多和年羹堯。隆科多是當朝皇后（孝懿皇后）的胞弟，官拜步軍統領，掌管京城的戍衛。年羹堯則是四川巡撫，在與準噶爾作戰的西線戰場擁有一支精銳軍隊。結交這兩個人的目的是，一旦京師有變，由隆科多控制。若西征中的胤禵有變，年羹堯可派兵與之抗衡，迫使胤禵無法用武力達到爭位的目的。皇四子胤禛算是一位真正能審時度勢並悟透了權力爭鬥原則的天才。就在康熙患病暢春園，而眾皇子尚處在夢中的關鍵時刻，長期蟄伏的胤禛要引弩待發了。

　　手握京師衛戍兵權的隆科多，已嚴密地控制了北京。凡是可能與胤禛為敵的皇子及王公大臣，都已處於他的監視和控制之中。與此同時，胤禛又手寫密書，派心腹星夜兼程送給四川巡撫年羹堯，令他火速率領精銳之師以奉皇帝密詔的名義，接近胤禵的兵營。一旦這位皇十四子有反常舉動，將予以搏殺，能殲之則殲，不能殲則牽制其兵力，使其無法殺回京師……就在這一切布置妥當之後，胤禛與隆科多等在康熙駕崩的當晚，裝載遺體回京，同時封鎖了皇宮，不許其他皇子進入。後來又經過一連七天的祕密籌劃，皇四子胤禛正式登基坐殿，這便是歷史上的雍正皇帝。

　　雍正登基後，儘管仍潛伏著各種威脅，但他公開要做的第一件大事，自然是辦理先皇葬儀。

　　早在康熙十五年，康熙皇帝就下旨在昌瑞山順治孝陵東南一里左右

第十二章　尋找清東陵

的地方興建自己的壽寢。經過六年緊鑼密鼓的施工，到康熙二十年營建完成。初葬孝誠、孝昭皇后，二十八年葬孝懿皇后。康熙的壽寢，儘管秉承了孝陵的建築格局和規制，但由於康熙朝在經濟上的日趨繁榮，綜合國力明顯加強，因而較之順治的孝陵，其布局更加嚴謹集中，建築水準明顯提高，工藝更趨精美。康熙六十一年十二月初三日，康熙的梓宮被安奉在景山壽皇殿。雍正元年二月十七日，當朝臣僚恭擬康熙皇帝的陵名九字進呈雍正，雍正親自刺破手指，以指血圈定「景陵」二字，於是康熙陵寢定名為景陵。至三月二十七日，康熙的梓宮由壽皇殿發引，四月初二日梓宮抵達陵區，暫安放於景陵隆恩殿。五月二十三日，雍正的生母仁壽皇太后因病崩逝。九月初一康熙葬於景陵地宮。為康熙襯葬的還有孝恭仁皇后（雍正生母）、敬敏皇貴妃。

雍正另建清西陵

雍正十三年（西元 1735 年）八月二十三日子夜，雍正才剛做了十三年皇帝，便駕崩於圓明園，後葬於易州泰陵地宮。

雍正朝創立了祕密建儲制度，皇帝對選定的儲君祕而不宣，而將傳位詔書藏於乾清宮正大光明匾額後錦匣內。雍正死後，總管太監到乾清宮取下祕匣，當即開讀，乃是「皇四子弘曆為皇太子，繼朕即皇帝位」。這時皇四子弘曆等已聞訊奔入宮來，遂即奉遺詔，並命莊親王允祿、果親王允禮，大學士鄂爾泰、張廷玉為四輔臣，議定明年改元乾隆。

自清王朝入關，順治、康熙兩朝的帝王后妃在京師以東的昌瑞山下建造陵寢後，便開創了「子隨父葬，祖輩衍繼」的「昭穆之制」。「昭穆」為古代宗法制度。宗廟次序，始祖居廟中，以下父子遞為昭穆，其左為昭，其右為穆。父為昭，則子為穆，父為穆，則子為昭。這種方法也用

雍正另建清西陵

於墳地葬位的左右次序。早在古代的《周禮》一書中就曾有「先王之葬居中，以昭穆為左右」的規範記述。

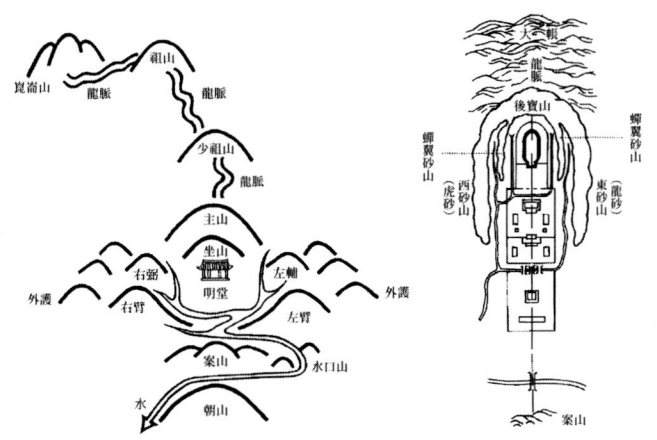

圖 12-2 左右二圖分別為風水寶地環境模式圖、清代帝陵風水形式模式圖（清・樣式雷繪）

雍正即位後，隨著政權逐漸穩固，開始想起建造陵寢一事。雍正四年（西元 1726 年），詔諭允祥、張廷玉和工部、內務府官員辦理陵寢事務。允祥等臣僚率領術士們先在馬蘭峪的昌瑞山腳下選擇吉地，但沒有選中相宜的地方。後來選中了九鳳朝陽山，離孝陵、景陵不遠，風水甚佳，得到了雍正的同意。但後來精通堪輿的臣僚術士再三相度，又認為九鳳朝陽山「規模雖大而形局未全，穴中之土又帶砂石，實不可用」。因此，雍正廢掉了這處陵址，讓臣僚們再行勘察。但這群臣僚不知是由於什麼緣故，久久找不到佳穴。又不知出於何種考慮，雍正開始命怡親王允祥和漢大臣高其倬捨棄京師以東，到京師西南一帶山脈採卜。允祥等人受命後，經過多處勘察，至易縣境內的太平峪興隆莊一帶發現了「萬年吉地」，並回宮竭力向雍正引薦。按照允祥等人的說法，此處西依雲蒙山，北靠泰寧山，東傍丘陵地，南臨易水河，堪稱「乾坤聚秀之區，為陰陽和會之所，龍穴砂水，無美不收。形勢理氣，諸吉咸備」。雍正覽奏

361

第十二章　尋找清東陵

之後，也認為此處是「山脈水法，條理分明，洵為上吉之壤」。但是，若在此處選擇陵址，顯然違背了子隨父葬的規制，他不便馬上表態，只說那地方雖美，但距父親的景陵和祖父的孝陵「相去數百里，朕心不忍」，而私下卻暗示群僚為自己尋找依據和藉口。臣僚們心領神會，很快就引經據典，找出一大堆看起來頗具情理的依據。允祥聯合大學士們奏稱，漢唐諸陵雖都建於陝西，但漢高祖、文帝、景帝、武帝之陵卻分布於咸陽、長安、高陵、興平等縣，唐高祖、太宗、高宗、玄宗諸陵則分散於三原、醴泉、乾縣、蒲城等地。據此典法，在易州建陵，與古禮不為不合。且遵化與易州都屬畿輔之地，離京師不遠，完全可以建陵。群臣果然不負厚望，一番引經據典，使雍正的意圖得以順利實施。雍正八年（西元1730年），位於易州的泰陵開始動工興建，至乾隆二年（西元1737年）宣告竣工，同年三月初二，雍正帝的梓宮被安葬於泰陵地宮。至此，清朝入關後沿襲的「昭穆之制」喪葬規範被雍正輕而易舉地打破，歷史在這裡無聲地轉彎。清朝自入關後，帝王的陵寢開始以京師為座標，逐漸分為兩大陵區，分別是位於北京以東遵化縣馬蘭峪附近的清東陵和位於北京以西易縣境內的清西陵。

乾隆復歸清東陵

雍正不明不白地暴崩了，他的兒子弘曆光明正大地即位，為歷史上著名的乾隆皇帝。乾隆登基之後，要做的一件關乎清王朝、也更關乎自己的大事，就是選擇萬年吉地。

自從雍正打破了「子隨父葬，祖輩衍繼」的喪葬制度而埋骨於京西易縣境內後，登基不久的乾隆也跟隨其父，派臣僚在西陵區域選擇萬年吉地。吉地選好後，乾隆卻突然改變主意，又派臣僚到東陵選擇。

乾隆復歸清東陵

乾隆七年，大學士三泰、果毅公訥親、戶部尚書海望，會同欽天監監正進愛等進入東陵區域勘察地形。數日後相得勝水峪「龍盤虎踞，星拱雲聯，允協萬年之吉」。乾隆覽過繪圖後，甚是滿意，並詔旨於第二年二月初十日動工興建。至此，清王朝喪葬規制的長河在雍正朝轉彎之後，又在這裡改道分岔。長河的主流從此一分為二，一條流向東陵，另一條流向西陵，從而形成了歷代王朝喪葬史上的獨特規制和景觀。如此做法的思想脈絡和內在關係，主要是乾隆考慮到，若從自己起歷代皇帝都葬於西陵，那麼東陵必然有香火漸衰、冷清無助之感，日久定會荒廢不堪。為兼顧東西兩陵的盛衰，他才做出了這一抉擇。關於這一點，乾隆在六十年（西元1795年）將皇位讓於其子嘉慶時，在十二月二十日的諭旨中說得十分清楚：「向例，皇帝登基後即應選擇萬年吉地。乾隆元年，朕詔登大寶，本欲於泰陵附近地方相建萬年吉地，因思皇考陵寢在西，朕萬年吉地設又近依皇考，萬萬年後，我子孫亦思近依祖父，俱選吉京西，則與東路孝陵、景陵日遠日疏，不足以展孝思而申愛慕。是以朕萬年吉地建在東陵界內之勝水峪，若嗣皇帝及孫曾輩，因朕吉地在東擇建，則又與泰陵疏隔，亦非似續相繼之義。嗣皇帝萬年吉地自應於西陵界內卜擇，著各該衙門即遵照此旨，在泰陵附近地方敬謹選建。至朕孫繼承統緒時，其吉地又當建在東陵界內。我朝景遠龐鴻，慶延瓜瓞，承承繼繼，各依昭穆次序，迭分東西，一脈相連，不致遞推遞遠。且遵化、易州兩處，山川深邃，靈秀所鍾，其中吉地甚多，亦可不必於他處另為選擇，有妨小民田產，實為萬世良法，我子孫唯當恪遵朕旨，溯源篤本，衍慶延禧，億萬斯年，相承勿替。此則我大清無疆之福也，此諭。」

乾隆的詔諭除了說明他將壽宮選在東陵的原委外，還做了「兆葬之制」的硬性規定，即若父在東陵，則子在西陵；父在西陵，則子在東陵。也就是說雍正在西陵，乾隆應在東陵，而乾隆在東陵，他的兒子則在西

第十二章　尋找清東陵

陵，他的孫子應選東陵，以此類推，不可違旨。當這個東、西二陵兼顧的設想發布後，乾隆唯恐哪位不肖子孫像他父親那樣別出心裁，東、西二陵都不選，另立門戶至南陵或北陵，打破他設想的「兆葬之制」，造成無章典可循的混亂局面。為此，他又特別規定，非東即西，不能再隨便另選陵址，斬斷後世不肖子孫別出心裁的念頭。所有這些，展現了乾隆的顧全大局，並可從中看出他當時的良苦用心。只是令乾隆本人以及跟隨他入葬東陵的後世子孫想不到的是，他中途易轍的這道諭旨，使他們在一百年後，遭到陵寢被盜、屍骨被拋的厄運。世人不免假設，假如乾隆當年葬入西陵，他的子孫也效仿之，是否還會有一百年後東陵被盜的悽慘景象？乾隆與他的子孫是否能如同今日所見的清西陵主人一樣，安然無恙地就寢於地下玄宮之中？

乾隆朝繼承了康熙、雍正朝的盛世，建陵時正值國家鼎盛、國庫豐盈之際，故此整個陵園、地宮的建築均是遍選天下精工美料，僅其木材就分別來自四川、廣東、廣西、雲南、貴州及東北興安嶺地區的原始森林，而這些木材中又以珍貴的楠木居多。其石料則取自北京房山和薊縣（今天津市薊州區）盤山的石場，磚料由山東臨清、江蘇專工製造，瓦料由京西琉璃廠運送，即使土料也是由數十里外精選的含沙量適當的「客土」。整個陵寢由聖德神功碑、五孔橋、石像生、牌樓門、神道碑亭、隆恩門、配殿、隆恩殿、方城、明樓、寶頂以及地下玄宮等主體建築組成，其神道南端與孝陵相連。整個建築群規模宏大，布局嚴整，材料精緻，工藝精湛。尤其是地下玄宮的建築風格和藝術水準，是歷代帝王陵寢中所罕見的。陵寢工程從乾隆八年（西元1743年）開始興建，至乾隆十七年（西元1752年）主體工程基本告竣，先後經歷九年的時光，共耗銀203萬兩。

乾隆六十年，乾隆鑒於祖父康熙在位61年駕崩，以不超越祖宗和

功高蓋祖為名，毅然決定將皇帝位讓給皇十五子顒琰，本人則升為太上皇，但實際上仍牢牢掌握著朝中大權。不管實際上如何玩弄權術，畢竟乾隆在名義上做了60年的皇帝後將皇位讓給了兒子。十五子顒琰即位後，改年號為嘉慶，大清歷史上一個新的朝代誕生了。

嘉慶四年（西元1799年）正月初三，乾隆駕崩於養心殿，卒年89歲。他的駕崩，應該算是一名八十九歲老人精氣血脈耗乾後的正常死亡。這是繼清太祖努爾哈赤在關東建國、世祖順治入關統治中國以來，六代帝王奔赴黃泉路上最平淡的一次，也是整個大清王朝近300年歷史中，少數幾位沒有在死亡情節上留下懸案的帝王之一。

嘉慶四年九月十五日，乾隆梓宮入葬東陵勝水峪被稱為裕陵的地下玄宮。隨其赴葬的有后妃五人，分別是孝賢、孝儀兩位皇后，慧賢、哲憫、淑嘉三位皇貴妃。就其襯葬人數而言，與康熙景陵相同，為數不多。

早在乾隆五十二年三月十一日，乾隆便曾降旨：待自己入葬、建造功德碑時，式樣要仿照新修的明長陵碑亭，發券成造。其規模大小不可超過景陵。但是乾隆崩後，嘉慶六年破土動工的裕陵大碑樓，卻違背他的遺願，完全仿照康熙景陵大碑樓的規制建造。這一點是乾隆生前沒有想到的。

儘管嘉慶在碑樓的建造方面違背了乾隆的遺願，但他親手為其父御製碑文，並由乾隆第十一子、清代著名書法家成親王永瑆書寫。洋洋灑灑4,300餘字的碑文中，嘉慶對乾隆大加頌揚，稱他「兼堯舜禹湯文武孔子之勳德，帝王以來未有若斯之盛者也」。同時還稱他「四德無違，十全有奭，文謨武烈，丕顯丕承」。此時的乾隆已被吹捧成一個十全十美的歷史偉人。

第十二章　尋找清東陵

　　讓後人耿耿於懷和頗有微詞的是，由於這位風流天子的追蜂引蝶、遊玩取樂，滋長了大小臣僚的好大喜功、奢侈浪費、貪汙腐敗風氣，為貪官汙吏創造了藉口和培植了繁衍生存的土壤。整個乾隆朝，從皇帝到臣僚、再到大小官吏，就是在這種吹吹打打、熱熱鬧鬧的放縱、貪欲之中，嚴重消耗大清的元氣，帝國之艦受到重創，好不容易出現的「康乾盛世」因此迅速衰落下去。

道光再遷清西陵

　　自嘉慶元年（西元 1796 年）開始，嘉慶的昌陵便按照乾隆的旨意在易縣清西陵區動工興建，至嘉慶八年（西元 1803 年）竣工完成。整個陵寢建築耗銀數百萬兩。嘉慶二十五年（西元 1820 年）七月二十五日，嘉慶帝駕崩於熱河（今承德）行宮，終年六十一歲。道光元年（西元 1821 年）三月二十三日葬於清西陵昌陵地宮。跟他同葬的僅有一人，那便是道光皇帝的生母、被封為孝淑睿皇后的喜塔臘氏。

　　嘉慶帝駕崩後，由他的第二子、時年三十九歲的旻寧繼位，年號道光。道光登基之後，在選擇陵址的問題上，對當年乾隆所作「兆葬之制，迭分東西」的諭旨還是頗為看重。既然祖父乾隆葬於東陵，父皇嘉慶葬於西陵，那自己就該葬於東陵。於是，他在登基不久的道光元年（西元 1821 年）九月二日匆忙降旨：「國家定制，登極後即應選擇萬年吉地。嘉慶元年奉皇祖高宗純皇帝敕諭，嗣後吉地各依昭穆次序，在東陵、西陵界內分建。今朕詔登大寶，恪遵成憲，於東陵界內繞斗峪，（後改為寶華峪）建立吉地。」

　　諭旨降下後，道光派莊親王綿課、大學士戴均元、尚書英和、侍郎阿克當阿全權負責辦理陵寢工程，並定於當年十月十八日破土動工。莊

道光再遷清西陵

親王等人接旨後集中一切精力興建陵寢，經過七年的艱苦努力，終於在道光七年（西元1827年）九月宣告竣工。

為了表示重視，道光在竣工之日親臨東陵寶華峪祭奠，並將先前薨逝的孝穆皇后的梓宮安奉於地宮之中。道光看到陵寢規制完備、建築堅固、藝術精湛，心中甚喜，並欣然傳諭：免原工程大臣莊親王綿課應繳前借俸銀四萬兩，大學士戴均元晉加太子太師銜，其子即以戶部員外郎升郎中，歸還熱河都統英和一品頂戴及花翎。對穆彰阿、敬徵、寶興、繼昌等臣工均論功行賞，有關匠役也得到了相應的賞賜。

道光八年初夏，道光出京越塞行圍打獵。一天夜裡，忽然夢見已逝的皇后在海中向他呼救，道光遂被噩夢驚醒。待他靜了心神剛剛入睡，忽又被海中皇后的呼喊驚醒，一連三次，道光被驚擾得全無睡意。他靜下心神，反覆思索這個怪誕的夢，終於領悟到可能是陵寢中地宮滲水，因此已入葬的皇后前來託夢。第二天一早，道光傳旨，派人將自己的陵寢地宮開啟，他要御駕親臨驗看。

道光再度來到陵寢地宮，發現靴底潮溼，牆角處有水滲出。道光見了，大為驚奇和憤慨，他驚奇自己的夢果然靈驗，看來皇后的靈魂確實尚在陰陽兩界，不死不滅；憤慨的是地宮才關閉幾個月，就有如此不祥之兆出現，待自己壽終正寢後，幾十年、幾百年，又會是何種模樣？那時的地宮不就成了江河湖泊之勢？自己躺在大海或江河湖泊裡，屍骨何以倖存，靈魂怎能安息？若非皇后死後有靈，事先託夢於自己，待駕崩之後，兒孫面對這個濁水滔滔的地宮，該如何是好？

想到這裡，道光怒火沖天，立即傳諭留京王大臣會同刑部堂官，對選陵、修陵大臣莊親王綿課、大學士戴均元等主要人員及地宮滲水原因「切實根究」。諭旨一下，幾個月前才獲加官晉爵的「功臣」尚未從驚喜的

第十二章　尋找清東陵

美夢中醒過來，轉而全部被捕進刑部衙門，興師問罪。

被捉拿在案的臣僚互相推諉指責，無一人敢出面承擔責任。但經過一年多的嚴審和追訪，終於查出了地宮滲水的三大原因。一是「北面牆幫間有石母石滴水」，雖已「用工攔擋，令水旁流」，但「仍恐日久牆內蘅溼」。二是原議兩旁安設龍鬚溝出水，「因英和告以不用安置，是以停止」。同時英和還以「土性甚純，無泉石」、「龍鬚工程可以停辦」等語上奏過道光，情同欺上。三是英和在建陵時保奏牛坤督工，言「有伊在彼，英和即不必經常親自督工」。而牛坤則聲稱自己「不管工程」，雙方互為推卸，致使地宮工程品質受損，造成滲水之憾。

道光懲辦修建陵寢不力的官員，本為消解心頭之恨、胸中之憤和藉以示眾，對解決事情本身並無裨益，地宮依然滲水不止。這時的道光理應下令採取補救措施，但不知出於何種考慮，他下令將這座徵用了數十萬工匠和數百萬伕役、歷時七載才修成的陵寢，無論地上還是地下的建築，全部拆除，並且不顧乾隆當年規定的「兆葬之制」，又毅然在易縣西陵的龍泉峪另選陵址，重新建陵。幾百萬兩白銀鑄成的建築全部毀於一旦。清王朝的喪葬歷史之河再度在這裡轉彎，道光將這段歷史畫了個圓圈之後，又回到了當年雍正的起點。而道光這一段興建陵寢的受挫經歷，恰好成全了他百年之後尚能安寢的夙願，將厄運悄悄地轉嫁於他兒子的頭上。幾十年後的那個夜晚，東陵傳出恐怖的爆炸之聲時，此時的道光連同他的先祖雍正，一定會為當年的選擇感到暗自慶幸。

道光十一年，道光帝的慕陵在西陵龍泉峪破土，至十六年竣工，歷時五年。此項工程汲取了寶華峪地宮漏水的教訓，選擇了高平之地。建陵過程中，道光一直提倡儉約行事，實際耗銀卻達 240 萬兩，比號稱清陵之冠、耗銀 203 萬兩的乾隆裕陵還多耗費了 37 萬兩。若再加上寶華峪

道光再遷清西陵

工程的一建一拆，耗銀可超過兩個裕陵，哪裡還有什麼「儉約」可言？

道光三十年（西元 1850 年）正月十四日，六十九歲的道光帝駕崩於圓明園慎德堂。咸豐二年三月初二日，葬於清西陵慕陵。襯葬的有孝穆、孝慎、孝全三位皇后。

道光駕崩後，他的第四子、年僅二十歲的奕詝繼承大位，年號咸豐，以次年（西元 1851 年）為咸豐元年。

由於本當葬入東陵的道光改葬西陵，這就迫使他的兒子咸豐帝不得不在東陵興建陵寢。咸豐二年九月十五、十六兩日，咸豐趁謁陵的機會，親自來到臣僚們為他選定的東陵界平安峪、成子峪、輔君山等三處山勢進行閱視。經過一連幾年的反覆比較，到咸豐八年，東陵界的平安峪被正式選定為萬年吉地，並於咸豐九年（西元 1859 年）四月十三日申時破土。

咸豐帝的陵寢在整個修建過程中，有兩大特點：一是隨朝政的變遷幾次更換承修監工大臣；再是大量使用了道光帝廢掉的寶華峪陵寢中的舊料，並開創了新的陵寢修建格局。

由於咸豐朝戰亂不止，財政困難，國庫空虛，陵寢的修建不得不用道光帝當年在寶華峪廢棄陵寢的舊料，其中石料、磚料使用最多。與此同時，在建築規制和遵守祖宗成憲的基礎上，又部分吸收道光帝慕陵的做法，裁撤一些地上建築，如聖德神功碑樓、二柱門等，再加以改造創新，形成了獨特的建築格局，從而成為之後興建的惠陵和崇陵仿製的典範，在整個清王朝陵寢史上有著承前啟後的意義。遺憾的是，咸豐沒有親眼看到自己陵寢的竣工，就在戰亂的苦痛中含恨崩逝了。

這位在晚清歷史上被稱為「戰亂皇帝」的咸豐，一定死不瞑目，孤魂不安。縱觀他的一生，實在令人扼腕嘆息和萬般無奈。咸豐即位不

第十二章　尋找清東陵

久,就爆發了聲勢浩大的太平天國運動。短短數年之後,太平軍定都天京(今南京),派兵北伐,逼近天津,大清王朝面臨嚴重危機。此時的咸豐派僧格林沁、勝保鎮壓太平軍,令琦善、向榮率大軍圍困天京。幾年之後,太平軍擊破清軍對天京的包圍,整個江南幾乎全部落入太平軍之手,大清王朝只剩下搖晃不定的半壁江山。

就在戰火紛飛、硝煙四起、江山搖撼之際,英、法又於咸豐六年發動了第二次鴉片戰爭,次年攻陷廣州。咸豐八年,大沽炮臺失陷。咸豐十年,英、法聯軍再次攻陷天津。

這一年的八月初八日,咸豐帶領皇子、后妃及部分親信大臣倉皇出逃熱河行宮。英、法聯軍侵入北京,在北京大肆洗劫並焚燒舉世聞名的圓明園。就在戰火未熄、硝煙未散的局勢中,留在京中辦理和談的恭親王奕訢秉承咸豐的旨意,分別與英、法訂立了《北京條約》,開放天津為商埠,同時割讓九龍給英國。

咸豐十一年(西元1861年)七月十七日,悲憤交集的咸豐在憂鬱中駕崩於熱河行宮,卒年三十一歲。咸豐崩逝後,其長子載淳繼位,年號同治。

咸豐十一年九月二十三日,咸豐帝的梓宮由熱河啟程,十月初三日到達京師,並先後安奉於乾清宮、觀德殿。

同治元年九月九日,咸豐帝的梓宮由京啟程運往東陵。由於此時咸豐帝的定陵尚未竣工,只好將梓宮暫時安置於風水牆外的隆福寺。

同治四年八月,定陵主體工程告竣。同年九月二十二日辰時,咸豐帝入葬定陵地宮,襯葬地宮的是原配皇后薩克達氏。薩克達氏逝於道光二十九年十二月,道光三十年正月,咸豐帝即位後追封為皇后。

不知歸葬何處的同治帝

咸豐帝熱河駕崩後，由他當時唯一的兒子、年僅六歲的載淳繼承大位，年號同治，第二年（西元1862年）為同治元年。

同治即位後，尊封咸豐帝的皇后鈕祜祿氏為「母后皇太后」，徽號「慈安」。尊封自己的生母、貴妃葉赫那拉氏為「聖母皇太后」，徽號「慈禧」。由於慈安居於東宮，慈禧居於西宮，歷史上又將其稱為東、西太后。

自此，大清朝堂上，兩宮皇太后開始了以皇帝名義行使太后職權的「垂簾聽政」。同治本人也開始了作為傀儡皇帝的政治生涯。

按照清朝祖制，歷代皇帝都是登基後即選陵址、建陵寢，同治登基當然不能例外。但令人費解的是，同治當了十幾年的皇帝，兩宮太后一直不開口提修建陵寢一事。太后沒有恩准，作為傀儡皇帝的同治也不敢吭聲。

同治十三年（西元1874年），同治因染上梅毒而撒手人寰，年僅十九歲。

同治駕崩後，由於無嗣繼位，便由慈禧做主，將慈禧胞妹的兒子、同治的堂弟兼表弟、年僅三歲半的載湉接入宮中，並很快地讓其繼承大位，年號光緒，第二年（西元1875年）改元光緒元年。

光緒繼位後，同治的皇后阿魯特氏，因慈禧的專橫暴虐而深感自己處境危艱、前程渺茫，遂於同治去世之後的光緒元年二月二十日，在宮中吞金自殺，卒年二十二歲。皇后自殺，舉朝皆驚，無不為之扼腕痛惜。

帝后先後崩亡，理應儘快歸葬，但由於慈禧的專權，直到此時同治

第十二章　尋找清東陵

的陵寢尚未建造，帝后的梓宮只好移奉隆福寺暫安。

由於此前的咸豐帝已葬於東陵，按照清廷祖制，作為兒子的同治理應葬於西陵。這時權柄在握的慈禧卻偏偏不理祖宗規制，反而大行逆道，斷然決定在東陵的雙山峪為同治建陵。

光緒元年八月，同治的惠陵開始在雙山峪動工興建，到光緒四年九月建成，建造工程僅花了三年零一個月。在整個清東陵的皇帝陵寢中，這座陵寢不僅建造時間最短，整體規格和品質也是最為低下和次劣。清東陵五座皇帝陵寢中的最後一座陵寢，就這樣匆匆收場。

光緒五年三月二十六日，同治帝、后的梓宮在停放了五年之後，被一同葬入東陵界內的惠陵地宮。

六十多年後的1945年至1948年期間，同治帝后的惠陵被盜掘3次，皇帝的屍骨被搗毀，而完好如初、身體仍富彈性的皇后阿魯特氏，衣服被剝光，腹部被剖開。盜墓者如此慘無人道的做法，竟是為了要得到當年皇后吞於腹中、並因此致命的一點點黃金。上帝無眼，蒼天不公，一對生前境遇悲慘的男女，又突遭罹難，實在讓後來者欲哭無淚，為人世竟有這麼多的不幸而悲天長憫！

慈安、慈禧定東陵

去則去矣。雖未徹底萬事皆休，但總算得到了短暫的安息。而繼任的光緒皇帝，此時正受著比同治還要悽慘、還要痛苦不堪的煎熬。自光緒登基直至駕崩的三十四年之中，專橫跋扈的慈禧從未提起為光緒建造陵寢一事。懾於慈禧的淫威，滿朝文武未有一人敢提及此事。與此相反並形成鮮明對比的是，慈禧對自己的陵寢建造卻一刻未忘，同時做出了

令人駭怪的舉動。

　　早在同治五年（西元 1866 年）），三十二歲的慈禧就命臣僚、術士赴清東陵陵區為自己和慈安選擇陵址。在初選的過程中，有的因水位不良，有的因山勢不佳，有的因隔河修御路困難，均未選中。

　　到了同治十二年，同治與皇后行完大婚儀式，並在太和殿舉行親政大典，於三月初恭謁東陵。就在這次恭謁中，同治奉慈禧的旨意，率領臣僚、術士為東、西兩宮太后在東陵界內選擇的萬年吉地做最後勘定。經過幾日的勘察，他們相中一處穴基，認為此地確實是「地勢雄秀，山川環抱，實乃萬古上吉之地」。同治返京後，遂呈陵址藍圖請兩宮太后閱示，慈安、慈禧兩太后甚是滿意。此處有兩座後山，原來一座名為平頂山，一座名為菩陀山，尊奉慈禧和慈安兩太后的旨意，同治十二年三月十九日，同治以硃筆改平頂山為普祥峪，改菩陀山為菩陀峪。隨後打樁立記，擬在普祥峪修建慈安陵，在菩陀峪修建慈禧陵。

　　清宮歷代皇后之中，慈禧無疑是最熱衷權勢、最顯赫的一位（儘管咸豐駕崩後才得到這個虛位）。這個女人實際統治大清王朝近半個世紀，曾鬧出許多違背祖制的事情，讓後人為之揣度猜測，爭論不休。但是，在單獨建造陵寢這一點上，慈禧並非首創。

　　開皇后單獨建陵之先河者，是康熙五十六年薨逝的順治帝皇后博爾濟吉特氏，即孝惠章皇后。

　　孝惠章皇后十四歲入宮，被封為妃，繼之被冊立為中宮皇后，因不久後入宮的董妃董鄂氏豔麗聰慧，頗受順治的寵愛，孝惠章皇后曾一度遭到冷落，皇后的位子差點被董鄂氏取而代之。她入宮不到七年，董鄂氏撒手人寰，次年順治帝也駕崩歸天，年僅二十一歲的孝惠章皇后自此開始了寡居生活。

第十二章　尋找清東陵

由於康熙的生母於康熙二年就早早地薨逝，年僅十歲的康熙便由孝莊太皇太后、皇太后博爾濟吉特氏提攜照顧，母子之情極為深厚，康熙對這位年輕的皇太后也十分孝敬。在後來的數十年間，康熙多次陪伴皇太后去熱河行宮避暑、五臺山進香、拜謁祖陵、外出巡視，母子感情不斷地加深。康熙五十六年十二月初六日，皇太后病逝於寧壽宮，享年七十七歲。康熙得知皇太后的死訊後，悲慟萬分，親自帶病守靈，並降旨要隆重治喪，還堅持為皇太后上諡號為孝惠章皇后。

在此之前，按照清王朝的祖制，無論皇后死於皇帝之前還是之後，都應葬於皇帝陵內。康熙二十六年，清太宗皇太極的皇后、順治的生母、康熙朝的孝莊太皇太后薨逝。死前留下遺囑：「太宗文皇帝安奉已久，卑不動尊，此時未便合葬。」並希望將其葬於東陵以和兒孫們長期為伴。對於這份遺囑，康熙極其為難。由於清太宗皇太極的陵寢遠在盛京（瀋陽），奉運的確不便，康熙又不願違背太皇太后的遺願，只好降旨將靈柩暫安奉於清東陵風水牆外的「暫安奉殿」直至雍正三年，才在「暫安奉殿」原處就地起建陵園，葬入地宮。

按照祖制，這次孝惠章皇后理應葬入順治的孝陵地宮，與先皇共安息。康熙卻沒有這樣做，而是打破祖制，在孝陵東側為孝惠章皇后單獨修建了一座陵寢，名為孝東陵。這是清王朝修建的第一座皇后陵寢。康熙為什麼要如此安排，成為後人爭論不休的話題。據清東陵研究者、歷史學家徐廣源先生推斷，康熙的做法可能出於兩個原因：其一是受孝莊太皇太后遺囑中「卑不動尊」等語的影響和啟示，認為先皇的梓宮已入葬半個多世紀，孝惠章皇后不宜重開已封閉的地宮，葬入孝陵，以卑動尊；其二是數十年來，康熙與孝惠章皇后之間的母子情深，促使他單獨為其修建陵寢以示孝敬和報答之恩。當然，徐廣源先生的推斷只能算是一家

慈安、慈禧定東陵

之言，到底真情是否如此，尚需進一步考證。但不管如何推斷，孝惠章皇后的孝東陵還是興建了起來，並於康熙五十七年入葬地宮。自此，孝東陵作為清王朝興建的第一座皇后陵寢，開創了歷代王朝為皇后單獨建陵之制。至雍正五年，雍正帝將康熙二十年在東陵建成的專葬妃嬪之「妃衙門」正式尊奉為妃園寢。整個清東陵形成了皇帝、皇后、妃嬪等各自不同的陵寢。當歷史的車輪滾動到慈禧掌權的時代，作為名正言順的皇太后，為自己建造陵寢亦是順理成章之事了。

　　由於清王朝自嘉慶之後，國力大衰，財政屢屢出現赤字，故素以「節儉」為名的道光帝屢次諭示：「以後歷代皇主，萬年吉地地宮尺丈規模，著遵照慕陵規制。」慈禧卻不管先祖規矩，她指示建陵的大臣，除了採用慕陵規制外，還要採取眾陵之長，臣僚們自是心領神會。後來的事實證明，定東陵除了仿照慕陵、昭西陵之外，還吸收了咸豐帝定陵的長處，其中在地宮的廡殿簑衣頂用新樣城磚灰砌，就顯然來自定陵。康熙朝所建的第一座皇后陵──孝東陵，沒有下馬牌、神道碑亭，以後在清西陵陸續建成的泰東陵、昌西陵、慕東陵等三座皇后陵，也只增加了下馬石牌，而未設神道碑亭。但定東陵下馬石牌、神道碑亭一應俱全，完全踰越了祖制。可是慈禧不管這些，不僅地面建築奢靡豪華，其地宮建築也獨具特色。其雕刻之華美、選料之精良、設計之合理，無不令人驚嘆稱奇。連乾隆的裕陵都沒有的排水系統，在此卻極為精巧地安設齊備，六個古錢狀的排水溝漏，將地宮積水匯於兩條地下龍鬚溝，而後再順勢注於陵院外的東西馬槽溝內，保持整個地宮乾燥。許多年後，當盜墓者將東陵十幾座陵寢開啟時，發現幾乎每座陵墓的地宮都有深淺不同的積水，唯定東陵乾燥如初，其原因就是這古錢狀的排水系統產生的作用。

第十二章　尋找清東陵

　　慈禧、慈安兩太后的定東陵，自同治十二年八月二十日開始施工，至光緒五年六月二十二日同時竣工，歷時七年。慈安的普祥峪陵寢用銀266.5萬餘兩，慈禧的菩陀峪陵寢用銀227萬兩。兩陵除規格相同外，占地面積均為2.2萬多平方公尺。

　　定東陵建成不到兩年後，光緒七年（西元1881年）三月十一日初更時分，慈安皇太后駕崩了。光緒七年九月十七日卯時，葬於東陵界內的普祥峪定東陵地宮。

　　由於慈禧和慈安的兩座陵寢並列東西，面南背北，中間只隔一條用於排水的馬槽溝。慈安身為東宮太后，卻葬在了西面的普祥峪陵寢，而晚死的慈禧自然就只能占用東面的那座菩陀峪陵寢了。東太后西葬，西太后東葬，這個看似頗不合情理的葬制，不免讓人疑惑，引起後人的議論。

　　其實，清朝入關並建東陵以來，自從順治的孝惠章皇后獨自建陵之後，凡是比皇帝晚逝的皇后，都無一例外地單獨建造陵寢，並以先皇帝的陵寢之名和自己陵的方位命名。如孝惠章皇后的陵寢在順治帝孝陵的東側，就定陵名為孝東陵，其他如「泰東陵」、「昌西陵」、「昭西陵」等陵名，均是以皇帝的陵名加方位而成。因咸豐帝的陵寢稱定陵，慈安、慈禧兩陵均坐落於定陵東側，故統稱定東陵。因為陵名的確定是以咸豐帝的定陵為中心，而不是以整個陵區為中心，那麼，慈安葬於西邊，地理位置上更靠近咸豐帝的定陵，而慈禧葬入東邊，就相對距定陵、或者說咸豐帝較遠一些。因慈安生前的地位一直高於慈禧，這個葬制是合乎情理的。況且皇陵中的神路設施，均按「以次接主」的規制而成，咸豐帝的神路接順治帝的孝陵神路，而慈安的神路又接咸豐帝的神路，那慈禧的

神路又接於慈安的神路之上。由此更可看出，慈安儘管葬在西邊，不但不能說明其地位低下，反而證明她的地位高於慈禧。這也正是決定她葬於西側的根本原因。

慈禧陵為何重建

慈安皇太后死了，慈禧最終登上了權力的頂峰，更是無所顧忌。

甲午戰爭的烏雲使大清付出了慘重的代價。普天之下不但沒有迎來燦爛的陽光，還遭遇了百年罕見的水災、旱災、蟲災，數千萬災民在水火交融中無家可歸，生死無著。此時的慈禧卻不顧國家大量割地賠款、財政極端緊繃的現實，更不顧百姓流離失所、餓孚遍野之慘痛，她懷抱著未能在頤和園舉行六十慶典的缺憾，以及後人無從得知的複雜心理，毅然頒旨重修她位於東陵地界的定東陵。她近似瘋狂地頒旨，召集天下精工巧匠，於光緒二十一年十一月二十四日正式重修菩陀峪定東陵，並詔令群臣在重修中首要之事，就是將隆恩殿前的那塊丹陛石換掉。

按清宮規制，丹陛石上的「龍鳳戲珠」石雕圖案本應是龍在上、鳳在下，象徵皇帝為天、皇后為地，天地結合，也就是陰陽結合。世上的萬事萬物正是在這天地、陰陽的相互依賴、結合中產生的。正在垂簾聽政的慈禧卻不管祖制和自然界的道理。她要反其道而行之，詔令臣工一定要將丹陛石雕刻成鳳在上、龍在下，以示自己為天，皇帝為地，自己為上，皇帝為下。於是，一塊鳳在上、龍在下，「鳳龍戲珠」的丹陛石浮雕很快刻就，並鑲於定東陵的隆恩大殿前最顯要之處。

第十二章　尋找清東陵

丹陛石上除了雕得活靈活現、栩栩如生、凌空展翅的翔鳳和騰水穿雲的蛟龍，在丹陛石最下端的「海水江岸」圖案中，還雕刻著一隻小小的壁虎從崖石縫內鑽出來，前身微露，兩隻帶有五個爪的前腿伸出，口內吐出一股如意雲朵。這隻小小的壁虎，在外人看來只不過是裝飾或點綴，無礙大局，但慈禧對此一直耿耿於懷，念念不忘。因為內行人知道，這隻壁虎雖小，其暗含的寓意卻甚大。唯鑒於其暗含的重大寓意，清宮才作為一種祖制保持、流傳下來。這個隱意的來源起自壁虎本身。歷代王朝將壁虎命名為「守宮」，並在宮中屢有試驗和應用。清朝宮廷雖不再飼養壁虎，但對其「守宮」的聲名卻深信

圖 12-3 慈禧陵毀棄的御路石
與右下角暗雕的小壁虎

不疑，故在興建陵寢的丹陛石上都暗刻一隻壁虎，以為「鎮物」。這種雕刻之法作為清宮祖制保留了下來。至於慈禧面對這個「鎮物」，是否想到了有辱她的尊嚴，或是感到自己葬入地宮後，靈魂真的被鎮住而不得自由，因而暴怒異常，也只有她自己才能解釋了。

不管怎麼解釋，慈禧對丹陛石上那隻小小的壁虎產生了恐懼是肯定的。正因為如此，決定要重修定東陵的慈禧，下令首先將隆恩殿前的那塊丹陛石換掉，重新安設沒有壁虎的石雕。

對於這個明顯違背祖制的詔令，沒有人敢提出異議。經過幾十年的苦心經營，年過六旬的慈禧已經取得了政治上的絕對權威，滿朝文武也在不斷地與她交手、摩擦、頂撞後，紛紛敗下陣來，並漸漸變得唯命是

從、心悅誠服,不敢有絲毫非分之想。他們唯一能做的是,將帶有壁虎的石雕換下後,偷偷埋入定東陵一側的地下,意在留給後人窺測當年的真相,以評說慈禧此舉的是非功過。

重修後的隆恩殿及東西配殿,工藝高超,規模龐大,豪華富麗,用料精緻,因而靡費驚人,不僅超越了清朝歷代祖陵,就連明、清兩朝二十四代皇帝居住的紫禁城也沒有如此奢華。清宮祖制規定,凡帝后陵的隆恩殿內,只許在四根明柱上貼金,做纏枝蓮花或盤龍行雲狀。哪怕是代表著皇權神威,帝王登基時受百官朝拜的紫禁城內的金鑾殿(太和殿)也只有六根貼金明柱。在慈禧陵三殿內外,卻有六十四根金柱傲然矗立。這些金柱還不是一般象徵性的貼金,而是用銅做成半立體鏤刻的盤龍,銅上鎏金,光華四射,閃閃耀目。尤其是在立體狀的龍頭上安裝了帶有彈簧的龍鬚。這些龍鬚藉助空氣的流通,自行來回擺動,如群龍低吟,妙不可言。人們在驚愕慈禧奢華靡費的同時,又不能不對工藝設計者們富有靈性的天才傑作表示嘆服和崇敬。

慈禧的菩陀峪定東陵自光緒二十一年十一月二十四日興工重建,歷時十四年,直到慈禧崩亡前不久,始得完竣。其整體工藝水平、豪華程度,為明、清兩朝二十四代帝后陵寢之最。當這座獨一無二的輝煌陵寢竣工的消息透過朝臣奏於慈禧時,躺在病榻上已病入膏肓、行將歸天的慈禧,臉上露出了滿意的喜色,內心極其欣慰。這次總算在形式上大大地超過了慈安,並讓這位已死去的對手無可奈何了。

光緒、慈禧崩

光緒三十四年十月廿一日(1908 年 11 月 14 日傍晚)酉刻,年僅 38 歲的光緒皇帝駕崩於西苑南海中的瀛臺。

第十二章　尋找清東陵

　　就在光緒死後的第二天，即十月廿二日，紫禁城內的空氣進入了短暫的凝固之後，「砰」的一聲炸開，本朝驚天動地的大事終於發生了——駕馭大清帝國近半個世紀、權傾朝野的鐵血女人、74 歲的慈禧皇太后嚥下最後一口氣，死於西苑儀鸞殿。自此，一個行將全面崩潰的帝國殘局，落到了醇親王載灃之子、一個年僅 3 歲的男孩溥儀的肩上。

　　令人扼腕嘆息的是，在光緒登基直至駕崩長達三十四年的歲月裡，不但一生竭力倡導的改革事業未能成就，圖謀報國的壯志未竟，就連自己的陵寢也未興建。直到他駕崩後，才由他的異母弟、新登基的宣統皇帝溥儀之父、醇親王載灃派人在西陵界內找了一塊叫絕龍峪的地方，開始興建清王朝統治時期的最後一座皇帝陵寢。光緒帝倒楣至此，醇親王愚蠢至此，已無復加。生前的哀婉悽慘、身陷囹圄總算過去，但死後以真龍天子之身又落到絕龍峪中，可知他的孤魂該是怎樣的憂憤與悲慘，可見大清王朝確實也是命當該絕了。而當大清王朝正式宣告滅亡時，已駕崩三年的光緒皇帝，硬邦邦的屍體還躺在紫禁城一間漆黑的屋子裡，直到五年後的民國二年（1913 年），才將其葬於崇陵地宮之中。

　　與光緒不同的是，一生都在恃寵專權、作威作福的慈禧，生前享盡人間榮耀與輝煌，死後更是氣派非凡、華貴異常。在她崩亡二十四天後的十一月十六日，慈禧的「佛體」入殮於棺槨之中。

　　伴她放進棺槨的還有大量金銀珠寶和其生前寵愛之物，整個棺槨造價昂貴，豪華無比。其木料均取自雲南的深山老林，只是這些木材的運費就耗銀數十萬兩。當棺槨成型後，先用一百匹高麗布纏裹襯墊，然後再反覆油漆四十九次，始裝殮慈禧屍骨。

圖 12-4 慈禧太后安葬時由紙人紙馬組成儀仗隊　　圖 12-5 慈禧太后出殯時的棺槨和槓夫

　　從慈禧崩亡到棺槨抵達東陵，其間忙碌騷動了將近一年，最後總算於宣統元年（1909年）十月初四日巳時，葬入菩陀峪定東陵地宮。整個葬禮共耗費白銀一百二十多萬兩，為大清歷代帝王后妃葬禮之最。

　　正當慈禧躺在華貴舒適的地宮裡，任憑幽靈自在穿行，為她生前死後的無上「榮耀」而志得意滿、沾沾自喜時，她沒有想到，輝煌奪目的紫禁城已進入大清帝國日落後的黃昏，光芒燦爛的昌瑞山也將很快王氣不再，並進入一代王朝徹底衰敗的暮色之中。

圖 12-6 《京師公報》發布的清帝退位「號外」

第十二章　尋找清東陵

就在溥儀登基不到三年的辛亥年（1911年），南方的革命黨人敲響了大清帝國的喪鐘。隨著武昌起義的爆發，全國掀起了暴風驟雨加冰雹般的反滿狂潮。同盟會領袖孫中山順應時勢於1912年1月1日，以中華民國臨時大總統的身分在南京宣誓就職，成立臨時政府，改年號為民國元年。

新政府的成立，使日薄西山的清王朝在革命黨人的脅迫以及本朝北洋大臣袁世凱的誘逼、欺騙下，極不情願又無可奈何地決定讓小皇帝溥儀退位。

隨著皇帝退位詔書和民國優待清室條件公布天下，宣告了大清王朝的正式終結。

自明山海關守將吳三桂迎清兵入關，多爾袞定都燕京（北京在遼金時期的舊稱）以攝政王開基，入主中原，奠定大清基業，此時也以攝政王終結。大清王朝共傳10主，凡268年。若加上入主中原之前，清王室在滿洲稱帝的2主（清太祖努爾哈赤，清太宗皇太極），總計12朝。

按照清廷和民國政府事先達成的協議，紫禁城一分為二，以乾清門廣場為界，前朝部分即三大殿和文華、武英等殿歸民國政府所有，內廷部分即後三宮和東、西六宮等處，仍為清廷人員占據。

在這以後的十幾年裡，紫禁城內小朝廷窮奢極侈的生活方式未有絲毫的改變，宮裡宮外駐有大批護軍，森嚴氣氛一如既往。滿蒙王公舊臣遺老以及念佛吃素的僧侶們，照例進進出出，向高踞在寶座上的「小皇帝」叩頭禮拜。大批太監、宮女、侍衛供「小皇帝」和「后、妃」及「皇室」人員役使，並有「內務府」、「宗人府」等衙署為小皇帝和「皇室」人員操辦事務。

各色大旗、各種勢力陸續登場中，發生了以直系軍閥曹錕為政府總

統的歷史事件，以及 1924 年的「北京政變」。這次政變促使「賄選總統」下臺、紫禁城內的小朝廷煙消雲散的同時，也為幾年之後清東陵發生的驚天盜掘案埋下了深深的伏筆。而盜案的主角，就是中國近代史上著名的盜陵將軍——孫殿英。

接近清東陵

　　1928 年 4 月 30 日，奉系軍閥張宗昌兵敗後放棄濟南，倉皇向東逃竄。張宗昌的部下徐源泉率孫殿英等部隊先後棄山東退到天津南倉，繼又退到河北薊縣、馬蘭峪一帶。6 月 29 日，孫部退至北京以東的薊縣城。

　　正在徐源泉、孫殿英走投無路時，蔣中正出於自身利益考慮，派遣親信要員、專門負責動員北方各軍響應北伐的何成濬，對徐源泉、孫殿英策反。

　　徐、孫二人見奉、魯軍大勢已去，只好暫時答應倒戈，並接受了蔣中正的改編。徐源泉被任命為國民革命軍第六軍團總指揮，孫殿英為第六軍團第十二軍軍長，其部下設了四個師、一個獨立旅和一個工兵團，外加部分手槍隊等。至此，孫殿英搖身一變，又成為國民革命軍的一員將領。

　　孫殿英部來到薊縣後，把軍部設於城內的一座寺廟中。隨後，孫殿英即命人召來遵化、玉田、薊縣三縣的官僚、豪紳、商賈，商量軍隊的糧餉事宜。這三縣的領頭人物來到軍部聽了孫殿英的敘說後，個個臉上布滿愁容，支支吾吾表示自己有困難。遵化、玉田、薊縣一帶又地瘠民貧，比不上江南魚米之鄉，籌集糧餉當然是困難重重。但話又說回來，既然要維持這支軍隊，就要吃飯花錢，儘管孫殿英部已改編為國民革命軍，但這只是一個名分，蔣中正是不會將手中的錢財花在這支被招安的

第十二章　尋找清東陵

部隊身上的。別無選擇，縱有萬般困難，孫殿英也要從當地籌集糧餉。

正當孫殿英欲以一軍之長的雄威對面前的士紳採取高壓手段時，卻聽遵化縣的當地人說道：「眼下奉軍潰退，許多軍隊由兵變匪，在這一帶打家劫舍，搶錢搶糧，當地老百姓僅有的一點救命錢財幾乎都被搶劫一空。馬蘭峪原有匪首馬福田，本是一名多年巨匪，盤踞馬蘭峪一帶無惡不作，於去年秋天曾被奉軍岳兆麟軍長收編，馬福田成了團長。誰料想奉軍敗退，馬福田重又率部下四、五百人歸山，倒行逆施，更甚往昔，燒殺淫掠，肆意橫行。將當地老百姓的錢財劫搶一空後又竄往清東陵，搗毀殿宇，刨墳掘墓，將大量金銀器具及墳中珍寶盜出，運往北京變賣，據說一筆就成交十二萬元之巨……」

「什麼？」孫殿英聽到這裡，原本迷迷糊糊的頭腦像被電擊一般，蹺起的二郎腿迅速收回，騰地從椅子上站起來，對著遵化縣人急切地問道：「清東陵離本軍部有多遠？」

「幾十里地，翻過兩個山頭就到了。」來人答。

「清東陵不是有軍隊守護嗎？怎麼可以讓馬福田之匪類任意橫行？」

「別提了，清東陵的駐軍早沒了。現在只有幾個半死不活的老頭子在看護，像沒主沒家的孩子一樣，地面上的珍貴東西幾乎全被搶光了，樹木也被砍伐殆盡了。」

「噢？」孫殿英聽到這裡，腦子裡瞬間閃過一個念頭，心中的熱血加速流動，布滿麻孔的黑臉漲起一絲紅潤。他站起身，倒背著手異常激動地來回走動著。過了好一會兒，他停住腳步，眼睛放出一種興奮和有些神祕的光說道：「保境安民是我軍之首責，現在我就和諸位達成協議，從明日起，我軍即出動隊伍在防區內剿滅匪患，保一方平安，你們也要盡心盡責地為我籌集糧餉，如何？」

接近清東陵

眾人見孫軍長如此一說，也就不便再拒絕，只好苦笑著答應，各自回去。

等這些官僚、豪紳一走，孫殿英立即向副官詳細詢問了東陵地區地形，並把師長譚溫江召來說：「你速將隊伍拉到靠近東陵的馬伸橋駐防，並派得力人手查清東陵的一切情況向我呈報。我有一種預感，你我弟兄發一筆橫財的機會可能到來了。」

譚溫江望著孫殿英興奮而得意的神色，沉默了片刻，似有所悟，不再追問，當即遵令，調集全師人馬向離東陵不遠的馬伸橋趕去。一到馬伸橋，譚溫江讓參謀長等安排駐防事宜，自己則帶上副官及部下團長趙宗卿等十餘人騎馬飛馳清東陵。經過近一天的查訪，清東陵的一切情況全部查清。當天夜裡，譚溫江飛馬向薊縣軍部趕去。

清東陵自西元1663年葬入第一位皇帝順治之後，其時共有帝、后、妃陵寢十四座。這十四座陵寢又分為三百多座單體建築，均以昌瑞山下的孝陵為中心，分布在東、西兩側，依山就勢，高低有差，錯落有致，主次分明。陵區外圍的黃花山等地還有十多座園寢，那是清代王爺、皇子、公主、勳臣、保姆等人的葬地，其陵園規制與妃園寢相似，均以綠色琉璃瓦蓋頂。整個陵區沿燕山餘脈昌瑞山而建，著意山川形勢的自然美與建築景觀人文美的和諧，達到「陵制與山水相稱」的目的。昌瑞山為東西走向，正中主峰突起，兩側群峰層層低下，宛如一道天然屏障。明朝初期，出於策略上的考慮，曾在山脊上建有蜿蜒起伏的長城，明代中後期的一代名將、撫遠將軍戚繼光曾率部在此地鎮守。清朝建陵時，因長城有礙於「風水」的統一和完整，清政府便下令拆除了山頂十多公里的長城，打通了南北125公里、東西寬窄不等約有20公里的陵區。整個陵區始以昌瑞山為界，分為南、北兩個區域。昌瑞山以北為「後龍」。

第十二章　尋找清東陵

這「後龍」區域山連山、嶺套嶺，氣勢磅礴，綿亙不絕，順著霧靈山脈，直達興隆、承德地界，可謂群山千里，氣象非凡。在「後龍」區域內，分設內、中、外三條火道並有重兵看守。昌瑞山以南為「前圈」，以層巒疊翠的昌瑞山為後靠，東依馬蘭峪起伏的鷹飛倒仰山，西傍薊縣高聳入雲的黃花山，南抵天然翠屏、猶如倒扣金鐘的金星山，陵區的最南端，則有天臺、煙墩兩山對峙，形成一個險峻的陵口，名為興隆口，亦稱龍門口。清代建陵時，興隆口有一口深不見底的水潭，潭中之水墨綠幽深，即使大旱之年，潭水也永遠不會乾涸。相傳，興隆口的煙墩山有一泉眼與渤海相通，潭中有龍王的第八子率領魚鱉蝦蟹眾水族看守門戶，因此興隆口又叫龍門口。每當旱季，西大河水勢減弱，行人從此口經過，便能感受到這裡氣氛蕭瑟，冷氣森森。興隆口還是清朝帝后妃嬪入葬東陵時，運送梓宮和彩棺或帝后拜謁陵寢時的必經之路。經過時，在這裡架設木橋，鑾駕過後即將木橋拆除，以防閒雜人等。由此，興隆口不僅是孝陵，而且亦是整個清東陵的天然門戶。

自清建陵以來，除了原有的山林，又不斷在前圈和後龍栽植大批陵樹，使整個陵區蒼翠蔽日，一望無際，名曰「海樹」。在陵區中心，各座陵寢附近所栽的陵樹，行列整齊，各有定數，名曰「儀樹」。這種儀樹頂部樹枝斜伸，亭亭如蓋，具有龍飛鳳舞的姿態，由此取名叫做「盤龍松」。整個前圈和後龍所栽的全部樹木，據清末時的估計，在八百萬棵以上。民國二年（1913 年），文人陳詒重曾將所見到的清東陵陵園景色以詩記之，並作了如下詩注：

初至，從龍門口入，兩崖壁立，一泓冷然，絕水而馳，濺沫如雪。水側春草膴茂，夾轂送青。更前則群松蔽山，蒼翠彌望，殿寢黃瓦，乍隱乍現於碧陰之中。好風徐來，清香滿袖，清肅之氣，祛人煩勞。

從陳詒重的詩注中可以看出，民國成立初年，清東陵還保持著原有的磅礴氣勢。由此也可以看出，為培植、保護這個陵區，清王朝的歷代帝王都曾費了多麼大的心血。

由於清朝歷代帝王都認為能夠在上吉之地建陵，便可以「開福祉於隆基，綿萬年之景運」，故陵寢在他們的心目中占據著十分重要的位置。為了保護陵區的安全，在陵區周圍開割了火道，豎立了紅、白、青三道界樁，界樁外是20里官山，並在前圈東、南、西三面築起了40里的風水圍牆。

當然，清東陵之所以未遭火災和人為的破壞，保存完好，這與清王朝派遣最精銳的八旗兵直接守護各陵有密切關係。按清王朝規定，凡皇帝陵，設總管1員、翼長2員、驍騎校2員、章京16員、甲兵80名左右。這些官兵每月分成8班，每班有章京2員、甲兵10名，晝夜傳籌巡邏。到光緒朝中期，駐紮在東陵的八旗兵總兵力有1,100多名。

除此之外，設在馬蘭關的綠營是專門保護東陵陵區安全的軍隊。雍正元年下轄3個營，隨著陵寢的不斷增建，到嘉慶五年，馬蘭鎮已下轄8個營，人數由原來的600名擴展到1,000餘名，到光緒九年，人數猛增至3,157名。

按清王朝規制，除皇宮大內，皇家陵區可稱得上是第一禁區，許多保護皇陵的法令、規定都明文載入《大清律》中。如法令中有「車馬過陵者及守陵官民入陵者，百步外下馬，違者以大不敬論，杖一百」；「如延燒殿宇牆垣，為首擬絞監候，為從杖一百，流三千里」、「樹株關係山陵蔭護，盜砍與取土、取石、開窯、放火者，俱於山陵有傷，亦大不敬也。不論監守、常人，為首者斬，為從者充軍」。

由於清王朝的一系列禁令和法規，加上幾千名八旗兵的日夜守護防

第十二章　尋找清東陵

範，直到溥儀退位、大清滅亡之時，整個東陵界內儘管時有小範圍的失火、砍伐、偷盜等現象發生，但畢竟未在整體上對陵區形成危害。這個時候的清東陵堪稱生氣蓬勃，風水景色俱佳。

當溥儀退位、清朝滅亡後，根據民國政府對清室的八項優待條件之規定，清東陵的護陵人員、機構仍然承襲清制。屬於「皇族私產」的清東陵，按照「一體保護」的規定，還留有400名八旗兵看守，同時宗人府、禮工部等機構也分別繼續承擔陵區的一切事務。按優待條件，民國政府每年要撥發白銀四百萬兩供清室支配。但由於民國政府的拖欠以及溥儀小朝廷的揮霍，用於東陵各機構人員的俸銀、俸米被迫減半支付。如此勉強維持到1914年（民國三年），民國政府將東陵紅樁以內地界劃歸清室管轄，守陵人員以薪餉無著、急需解決旗民生活困難為由，推舉護陵大臣報請溥儀在紫禁城的小朝廷，准予開墾土地，以此用以維持生計。1921年，直隸省成立了所謂的「東荒墾植局」，自此，東陵界內的土地及樹木被大規模地毀壞。

1928年6月，國民革命軍北伐入京，奉軍潰退關外，東陵陵寢及東荒墾植局由北伐軍戰地政務委員會接收，但未派人負責經營，更未派一兵一卒前來保護。

隨著政治時局的風雲變幻、人事的不斷更迭，「東荒墾植局」已變成公開毀壞土地、盜伐陵樹的代理機構。在虎去狼來、你爭我奪的短短十餘年中，東陵陵樹遭到了空前洗劫，原前圈、後龍的「儀樹」和「海樹」被盜伐一空。當年群松蔽日、蒼翠彌望的萬頃青山，到1928年已變成童山濯濯了。更嚴重的是，東陵的地面建築也被各路軍閥和當地土匪盜劫拆毀。先是各殿宇所有銅製裝潢，如銅釘、銅字等全部被盜，繼而各殿隔扇、檻框、窗櫺被拆盜一空。尤其在奉軍潰敗、北伐軍來到之時，東

陵處於無人過問管理的真空狀態。身為護陵大臣的毓彭，見時局如此混亂，也不再盡心守護，開始串通監護人員，索性將各陵隆恩殿前月臺上陳設的大型鼎爐、銅鶴、銅鹿等拆運偷售，中飽私囊。當地住民見護陵大臣都監守自盜，於是紛紛湧進陵區，群起拆毀殿庭，肆意盜賣。其間有一群盜賊趁著混亂，竟掘開了惠妃陵寢，進入地宮，拋棺揚屍，盜走了大量珍寶。此風一開，許多土匪、強盜都把目光盯上了陵內地宮中的珍寶。而這時奉、魯兩軍大舉潰退，整個京津地區遍布著一股股、一撮撮亦兵亦匪、由兵變匪的隊伍，許多散兵游勇因不願隨奉軍退往關外而四處流竄，清東陵正成為他們最合適的蠶食和劫掠之地。

譚溫江將在東陵查訪到的被破壞、劫掠的情形一一向孫殿英彙報。

孫殿英聽完，紫黑色的臉上露出怒色，恨恨地罵道：「看來那些寶貝都便宜了李景林了。俺老孫以前沒想到要在死人身上發財，這會兒算碰著了，他們能做這裡的買賣，俺為什麼不能做。淞艇（譚溫江的字）弟，據你所知，那東陵裡還有什麼物件可撈一把？」

「地上的幾乎全被搶光了，即使剩下的一點，也沒啥撈頭，要做，就只能是地下了。」譚溫江回答。

「你是說掘墓？」孫殿英欠起身子問道。

「是！」譚溫江乾脆俐落地回答，眼裡放著刺人的光。

孫殿英立即在軍部召開緊急會議，他要向眾將官正式攤牌了。孫殿英提出崩皇陵解決軍餉問題，並進一步說道：「滿清欺侮漢人近三百年之久，我們崩他的皇陵就是替漢人報仇，就是革命。孫中山搞同盟會，革滿清的命，馮煥章（馮玉祥）用槍桿子逼宮，革宣統皇帝的命，現在滿清被推翻了，我們只好崩他的皇陵，革死人的命了。這也是繼承孫中山先生的遺志，為革命做出的貢獻嘛。」隨後宣布了具體行動方案。

第十二章　尋找清東陵

　　當眾將官到達東陵指定位置後，旋即嚴密封鎖了東陵地區。周圍三十里禁止一切行人通行，從山溝到樹林，三步一崗、五步一哨，陵區的東、西、南、北分別由一個機槍連和迫擊炮連交叉把守。在猙獰可怖的夜幕遮掩下，一場曠世罕見的盜寶事件在東陵拉開了序幕。

　　這時天已大亮，炸藥及引火裝置等皆已備齊。譚溫江向盜掘慈禧陵的工兵團團長顓孫子瑜下達了「炸」的命令，其他官兵暫時撤後，由顓孫子瑜親自指揮引爆。工兵團的專業特長就是攻堅克壘、炸牆摧城，在軍閥混戰、戰事頻繁的歲月，多少堅牆固壘都在他們的攻擊下頃刻化為廢墟，如今這堵封閉地宮入口的金剛牆自然不在話下。隨著顓孫子瑜的一個訊號，埋在牆壁中的炸藥頃刻引爆。「轟轟隆隆」的爆炸聲中，琉璃壁下煙塵升騰，碎石紛飛，金剛牆在炸藥的巨大威力撕扯下，裂開了一道長長的豁口。顓孫子瑜指揮工兵巧妙地沿著裂縫和豁口拆除磚石，不久，一個黑漆漆的洞口露了出來──慈禧陵地宮入口找到了。

　　原來這東陵帝后陵寢的格局規制大體相同，所有的寶頂與地宮都建在寶城之內。有所差異的是，皇帝陵寢如乾隆的裕陵，其明樓下的古洞門後面為一小院落，迎面是一堵高大的磚牆堵塞，俗稱「啞巴院」，實稱「月牙城」，因城內前半部呈現月牙式弧形而得名。慈禧陵寢沒有「啞巴院」，在青磚牆兩邊各有一條扒道，拾級而上可達寶頂、明樓。其古洞門迎面高牆正中修砌了一道光彩華麗的琉璃照壁。正是這道看上去極其美觀的牆壁，巧妙地掩飾了地宮入口的券門。東陵地宮的祕密在此，修陵工匠們的絕頂聰明亦在此。

　　顓孫子瑜找來手電筒，極其小心地趴在洞口旁邊，側著身子向內檢視，只見洞內黑暗幽深，一股股陰森的、帶著黴臭的氣體飄蕩而出。由於氣體的阻隔，手電筒光束的穿透力只有四、五公尺遠，能見度極低，

對洞內的情形幾乎一無所知。

　　早在盜掘東陵前的薊縣軍部會議上，針對地宮入口開啟後，由哪些官兵進入、哪些官兵監視、哪些官兵護衛及取出寶物後的處理等都做了極其詳盡的謀劃和安排。為防止各隊伍私匿財寶，孫殿英特別從十幾年前在河南當土匪時就跟隨他的忠實廟道會信徒、流氓遊民之中挑選出二十多人，分別安插在譚、柴、丁等部隊，以做名義上的協助、暗中的監視。同時規定，凡是陵中挖出的一切財寶，無論輕重貴賤，各支隊伍都要清點封箱，全部送到馬伸橋臨時總指揮部，除了留下部分購買槍支彈藥外，剩下的日後再按功勞大小、人數多少予以分配，有私匿者，殺無赦！

▌慈禧地宮大門轟然洞開

　　地宮漆黑一團，十幾個人進去之後，看不見彼此的身影，死寂的空間隱約傳出各自急促的呼吸和皮靴踏動地磚的雜亂回聲。顓孫子瑜讓士兵們排成兩列縱隊，沿地宮磚牆的一側站定，然後讓前面的八人分別平端子彈上膛的大槍，後面的士兵手拿鐵斧、鎬頭等盜掘工具和手電筒，顓孫子瑜夾在中間，握緊日本製造的連發手槍，開始悄無聲息地蛇行前進。地宮的入口處是幾十公尺的斜坡，由高及低，越走越深，這是當年修陵的工匠為滑放棺槨而特別設置的一段甬道。由於斜坡較陡，進入者不得不半蹲著身子，小心謹慎地一點一點向下滑動，而越往下滑，黴臭的氣味越重，刺眼嗆鼻，幾乎讓人窒息。好不容易到了最底端，迎面一道高大的漢白玉石門擋住了去路。幾道微弱的手電筒光束穿過黑沉沉、溼漉漉的黴霧照過去，在大門的上下左右來回晃動，門鋪上那對刻著暴睛凸目、牙咧嘴的古怪獸頭，幾乎同時進入了眾人的視線。由於黴霧的

第十二章　尋找清東陵

遮掩和慘淡光亮的晃動，那對獸頭若隱若現，朦朦朧朧，彷彿活生生的一般猙獰可怖。

顓孫子瑜命令兵士們上前推門。兵士們稍稍平息了一下緊張的情緒，一個個聚到門前開始合力推門。誰知那厚重的石門像一座山一樣，任憑十幾個兵士怎樣用力都傲然挺立，紋絲不動。

「給我砸！」顓孫子瑜改變了命令，十名持斧拿鎬的兵士，用盡全身力氣向石門砸去。只見鎬頭利斧所到之處，立時火星四濺，碎石橫飛，整個地宮響起了「鏘鏘噹噹」的回聲。近半個小時過去了，除將兩扇大門的下部砸下一片碎石之外，其他一無所獲。

「先給我停下。」顓孫子瑜說著，拿著手電筒在石門的上下左右來回照射了幾遍，終於從石門閉合的縫隙處看出了問題的癥結。由於縫隙很小，只能側眼窺視，他隱約地看到一塊巨石從裡面頂住了大門。

這時的顓孫子瑜尚不知道，裡面這塊石頭叫「自來石」。此石呈長方形，底部鑲嵌在一個事先用平面石鑿出的槽中，上部頂在兩扇石門背面那同樣是事先鑿就的槽中，類似尋常百姓家頂門用的木棍。只是這裡由木變石，且頂抗力較之木棍要高出千萬倍。這類自來石在歷代帝后陵寢中多有應用。

這個閉門方法，只有親自參與帝后陵寢修築的工匠和當朝的極少一部分臣僚知曉，其他人絕不知底細。即使朝廷關於帝后葬儀的祕密檔案中，對這看似平常卻極為重要的關鍵也絕少記載。行伍出身的工兵團長顓孫子瑜，面對慈禧地宮大門後面的這塊自來石，當然不會知道破解的祕密。

然而，顓孫子瑜不愧是工兵出身，對這兩扇石門在利用人推和鎬頭、利斧砸劈都無效的情況下，立即以職業的敏感和經驗想出了兩個辦

法：一個是用炸藥引爆，其次是用粗重的木棍頂撞。兩個方法前者先進，後者原始，但在工兵學的教科書中，都有自己的位置。透過對地形、地物的詳細觀察，顓孫子瑜覺得非到萬不得已，在地宮中不適宜動用炸藥引爆，而用原始的木棍頂撞法比較適合。當年曾國藩的湘軍圍困太平軍的天京，在攻打堅固的城門的最後關頭，湘軍就是靠了木棍頂撞法將門硬撞開的。這裡不妨再來一次湘軍攻占天京的辦法。

幽深黑暗的地宮中，一丈五尺長的大樹幹如同一條青黑色的巨蟒，騰雲駕霧向石門的中間部位奔去，木石交撞間，先是「咚」的一聲悶響，接著是「咔嚓」、「咯吱吱」連續的響動，巨大的衝擊力將千斤重的自來石撞斷，崩成數截，石門轟然洞開。由於衝擊力的慣性，樹幹帶著四十名士兵衝進門內三、四公尺遠後，樹幹落地，幾十人撲倒在地，滾成一團。原始的撞擊方法生效了。

進入門洞，沒有發現任何異樣的東西，再往前走不遠，又出現了一道高大的漢白玉石門。顓孫子瑜再次讓兵士將樹幹抬過來，像前次撞擊方法一樣，又將這道石門撞開。

靜了一會兒，顓孫子瑜帶幾名士兵手持手電筒，繃緊了神經向前照射。只見面前是一個碩大的空間，空間中有一個明顯高出的平臺，平臺上有一個巨大的黑色的東西，在這東西的四周飄散著一股又一股黑白色的霧氣。

在這次進入地宮之前，譚溫江曾特別囑咐：「如發現棺槨，不要開啟，待向我報告後，再商量具體辦法。」看來這個猛虎似地伏臥著、黑漆漆的東西，就是慈禧的棺槨無疑，應該就此收兵，待向譚師長彙報後，再做開棺的打算。顓孫子瑜想到這裡，令手下的兵士將大樹幹抬起來，人和樹幹一同撤出地宮。這時已是 7 月 9 日夜間。

第十二章　尋找清東陵

劈開慈禧的棺槨

譚溫江聽說發現了慈禧的棺槨，興奮異常，急忙召劉副官和手下的將官與顓孫子瑜一起商量開棺取寶的辦法。為使各派勢力有所平衡，最後譚溫江決定讓劉副官、顓孫子瑜各率手下官兵共同進入地宮取寶。與此同時，譚溫江又命手下親兵在地宮入口分別朝裡朝外架起了四座機槍，以對付可能為爭奪珍寶而發生的不測。當一切都安排妥當，譚溫江又命人騎馬飛馳至馬伸橋臨時指揮部，向孫殿英報告地宮目前的情況。

當士兵和軍官們穿過兩道石門、進入盛放棺槨的後室時，劉副官先命持馬燈和手電筒的士兵在慈禧棺槨周圍以及整個後室都照射了一遍，見未有異樣的東西和不測之物出現，便命所有的人將平臺（寶床）上那具巨大的棺槨圍了起來。

顓孫子瑜先圍著棺槨檢視了一圈，以便找到開啟的部位。只見棺槨四周嚴絲合縫，金光閃耀中，除了外部刻劃著一些彎彎曲曲像蟲子一樣的符號之外，沒有一絲縫隙可供剜撬。顓孫子瑜這時尚不知道，中國封建帝后的棺木大多分為幾層，外層叫槨，內層稱棺。戰國之後、明代之前，帝后的棺槨多達六層，明代之後才漸漸減少，一般為兩層。慈禧同樣沿用了這個習俗，將棺木做成了外槨裡棺兩層。這具棺與槨分別採用雲南原始森林裡極為名貴的金絲楠木製成。此木材不僅質地堅硬細膩，花紋均勻秀美，同時還清香可人、沁人肺腑。棺槨製成後，外部要刷七七四十九道油漆。待慈禧入殮後，工匠們又在外層罩以金漆，有效地填補了縫隙的同時，又呈現出金碧輝煌、華美富麗的奇特效果。

至於外部像蟲子一樣的符號，則是佛教界四大天王的經咒。顓孫子瑜同樣不知道，在此金槨裡面，還有一具紅漆填金的內棺，其棺蓋之上

還刻有九尊團佛及鳳戲牡丹、海水江崖等圖形。同時棺的內外還滿布填金藏文經咒等古老的文字符號——這是清代帝后棺槨中獨有的一種宗教形式，其寓意在於讓死者靈魂得到佛祖與神靈的保佑。

但此時，萬能的佛祖與神靈面對這群荷槍實彈、持斧拿鎬的兵士，再也無能為力了，一場曠世劫難就要來臨。

顓孫子瑜和劉副官湊在一起簡單商議了幾句，立即下令工兵團的弟兄劈槨開棺。五名兵士揮斧揚鎬，用足了力氣，一陣連劈帶砸，不久就將那金光四射的外槨搞得千瘡百孔，四處搖晃。緊接著，又是一陣力劈猛砸，厚重的外槨很快就被劈砸成一塊塊破板爛片了。顓孫子瑜指揮工兵先將槨蓋撬起，幾十名士兵圍上來一齊動手，將蓋木掀於地上，兩邊的槨木隨之稀里嘩啦崩散開來——一具紅漆填金的內棺出現了。

這具內棺顯然比巨大的外槨小了許多，也單薄了許多。幾十年前曾經在大清王朝最高權力寶座上呼風喚雨、威震四野的慈禧太后就躺在裡面，那些令官兵們朝思暮想、夢寐以求的絕世珍寶也在這具木棺之中。只要劈開這層木棺，一切的夢想都將變為現實了。此時，所有的人都屏住呼吸，瞪大了眼睛望著這具木棺，所有的人都忘記了地宮黑暗的恐怖，開始想入非非、摩拳擦掌，恨不得立即將這具木棺抱走，獨吞自享。官兵們雖未見珍寶，卻都眼珠滴血，陷於一陣迷狂之中。

棺蓋很快被刺刀和利斧撬開，慢慢移於地上。由於剛才的氣體大致散去，棺中再無陰風黑霧衝出，只有一股濃重的黴臭氣味散發開來。棺中的屍骨和珍寶被一層薄薄的梓木「七星板」覆蓋，上面用金線金箔勾勒成一行行的經文、墓誌及菩薩真身像。掀開「七星板」，下面露出了一層柔和光亮的網珠被，當兵士用刺刀挑出網珠被時，棺內唰地射出無數道光芒，這光芒呈寶藍、微紫、嫣紅、嫩綠等各種顏色交替混合著射向地

第十二章　尋找清東陵

宮。整個地宮波光閃爍，如同秋後西天瑰麗的彩虹，耀眼奪目，燦爛輝煌。整個地宮後室如同白晝般光亮起來。只見一個形同鮮活的女人，身穿華貴富麗的壽衣，頭戴九龍戲珠的鳳冠，鳳冠之上頂著一株翡翠青梗金肋大荷葉，足下踩著翠玉碧璽大蓮花，靜靜地仰躺在五光十色的奇珍異寶之中。長約二尺的玉枕放著綠色螢光，金絲九龍鳳冠上一顆重四兩有餘的寶珠，金光閃爍，流耀含英。整個棺內如同旭日初照中的大海，碧波蕩漾，碎光迸起，光彩流溢。

圖 12-7 慈禧棺槨中的翠玉白菜

顓孫子瑜彎腰低頭，先從棺中挑出六匹神形各異、雕刻精湛的翡翠馬，而後又挑出情態畢肖、栩栩如生的十八尊金羅漢，捧出一枝鮮豔瑰麗的大號珊瑚樹，只見這枝珊瑚樹全身長滿了一串串連理的櫻桃小樹，青梗、綠葉、紅果，嬌豔欲滴，鮮亮無比，更為奇特的是，有一棵櫻桃樹上還站立著一對珠玉鑲成的斑翎翠鳥。顓孫子瑜轉了下身子，又從棺內左邊小心地取出玉藕一枝，藕上長著綠色荷葉，開放著粉紅色蓮花，蓮花的旁邊還吊著幾顆黑色荸薺，如同剛從水中取出一般鮮美瑰麗。在玉藕的旁邊，站立著一棵特大號的翡翠白菜，其形呈嫩芽狀，綠葉白心，青梗上落著一隻鼓眼伸頸、振翅鳴叫的綠色螽斯和兩隻紅黃相間的馬蜂，整個造型美麗絕倫，妙趣橫生，極富田園生活情趣和藝術魅力，

水漫乾隆地宮

讓人不能不感嘆其締造者的鬼斧神工。當這棵翡翠白菜被抱出後，他又從棺中的一角，取出一個寶石西瓜。這西瓜綠皮紫瓤，中間呈切開狀，黑色的瓜子散布其中，活靈活現，嬌豔可人，如同一件上帝特別恩賜的寶物，為滿頭大汗的官兵解渴清涼而獨設。所有人望著這件誘人的「活寶」都覺得瓜香四溢，口水奔流，難以自制。在西瓜的旁邊，擺放著一個晶瑩透亮的羊脂玉碗，碗中盛放著一串紫玉雕鑿而成的葡萄。與那寶石西瓜一樣，這串葡萄鮮活的造型，以假亂真的神奇效果，將面前的官兵帶進了一代奸雄曹孟德所謂「望梅止渴」的絕妙心理狀態。而旁邊一個水晶盤中盛放的紅寶石棗子、黃寶石李子，一個個晶光閃亮，潤澤鮮豔，又將官兵帶進了欲醉欲仙的無盡遐想之中。

所取寶物一律送到隆恩殿，由孫、譚等人當場查驗。最後，孫殿英極為謹慎而嚴厲地補充道：「地宮內進出之人，除劉、李等四人外，其他任何人不准出入，如發現膽敢私自出入者，格殺勿論！」

劉、李二人領會，分別找來自己的一名親兵，扛著早已準備好的木箱進入地宮，將珍寶一箱又一箱地帶出來，送到隆恩殿。

▌水漫乾隆地宮

就在譚溫江部隊盜掘慈禧陵的時候，柴雲升部隊也正在全力尋找乾隆裕陵的地宮入口。由於柴雲升本人對乾隆陵知之甚少，故他的部隊一開進陵寢，便像無王的工蜂一樣嗡嗡叫喊著，四處搜尋，遍地盜掘。有的登明樓，有的入跨院，有的上寶頂，上上下下，竄來竄去，一片忙碌，更是一片混亂。

直到第二天接近中午，所有的官兵都累得大汗淋漓、氣喘吁吁，躺

第十二章　尋找清東陵

在地上再也舉不起手中的鎬頭、鐵鍬了，但依然沒有什麼進展。旅長韓大保在絕望中驀地想起，要到譚溫江和丁綍庭部隊查看一下這些兄弟部隊的進展情況。當他帶著極為沮喪的心情來到慈禧陵寢前，聽了譚溫江的介紹，恍然大悟，立即返回乾隆的陵寢，重新行動起來。

有了慈禧陵的前車之鑑，韓大保指揮手下官兵在明樓前的琉璃影壁下，急如星火地挖掘。終於，地宮入口找到了。這時已是7月9日的深夜。

由於地宮內部情況不明且時間緊迫，不可能也絕不允許等到天亮再進入地宮，韓大保只好硬著頭皮讓兩名膽大的親兵先進去查看一下情況。

這兩個士兵當然不知道最先遇到的是一個斜坡甬道，這條甬道有四、五丈長，與慈禧地宮一樣，是專門為了滑放墓中主人的棺槨而特別設置。當棺槨送入地宮入口後，在斜坡甬道上鋪放一根根滾木，棺槨壓在滾木之上，並藉助其下滾的力量，輕輕地滑入地宮的第一道石門處，然後再慢慢移於後室。更令這兩個「傻大膽」難以想像的是，此時的乾隆地宮已滲滿了四、五尺深的地下水。這些水由於久積不散，和棺木、屍體混合後，形成了一種發黴變質後的毒菌散布於整個地宮之中，若過量吸入，便會置人於死地。

兩人摸索著又向前走了十幾步，竟相繼滑入地宮內的汙水中，被活活淹死。

一個小時後，韓大保等人發現進入地宮內的親兵仍無動靜，便又悄悄地湊上前來商量對策。韓大保立即仿照慈禧陵的辦法，動用炸藥炸崩了地宮入口，以讓其盡可能地擴大，如此一來上下活動的範圍也大了許多。

韓大保又親自選了兩位親兵，令他們進入地宮看個究竟。為避免兩個「傻大膽」生死不明的悲劇，兩位士兵進入地宮之前，除了裝備照明手電筒、手槍和手雷之外，更重要的是在各自的腰間拴上一條長長的繩子，由外面的官兵拉住，一旦發生不測，無論是死是活都能將人拖出地宮。

　　一切準備就緒，兩位士兵沿著斜坡甬道漸漸下滑，發現了地宮腥臭的黑水，以及在黑水中漂浮著兩位「傻大膽」的屍體。兩位士兵見狀，大吃一驚，迅速轉身，呼喊著向外退去。由於外面已拉緊了繩索，他們未費多大力氣，就連爬帶跑地逃出了地宮。

　　他們喘著氣，將地宮中的情況向韓大保報告。韓大保聽後嘴裡喊了聲倒楣，立即向師長柴雲升彙報。在無其他辦法的情況下，兩人決定連夜派人赴天津購買消防用抽水機，同時將情況報告孫殿英。

進入地宮後室

　　天亮時，五臺抽水機同時從天津運到東陵。韓大保指揮官兵插管抽水，約兩個時辰，地宮的積水已抽去大半。韓大保命人將兩位「傻大膽」的屍體撈出來，又按照慈禧地宮開門的辦法，命兵士砍來一棵大樹幹，讓四十名弟兄抬著進入地宮，準備撞擊第一道石門。

　　所有的燈光相繼照過來，只見高大厚重的石門分成東西兩扇緊緊關閉。東扇石門之上雕刻著代表大智的文殊菩薩，菩薩的右手高舉一柄寶劍，據說這柄寶劍能斬斷人間的一切煩惱，左手承托佛家經卷，可使眾生增長智慧。西扇雕刻著代表大力的大勢至菩薩，右手持降魔杵，能驅散邪惡，左手執法鈴，可傳播法音。韓大保等人當然不懂得這些，他們只看到石門上的影像揮劍弄棒，異常古怪，一開始以為是設下的暗道機

第十二章　尋找清東陵

關,但經過反覆檢查後,覺得沒有什麼稀奇,韓大保這才放心地一揮手,喊道:「給我撞!」於是,兵士們運足了力氣,抬著沉重的樹幹,踩著黑水爛泥,向石門撞去。只反覆三次,第一道石門的自來石被撞斷,大門轟然洞開。門上兩位揮劍弄杵、佛法無邊的菩薩,眼睜睜地看著這群瘋狂的官兵衝了進去而毫無辦法。佛法失靈了。

官兵們越過石門,進入地宮第一道門洞,各種燈光四處照著,抬樹幹的兵士們慢慢前移。燈光的照耀中,只見門洞的東西兩壁雕刻著四大天王像,也稱為四大金剛。根據佛教傳說,四大天王為佛陀釋迦牟尼的外將,他們各居須彌山的一方,保護著東西南北各自所屬的天下,由此又稱「護世四天王」。四大天王手執的法器,諧音為吉祥之意。南方增長天王的寶劍舞動生「風」,東方持國天王的琵琶諧音要「調」,北方多聞天王的寶傘遮風擋「雨」,西方廣目天王手握水蛇降服歸「順」。「風調雨順」四個字滿足了人們追求美好生活的願望,代表著世代人類的夙願。此時,只見四大天王身披甲冑,立眉張目,威風凜凜地站立在大門兩邊,沉默而又冷峻地注視著盜墓者每一個戰戰兢兢又瘋狂貪婪的動作。遺憾的是儘管他們法力無邊,卻無法跳下牆來為墓中的主人保駕。於是,門洞裡八個冊寶座上的漆金木箱被一哄而上的官兵砸得稀爛,裡面的寶璽香冊被一搶而光。當這一切結束之後,韓大保指揮士兵再度向前推進。

第二道石門出現了。

與第一道石門大致上相似,這兩扇石門的西扇雕刻著代表大願的地藏王菩薩,右手高執畫絹,據說能滿足眾生無邊之善願,東扇為代表大悲的觀世音菩薩,右手高擎念珠,象徵佛法無邊。

韓大保先圍著石門轉了幾圈,又舉起拳頭朝兩位菩薩的身子輕輕捅了幾拳,然後傳下命令,繼續撞門。又是三次猛烈撞擊,第二道石門被撞開。

有了這兩次成功開門，官兵們個個精神振奮，勇氣倍增，在韓大保的指揮下，顧不得腳下的臭水污泥，又嗷叫著向前衝去，並很快來到第三道石門跟前。

與前兩道石門相似，第三道石門，西扇雕刻著代表情德虛空的虛空藏菩薩，右手托月牙兒，象徵著清涼；東扇雕刻著代表除去蓋障的除蓋障菩薩，右手擎太陽，象徵光明。在韓大保的指揮下，這道石門又以同樣的方式被撞開。

第四道石門，也是最後一道石門又橫阻在眾官兵的眼前。想不到乾隆爺的地宮跟慈禧的地宮不同，竟有這麼多道石門。

圖 12-8 東方持國天王浮雕塑像

圖 12-9 西方廣目天王浮雕塑像

圖 12-10 裕陵地宮第一道門洞內的南方增長天王雕像

圖 12-11 裕陵地宮第一道門洞內的北方多聞天王塑像

401

第十二章　尋找清東陵

　　石門的東西兩面依然分別雕刻著與前三道石門相似的菩薩像。東面是代表大富貴的慈氏菩薩，右手托執法輪，象徵勇於進取，誓不退轉。西面是代表大行的普賢菩薩，右手高執法杵，能降眾妖魔鬼怪，成就一切善願。

　　此時的官兵根本不知道為什麼這四道石門要刻上八尊菩薩，更無心和無力去觀賞品評這八尊菩薩的藝術魅力。此時他們所關注的是地宮中可能出現的奇珍異寶。多年後，當這座陵墓的地宮因這次的盜掘而被迫清理並對外開放後，觀光者進入這個由四道石門和三個主要堂洞組成、全長54公尺的「主」字形地下宮殿，會看到在所有洞頂和四周石壁上都滿布著佛教題材的雕刻。它不僅是中國古代一座不可多得的石雕藝術寶庫，同樣也是一座莊嚴肅穆的地下佛堂。四道石門上的八尊菩薩，均採用高浮雕手法，肌體豐滿，神態自若；菩薩腳下，水波漣漪，芙蓉怒放，活靈活現，觀之如仙露噴灑，撲面撲來，可謂中國古代佛雕藝術的極品。

　　韓大保正指揮手下的弟兄集中全力，準備一鼓作氣攻破這最後一道石門，然後進入主墓室，實現那個潛藏於心中已幾天幾夜的輝煌發財夢。但是，無論手下的弟兄怎樣用力，粗重的樹幹撞到石門上，只是發出一聲又一聲「嘭、嘭」的響動，卻無法使石門洞開。

　　韓大保甚覺意外，揮手讓滿頭大汗的士兵們停止行動，自己來到石門前詳細檢查。令他百思不得其解的是，這道石門看似跟前三道沒有什麼兩樣，但就是撞不開，莫非是乾隆皇帝的靈魂在冥冥之中作怪？或者是門上的這兩位菩薩在發揮作用？韓大保在門前轉來轉去，總是不得要領。最後，他牙關一咬，猛轉身，對眾官兵說：「弟兄們，把這根樹幹抬出去，我要用炸藥炸開。」

進入地宮後室

「是！」眾士兵答應著，抬起樹幹，蹬著黑臭的積水，嘩嘩啦啦地向外走去。

一切準備就緒後，幾位工兵實施了最後行動。只見他們將引線點燃後，迅速撤出地宮，與韓大保等人躲在地宮入口四周觀察動靜。

約十分鐘後，地宮深處傳出一聲山崩地裂的爆響。幾乎與此同時，每個人都明顯地感到大地在劇烈顫動，陵寢中的大殿、明樓、寶頂都紛紛搖晃起來。隨後，一股濃煙從地宮入口噴射而出，許久才漸漸散盡──看來，這次成功了。

韓大保懷著異常興奮的心情，親自點了從河南老家帶出的二十名「子弟兵」，攜帶各種工具進入地宮，準備搜尋財寶。可是當他們來到第四道石門前時，發現三具棺槨被壓在重達三噸的石門之下，根本無法劈砸。由於地宮中積水太多，原本放在後室「寶床」上的棺槨，像船一樣浮了起來。當外面動用抽水機抽水時，這些漂浮在水面上的「船」，便隨著水的流動和吸力離開了「寶床」而滑到石門背後，並將石門緊緊擠住。因此，韓大保手下的弟兄才無法用樹幹撞開石門。當石門被炸倒後，自然地將這三具擠上來的棺槨壓住而讓盜墓者一時無從下手了。

韓大保拿著手電筒，在門前四周竄上爬下地繞了幾圈，終於想出了一個辦法。他令手下親兵先用利斧將三具棺槨的擋頭砍開，再讓兵士像鑽狗洞一樣鑽進去，把棺槨中的屍骨連同隨葬的寶物一起掏出來。韓大保等只要看到是黃色的或發光的器物都紛紛搶奪，其他的全部拋入地宮的汙泥爛水中。

乾隆皇帝一生風流成性，生前酷愛文藝，吟詩成集，御筆文墨舉國廣布。同時本人又廣收名帖名畫及珍異古玩，在主持朝政的六十年中，所收珍品無以計數。按照古代「生之同屋，死之同穴」的傳統理論，這

第十二章　尋找清東陵

些珍品大部都被其帶入了地宮。關於乾隆本人以及在後室安葬的五位后妃，到底帶去了多少奇珍異寶，因研究者一直未能找到一張像慈禧地宮那樣的葬寶圖，還無法準確估算。但從一些零碎的史料記載來看，裕陵地面之上的隆恩殿內，當年就曾陳設了各種金玉珠寶、名人字畫等上千件。可以想像，一座隆恩殿都收藏如此大量的稀世珍品，作為棺槨盛放安置的地下玄宮，又會是怎樣的一種壯觀驚人的場面！但這位生活了八十九歲的皇帝，傾其一生蒐集而來一卷又一卷曠世罕見的名帖字畫、孤本祕籍，都被當作一堆又一堆的廢紙草芥扔於爛泥濁水之中。官兵們一邊丟棄，一邊大肆詛咒這位混蛋皇帝，為什麼不在棺槨中多放些黃金珠寶，而沒完沒了地放些廢紙爛畫。

韓大保等將壓在石門下的三具棺槨之中的珍寶盜搶一空後，又躍過石門，摸索著進入地宮後室。

在地宮後室那寬達十二公尺的艾葉青石寶床上，原本停放著六具棺槨，即乾隆皇帝與他的兩個皇后孝賢、孝儀及慧賢、哲憫、淑嘉三位皇貴妃。儘管這座地宮在清代所有陵寢中是葬入人數最多的，但從乾隆一生擁有四十一位后妃的數量來看，依然是微不足道。究其原因為當時未成文的兩個條件。其一，只有死在乾隆之前的后妃，才能進入地宮隨葬。因為一旦乾隆本人駕崩，金棺葬入地宮後，便關閉石門，填平墓道，再也不能開啟，以免洩漏龍氣。第二個條件是，隨葬的后妃必須是生前被皇帝所喜愛，死後經過乾隆本人的恩准才能進入地宮隨葬。而皇帝本人討厭的后妃死得再早，也要另立陵寢，而不能享受此特殊的「聖澤」。

由於乾隆和另外兩位后妃的棺槨已浮到石門之後，寶床上只剩三具棺槨歪斜不定地停放在那裡。韓大保等一見到這三具棺槨，大喜過望，

他們做夢也沒想到，一個地宮會有這麼多盛放寶貝的棺槨，士兵們蜂擁而上，爭搶棺中的寶物。無數的商周銅鼎、漢玉浮屠、宋瓷瓶壺、金質佛像，連同大宗的玉石、象牙、珊瑚雕刻的文玩、古董、名帖字畫、古書紙扇……均被搶的搶、扔的扔，整個地宮後室燈影閃閃，人影幢幢，水聲嘩嘩，爭吵打罵之聲此起彼落。持續了將近三個時辰，韓大保見能拿得出的珍寶已全部搜盡搶光，才一聲令下，帶領「子弟兵」匆匆退出一片狼藉的地宮。

地宮之外，孫殿英派來的馮養田、梁朗先等人帶著多輛馬車，早已等候多時。當最後一批珍寶被過目驗收並裝上車後，馮養田以參謀長的名義，向柴雲升和丁綍庭部隊下達了悄悄撤出東陵，回原駐防地待命的命令。所盜珍寶全部押運到馬伸橋臨時指揮部，由孫殿英驗收後，再召開會議予以分發。

7月10日夜，孫殿英在馬伸橋臨時指揮部悄悄地完成了驗寶和高級軍官們的分寶事宜後，當即命令所屬部隊連夜向順義、懷柔一帶開拔，連續三天三夜的東陵盜寶隨之落下了帷幕。孫殿英部隊以近三十大車寶物的收穫，宣告了東陵盜掘案的成果，以及在人類文化史上留下的千古遺恨。

趁火打劫

就在孫殿英率部向順義、懷柔一帶大舉撤退之時，躲在東陵外圍的土匪、歹徒以及奉軍、直魯殘軍的散兵游勇，聞風而動，紛紛向東陵這個再一次成為真空的藏寶之地趕來。當他們發現各座陵寢均被鑿挖得千瘡百孔，而慈禧、乾隆二陵地宮已被盜掘時，遂趁著混亂，再次將原本就堵塞不嚴的入口扒開，打著燈籠火把，提著口袋和各種防身武器衝進

第十二章　尋找清東陵

慈禧、乾隆兩陵的地宮，再次進行了洗劫。兵匪、歹徒們的行動，逐漸被附近民眾所聞。於是，一群又一群的民眾像剛剛從箱中放出的無王之蜂，成群結隊地提著草筐、口袋向陵區湧來，並將地宮中散落下的珠寶玉器又仔細地搜了一遍。乾隆地宮由於泥水混雜，散落的寶物已很難尋覓，民眾們便攜帶耙鉤，像在田野中耙草，又像在河溝中捕撈魚蝦一般，在泥水中四處打撈，將珠寶玉器以及乾隆和后妃們破碎的屍骨一起裝入帶來的草筐、口袋，帶出地宮。然後或挑、或背、或用車拉，將草筐、口袋攜至陵區之外的河中，用鐵篩反覆淘洗，以淘選出金粒與珠寶。至於那些被裹挾而來的破碎屍骨，自然是扔入河中隨水而去，可謂一場真正的洗劫。許多兵匪、歹徒及民眾由此又大發了一筆橫財。東陵再度陷於大失控、大混亂、大劫掠之中。

▎孫殿英的最後歸宿

　　1946 年 4 月，孫殿英奉命調往豫北平漢鐵路上的湯陰縣城駐防。1947 年，全國各地的中共解放軍已開始由防禦轉為進攻，並在華北戰場上獲得數場勝利。1947 年 3 月初，中共解放軍開始調集重兵圍攻湯陰，意在儘快拔除國民黨中央軍設在豫北的這個重要據點，為全面進攻河南開啟通道。

　　當湯陰城外的幾個據點被包圍之後，為了減少人員傷亡，爭取以和平方式解決孫殿英部隊，負責指揮這次戰役的第三十六縱隊司令員姚一鳴派一名當地農民送一封勸降書給孫殿英，勸其放下武器，接受投降。想不到孫殿英見信後，惱怒異常，當場把勸降書撕得粉碎，並對前來送信的農民說：「你回去轉告姚一鳴，等我打完了倉庫裡的三千發砲彈再說，現在不談。」

姚一鳴見勸降無效，知道孫殿英乃是不見棺材不落淚的悍夫匪類，便下令各部對孫部發起猛烈攻擊。

1947年5月2日，中共解放軍攻占湯陰，孫殿英和他的部隊全部被俘。孫殿英被解放軍劉伯承部隊帶到了邯鄲峰峰礦區，而後又轉到了武安。在武安，劉伯承將軍念當年兩軍相會於山西晉城的情誼，待他還算不錯，後來大軍南下，劉伯承走了，就再也沒有人優待他了。孫殿英後被押往河北武安縣（今河北省武安市）牛頭村晉冀魯豫軍區軍法處關押。一代梟雄，歷經滄桑，在1947年9月30日病死在牛頭村，時年僅59歲。

劫後餘生清東陵

就在末代皇帝溥儀離開天津張園，跑回大清帝國愛新覺羅氏的發祥地——東北部的白山黑水之間，並在日本軍國主義勢力的扶持下成立「滿洲國」後，日本方面出於籠絡溥儀和監視長城沿線、控制華北地區的目的，自1933年始，便以守護清東陵為公開名義，將「滿洲國」兵、「日本憲兵隊」開進東陵地區駐紮，並成立了「東陵地區管理處」等機構，由這個機構全面負責清東陵防護、祭祀等一切事宜。直到1945年8月15日日本宣布投降，這個名義上護陵、實際上卻是一個特務機構的組織才解體。

1945年8月，日本軍隊撤出清東陵後，因時局動盪不安，當年圖謀盜陵而被孫殿英擊潰的馬福田、王紹義殘部，在外流竄多年後，又突然捲土重來，欲實現當年那個未竟的夢想。只是這次馬福田沒有露面，由王紹義實際執行。王紹義經過十幾年的養精蓄銳，勢力似乎比當年大得多，為匪作盜的經驗也更加豐富。他率領一千餘眾，攜槍扛炮，藉著月黑風高向清東陵撲來，並一口氣盜掘了康熙的景陵、咸豐的定陵、同治

第十二章　尋找清東陵

的惠陵、慈安太后的定東陵等四座帝后陵寢。地宮中的棺槨被劈，屍骨被拋，珠寶幾乎被盜搶一空。

自從孫殿英部隊於1928年首次大規模盜掘清東陵之後，至1950年2月的二十二年中，清東陵地區的所有帝后陵寢，除了順治皇帝的孝陵由於傳說裡面沒有珍寶，地宮沒有被開啟外，其他陵寢地宮全部被開啟並被盜掘一空。陵中的珍寶除了極少一部分回繳到中國政府，絕大部分在軍匪、歹徒的手中，或變賣、或藏匿、或被毀、或遺失，至今下落不明。

中華人民共和國成立後，於1952年成立了清東陵文物保管所。1961年，中國國務院把清東陵列為首批重點文物保護單位，並逐年撥發專款對陵寢建築進行維修和保護。1978年，清理整修後的乾隆裕陵地宮對外開放；1979年，清理整修後的慈禧、慈安兩陵對外開放。隨後，裕陵妃園寢、景陵皇貴妃園寢及咸豐帝的定陵又相繼開放，如今順治帝的孝陵、康熙帝的景陵也已清理、整修後開放。曾經輝煌無比又悽慘無比、歷盡劫難和屈辱的清東陵，在經歷了一個個月黑風高、鬼哭狼嚎、群魔亂舞的漫漫長夜之後，又迎來了一個新的血色黎明。

跋

▌考古碎片重組中華史

　　本書於 2022 年春節期間出版發行，在社會上引起一陣不大不小的轟動或曰喧囂，有的讀者為之叫好，認為角度新穎、架構宏闊，是近些年難得一見的好書。有的讀者卻認為書中材料還不夠充分，尤其是夏商周三代，需要進一步加大田野考古發掘的調查研究，以便提取更多有價值的材料予以證明假設的邏輯，如此才能成為一部豐腴飽滿、結構嚴謹並在學術上站得住腳的大著作。讀者的意見我銘記在心，藉著這次再版的機會，談一下這部著作的寫作過程和自己的感悟，與大家共勉。

　　一個受過現代教育的人，歷史這門課是避不開的，只是，此前多數人所接觸的《中國通史》或相似的書籍，儘管敘述方法、角度、內容等有所不同，但多是以論帶史，紙上來紙上去，類似於紙上談兵。本書與前者有所不同，角度和局面皆有所創新突破，透過一百年來的田野考古發掘，用出土的遺跡、遺物以推斷和驗證中華民族文化與文明的來龍去脈，亦即中華大家庭與個體的人，在歷史長河中所隱含的生命延續密碼。對此，在數萬個考古遺址、墓葬之中，著重選擇了十二個最重大、最有代表性的遺址與陵寢，連同數十個在學術上同樣重要的小型遺址及相關遺物，依照其相互關聯的程度，組織、連線，於考古碎片中重新建構和書寫中華文明的發展歷程，以及人民創造的偉大史詩。

　　人類發展與延續的緩急快慢需要很多條件促成，科學的發生、進

跋

步亦是如此。如果說歐洲在 15 世紀到 17 世紀，產生過以迪亞士（Bartolomeu Dias）、麥哲倫（Ferdinand Magellan）、哥倫布（Cristóbal Colón）、達伽馬（Vasco da Gama）等為代表人物的大航海時代，那麼，20 世紀則是中國考古大發現的時代。一百年來，透過考古學家的探鏟與辛勤汗水，在中華大地上揭開了久遠的湮沒在歷史塵煙深處的隱祕，過往的人類身影和艱難前行的腳印得以顯現，乾涸的歷史長河重新流淌。

如同大多數近現代科學技術一樣，田野考古學首創於西方，在相當長的一段歷史時期為「泰西人」所獨有，中國人只在古董鑑賞與器物買賣圈裡打轉。西元 1856 年，西方的考古學家在德國尼安德特山谷深處發現了尼安德塔人頭蓋骨，西元 1891 年又在爪哇島上發現了爪哇人頭骨，而此時的亞洲大陸卻是一片空白。直到 1920、1930 年代，裴文中、賈蘭坡等地質、考古學家，才在北京南部的周口店龍骨山發現了距今約五十萬年的舊石器時代「北京人」頭蓋骨（當時的說法）。透過對遺址、遺物以及殘留灰坑的發掘鑑定，考古學家得出了「北京人」已經使用和知道保存火種的結論。

火的應用和保存，對猿人來說是一個劃時代的革命性飛躍，此後的進化將以加速度向前推進，這是全球人類進化史上一個不得了的大事。另經當時世界一流專家鑑定，認為「北京人」就是爪哇人和尼安德塔人的祖先，換句話說，即由「北京人」進化到爪哇人和尼安德塔人，然後又進化到智人和現代人類。——此一發現被譽為「地球人類的震撼」，其結論得到當時世界科學界的普遍承認與禮讚。（七十年後，科學界又提出人類起源於非洲並向各地遷徙說。）

1921 年春天，北洋政府聘請來華工作的瑞典地質、考古學家安特生博士，在河南澠池仰韶村一處史前遺址中發現了彩陶，這一發現儘管比

法國人類學家摩爾根在美索不達米亞蘇薩地區發現彩陶幾乎晚了半個世紀，但它象徵著具有劃時代意義的田野考古學在中國的誕生。

安特生把仰韶彩陶與此前俄屬土耳其斯坦安諾遺址出土的彩陶做了對比，認為仰韶彩陶與其有相似之處，很可能二者同源同宗。經過研究推算，安特生認為仰韶文化晚於打製石器時代，早於青銅時代，屬一種新石器時代晚期文化，時間約在三千年前。這一論斷，否定了一些外國學者聲稱中國沒有石器時代文化的預言，而具有史前歷史的彩陶的發現，使上古中華民族的盛世時代不僅是一個推測或近似怪誕的想像，這些發現打破了西方歷史學家一貫認為東亞是印度——歐羅巴文明界外的理論。

之後不久，國民政府中央研究院史語所傅斯年、李濟、董作賓、梁思永、吳金鼎等專家學者，在山東濟南章丘城子崖發現了黑陶所代表的龍山文化，以及安陽殷墟後岡三疊層——仰韶、龍山、商文化，這一連串的發現，連同後來的考古學家於老官臺、大地灣等處文化的發現、發掘，從根本上否定了以安特生為首的「泰西人」提出的「中國文化西來說」。同時證明，中華文化既非西來，亦非東來，它就誕生在這塊遼闊廣袤的黃土之上，它的創造者就是那些行走在山川大地上的「黃土的兒女」。

再後來，考古學家透過對河南登封二里崗遺址、偃師二里崗遺址、安陽殷墟遺址，山西陶寺遺址、晉都新田遺址、晉侯墓地，陝西豐鎬遺址等大型遺址、墓葬的發掘，驗證了傳說中的夏王朝和史書記載中的商王朝、周朝的存在，揭示了這些朝代人類生存狀況和他們創造的文化與文明形態。而考古人員在陝西臨潼發現、發掘秦始皇帝陵兵馬俑坑，透過出土的八千兵馬俑和大量青銅兵器，連同陵園出土的不同類型的陶

跋

俑、青銅器物、石質兵器、鎧甲等遺物，對大秦帝國以及當時中華民族文化與文明歷程在整個世界的地位，有了一個清晰的了解和判斷。

透過考古實物推斷，當中華民族的歷史進展到春秋戰國和大秦帝國統一的時代，其物質實力和整體的文明高度，與西方的迦太基漢尼拔時代、亞歷山大時代，以及稍後的金色羅馬時代完全可以匹敵，甚至有超越的趨勢。當年亞歷山大大帝以傾國之力率部東征，行至錫爾河為止，未能進入中華民族的領地。倘若亞歷山大鐵騎越過錫爾河，踏上中華大地，一場血戰自不可避免，而就當時的政治、經濟、軍事實力論，中華民族的文化與文明完全可以抵禦外來入侵者。—— 這一個大膽的論點是否正確，可另行討論，但就田野考古發現、發掘成果的相互對比、勘驗，得出此結論，無論是對作者本人還是讀者或不無啟發。

就本書的寫作方式與方法言之，主要特點有三：

首先，以點帶面，透過十二個世界級的考古發現，以發掘出土的實物編排亮相，讓讀者看到祖先實實在在的過往生活，以及在生活中所形成獨特的中華民族文化習俗與禮儀。儘管有些習俗和禮儀在今天看來是腐朽的、封建的、落後的，卻是有血有肉的人類進程之中不可或缺的存在。如此構成了真實的而不是虛空的歷史影像，重新建構起讀者對中華民族遠古先輩物質與精神層面的理解。

同時，透過這十二個偉大的考古發現、發掘現場，簡要地把北京猿人用火的時代；智人 —— 刀耕火種的舊石器時代；人 —— 農業與定居的新石器時代，以及燒製陶器的亞細亞文明的早晨 —— 城邦與文字產生，國家形成的文明成熟時代 —— 秦漢以降的上世、中世、近世人類有史籍記載的新歷史時代等，藉助考古發掘成果一一檢驗並表述出來，讓讀者看到歷久彌新的中華民族史詩，運行著一條湧動不息的大動脈，而

這條動脈歷經五千年苦難歷程與戰爭兵燹沒有中斷，從而獨步天下，未有匹敵者。

這個脈絡的表現和文字書寫內容為：夏朝（二里頭遺址為代表）、商朝（安陽殷墟、三星堆遺址為代表）、周朝（晉都新田、晉侯墓地為代表）、春秋（曾侯乙墓為代表）、戰國（銀雀山漢簡為代表）、秦（秦始皇兵馬俑坑為代表）、漢（馬王堆漢墓、南越王墓為代表）、唐（法門寺地宮為代表）、宋元（無代表性考古遺址，略）、明（定陵地宮為代表）、清（清東陵為代表），以此由遠及近、由點成線地連線起來，以物證對應史籍，加以論述。

其次，每一個考古遺址或陵寢、墓葬的發掘，都充滿了驚險傳奇故事。書中盡可能地對描述的遺址、遺物以及發現、發掘經過加以調查、梳理，形成了考古物證 —— 史料史籍 —— 發現、發掘故事三者融會貫通的寫作格局。如此這般書寫，在閱讀的層面避免了讀者味同嚼蠟或不知所云的感受。反之使讀者興趣盎然，如親臨其境，彷彿進入了古今同框、遠古與現代相互交替的空間。在這個空間裡，讀者可直接與祖先們對視、對話，聆聽他們的歡樂與苦難，感知他們的艱辛與血淚，以及貫穿古今的精神歌吟。

最後，本著作除了十二個世界級考古發現、發掘現場之外，另有十幾個小型考古發掘現場穿插其間，在彌補大的歷史階段空白的同時，也令讀者感知田野考古的神祕性與實際工作之不易。正是透過考古學家們長年辛勤勞作，才使考古學在中國國內成為一門顯學，並在短短的時間內走向世界，且有力壓群芳之勢。也正是得益於這百年的考古成果，才有了今天的我們重新了解中華歷史原貌的可能，從而增強了民族自信心和精神力量，更有勇氣與擔當面向未來。

跋

　　當然，這部書的缺點也是明顯的，即相對於百年考古的偉大成就，所表述的考古遺址、遺物還是少了些，給人一種「塊」大於「條」的不流暢之感，如在各朝代之間起承轉合的時候，更需要有確實的考古遺址、遺物來佐證，以推進歷史演化的內在與外在的邏輯，如此才能形成一部前後照應、層層遞進的歷史文學作品，而這恰恰是書中所缺乏的。特別是宋、元兩個時代，幾乎沒有利用有影響力的、可信的考古遺址、遺物來加以描述，成了本書不可避免的缺憾。儘管這個缺憾與宋、元兩個歷史朝代的考古發現、出土遺物較少，或與相關材料不豐有關，但全部捨棄，或視而不見，總不是上上之策，何況有的宋、元遺址從考古成果來看，完全可加以利用，以使這部作品更全面、更流暢、更優秀。這是讀者給予的批評意見，也是本人所認可和為之慚愧的。對此，我計劃在未來幾年，撥出時間，邁開腳步，有針對性地選擇訪問、研究五十到一百個具有代表性的遺址、遺物，把考古成果盡可能地、適當地融合於各個不同的歷史階段書寫之中，以在結構、內容和邏輯上彌補書中的遺漏和不足，使作品更加完整與盡可能地完美，以不辜負讀者的期待與厚望。

於北京亞運村

考古碎片重組中華史

歷史的脈搏 ── 地下軍團、不朽女屍與佛骨舍利：

兵馬俑 ✕ 舍利子 ✕ 慈禧地宮⋯⋯呈現大地的榮光與隱祕故事

作　　　者：岳南
發　行　人：黃振庭
出　版　者：崧燁文化事業有限公司
發　行　者：崧燁文化事業有限公司
E-mail：sonbookservice@gmail.com
粉　絲　頁：https://www.facebook.com/sonbookss/
網　　　址：https://sonbook.net/
地　　　址：台北市中正區重慶南路一段61號8樓
8F., No.61, Sec. 1, Chongqing S. Rd., Zhongzheng Dist., Taipei City 100, Taiwan

電　　　話：(02)2370-3310
傳　　　真：(02)2388-1990
印　　　刷：京峯數位服務有限公司
律師顧問：廣華律師事務所 張珮琦律師

-版權聲明

本書版權為河南文藝出版社所有授權崧燁文化事業有限公司獨家發行繁體字版電子書及紙本書。若有其他相關權利及授權需求請與本公司聯繫。
未經書面許可，不得複製、發行。

定　　　價：580 元
發行日期：2025 年 01 月第一版
◎本書以 POD 印製

國家圖書館出版品預行編目資料

歷史的脈搏 —— 地下軍團、不朽女屍與佛骨舍利：兵馬俑✕舍利子✕慈禧地宮⋯⋯呈現大地的榮光與隱祕故事 / 岳南 著 .-- 第一版 .-- 臺北市：崧燁文化事業有限公司，2025.01
面；　公分
POD 版
ISBN 978-626-416-242-5(平裝)
1.CST: 考古學
790　　　　　　113020628

電子書購買

爽讀 APP　　　臉書